TABLEAU DE LA NATURE

OUVRAGE ILLUSTRÉ A L'USAGE DE LA JEUNESSE

LA TERRE
ET LES MERS

PARIS. — IMPRIMERIE DE CH. LAHURE
Rue de Fleurus, 9

UNE AVALANCHE DANS LES ALPES. (PAGE 192.)

LA TERRE
ET LES MERS

OU

DESCRIPTION PHYSIQUE DU GLOBE

PAR LOUIS FIGUIER

OUVRAGE CONTENANT

170 VIGNETTES DESSINÉES PAR MM. KARL GIRARDET, LEBRETON, ETC.

ET 20 CARTES PHYSIQUES

PARIS

LIBRAIRIE DE L. HACHETTE ET Cie

BOULEVARD SAINT-GERMAIN, N° 77

1864

Droit de traduction réservé

PRÉFACE.

Dans la préface de *la Terre avant le déluge*, nous nous sommes appliqué à développer cette thèse, que les ouvrages destinés à l'enfance et à la jeunesse devraient s'inspirer moins des stériles et dangereuses fictions du merveilleux que des attrayantes leçons des sciences naturelles. Cette idée a rencontré une faveur générale. Si nous ne nous trompons, elle a produit l'effet d'une de ces vérités que tout le monde a pressenties ou entrevues, qui flottent vaguement dans l'imagination de chacun, et à laquelle chacun se rattache, comme à sa propre pensée, quand il la trouve formulée avec précision, corroborée par des preuves certaines et réalisée dans les faits pratiques.

A ce concert d'adhésions presque unanimes une seule note discordante est venue se mêler. Quelques auteurs ou éditeurs de contes de fées, dans les journaux ou dans des livres, ont essayé de nous combattre. Leurs attaques ne nous ont pas surpris. En soutenant que les contes de fées et toutes les productions analogues ne sont pas sans danger pour l'enfance, et qu'il importerait de les bannir, dans l'intérêt de nos jeunes générations, nous ne nous étions point flatté d'obtenir les encouragements et l'approbation des éditeurs qui exploitent ce genre d'ouvrages.

Une seule des remarques critiques qui nous ont été opposées nous a paru juste, et nous l'avons retenue. On nous a dit : « Vous êtes dans le vrai. Il faut remplacer les lectures futiles par des lectures utiles. Il faut instruire la jeunesse et former son esprit en l'amusant. Mais la tâche n'est pas aisée. Il ne suffit pas de prêcher la doctrine, il faut aussi prêcher d'exemple. Après avoir montré la route, il faut s'y engager. Mettez-vous donc à l'œuvre, et prouvez-nous que des livres de science peuvent intéresser autant qu'un conte ou une légende. »

C'est ce que je fais. Le volume nouveau que je présente à la jeunesse bienveillante et amie n'est au fond qu'un traité de géographie ; et j'ose me flatter que le jeune homme qui aura parcouru ces pages, en tirera autant d'agrément réel, et assurément plus de profit au point de vue de l'instruction, du raisonnement et de la morale, que ne peut en offrir un conte fait à plaisir.

Ce volume n'est autre chose, nous le répétons, qu'un traité de géographie générale, ou de géographie physique. La géographie a été réputée jusqu'à ce jour la plus ennuyeuse des sciences, parce qu'on ne s'était pas donné la peine de chercher les moyens de prêter quelque charme à son exposé. Le chancelier d'Aguesseau écrivait à son fils : « Le détail ingrat et stérile de la géographie, lorsqu'on la détache de toute autre chose, n'est à proprement parler que le squelette du monde connu. Il faut lui donner de la chair et de la couleur, si l'on veut la faire passer dans la mémoire sous une forme gracieuse, qui l'invite à la conserver plus fidèlement. » Nous avons fait tous nos efforts pour donner au squelette de la géographie « de la chair et de la couleur, » comme le voulait d'Aguesseau. C'est au lecteur à décider si nous avons réussi dans cette tentative.

Les Allemands, qui veulent faire preuve d'esprit, définissent les Français en ces termes : « Un peuple qui porte des moustaches et ne sait pas la géographie. » Mes jeunes lecteurs échappent à la première partie de cette définition saugrenue, et quand ils auront lu *la Terre et les Mers*, ils échapperont à la seconde.

LA TERRE
ET LES MERS.

INTRODUCTION.

Après avoir exposé dans *la Terre avant le déluge*, les phases successives par lesquelles notre globe a passé pour arriver à son état présent, nous nous proposons, dans ce nouveau volume, de décrire la terre actuelle et de l'étudier sous ses principaux aspects. La considérant d'abord comme individu planétaire, nous fixerons sa place dans l'univers, sa distance du soleil et ses autres rapports avec l'astre radieux, source de lumière, de chaleur et de vie. Nous déroulerons ensuite le tableau des diverses contrées du globe. Nous gravirons les montagnes, aux sommets sourcilleux, aux cimes couvertes de neiges éternelles. Nous assisterons aux phénomènes imposants et terribles des volcans et des tremblements de terre; nous descendrons dans les cratères brûlants, pour voir de près les bouches de ces cheminées colossales, qui mettent la surface en communication avec l'intérieur de la terre; nous plongerons nos regards dans les flots incandescents qui bouillonnent dans leurs profondeurs. Nous remonterons aux sources des grands fleuves et les suivrons dans leur cours impétueux. Nous pénétrerons dans les grottes souterraines, vastes boursouflures internes, immenses et ténébreuses cavités, où pendent des cristaux aux mille facettes, qui n'ont jamais scintillé aux feux du jour. Nous parcourrons la surface entière des deux hémisphères, pour apprendre comment l'action uniforme et régulière du soleil, modifiée par les accidents du sol, détermine les climats, et prépare les conditions nécessaires à l'entretien de la vie chez les êtres organisés. Nous porterons enfin nos regards sur la vaste étendue des mers, et nous étudierons les différents aspects de cet océan, tout à la fois un et multiple, et qui varie si étrangement depuis la chaude ceinture des mers équatoriales, jusqu'aux régions glacées des latitudes polaires.

Il a fallu les efforts accumulés de bien des générations pour réunir l'ensemble de connaissances que nous avons à résumer; il a fallu trente siècles de travaux et d'études pour rendre possible une description de la terre comme celle que nous allons présenter à nos jeunes lecteurs. La science est presque aussi vieille que le genre humain; mais sa marche a été singulièrement lente et progressive. L'homme n'a parcouru la terre que graduellement et à pas mesurés. Ses connaissances géographiques se sont étendues comme s'élargit l'horizon de chaque individu depuis ses jeunes années jusqu'au déclin de sa carrière. L'enfant commence par se familiariser avec les êtres de la maison. Bientôt il descend dans la cour; il explore le jardin et la rue, puis la campagne et les villes d'alentour. Devenu homme, il voyage. Sa curiosité l'emporte au delà des mers; il parcourt de lointains pays, et revient aux lieux qui l'ont vu naître, après avoir vu de près, comme le vieil Ulysse, « les hommes, leurs cités et leurs mœurs. »

Telle a été aussi la marche de l'humanité prenant progressivement connaissance du domaine que la Providence lui a donné pour séjour pendant sa courte vie. L'horizon des anciens géographes, d'abord restreint au cercle le plus étroit, s'est peu à peu développé, à mesure que ces tirailleurs de la science, qu'on appelle les voyageurs, pénétraient plus avant dans des régions inconnues; à mesure que les Ptolémée et les Strabon révélaient à leurs contemporains surpris l'étendue et les splendeurs de terres ignorées. Le jour où l'équipage de l'immortel Génois, Christophe Colomb, salua de ses cris de reconnaissance et de joie les côtes brumeuses du nouveau monde, la géographie brisa ses lisières, et jeta ses souliers d'enfant; une vie nouvelle commença pour la science, comme aussi pour l'humanité.

Il ne sera pas sans intérêt, avant de présenter le tableau de nos connaissances physiques sur le globe terrestre actuel, de jeter un coup d'œil rapide sur leur développement successif, c'est-à-dire sur l'histoire de la géographie.

Aux débuts de sa race, l'homme n'a connu que la contrée qui le nourrissait, lui et ses troupeaux. Sa science ne va pas plus loin que la forêt qui l'entoure, la montagne où il a porté ses premiers pas, les rives du fleuve et les pâturages où s'écoulèrent ses premiers ans : le vallon dans lequel il est né et dans lequel il meurt, voilà pour lui la terre. Mais à mesure que s'augmente le nombre des familles, quand des peuplades voisines commencent à se partager le sol et à fixer les limites respectives de leurs territoires, on voit s'introduire l'idée de *pays* et celle des divisions géographiques. L'agriculture, ensuite l'industrie, viennent plus tard consolider l'existence de ces démarcations territoriales, dont l'importance s'accroît par l'institution des premiers rois, ou des simples chefs de peuplades.

Issu de la nécessité des échanges, le commerce s'enhardit et va colporter ses produits chez diverses nations inconnues. Au retour de ses excursions, le navigateur charme et éblouit les siens par le récit des merveilles qu'il a vues, ou des aventures qui ont accidenté ses pérégrinations lointaines. C'est ainsi que prit naissance, mêlée de fable et de vérité, une légende ou tradition, qui représente les limbes de la géographie.

Mais où placerons-nous le berceau de cette science ? De tous les anciens peuples, quel est celui qui le premier conçut des notions précises sur l'étendue des pays qui avoisinaient le sien ?

D'après un ancien auteur, il aurait existé une carte de géographie tracée au temps de l'Égyptien Sésostris, et datant dès lors de quinze siècles avant Jésus-Christ. Cependant, rien ne porte à penser que les Égyptiens, qui ne furent jamais navigateurs, aient poussé leurs connaissances géographiques assez loin pour pouvoir tracer des cartes autres que celles de leur propre pays. Il est donc probable que cette première carte se bornait à l'Égypte. C'est d'ailleurs à ce degré que se sont longtemps arrêtées les connaissances des anciens peuples asiatiques, et même de quelques-uns des peuples modernes. Les Hindous ne comprennent dans leurs mappemondes que l'Hindoustan, la Perse et l'île de

Ceylan ; les Chinois ne connaissent que leur propre territoire, et celui qui, aujourd'hui même, se hasarderait à déclarer publiquement, en Chine, qu'il existe des terres en dehors du Céleste-Empire, ferait peu de cas de sa vie.

La *Genèse* est le premier livre de l'antiquité qui renferme quelques indications géographiques. Moïse place dans l'occident de l'Asie le second berceau du genre humain, renaissant après le déluge. L'écrivain sacré parle du mont Ararat; il cite de grands fleuves, comme le Nil et l'Euphrate, mais il ne s'explique point sur l'étendue de la terre.

Après Moïse, Homère, le poëte sacré des Grecs, est le plus ancien auteur qui nous transmette sommairement les connaissances ou les idées géographiques de ses contemporains. La longue description que l'on trouve au XVIII° chant de l'*Iliade*, du bouclier forgé par Vulcain, est une petite encyclopédie pittoresque des merveilles du monde connu des anciens Grecs.

La cosmographie d'Homère, que l'on voit ciselée sur le bouclier d'Achille, nous présente la terre comme un disque aplati, entouré de toutes parts et circulairement par la mer, ou plutôt par le fleuve *Océan* (Ὠκεανός), qui marque ainsi les limites du monde connu. Le ciel est une voûte solide qui recouvre le disque terrestre. Cette voûte est supportée par des colonnes, reposant elles-mêmes sur les épaules du dieu Atlas. Hâtons-nous de dire qu'une absurdité toute semblable se retrouve dans la cosmographie de plusieurs peuples anciens. Les Scandinaves plaçaient la terre en équilibre sur neuf piliers. Les Indiens, sectateurs de Brahma, la faisaient porter sur quatre éléphants. Mais sur quoi reposent ces neuf piliers ou ces quatre éléphants? Quel est le dieu robuste, dont les jarrets suffisent à soutenir le poids de la masse terrestre?

Dans sa *Pluralité des mondes*, Fontenelle donne carrière à son esprit sur ce système naïf des cosmogonies anciennes. Sans nous arrêter à ces faciles caricatures, achevons la description de la cosmographie au temps d'Homère.

La voûte solide qui forme les cieux est parcourue par les astres, qui roulent sur des chars d'argent, emportés par de rapides nuages. Quand le soleil apparaît à nos yeux, il sort de l'Océan, du côté de l'orient; le soir, il se replonge, à l'occident, dans le même fleuve. Pendant la nuit, le soleil, emporté

I

LA TERRE D'APRÈS HOMÈRE

Dressé par A.Vuillemin

sur un chariot d'or, remonte, par-dessous la terre, le cours de l'éternel Ὠκεανός. Là, c'est-à-dire par-dessous la terre, est une autre voûte, correspondant par sa courbure à celle du ciel : c'est le *Tartare*, séjour ténébreux des Titans, ces anges déchus, vaincus et rebelles de la mythologie païenne. Morne et silencieux, le Tartare est plongé dans une éternelle nuit.

Voilà le premier système cosmographique que les hommes aient imaginé. Nous plaçons en regard de cette page, la carte du monde d'après les idées admises en ces temps reculés. On voit que le fleuve Ὠκεανός enveloppe de toutes parts les continents. Au milieu du cercle formé par les eaux de l'immense fleuve, Homère place naturellement la Grèce, avec son archipel de petites îles, qui ont pour centre le mont Olympe, séjour des dieux mythologiques. La mer Méditerranée et le Pont-Euxin partagent la terre en deux moitiés inégales, l'une au nord, l'autre au midi. Le détroit où s'élèvent les *colonnes d'Hercule* réunit ces mers à l'Océan occidental, et le fleuve *Phasis* forme la communication du côté opposé.

Mais l'espèce de dogme cosmographique qui, dans toute l'antiquité, faisait considérer les *colonnes d'Hercule* comme la barrière et l'extrémité du monde à ses rives occidentales, devait enfin disparaître. Les navigateurs sortis des ports phéniciens, franchissant le détroit d'Hercule, découvrent l'Océan au delà de ce détroit, et ils fondent des colonies sur cette route, c'est-à-dire le long des côtes d'Afrique. Carthage est la plus brillante des colonies phéniciennes. Le puissant commerce des Carthaginois, leurs relations étendues, leurs rapports fréquents avec la Phénicie, rapprochent l'orient de l'occident, et contribuent puissamment à dissiper l'obscurité qui couvrait l'existence ou l'étendue des contrées éloignées de la Grèce et de l'Italie. Toutefois, les autres peuples sont lents à participer aux connaissances géographiques des Phéniciens, qui gardent pour eux leurs découvertes, sachant bien que là est le principe de leurs richesses et le secret de leur commerce cosmopolite. Hérodote, lui-même, lorsqu'il entreprend ces longs voyages qui lui permettront de parler avec autorité, dans ses écrits, des pays étrangers, ne peut obtenir, quand il s'arrête en Phénicie, que très-peu de renseignements des habitants de Tyr.

Avec les données qu'il possédait, Hérodote nous a retracé

l'état des connaissances géographiques de son temps. Nous le figurons dans la carte ci-jointe. Hérodote divise le monde en deux parties : l'Europe et l'Asie.

Cependant les connaissances géographiques des Phéniciens transpirent peu à peu ; les Grecs, leurs voisins, deviennent leurs émules dans l'art et les bénéfices de la navigation. Le commerce, les colonies, ne sont plus l'apanage exclusif des Phéniciens : la Grèce y prend sa part. Bientôt les brillantes campagnes d'Alexandre jettent un jour imprévu sur l'intérieur et l'orient de l'Asie. Grâce aux travaux d'Ératosthène, de Strabon, de Polybe, de Ptolémée, qui parcourent tous les pays connus, pour recueillir des opinions et des faits, la géographie commence à devenir une science positive.

Dans les trois cartes qui suivent, nous représentons l'état des connaissances géographiques, à l'époque d'Eratosthène, de Ptolémée et de Strabon. Ératosthène, qui vivait 300 ans avant J. C., ajouta le premier à l'Europe et à l'Asie la *Libye*, qui reçut plus tard le nom d'Afrique. Strabon et Ptolémée, qui vivaient dans le premier et le deuxième siècle de notre ère, divisaient le monde en trois parties : L'Europe, l'Asie et l'Afrique, réunies en un seul continent.

L'inspection de ces cartes nous dispense de toute explication, car elles résument parfaitement, pour chacune de ces époques, l'état de la géographie.

La carte de la géographie au temps de Strabon, ce tableau des connaissances géographiques des Romains, montre que chez ce peuple on arrêtait la terre vers l'orient, aux premières régions de l'Asie. Le flot barbare qui vint submerger la civilisation occidentale et emporter leur vaste empire, prouva aux Romains que la terre était plus grande qu'ils ne l'avaient supposé. Ils cédèrent la place à ces nouveaux venus, sortis des steppes ignorées de l'extrême Asie, de ces régions hyperboréennes dont ils avaient à peine, sur la foi de Strabon, admis la lointaine existence.

Le cadre de la géographie embrasse déjà près de la moitié de la terre. On commence même à soupçonner sa véritable forme ; car les astronomes et les mathématiciens, les uns par l'aspect globulaire des astres, les autres par des déductions numériques, commencent à mettre en avant l'idée d'un *globe terrestre*, et la possibilité d'une circumnavigation pour la terre entière. Enfin,

II
LA TERRE D'APRÈS HÉRODOTE

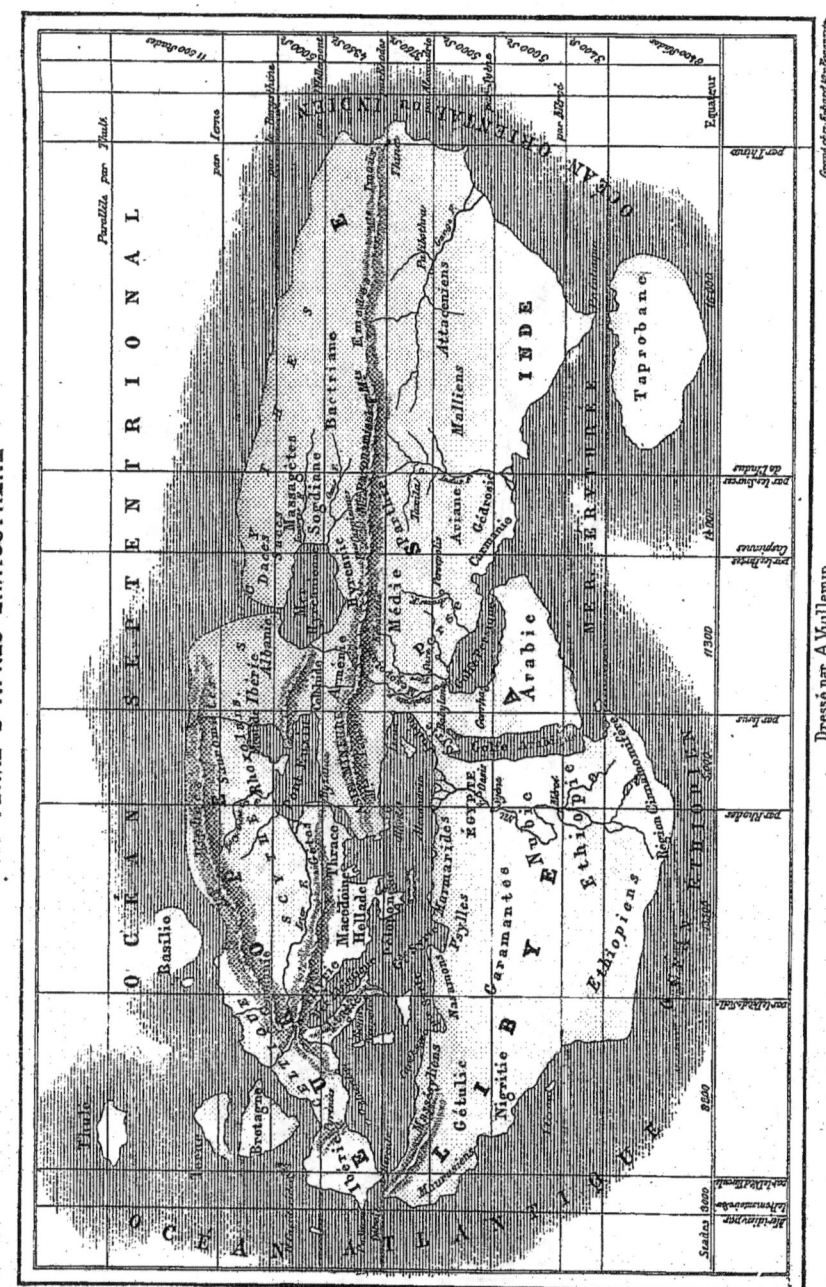

III

LA TERRE D'APRÈS ÉRATOSTHÈNE

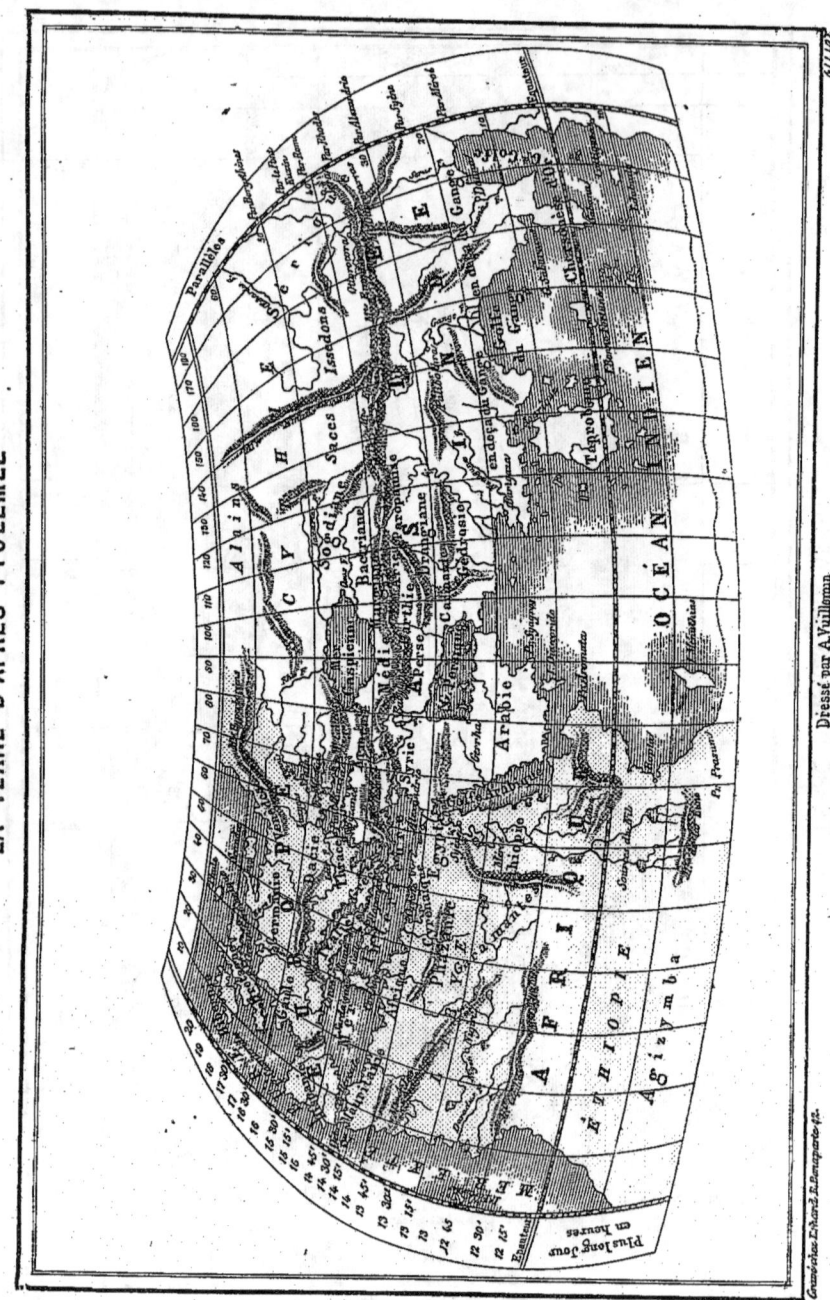

IV
LA TERRE D'APRÈS PTOLÉMÉE

V
LA TERRE D'APRÈS STRABON.

dirigés par l'aiguille aimantée, la grande et féconde conquête du seizième siècle, les navigateurs portugais se confient intrépidement à la haute mer, et finissent par toucher, non sans gloire, au cap de Bonne-Espérance. En 1492, Christophe Colomb découvre le nouveau monde, qui va bientôt doubler l'étendue des terres connues, et l'on voit s'ajouter aux cartes géographiques des continents immenses qui, jusque-là, avaient été aussi peu accessibles à l'homme que le soleil ou la lune.

Le génie humain peut dès lors s'exercer sur l'étendue entière du globe, et les efforts réunis d'innombrables voyageurs ne laissent pas sans l'explorer un seul coin des régions habitables de sa vaste étendue. Après les calculs faits par les géomètres qui avaient déduit la forme précise de la terre, c'est-à-dire sa sphéricité et l'aplatissement polaire, la mesure directe de deux méridiens pris à l'équateur et aux pôles, prouve, avec éclat, que la terre est bien un sphéroïde aplati. Enfin, pendant le dernier siècle, le relief des montagnes, la profondeur des mers, la nature géologique et minéralogique des couches successives et la cause des grands accidents de l'écorce terrestre, la véritable configuration du fond des mers, etc., sont scrutés de la manière la plus rigoureuse. Tout cela, dans le siècle actuel, nous est parfaitement connu quant à l'ensemble; il ne reste à notre génération qu'à approfondir les détails topographiques.

Ce qui, de nos jours, contribue le plus aux progrès de la géographie, c'est que l'immensité des distances, qui autrefois arrêtait les grandes explorations du globe, a pour ainsi dire disparu. L'espace n'est plus une insurmontable barrière. Grâce à la facilité et à la rapidité des communications, la terre a été parcourue jusque dans ses derniers replis, et l'homme est devenu un être cosmopolite. Par le contact mutuel et réciproque des peuples, les nationalités s'évanouissent; le genre humain, comme l'individu, tend de plus en plus à s'affranchir de la glèbe natale, pour s'unir dans un type uniforme de caractère et de pensée. Prenons un exemple. Au temps du peuple romain, les Alpes formaient un rempart infranchissable, qui séparait l'empire des Césars du pays des barbares. Aujourd'hui, le touriste venu de toutes les parties du monde, parcourt avec bonheur ces sites pittoresques qui, pendant tant de siècles, avaient été le domaine non disputé des Chamois et des Aigles. Bientôt des voies ferrées perceront de part en part les flancs granitiques de ces montagnes, ouverts par la science et l'industrie, et à travers l'épaisseur des Alpes, la jeune Italie tendra la main aux nations ses voisines. La chaîne de l'Oural va devenir aussi une porte ouverte au passage de la civilisation, prête à pénétrer au cœur de l'Asie. Les mers, qui ont longtemps opposé le plus grand obstacle aux communications entre les peuples, sont aujourd'hui le plus commode intermédiaire de leurs rapports. Le cap de Bonne-Espérance, que la puissante marine du Portugal au seizième siècle, avait mis cent ans à atteindre, n'est plus pour nos paquebots, qu'une station de relâche : une frégate parcourt en deux mois ces 4000 lieues. A la fin du siècle dernier, le voyage de la Chine exigeait dix mois; aujourd'hui, un navire à vapeur accomplit en quatre mois ce trajet, qui représente la moitié du tour du monde; et ce temps sera abrégé de près de moitié quand le canal de Suez sera ouvert à la grande navigation. Les détroits, ou bras de mer, qui séparent deux pays, ne sont plus que les ports de chacun d'eux. Londres touche Paris, Marseille est voisine d'Alger, Stockholm de Pétersbourg. Les grands fleuves de l'Amérique, comme le Mississipi et l'Amazone, sont couverts de bâtiments à vapeur qui promènent sur leurs eaux les pavillons mêlés des nations des deux mondes; tous ces navires se confondent et s'unissent, comme sont unis aujourd'hui les intérêts des hommes, partout corrélatifs et solidaires. Il est impossible de deviner les transformations et les prodiges que la société humaine verra se réaliser lorsque, dans un avenir plus ou moins prochain, la science, en possession de moyens plus puissants encore que ceux dont elle dispose aujourd'hui, aura ouvert de larges et commodes routes à travers les montagnes des Cordillères et de l'Himalaya, à travers le Caucase et l'Oural, à travers les isthmes de Suez et de Panama; lorsque enfin la navigation aérienne, découverte et régulièrement établie, aura réalisé le vœu enthousiaste du poëte : *des ailes, des ailes!*

SITUATION
DU GLOBE TERRESTRE
DANS L'ESPACE.

I

Situation de la terre dans l'univers et dans le monde solaire. — Rapports de la terre avec les autres planètes et le soleil. — Coup d'œil sur les principaux systèmes imaginés pour expliquer le mouvement des corps célestes. — Système de Ptolémée; système égyptien. — Copernic et Kepler découvrent le véritable mécanisme du monde solaire.

La terre est un grain de la semence que le divin semeur a jetée dans le champ du soleil, pour germer dans l'espace, fleurir et fructifier.

L'orgueil de l'homme s'est longtemps exagéré l'importance du rôle de la terre dans l'univers; il s'est obstiné à vouloir en faire le centre du monde. Le soleil, la lune, les planètes et les étoiles, n'étaient pour lui que des corps secondaires, contraints par une loi divine, de défiler éternellement devant le trône de la terre immobile, pour charmer les yeux de ses habitants, illuminer ses jours et éclairer ses nuits d'une douce clarté. Rien de plus faux que ce roman de la vanité humaine. La terre n'occupe qu'une place inférieure dans l'ensemble du monde solaire; elle n'est que l'une des nombreuses planètes qui gravitent autour du soleil. Elle est loin même d'être le plus grand de ces astres, car il est des planètes d'une masse bien plus considérable que la sienne.

Puisque la terre est une *planète*, il importe de bien fixer les idées sur ce que l'on entend par cette désignation.

Le mot planète vient du grec πλανος qui signifie *errant*, vagabond. Les planètes sont, en effet, des astres qui circulent sans cesse autour du soleil, l'astre central de notre monde. Le soleil retient les planètes par son attraction, à peu près comme l'écuyer qui tient au bout d'une longe le cheval tournant autour du manége circulaire. Cette image, vulgaire sans doute, a pourtant le mérite de donner une idée de la manière dont s'exerce l'action du soleil sur la terre, qui tourne autour de cet astre central en accomplissant un cercle complet dans l'espace d'une année. Seulement, tandis que la longe de l'écuyer est un lien matériel et visible, l'attraction est un invisible lien, d'une nature inconnue et mystérieuse, et qui ne se trahit que par ses effets, comme l'attraction qu'exerce sur les corps légers un corps électrisé. La puissance attractive du soleil suffit pour contraindre le globe terrestre à tracer autour de cet astre une orbite constante et régulière.

Il faut bien distinguer les planètes des étoiles. Bien que sur la voûte céleste ces astres se confondent, car leurs dimensions et leur éclat semblent pareils, il y a pour ainsi dire un abîme entre la fonction des étoiles et celle des planètes. Une étoile n'est rien moins qu'un soleil qui brille, comme notre soleil, d'un éclat qui lui est propre; elle ne doit sa resplendissante clarté qu'aux feux qu'elle émet par elle-même. Ainsi les étoiles fixes sont les centres lumineux de mondes semblables à notre monde solaire, tandis que les planètes ne sont que des astres secondaires qui tournent autour de notre soleil.

La terre n'est, on vient de le dire, que l'une des planètes que l'ordre de la nature contraint à tourner sans cesse autour du soleil.

Comme les autres planètes, la terre obéit à deux mouvements: un *mouvement de rotation* sur son axe, qui s'exécute dans un intervalle de vingt-quatre heures, et un *mouvement de translation* autour du soleil, qui s'exécute dans l'espace d'une année.

Le *mouvement de rotation* de la terre autour de son axe produit l'alternance régulière des jours et des nuits. Pendant une partie des vingt-quatre heures que dure cette rotation, le disque lumineux du soleil est perdu de vue par les habitants d'une moitié de la terre, et ainsi se produisent les nuits et les jours. Nous expliquerons, dans le chapitre suivant, la cause de la longueur croissante et décroissante des nuits selon l'époque de l'année.

Le *mouvement de translation* de la terre autour du soleil s'accomplit dans l'espace d'une année. On appelle *orbite terrestre* ou *écliptique* la trace idéale de ce mouvement de translation dans l'espace[1]. L'orbitre terrestre n'est pas rigoureusement un cercle, qui aurait le soleil pour centre ; c'est une ellipse presque circulaire, dont l'un des foyers est occupé par le soleil. On appelle *ellipse* ou *ovale*, en géométrie, un cercle légèrement allongé : si l'on coupe obliquement un cylindre, le contour de la section représente une ellipse.

L'ellipse n'étant pas, comme le cercle, symétrique autour d'un centre, il en résulte que la terre n'est pas toujours à la même distance du soleil. Le 2 juillet, la terre est au point le plus éloigné du soleil ; elle en est le plus rapprochée au 1er janvier. La distance moyenne entre les deux astres arrive le 1er avril et le 2 octobre. Au cœur de l'hiver, la terre est plus près du soleil de 5 millions de kilomètres qu'au milieu de l'été. Cette circonstance semble paradoxale, mais il ne faut pas oublier qu'à l'époque où nous avons l'été en Europe, les habitants de l'hémisphère opposé ont l'hiver. Nous expliquerons, du reste, dans le chapitre suivant, pourquoi les variations annuelles de notre distance du soleil n'ont pas d'influence sur le cours des saisons.

Quelle est la distance moyenne, en d'autres termes, quelle est l'étendue de l'espace qui sépare la terre du soleil ? Cette distance est de 150 millions de kilomètres.

On ne peut se faire une idée de distances aussi considérables, qu'en les offrant à l'esprit par voie de comparaison. Pour comprendre la distance de la terre au soleil, demandons-nous combien de temps il faudrait pour la parcourir en certaines conditions déterminées.

Un homme marchant à pied, en admettant qu'il fît par heure 8 kilomètres, et qu'il ne se reposât ni jour ni nuit,

---

[1]. Le mot *écliptique* vient du mot *éclipse*, parce que les éclipses de soleil et de lune n'ont lieu que lorsque la lune coupe la courbe de l'orbite terrestre.

mettrait 2000 ans à parvenir au soleil. Une locomotive lancée à toute vapeur, c'est-à-dire faisant à l'heure 60 kilomètres (15 lieues de 4 kilomètres), mettrait trois siècles pour atteindre au soleil. Un boulet de canon qui conserverait sa vitesse initiale (500 mètres par seconde, ou environ 450 lieues par heure), y parviendrait en dix ans. Le son mettrait 15 ans à franchir la distance de la terre au soleil, s'il existait de l'air dans les espaces planétaires et que cet air eût la même densité que le nôtre. Enfin, le plus rapide des agents, la lumière, que l'on considère comme ayant une vitesse de transport presque instantanée, a besoin de 8 minutes pour franchir cette même étendue.

La terre se déplace et parcourt son orbite avec une étonnante rapidité. Sa vitesse de translation autour du soleil est d'environ trente kilomètres par seconde, ou d'un peu plus de cent mille kilomètres par heure. La terre dévore l'espace soixante fois plus vite qu'un boulet de canon.

Il faut ajouter, pour être complet, qu'en outre de ces deux mouvements de rotation sur son axe et de translation autour du soleil, la terre participe au mouvement commun qui emporte à travers l'espace, le monde solaire tout entier. Le soleil, avec toute sa famille et son cortége de planètes, décrit dans le ciel, autour de quelque centre inconnu caché dans les profondeurs de l'espace, une courbe d'un rayon si étendu qu'elle nous semble rectiligne. Comme tous les astres qui composent le monde solaire, la terre obéit à ce mouvement d'ensemble, dont la vitesse est de près d'un myriamètre par seconde.

Si nous comparons maintenant notre globe aux autres planètes qui composent le monde solaire, il nous sera facile de voir que, sous le rapport de sa distance au soleil, et par conséquent de sa température, enfin sous le rapport de son volume, la terre représente une sorte de juste milieu, ou de terme moyen entre les extrêmes que l'on trouve dans le monde solaire. Elle n'est ni la plus rapprochée, ni la plus éloignée du soleil; elle n'a ni la brûlante température de Vénus, ni le froid glacial de Saturne ou d'Uranus.

La figure 2 montre exactement l'éloignement des diverses planètes du soleil. Si l'on désigne par 10 la distance moyenne de la

Fig. 1. Grandeurs relatives des planètes.

1, Mercure; — 2, Mars; — 3, Vénus; — 4, Terre; — 5, Uranus; — 6, Neptune; — 7, Saturne et son anneau; — 8, Jupiter.

terre au soleil, les distances de toutes les planètes au soleil forment approximativement la série suivante :

Mercure	Vénus	Terre	Mars	Asteroïdes	Jupiter	Saturne	Uranus	Neptune
4	7	10	15	21 à 35	52	95	192	300

Plus les planètes sont éloignées du soleil et plus, on le conçoit, doit être longue la durée de leur révolution autour de cet astre central. Mercure accomplit en 88 jours sa rotation autour du soleil; Vénus en 225 jours (sept mois et demi); Mars met 687 jours (un an et quatre mois); les astéroïdes mettent de 3 à 6 ans; Jupiter, 12 ans; Saturne, 30; Uranus, 84; enfin Neptune, la planète découverte de nos jours par le génie mathématique de M. le Verrier, emploie 165 ans à faire autour du soleil sa révolution complète.

La terre pèse à peu près autant que la planète Vénus. La masse ou le poids de Mercure, est six fois moins fort que celui de la terre; Mars est 8 fois moins lourd, Uranus pèse 15 fois, Neptune 20 fois plus que la terre. Le poids de Saturne est égal à celui de 100 globes terrestres; le gros Jupiter pèse autant que 338 globes terrestres; mais, d'un autre côté, les astéroïdes sont 800 000 fois plus légers que la terre. Ces petites masse de matière, qui souvent ne dépassent pas quelques lieues d'étendue, ne sont probablement que les débris de planètes brisées et emportés dans le tourbillon commun du monde solaire.

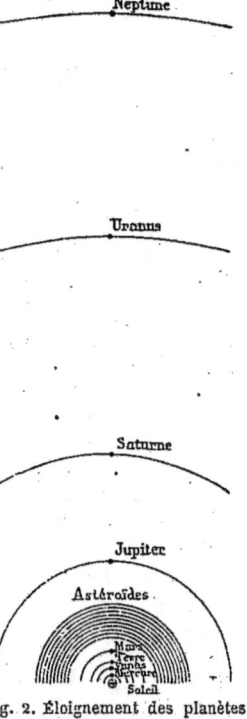

Fig. 2. Éloignement des planètes du soleil.

Nous représentons sur la figure 1 la *grandeur relative des planètes* depuis le massif Jupiter jusqu'au modeste Mercure. Sur cette figure, la lune est placée près de la terre, comme son satellite; les autres planètes sont également escortées de leurs satellites.

Les montagnes ne forment à la surface de la terre, que des éminences d'une faible élévation. Si l'on se figure la terre comme une orange, les petites rugosités de sa surface peuvent, jusqu'à un certain point, représenter la hauteur des montagnes les plus élevées de notre globe. En effet, la hauteur la plus considérable des montagnes terrestres ne dépasse pas 9 kilomètres Or, les montagnes de Vénus, dont la masse est sensiblement égale à celle de la terre, dépassent peut-être 150 kilomètres. Les montagnes de la lune ont jusqu'à 6 kilomètres, et la masse de la lune est bien inférieure à celle de la terre.

Toutes ces comparaisons établissent qu'il y a plus d'harmonie dans la plasticité, dans les inégalités de relief de la terre, que dans celles d'autres corps célestes que nous connaissons. Elles confirment aussi la remarque que nous avons faite plus haut quant au rôle de notre planète au milieu du monde solaire, à savoir que la Terre représente une sorte d'état moyen, également éloigné de tous les extrêmes : également éloigné, en ce qui touche les dimensions, du trop grand comme du trop petit; en ce qui touche le mouvement, de la rapidité comme de la lenteur; en ce qui touche la température, des trop grandes chaleurs comme du froid excessif. Cette harmonie, cet équilibre admirable de toutes les conditions destinées à favoriser l'existence et le développement de la vie, caractérisent notre globe, qui semble avoir été prédestiné par le Créateur à servir de nid et de séjour à l'espèce humaine. L'homme n'aurait pu trouver sur aucune autre planète le moyen de satisfaire avec autant de facilité, aux besoins variés de sa nature multiple, et de se préparer à l'existence éternelle qui doit succéder à sa vie terrestre.

Comme les grandes planètes, la Terre est escortée d'un *satellite*. On nomme ainsi certains corps célestes, attachés aux grands astres comme d'invariables compagnons, et qui les suivent dans leur course éternelle. Saturne et Uranus ont huit satellites; Jupiter en a quatre, la Terre, planète d'importance moyenne, n'a qu'un satellite : c'est la Lune.

La Lune est placée à 38 000 kilomètres de la terre, ce qui représente une distance 400 fois plus petite que sa distance au soleil. La lune, 50 fois plus petite que la terre, accomplit en 28 jours sa révolution autour de cette planète.

Tel est le système général du monde solaire ; tels sont les mutuels rapports des astres que nous voyons briller dans le calme et la sérénité d'une belle nuit. Ce système, admirablement simple, satisfait l'esprit; il explique jusque dans leurs derniers détails, tous les phénomènes que l'observation a fait découvrir.

Nos jeunes lecteurs se tromperaient néanmoins en s'imaginant que cette belle conception soit entrée sans combat dans l'esprit des générations humaines. Dans l'origine, l'orgueil de notre espèce, égaré par une mauvaise philosophie, répugnait à l'idée de placer la terre à un rang secondaire. On ne pouvait se décider à croire que tout ici-bas ne fût point subordonné à notre globe, et que les mondes qui nous entourent eussent un autre rôle que de charmer les yeux des hommes par le spectacle du firmament étoilé et radieux. Plus tard, une interprétation erronée de la Bible arrêta la vérité dans sa marche ; si bien, et l'on a quelque honte à le dire, que le système du monde, tel que nous venons de l'exposer, n'est généralement admis que depuis deux siècles.

Bien que l'idée de faire de notre globe un simple satellite du soleil ait toujours déplu à l'esprit des anciens, il est pourtant digne de remarque que quelques philosophes grecs aient mis en avant cette pensée. Tel fut, par exemple, tout à fait au début de la science européenne, le sublime Pythagore, qui plaçait le soleil ou le feu au centre du monde. Un autre philosophe, le pythagoricien Aristarque, de Samos, s'exprime comme il suit, dans un fragment de ses écrits qui nous a été conservé : « La terre « tourne autour de son axe, et en même temps elle décrit au- « tour du soleil un cercle oblique. Cet astre est seulement à « la distance des étoiles comme le *centre à la circonférence*, ce « qui fait que le mouvement de la terre ne peut être révélé à « nous par les étoiles fixes. »

Aristarque écrivait ces remarques profondes trois siècles avant Jésus-Christ, plus de dix-huit cents ans avant la démonstration mathématique de la réalité de cette belle conception. Les vues d'un *philosophe* si en avant sur son époque, n'excitèrent, d'ailleurs, que le mépris de ses contemporains. Si l'on prit un moment au sérieux les idées de ce Copernic de l'antiquité, ce fut pour l'accuser d'impiété et d'audace. Tel est l'office que prit un certain Cléanthe, qui adressa publiquement à Aristarque, de Samos, les plus amers reproches, pour « avoir troublé le repos de Vesta et des Lares. » *Vesta* signifiait la Terre. C'est par ces métaphores mythologiques que parlaient les beaux esprits de l'antiquité.

Les spéculations de quelques anciens philosophes étaient une bien faible barrière pour cet orgueilleux sentiment de l'homme qui le porte à se croire le centre et le but de tout dans l'univers visible. On peut dire que, jusqu'au dix-septième siècle, on n'a jamais varié dans la doctrine qui plaçait la terre au centre de l'univers. On en faisait le noyau du monde. Les étoiles fixes, les planètes errantes, la lune, le soleil même, n'étaient que des accessoires, des apparitions, qui n'allaient pas au delà des limites de l'atmosphère. Cette idée est partout dans l'histoire des anciens peuples : on la trouve même dans les noms qui servent à désigner les pays. Les Hindous habitent la *midhiama*, les Scandinaves la *midgard*, deux noms qui signifient *terre du milieu*, c'est-à-dire du milieu des contrées connues de ces peuples; les Chinois appellent aussi leur pays l'*empire du milieu*.

Les géographes et les astronomes des anciens âges ont réduit en doctrine ce principe, et composé des systèmes qui, ne différant entre eux que par quelques particularités, sont toujours d'accord pour placer la terre au centre du monde.

De tous ces systèmes, le plus célèbre, celui qui a joui de la plus longue faveur, est celui de Ptolémée, savant de l'école d'Alexandrie, qui vivait vers l'an 128 de notre ère, et qui profita beaucoup des travaux d'Hipparque, grand astronome qui vivait 300 ans avant Ptolémée.

Ptolémée fit de la voûte céleste un tout matériel et solide. Ce qu'il appelait le *premier mobile* consistait en une sphère de cristal, animée d'un mouvement uniforme et continu. Dans ce mouvement, la sphère de cristal entraîne non-seulement les étoiles, points brillants fixés dans sa concavité, mais encore un certain nombre d'autres sphères intérieures qui, dans leur mouvement, entraînent et conduisent les planètes, le soleil et la lune. La sphère étoilée tourne autour de la terre en 24 heures. Le soleil et la lune cheminent dans les orbites mobiles et les parcourent, le premier en 365 jours, le second en 28 jours. Les mouvements des planètes sont plus compliqués : ces astres ne décrivent pas simplement des cercles dans leur sphère; ils tournent encore chacun autour d'un centre imaginaire qui, lui-même, est censé parcourir une orbite circulaire, mouvement dont la trace est une courbe, formant une série de *nœuds* ou *épicycles*, lesquels répondent à peu près aux apparences du mouvement des planètes. Pour Jupiter, il fallait 12 *épicycles*; pour Saturne, 29; et ainsi de suite.

La figure 3 donne une idée des *épicycles* de Ptolémée.

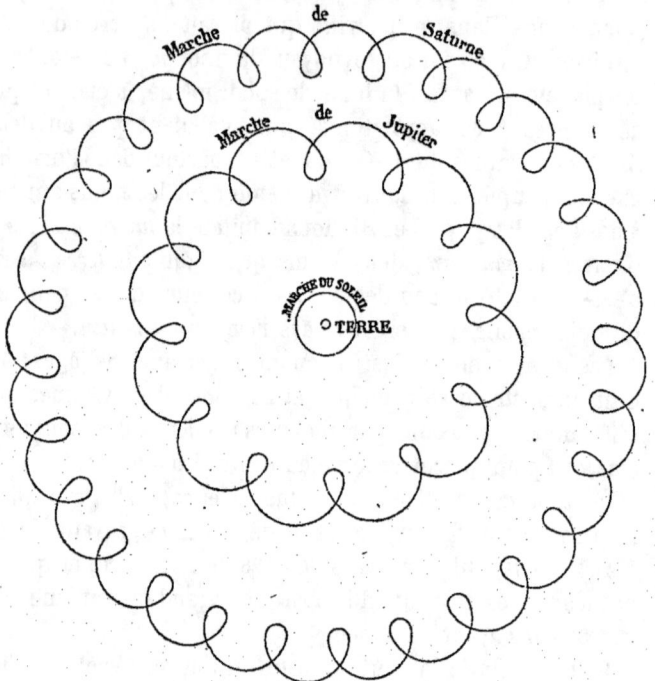

Fig. 3. Épicycles de Ptolémée.

Nous représentons dans la figure 4 le système cosmographique de Ptolémée. Au milieu se voit la terre, environnée extérieurement de feu (c'est précisément le contraire de la vérité, d'après le principe fondamental de la géologie moderne; mais il est bien entendu que nous ne nous attachons pas ici à relever les erreurs du système de Ptolémée : nous nous bornons à le décrire). Au-dessus de la terre se voit le *premier ciel de cristal*, qui porte et entraîne la lune. Sur le deuxième et le troisième ciel de cristal sont les planètes Mercure et Vénus, qui y décrivent leurs *épicycles*. Le quatrième ciel appartient au soleil; il y parcourt le cercle.

nommé *écliptique*. Les trois dernières sphères célestes entraînent Mars, Jupiter et Saturne. Au delà des planètes est le *ciel des étoiles fixes*. Il tourne sur lui-même, d'orient en occident, avec une inconcevable rapidité et une force d'impulsion incalculable, car c'est lui qui met en branle toute cette fabuleuse machine.

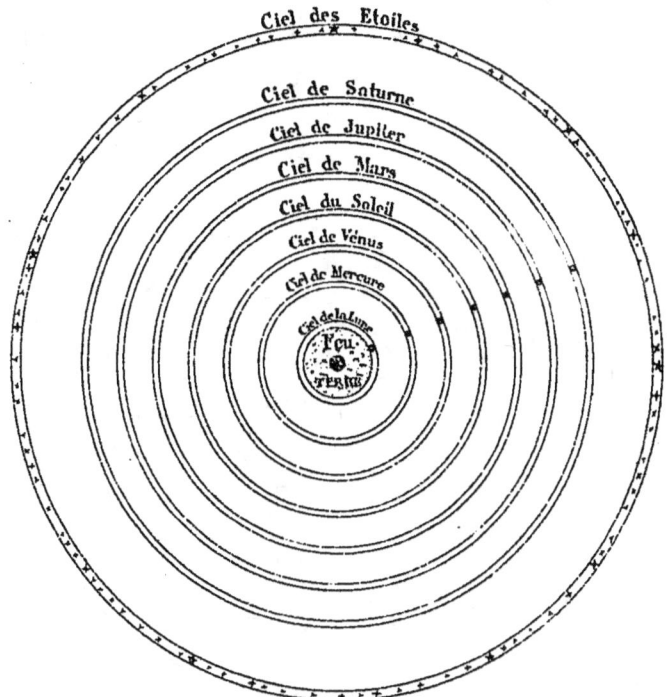

Fig. 4. Système cosmographique de Ptolémée.

Ptolémée place aux derniers confins de ce vaste ensemble le séjour des bienheureux. Trois fois heureux, en effet, car ils n'ont plus rien à démêler avec ce terrible système, si peu limpide, malgré tant de cristal!

L'ouvrage qui renferme les travaux de l'astronome grec, resta, après l'antiquité, en grande faveur chez tous les savants, en particulier chez les Arabes, qui eurent le privilége et le mérite de conserver intact le dépôt des sciences, lorsque l'Europe, pendant les douzième et treizième siècles, était plongée dans les ténèbres de la plus épaisse ignorance. Ce livre s'appelait, chez les

Arabes, *Almageste*, c'est-à-dire le *Grand livre*, le *Livre par excellence*.

Mahomet, le fondateur de la religion musulmane, fit du système de Ptolémée un dogme que Dieu même avait sanctionné. Aussi ce système est-il encore suivi et vénéré dans tout l'Orient.

Nous avons toutefois à noter une discordance dans la faveur

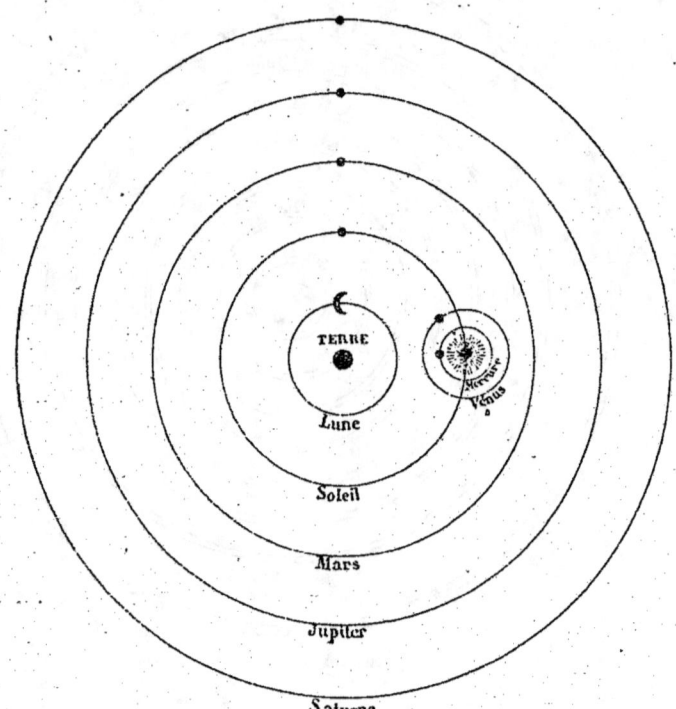

Fig. 5. Système cosmographique égyptien.

universelle qui accueillit la cosmographie de Ptolémée. Il est un roi de Castille, auquel la postérité a conservé le nom de *savant*, que ses contemporains lui avaient décerné : *Alphonse X*, dit le *savant* ou l'*astronome*, qui vivait au septième siècle. La complication du système de Ptolémée inquiétait cet excellent prince. C'est sous l'empire de ce sentiment qu'il se laissa aller à dire un jour : « Si Dieu m'eût appelé dans son conseil quand il créa le monde, j'aurais pu lui donner quelques bons avis pour le construire d'une façon plus simple. » Cette boutade, qui n'atteignait que le système scientifique de Ptolémée et non la majesté divine, coûta cher au savant monarque, qui perdit sa couronne, en partie pour cette parole imprudente.

La conception de Ptolémée laissait subsister une difficulté : c'était de savoir pourquoi Mercure et Vénus se tenaient toujours à proximité du soleil. Le désir d'expliquer ce fait particulier, fit introduire une certaine modification dans la doctrine primitive. On attribua aux planètes Mercure et Vénus un mouvement de révolution autour du soleil. Ainsi, l'on accordait à ces deux petites planètes, ce que l'on refusait à la terre. Ce système qui représente un commencement de concession à l'esprit nouveau, porte le nom de *Cosmographie égyptienne*. On le voit représenté dans la figure 5.

Mais dans tous ces systèmes, on ne faisait, comme on le voit, aucune place aux comètes. On aurait été fort embarrassé de caser parmi toutes ces sphères de cristal, ces astres voyageurs. Les comètes, « ces bohémiens du système solaire, » comme les appelle lord Wrottesley, auraient cassé bien des vitres dans ce fragile édifice.

C'est à un chanoine allemand qui vivait au seizième siècle, à Nicolas Copernic, qu'était réservée la gloire, à jamais immortelle, de renverser tout cet échafaudage d'erreurs; de rompre comme Alexandre, avec l'épée de son génie, le nœud gordien des *epicycles* de Ptolémée, et de fonder le système qui est le bréviaire de nos astronomes.

Né en 1472 à Thorn en Prusse, Nicolas Copernic ne publiait qu'en 1543, c'est-à-dire dans les dernières années de sa vie, l'admirable ouvrage qui devait détruire le système séculaire des écoles, et y substituer celui qui forme la base de l'astronomie moderne. Cet ouvrage avait pour titre : *De orbium cœlestium revolutionibus*; il était dédié au pape Paul III.

Copernic plaça le soleil immobile au centre du monde, et fit tourner autour de l'astre central les planètes, parmi lesquelles il comprit la terre. Il donna à la terre un mouvement de rotation sur son axe, s'accomplissant en vingt-quatre heures (fig. 6). Le mouvement de rotation diurne et nocturne des astres qui apparaissent à la voûte céleste, s'expliqua dès lors avec une merveilleuse facilité. Ainsi l'astronome allemand dépouillait la terre du brillant cortége d'astres de toute grandeur qu'on lui avait accordé depuis l'origine des sciences; il la réduisait à un seul satellite, la lune, qui éclaire ses nuits par la réflexion des rayons du soleil, passé sous l'autre hémisphère.

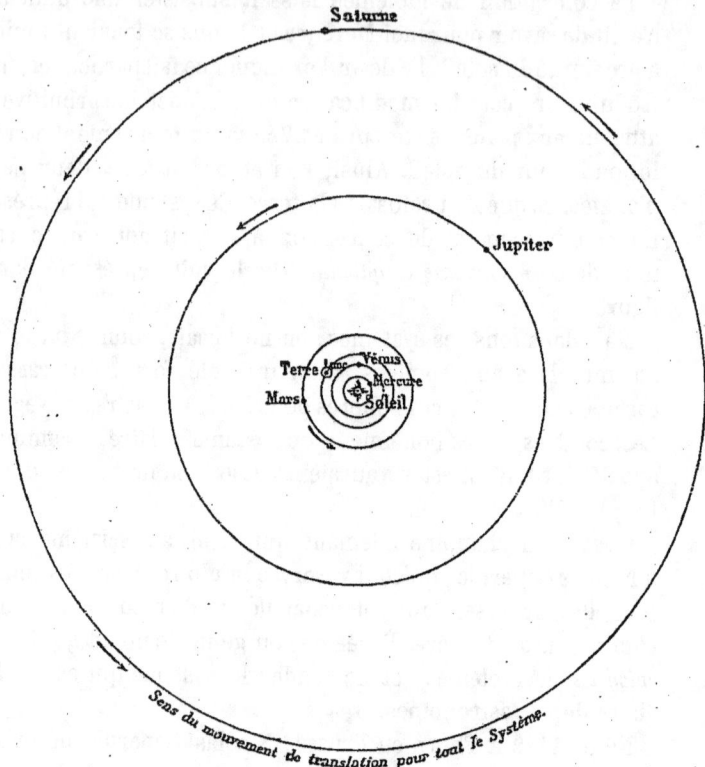

Fig. 6. Système cosmographique de Copernic.

Copernic s'exprime ainsi dans la dédicace de ses *Révolutions célestes* :

« Je suis certain que les savants proclameront la vérité de ma découverte quand ils auront pu examiner avec attention les preuves que je fournis. Que si des ignorants ou des esprits légers veulent m'opposer certains passages des saintes Écritures, dont ils méconnaissent le sens, je méprise leurs attaques. Les vérités mathématiques ne peuvent avoir pour juges que des mathématiciens. »

L'astronome de Thorn ne se trompait pas en entrevoyant une grande opposition à ses vues. Peu de temps après la publication de son livre, le père Riccioli proposait une série d'arguments contre le mouvement de la terre. Ces arguments, au nombre de soixante dix-sept, étaient plus absurdes les uns que les autres. « Les oiseaux, dit par exemple le père Riccioli, oseraient-ils s'élever dans les airs, s'ils devaient voir la terre fuir au-dessous d'eux? » On peut, par cet échantillon, juger du reste.

Le grand astronome Tycho-Brahé admirait la simplicité de la cosmogonie de Copernic; mais il ne pouvait comprendre le mouvement initial imprimé à une masse aussi considérable que la terre. De plus, les paroles de l'Écriture sainte l'éloignaient de cette doctrine. Pour mettre d'accord la religion et la cosmographie nouvelle, Tycho-Brahé imagina un moyen terme, un système *éclectique*, comme on dit dans notre philosophie française. Il permit aux planètes de tourner autour du soleil, comme le voulait Copernic, mais il rendit la terre fixe, et fit tourner le soleil autour de la terre immobile. Ainsi Tycho-Brahé accordait aux planètes l'immobilité qu'il refusait au soleil. Voilà comment les plus grands esprits du dix-septième siècle, gênés par la regrettable intervention d'un scrupule religieux sans fondement réel, hésitaient entre l'évidence de la vérité scientifique et une erreur qui n'avait pour elle qu'une mauvaise interprétation de quelques lignes de la Bible.

En découvrant les véritables lois du mouvement des corps célestes, le grand Kepler vint apporter au système de Copernic le secours et le complément qui lui manquaient; et dès lors le fait de la rotation de la terre devint une certitude pour tous les esprits éclairés. Kepler découvrit que les planètes décrivent autour du soleil des ellipses, et non des cercles; il fixa les lois mathématiques précises auxquelles obéissent les orbites de ces astres.

Kepler, un des plus étonnants génies qui aient honoré l'humanité, était astronome de la cour de Prague. Ses travaux et ses malheurs en ont fait une des plus grandes figures du dix-septième siècle. L'accusation de sorcellerie qui ne cessa de le poursuivre lui et sa mère, jeta sur toute sa vie des embarras et des périls dont il ne put triompher qu'à force de constance et de courage. Heureusement une imagination brûlante, qui lui faisait dominer toutes les adversités de sa carrière, lui inspira la force nécessaire pour terminer l'œuvre de son génie.

Ecoutez ce trait sublime du livre de Kepler. Après avoir

découvert la troisième loi astronomique qui porte son nom, Kepler se décide à publier son livre, et il écrit dans la préface :

« Le sort en est jeté, j'écris mon livre. On le lira dans l'âge présent, ou dans la postérité. Que m'importe ! Il peut attendre son lecteur. *Dieu a bien attendu six mille ans qu'il vînt un homme capable de comprendre et d'admirer son ouvrage !* »

L'immortel Galilée à qui appartient, en commun avec Descartes et Bacon, la gloire d'avoir renouvelé, au seizième siècle, les bases de l'édifice entier des sciences, fût l'un des plus ardents sectateurs du système de Copernic. Faisant, pour la première fois, usage de la lunette astronomique, qu'il venait de construire d'après la simple annonce de la découverte de cet instrument, Galilée constata le mouvement de rotation de la planète Vénus et celle de Mercure autour du soleil. Raisonnant par analogie, il conclut à la rotation de la terre, en invoquant, d'ailleurs, toutes les autres preuves réunies par Kepler, et qui confirment cette vérité fondamentale.

La passion religieuse de cette époque devait faire cruellement expier à l'immortel Florentin ses convictions scientifiques. En 1633, l'inquisition romaine décrète Galilée de prise de corps, et le condamne à la prison, pour avoir professé et propagé le principe, contraire, disait-on, aux saintes Écritures, du mouvement de la terre dans l'espace. Sous la menace de la torture imminente, le malheureux Galilée se résigna à faire une abjuration solennelle de ses *erreurs*. Voici la pièce qu'il consentit à revêtir de sa signature, après l'avoir lue à haute et intelligible voix, agenouillé devant le redoutable conclave.

« *Ego Galilæus, filius Vincentii Galilæi Florentinus, ætatis meæ annorum* 70, *constitutus personaliter in judicio, et genuflexus coram vobis eminentissimis et reverendissimis Dominis cardinalibus, universæ Christianæ Reipublicæ contra hæreticam pravitatem generalibus inquisitoribus........, corde sincero et fide non ficta,* ABJURO, MALEDICO ET DETESTOR *supradictos* ERRORES ET HÆRESES.... »

« *Moi, Galilée, fils de Vincent Galilée, Florentin, âgé de* 70 *ans, constitué personnellement en justice, étant à genoux devant vous, éminents et très-révérends cardinaux, inquisiteurs généraux de la Chrétienté contre la malice des hérétiques...... d'un cœur et d'une foi sin-*

cère, j'abjure, je maudis, je déteste les susdites erreurs et hérésies (du mouvement de la terre....).

On a longtemps prétendu que Galilée, après avoir lu cette déclaration, et en se relevant, aurait dit, en frappant de son pied la terre : « *E pur si muove!* » « *Et pourtant elle tourne!* » D'après des travaux récents[1], cette assertion serait controuvée. Le malheureux vieillard serait allé, en silence, cacher dans la libre retraite que lui valut son abjuration, l'amertume de ses derniers jours.

Mais que Galilée ait fait ou non cette protestation tardive, sous l'œil de ses juges et de ses bourreaux, cette exclamation célèbre, *E pur si muove!* toute la génération scientifique actuelle la prononce avec un élan unanime. *La terre tourne!* et nous allons voir dans le chapitre suivant les conséquences de ce grand principe, avec l'explication facile qu'il nous donne des grands phénomènes terrestres.

---

1. Voir Biot : *La vérité sur le procès de Galilée* (*Mélanges scientifiques et littéraires*, tome III). *Galileo Galilei*, par Philareste Chasles, 1 vol. in-18, 1862.

II

Les saisons terrestres. — Les jours et les nuits.

Le système du monde solaire que nous venons d'exposer, va nous permettre de rendre compte de ce que l'on nomme les *saisons*, et d'expliquer la cause de l'inégalité des jours et des nuits sur la terre.

L'orbite terrestre est une ellipse peu différente d'un cercle. Comme nous l'avons déjà dit, on donne à l'orbite terrestre le nom d'*écliptique*. La terre parcourt l'écliptique dans l'espace d'une année, en tournant autour d'un axe dirigé constamment vers les mêmes deux points du ciel, ou, en d'autres termes, toujours parallèle à lui-même. Il suit de là que le plan de l'équateur céleste qui est perpendiculaire à l'axe terrestre, conserve aussi toujours la même inclinaison par rapport au plan de l'écliptique dans lequel se meut la terre; cette inclinaison, qui est de 23° 27', s'appelle l'*obliquité de l'écliptique*.

Le parallélisme constant de l'axe de rotation de la terre sur elle-même, est la cause déterminante des saisons. La même cause fait naître les variations périodiques de la longueur des jours et des nuits, ou plutôt ces deux effets : chaleur de l'été et longueur des jours, froid de l'hiver et brièveté des jours, tiennent à une cause commune; il s'agit maintenant de mettre cette cause en relief.

La figure 7, que nous empruntons à l'*Atlas de géographie* de M. Babinet[1], montre la terre dans douze positions correspondant aux douze mois de l'année. Pendant une moitié de l'année, l'extrémité nord de l'axe terrestre (l'extrémité supérieure dans la figure) penche vers le soleil, et l'extrémité sud en est détournée. Pendant l'autre moitié, c'est le pôle sud qui s'incline vers le soleil, pendant que l'extrémité nord s'en éloigne. On voit,

---

[1]. *Atlas universel de géographie physique, politique et historique*, chez E. Bourdin et L. Hachette. Paris, 1861.

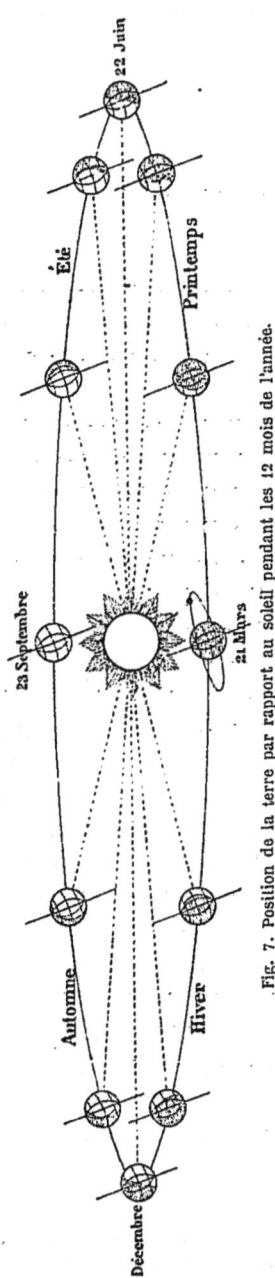

Fig. 7. Position de la terre par rapport au soleil pendant les 12 mois de l'année.

dans cette figure, que le pôle nord ou *boréal* s'éloigne le plus du soleil vers le 22 décembre, et s'en rapproche le plus vers le 21 juin. Les deux pôles sont à égale distance du soleil le 21 mars et le 23 septembre ; à cette époque, le soleil se trouve dans le plan de l'équateur.

A un moment donné, le soleil éclaire toujours une moitié de la terre, et l'autre moitié est plongée dans l'ombre ; sur la première, il fait jour, et nuit sur l'autre. On appelle *cercle d'illumination* le grand cercle qui sépare le jour de la nuit, qui sépare l'hémisphère éclairé de l'hémisphère obscur. Le 21 mars et le 23 septembre, le cercle d'illumination passe par les deux pôles, et divise en deux moitiés égales tous les parallèles terrestres. Voici ce qui en résulte. En vingt-quatre heures, la terre aura fait une rotation complète autour de son axe ; chacun de ses points aura séjourné douze heures dans l'ombre et douze heures dans la lumière ; par conséquent, les jours auront alors la même durée que les nuits sur tout le globe. C'est pour cette raison que l'on dit que le 21 mars et le 23 septembre sont les époques des *équinoxes*.

La figure 8, qui représente l'écliptique vue de face, fera encore mieux comprendre ce qu'on vient de lire.

On voit que le 21 décembre le pôle nord est dans l'ombre ; il y reste pendant toute la durée d'une rotation de la terre ; le soleil ne paraît point à son horizon. Le 21 juin, c'est le pôle sud qui demeure dans l'obscurité, tandis que le pôle nord reste éclairé pendant toute la durée d'une rotation du globe. Le côté nord de la terre est alors penché

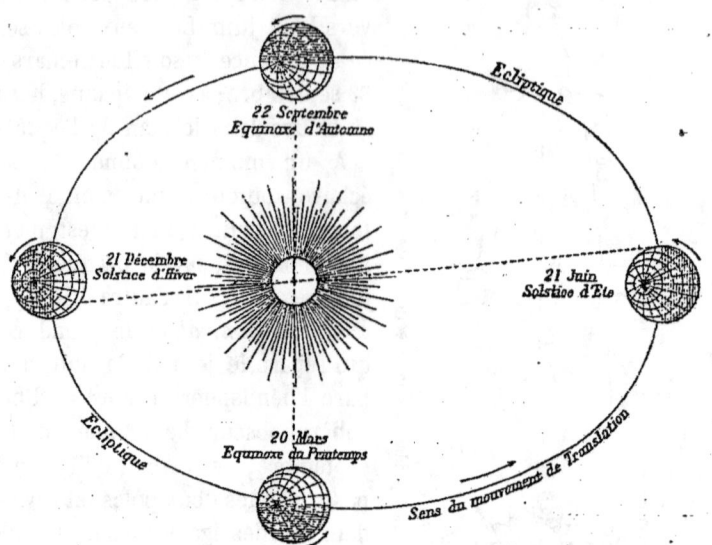

Fig. 8. Écliptique vue de face, et montrant les saisons terrestres.

vers le soleil et tout l'hémisphère nord reste plus longtemps exposé aux rayons solaires que plongé dans l'ombre; les jours sont alors plus longs chez nous que les nuits, et nous avons l'été. Le contraire a lieu pour l'hémisphère sud; ses nuits sont alors plus longues que ses jours, et l'hiver existe. Le 21 décembre, tout est renversé : hiver et longues nuits au nord, été et nuits courtes au sud de la terre.

Les époques du 21 juin et du 21 décembre s'appellent *solstice d'été* et *solstice d'hiver*[1], parce que le soleil semble alors rester stationnaire pendant quelques jours; il est alors à sa plus grande distance du pôle sud et du pôle nord respectivement, et, avant de rebrousser chemin pour revenir vers le pôle dont il s'est éloigné, il semble se reposer un peu : de là le nom de *solstice* (*sol stat*).

---

1. Il serait plus juste de dire *solstice de juin* et *solstice de décembre*, puisque l'été et l'hiver de notre hémisphère correspondent à l'été et à l'hiver de l'hémisphère opposé.

Afin de mieux faire comprendre la distribution des saisons sur notre globe, nous donnons ici deux figures représentant la terre vue de profil aux époques des solstices. Le cercle d'illumination y est toujours figuré par une ligne verticale. Dans la figure 9,

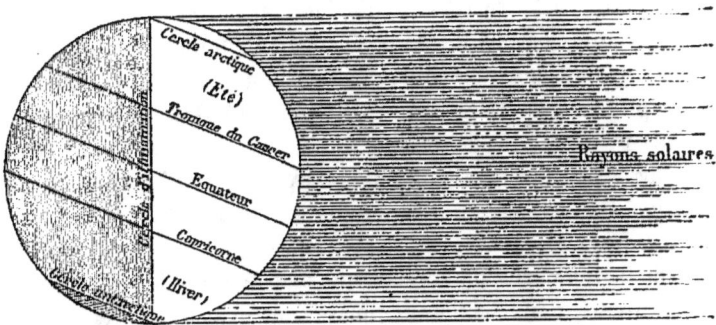

Fig. 9. Solstice d'été.

on voit un arc de cercle ayant pour centre le pôle nord et touchant à la limite de l'ombre; il circonscrit la région qui reste, pendant la rotation de la terre, exposée aux rayons du soleil : on l'appelle *cercle arctique* (du grec αρκτος, l'*ourse*, constellation

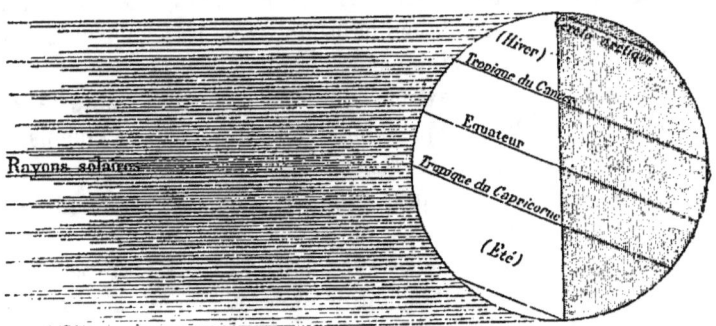

Fig. 10. Solstice d'hiver.

polaire). Dans la figure 10, la même région se trouve tout entière dans l'ombre; elle y reste donc pendant au moins vingt-quatre heures, à l'époque du solstice d'hiver. Un cercle analogue, ayant pour centre le pôle sud, s'appelle *cercle antarc-*

tique (comme on dirait : contre-polaire). Il limite la région qui reste dans l'ombre à l'époque du solstice d'été, et où il fait jour au moins vingt-quatre heures, au moment du solstice d'hiver.

Les cercles qui portent le nom de *tropiques* ont le soleil de midi au *zénit*, c'est-à-dire d'aplomb au-dessus des têtes de leurs habitants, à l'époque d'un solstice; phénomène qui arrive aux équinoxes pour les habitants de l'équateur. Les *tropiques* (nous expliquerons cette dénomination plus loin) limitent sur la terre les régions pour lesquelles le soleil peut atteindre le zénit et envoyer ses rayons perpendiculairement sur le pays. La bande ainsi limitée a reçu la dénomination de *zone torride;* les régions circonscrites par les cercles polaires, et qui sont privées du soleil une partie de l'année, ont mérité le nom de *zones glaciales;* Enfin les deux bandes comprises entre chaque cercle polaire et le tropique voisin s'appellent *zones tempérées.*

Dans les deux figures 9 et 10, le cercle d'illumination partage l'équateur en deux moitiés égales; sur chacun de ses points, il fera jour pendant douze heures et nuit pendant douze heures, à toutes les époques de l'année. Les régions au-dessus sont plus avantagées que celles au-dessous, dans la première, et moins que les autres dans la seconde figure. L'hémisphère nord aura l'été et des jours de plus de douze heures, l'hémisphère sud l'hiver et des jours de moins de douze heures au mois de juin; l'inverse aura lieu au mois de décembre.

Aux deux saisons extrêmes, hiver et été, on a ajouté deux saisons intermédiaires : printemps et automne. Pour l'hémisphère nord, le printemps commence avec l'équinoxe du 22 mars, l'été avec le solstice du 21 juin, l'automne avec l'équinoxe du 23 septembre, l'hiver avec le solstice du 22 décembre.

Dans la région des pôles nord et sud, il fait jour pendant six mois et nuit pendant autant de mois, si l'on fait abstraction du crépuscule qui abrége cette longue nuit. Le ciel étoilé y tourne une fois en vingt-quatre heures comme un immense cadran; les étoiles ne se lèvent ni ne se couchent jamais. Le soleil décrit pendant six mois une spirale au-dessus de l'horizon, se rapprochant d'abord du pôle céleste et s'en éloignant ensuite peu à peu, jusqu'à ce qu'il disparaisse sous l'horizon, vers l'époque de l'équinoxe.

La figure 11 représente la marche *apparente* du soleil dans le ciel, pendant le cours d'une année. On y voit aussi les *tropiques*

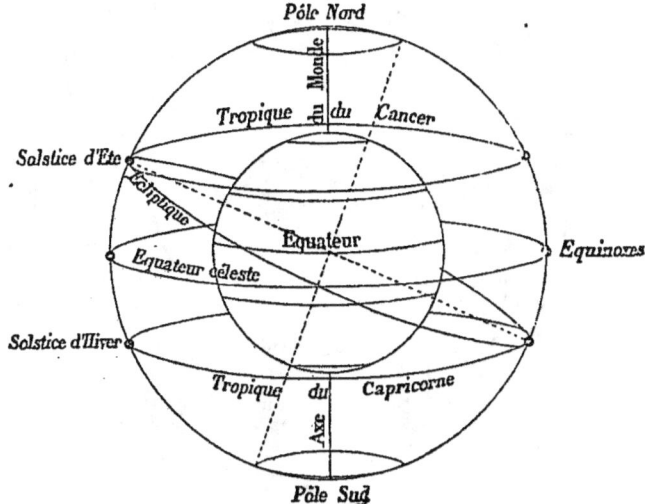

Fig. 11. Marche apparente du soleil.

célestes qui correspondent aux tropiques terrestres, et qui tirent leur nom du grec τροπη (*retour*), parce que le soleil, lorsqu'il les a atteints, semble revenir sur ses pas pour s'en éloigner de nouveau. On les appelle *tropique du Cancer* et *tropique du Capricorne*, parce que le soleil, aux époques des solstices (quand il touche à l'un des tropiques) se trouve soit dans le signe du Cancer, soit dans celui du Capricorne.

Les *signes célestes* sont douze constellations dont l'ensemble a reçu le nom de *Zodiaque*, et que le soleil paraît parcourir successivement, par suite du mouvement annuel de la terre. La figure 12 représente les symboles adoptés pour ces douze signes[1].

Dans son mouvement apparent, le soleil, voyage donc au milieu de constellations célestes; il en fait le tour en 365 jours 6 heures, et en même temps il s'éloigne et se rapproche alternativement de l'équateur céleste, qu'il traverse aux époques des équinoxes.

---

1. Le poëte Ausone les résume dans ces deux vers latins :
   Sunt Aries, Taurus, Gemini, Cancer, Leo, Virgo,
   Libraque, Scorpius, Arcitenens, Caper, Amphora, Piscis.

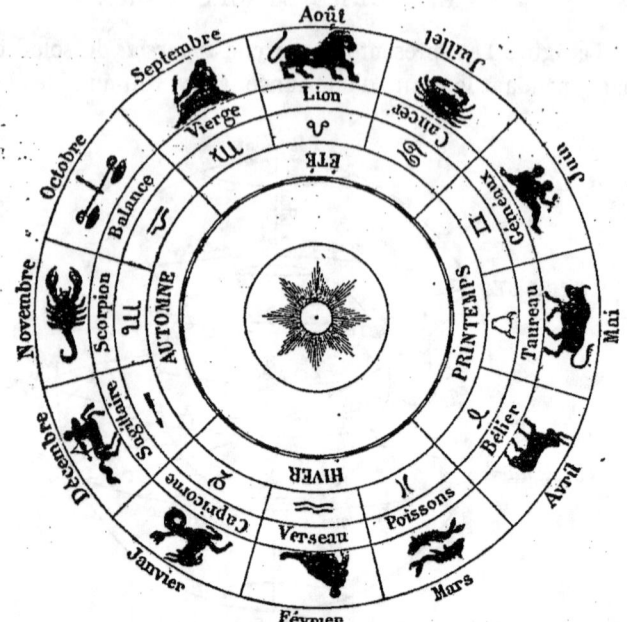

Fig. 12. Signes du Zodiaque.

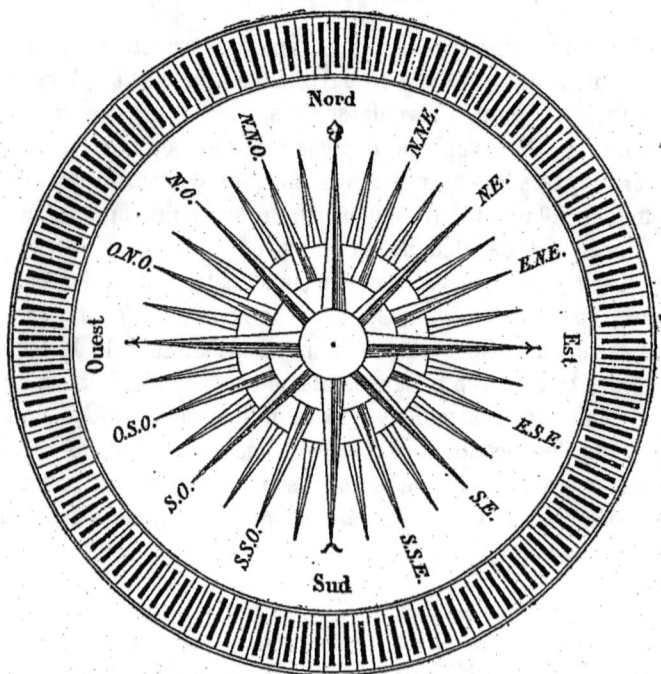

Fig. 13. Rose des vents.

L'équateur céleste rencontre l'horizon en deux points que l'on appelle *est* (orient) et *ouest* (occident). L'est se trouve à gauche et l'ouest à droite d'un observateur qui regarderait vers le sud.

On nomme *rose des vents* (fig. 13) le tableau sur lequel sont indiquées, avec leurs subdivisions, les positions relatives qui ont reçu le nom de *nord, sud, est* et *ouest*.

FORME ET DIMENSIONS

DU GLOBE TERRESTRE.

I

Forme de la terre. — Preuves de sa convexité. — Histoire des moyens employés pour déterminer les dimensions de la terre. — Aristote. — Possidonius. — Ératosthène. — Ptolémée. — Le calife Al-Mamoun. — Le médecin Fernel, au seizième siècle, mesure un degré du méridien. — Snellius. — Longitudes et latitudes. — Méthode de triangulation. — L'Académie des sciences de Paris. — Travaux de Newton sur l'aplatissement polaire. — Commissions scientifiques envoyées en 1736 par l'Académie des sciences au pôle et à l'équateur. — Mesures modernes. — Delambre et Méchain. — Biot et Arago. — Système métrique. — Véritables dimensions du sphéroïde terrestre. — Détermination des longitudes par les observations astronomiques. — Globes et cartes géographiques.

Pour un spectateur placé sur le soleil ou sur une autre étoile fixe, la terre ne serait qu'un point brillant dans le ciel, une étoile parmi les étoiles.

Pour un habitant de la lune, pour un *sélénite*, la terre apparaîtrait sous la forme d'un disque lumineux, quatorze fois plus grand que nous ne voyons le disque lunaire, et occupant toujours la même position dans le ciel. L'habitant de la lune verrait la terre suspendue au firmament, comme un immense cadran d'horloge, dont la rotation quotidienne indiquerait pour lui les vingt-quatre heures. Les *phases de la terre* marqueraient les mois pour le *sélénite*. La figure 14, qui a été dessinée d'après une gravure du *Panorama des mondes* de Lecouturier, montre comment on peut se représenter notre globe, en le supposant vu de la lune.

La détermination de la véritable forme de la terre a coûté, depuis l'origine des sciences, bien des travaux et des efforts. Quand on monte sur un lieu élevé, par exemple sur une colline située au milieu d'une vaste plaine, ou bien encore sur le mât d'un vaisseau, la vaste étendue que l'on aperçoit apparaît comme un plateau circulaire, sur les bords duquel semble reposer et s'appuyer la voûte céleste. Aussi, pendant bien des siècles, les hommes se sont-ils représenté la terre comme une sorte de plaine infinie, c'est-à-dire comme une surface plate et horizontale. Il a fallu la science d'une foule de générations successives pour s'affranchir de cette erreur des sens, pour se placer à un point de vue abstrait, et contempler, avec les yeux de l'esprit, la terre nageant dans l'espace, sous la forme d'un globe librement suspendu dans les régions planétaires.

La première démonstration pratique de la forme arrondie de notre planète a été fournie par les navigateurs qui, en voguant toujours droit devant eux, ou dans une direction invariable, firent sur leurs vaisseaux le tour du monde, et revinrent à leur point de départ.

Le navigateur Magellan est le premier qui ait fait un voyage de circumnavigation. Parti au mois de septembre 1519, des côtes du Portugal, il découvrait, un an après, le détroit qui porte aujourd'hui son nom, et qui est situé à l'extrémité de l'Amérique méridionale. Il découvrit ensuite les îles Philippines, où il périt dans un engagement contre les naturels. Ses lieutenants, continuant de voguer vers l'ouest, comme on l'avait fait depuis le départ, revinrent en Europe. Si la terre était une surface plate, ce retour au point de départ n'eût pas été possible.

Mais les preuves de la rotondité de la terre sont faciles à multiplier. L'une des plus vulgaires est la suivante. Lorsque, marchant dans une plaine, on approche d'un village, on aperçoit d'abord le sommet du clocher, ensuite le toit de l'église, enfin les maisons les plus basses. Il faut conclure de là qu'en marchant vers le village on remonte une ligne courbe, au lieu de rester toujours au même niveau par rapport à ce point.

Quand on se trouve au bord de la mer, et que l'on regarde un navire arrivant au port, on commence toujours par aper-

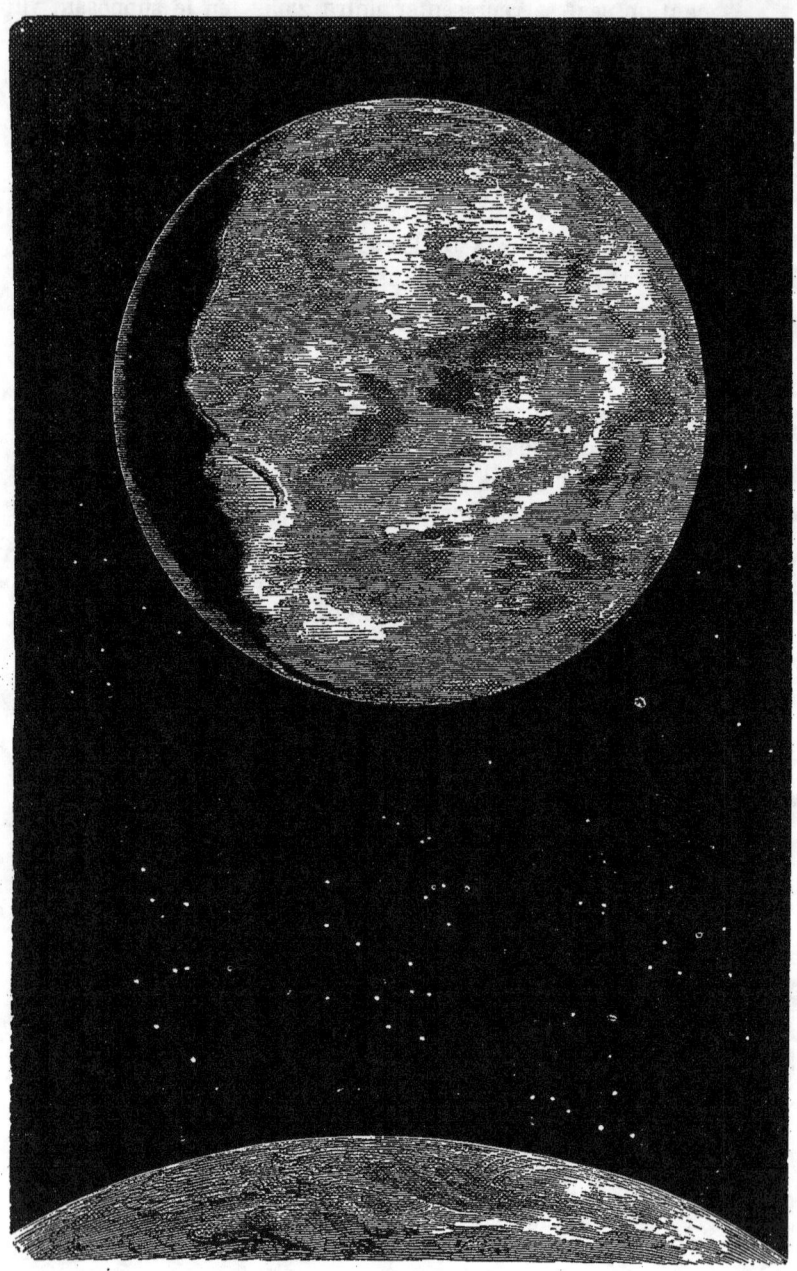

Fig. 14. La terre vue de la lune.

cevoir les pointes des mâts; les voiles surgissent ensuite, enfin le corps tout entier du navire se montre à découvert (fig. 15). Le vaisseau, qui ne se révèle ainsi que petit à petit à l'œil de l'observateur placé sur le rivage, remonte donc une surface arrondie.

Le phénomène auquel nous venons de faire allusion, s'observe même sur les lacs d'une certaine étendue, comme le lac de Constance. Un passager placé sur le pont du bateau à vapeur qui traverse cette belle nappe d'eau, peut, à l'aide d'une lunette, voir les barques des pêcheurs émerger peu à peu du lac à sa limite apparente, c'est-à-dire au pied des montagnes.

La limite où le ciel et la mer semblent se confondre pour un spectateur placé sur le rivage, c'est-à-dire *l'horizon apparent*, s'éloigne d'autant plus que le point de vue est plus élevé, car cette limite se trouve à la distance où la ligne visuelle qui part de

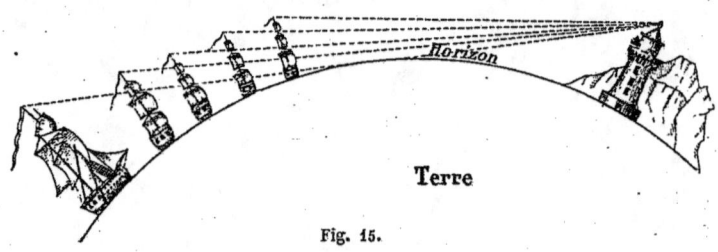

Fig. 15.

l'œil de l'observateur, est tangente à la sphère terrestre. Un phare, par exemple, est visible à une distance d'autant plus grande qu'il est plus élevé. Un phare haut de 100 mètres domine 35 kilomètres d'étendue en mer.

Une autre preuve de la convexité de la terre résulte de certaines apparences que les astres présentent au voyageur. En allant de l'équateur vers le nord, on voit les constellations méridionales disparaître l'une après l'autre derrière soi. Si l'on va vers le sud, on voit, au contraire, apparaître des étoiles nouvelles, tandis que les étoiles voisines du pôle nord s'abaissent et se cachent au-dessous de l'horizon. Il est donc impossible que la ligne méridienne soit une droite tracée sur une plaine; elle doit se courber vers le nord et vers le sud.

Une éclipse de lune arrive dans le ciel à un moment déterminé; mais, si on l'observe à dix heures du soir à Paris, il est près de onze heures à Vienne quand la même éclipse se manifeste dans cette ville. Le soleil s'est donc levé à Vienne une heure plus tôt qu'à Paris, d'où il suit que la terre est courbe d'orient en occident.

Disons enfin que, dans une éclipse lunaire, l'ombre de la terre projetée sur le disque éclipsé de la lune, présente la forme circulaire : c'est l'ombre d'un corps sphérique. La terre ressemble donc à tous les autres corps célestes qui se présentent à nos yeux avec une forme sphérique.

Plusieurs philosophes de Grèce, qui avaient compris la véritable figure de notre globe, tentèrent d'en calculer la grandeur. Aristote nous dit que la *circonférence* de la terre est de 400 000 *stades*. Ce nombre rond indique suffisamment qu'il ne s'agissait pas d'une détermination géométriquement exacte, mais seulement d'une estimation approximative. Nous ne savons pas, d'ailleurs, de quel genre de stades parlait Aristote. On connaît, en effet, des stades de 600, de 500, de 1111 au degré, etc. Les auteurs grecs donnent pour la circonférence terrestre, tantôt 400 000, tantôt 300 000, tantôt 250 000 stades, et, malgré les recherches les plus profondes de nos géographes, on ignore encore ce que signifient au juste ces anciennes évaluations. Tout ce qui résulte de là, c'est que les anciens Grecs avaient une idée assez exacte de la courbure et des dimensions de la terre.

C'est ainsi, par exemple, que Possidonius ayant remarqué que l'étoile *Canopée* paraissait à Rhodes à l'horizon, tandis qu'elle se montrait au zénith, à Alexandrie, élevée de la 48ᵉ partie du cercle, en conclut que Rhodes était éloigné d'Alexandrie de la 48ᵉ partie du méridien ; et il se servit de cette observation pour déterminer la longueur d'un méridien terrestre. Mais Possidonius se trompait en croyant que ces deux villes sont sur le même méridien.

Ératosthène s'approcha davantage de la vérité. Il savait qu'à Syène le soleil, au moment du solstice d'été, ne produisait, lorsqu'il se trouvait au méridien, aucune ombre au fond des puits ; tandis qu'à Alexandrie, le soleil passait, à la même époque, à $7°\,12'$ au sud du zénith. En effet, un *gnomon* ou *style*, élevé verticalement au centre d'un hémisphère concave, y projetait, à midi, son ombre sur la 50ᵉ partie du cercle. Ératosthène en conclut que la distance de 5000 stades qui séparait Syène d'Alexandrie, était la 50ᵉ partie d'un cercle méridien, et que la circonférence d'un méridien entier était de 50 fois 5000 ou 250 000 stades.

Exprimé en stades de 180 mètres, ce nombre équivaut à 45 millions de mètres, ce qui se rapproche de 40 millions de mètres, nombre adopté aujourd'hui pour la longueur du méridien terrestre. Malheureusement, Syène et Alexandrie ne sont pas sous le même méridien. Malgré l'exactitude relative de son évaluation, Ératosthène a donc fait une erreur de principe.

On doit à Ptolémée d'avoir réuni et coordonné toutes les mesures essayées avant lui concernant les dimensions de la terre.

Le calife Al-Mamoun, prince éclairé, dont le souvenir sera toujours en honneur dans l'histoire des sciences, voulut, plus tard, vérifier tous ces résultats anciens. Il fit mesurer la longueur d'un degré. Les géomètres, chargés par lui de ce travail, choisirent pour leurs opérations la plaine de Sennaar, en Mésopotamie. Ils se séparèrent en deux groupes, dont l'un se dirigea vers le nord et l'autre vers le sud. Après s'être éloignés d'un degré de leur point de départ, ils mesurèrent la distance parcourue : elle était de 56 milles arabes et demi. Ainsi, d'après cette mesure, la longueur du degré était de 56 milles arabes et demi. Mais quelle est la valeur du mille arabe? Un mille arabe a 4000 aunes de 24 pouces chacune, et chaque pouce a 6 grains d'orge. Mais que vaut un grain d'orge? Quelques savants estiment le mille arabe à 2100 mètres, cela donnerait un peu plus de 42 millions de mètres pour le périmètre de la terre mesuré par les Arabes.

C'est un médecin français qui, au milieu du seizième siècle, reprit la question des dimensions de la terre au point où les anciens l'avaient laissée. Fernel est connu, dans l'histoire de la médecine, comme le restaurateur des écrits des Arabes et de Galien, comme un écrivain élégant et un dialecticien solide; il est connu, dans l'histoire générale, comme médecin d'Anne de Poitiers et de Henri II, qu'il accompagna au siège de Calais. Mais ce que l'on ignore généralement, c'est l'opération, vraiment étonnante dans ses résultats, qu'il eut le bonheur d'accomplir pour la mesure du méridien terrestre. Le moyen qu'il mit en usage est tellement simple, tellement grossier pour mieux dire, que l'on en est encore à se demander quel hasard il peut cacher. Fernel adapta à sa voiture un compteur, pour enregistrer le nombre des tours de roues; puis il mesura la longueur d'un degré sur la route de Paris à Amiens, en notant, au moyen de ce compteur, le nombre des tours de roues de sa voiture. Et, chose singulière; cet étrange moyen d'arpentage lui donna pour la valeur du degré, 57 070 toises, valeur très-peu éloignée de celle que devaient fournir les opérations géodésiques modernes.

Au commencement du dix-septième siècle, on commença à appliquer à la mise en œuvre du procédé employé pour la première fois par le philosophe Ératosthène, toutes les ressources d'une science déjà assez avancée. En 1617, l'astronome hollandais Snellius mesura, au moyen d'une suite de triangles contigus, les arcs terrestres compris entre les villes d'Alkmaer, Leyde et Bergen-op-Zoom, et il compara leur longueur avec le nombre de degrés qu'ils contenaient.

Mais nous sommes obligé, pour l'intelligence de ce qui va suivre, de nous arrêter un moment, pour entrer dans quelques détails sur les longitudes et les latitudes, c'est-à-dire sur ce qu'on appelle les *coordonnées géographiques* d'un lieu.

Que faut-il entendre par la longitude d'un lieu? Supposons qu'il s'agisse d'indiquer avec précision la position d'un point de la terre situé au-dessus de l'équateur. Il suffira, pour cela, de faire connaître sa distance par rapport à un certain point fixe de l'équateur, adopté une fois pour toutes comme point de départ, en spécifiant si la distance est comptée dans le sens de l'ouest à l'est ou de l'est à l'ouest. Le *cercle équatorial* se divise, comme tout cercle, en 360 degrés, les degrés en 60 minutes, les minutes en 60 secondes. On dira donc : tel lieu est distant du point d'origine de tant de degrés, minutes et secondes, comptés vers l'est ou comptés vers l'ouest. Cette distance, exprimée en degrés, s'appelle *longitude* (orientale ou occidentale) de l'endroit que l'on veut désigner.

Faisons passer maintenant une série de cercles par les deux pôles et par les divisions de l'équateur; nous appellerons ces cercles *méridiens terrestres* (fig. 16). L'un de ces méridiens sera pris pour le premier, et le point où il rencontre l'équateur sera l'origine des longitudes. Tous les points terrestres situés sur le premier méridien ont la longitude de zéro; tous les points situés sous un autre méridien ont la longitude du point où leur méridien rencontre l'équateur.

En France et dans quelques autres pays, on prend pour le premier méridien celui qui passe par l'observatoire de Paris. La ville d'Alger a sensiblement la même longitude que Paris. Le point où le méridien de Paris coupe l'équateur est situé dans l'Atlantique, à peu de distance de la côte de Guinée. A partir du méridien de Paris les longitudes se comptent vers l'est et vers l'ouest jusqu'à 180 degrés. Il est évident que la longitude de 180 degrés, située à la limite, est à la fois occidentale et orientale.

D'autres nations prennent pour leur premier méridien celui qui passe par un autre grand observatoire, par exemple celui de Greenwich. Les Hollandais avaient adopté autrefois le méridien du pic de Ténériffe. La plupart des anciens géographes avaient choisi pour origine des longitudes, le méridien de

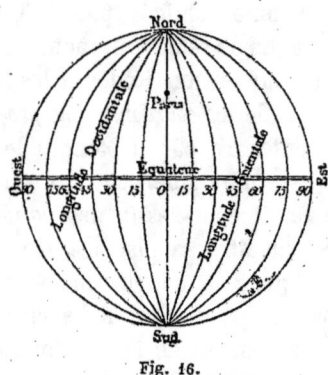

Fig. 16.
Longitudes du globe.

l'île de Fer, située à 20 degrés à l'ouest de Paris; mais cet usage, qui n'avait pas de raison d'être, est tombé en désuétude.

Il serait à désirer que toutes les nations s'accordassent pour l'adoption d'un premier méridien universel; mais la routine et la jalousie nationale s'opposeront longtemps encore à cette simplification.

Passons à ce que l'on entend par le mot *latitude*. Ce mot exprime la distance de l'équateur évaluée en degrés du cercle. La latitude est *septentrionale* si elle se rapporte à un lieu situé au nord de l'équateur, et *méridionale* dans le cas contraire. Tous les lieux ayant la même latitude sont situés sur un cercle parallèle à l'équateur. Le nombre de degrés du cercle indique la distance de l'équateur en latitude septentrionale ou méridionale (fig. 17).

Il est évident que la réunion des deux indications de la longitude et de la latitude indiquent avec précision un lieu quelconque du globe. On nomme *coordonnées géographiques* la longitude et la latitude d'un lieu.

Les latitudes sont souvent considérées à un point de vue astronomique, sur lequel nous devons donner quelques renseignements, parce qu'il se rattache à la détermination de la figure de la terre, objet spécial de ce chapitre.

La latitude d'un lieu terrestre est égale à la hauteur du pôle céleste au-dessus de l'horizon de ce lieu, ou bien à la distance zénithale de l'équateur céleste. C'est ce que montre la figure 18, dans laquelle on voit le rapport de l'équateur et des pôles terrestres avec l'équateur et les pôles célestes.

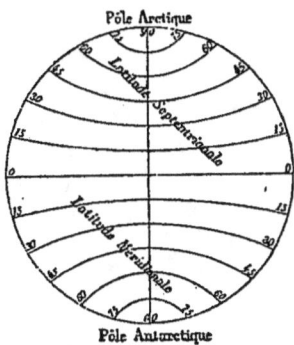

Fig. 17. Latitudes du globe.

Aussi les astronomes déterminent-ils la latitude d'un lieu en mesurant la hauteur de l'étoile polaire au-dessus de l'horizon ; ou bien ils la calculent par les hauteurs des autres étoiles et du soleil au moment où ces astres passent au méridien. Connaissant la hauteur méridienne du soleil par l'observation, et sa distance de l'équateur céleste par les tables astronomiques, on en déduit la hauteur de l'équateur, et en la retranchant de 90 degrés, la distance de l'équateur au zénith, c'est-à-dire la latitude géographique.

Ce dernier procédé avait fourni à Snellius les latitudes des trois villes hollandaises dont nous avons parlé, et qui sont à peu près sous le même méridien (2 degrés à l'est de Paris). La différence de leurs latitudes aurait été leur distance mesurée sur la voûte céleste, si toutes trois avaient eu la même longitude ; mais comme cette condition n'était pas remplie, il fallait encore trouver, par un procédé d'arpentage, la distance absolue qui correspondait à la différence des latitudes de ces trois villes.

Ce procédé s'appelle *triangulation*. Entrons dans quelques détails sur sa mise en pratique.

Pour exécuter la méthode de *triangulation* on se procure une première *base*, en mesurant, aussi exactement que possible, la longueur d'une ligne tracée sur le terrain ; puis on observe les

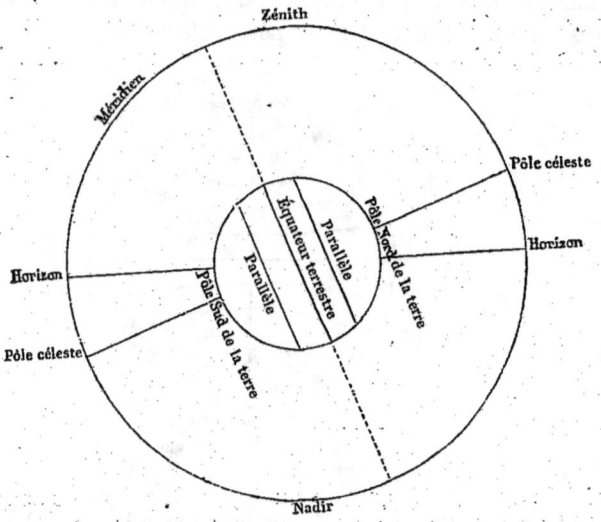

Fig. 18. Équateur, zénith et pôles célestes.

angles que la base fait, à ses deux extrémités, avec deux rayons visuels qui aboutissent à un même point éloigné. On connaît alors la figure du triangle ayant pour côtés la base et les deux rayons visuels ; on peut le tracer sur le papier, et y lire, par une simple proportion, la distance du point de mire aux deux extrémités de la base (fig. 19). Supposons, par exemple, que la base soit de 1 kilomètre ; si, dans le tracé du triangle, l'un des côtés se trouve égal au double de la base, nous en conclurons que la distance vraie du sommet à l'un des bouts de la base est de 2 kilomètres. Sur l'un des deux côtés, on construit ensuite un second triangle ayant pour sommet un autre point de mire éloigné, par exemple un clocher ou une pyramide bâtie dans ce but ; en continuant de la sorte, on arrive à former un canevas ou une chaîne non interrompue de triangles qui s'étend dans la direction du méridien. On n'a plus ensuite qu'à chercher les points où la méridienne rencontre les côtés de ces triangles, dont la longueur a été calculée, et l'on obtient par un procédé très-simple la longueur d'une portion de cette méridienne elle-même. Ayant, en même temps, déterminé astronomiquement les latitudes de quelques-uns des points de mire qui forment les sommets des triangles, on en déduit la distance en latitude des deux extrémités de la méridienne mesurée sur le terrain, et cette distance, évaluée en degrés, et comparée avec le nombre de kilomètres qui lui correspond, fait connaître la valeur d'un degré

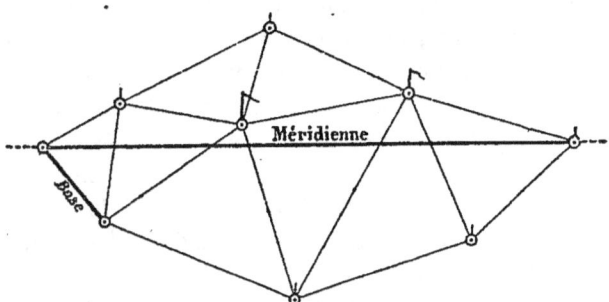

Fig. 19. Triangulation.

du méridien. Supposons, par exemple, que les latitudes extrêmes de la méridienne soient 48° 10′ et 51° 25′, et que la distance, mesurée entre ces points éloignés de 3 degrés $\frac{1}{4}$, soit de 360 kilomètres, on en conclura que le degré vaut environ 111 kilomètres.

C'est par l'emploi de la méthode des triangulations que Snellius, pour en revenir à cet observateur, trouva, pour la valeur du degré, 55 020 toises. Peu après, l'Anglais Richard Norwood obtint, par la mesure du méridien entre Londres et York, 57 300 toises, nombre beaucoup plus rapproché de la vérité.

Mais l'Académie des sciences est créée en 1665, et son installation correspond à un grand mouvement scientifique, en même temps qu'à l'époque de la renaissance des lettres françaises. De toutes les questions qui agitaient alors les esprits, aucune n'était plus digne d'occuper la jeune compagnie savante que celle de la figure de la terre. Les membres de la nouvelle académie crurent, pour ainsi dire, leur honneur engagé à lever toute incertitude sur les dimensions de notre globe. L'un d'entre eux, Picard, fut chargé de mesurer en France un arc du méridien. Il conduisit un réseau de triangles de Malvoisine à Amiens, et il trouva, comme résultat final de ses opérations, 57 060 toises pour la valeur d'un degré de méridien, c'est-à-dire un chiffre peu éloigné de celui qu'avait trouvé le médecin Fernel, un siècle auparavant, par sa bizarre méthode. La base employée par Picard avait une longueur de 5663 toises (11 kilomètres), elle avait été mesurée sur le chemin de Villejuif à Juvisy.

Cette détermination nouvelle de la longueur du méridien terrestre, qui inspira beaucoup de confiance, eut un résultat qui mérite d'être rapporté, car le fait est peu connu. Elle sauva, pour ainsi dire, du néant, le principe de la gravitation universelle. Pour vérifier, par des mesures directes, la loi de l'attraction que la terre exerce sur la lune, Newton s'était servi d'une très-fausse mesure du degré terrestre (49 540 toises), et comme ce nombre conduisait à un résultat incompatible avec la loi de la gravitation (la loi du carré inverse des distances), Newton avait déjà renoncé à cette loi. Quand Picard eut publié ses nouvelles mesures, l'illustre géomètre anglais reprit ses calculs avec cet étalon rectifié. Cette fois, ils se trouvèrent justes, et la loi de l'attraction universelle, un moment perdue pour la science, lui fut ainsi et pour jamais rendue.

Cependant l'Académie des sciences de Paris n'était encore qu'au début de sa tâche et, on peut le dire, de ses triomphes. Elle avait envoyé, en 1672, l'astronome Richer à Cayenne, pour y faire différentes observations de physique. Or, cet astronome reconnut avec une grande surprise qu'un pendule, réglé à Paris, retardait à Cayenne de 2 minutes et demie par jour. Ce fait causa un étonnement universel.

C'est à Newton qu'était réservée la gloire de trouver la cause de cette anomalie imprévue et d'en déduire une magnifique conséquence. Dans son livre des *Principes*, publié en 1687, on trouve la célèbre explication donnée par le géomètre anglais du retard ou de l'accélération du mouvement du pendule selon les différents points du globe. Le pendule ralentit ses mouvements lorsqu'on approche de l'équateur, parce que la pesanteur est moindre à l'équateur qu'aux pôles, et cela pour deux raisons : d'abord, à cause de la force centrifuge qui croît en allant vers l'équateur; ensuite, parce que la surface terrestre y est plus éloignée du centre du globe qu'elle ne l'est aux pôles. La force centrifuge agit en sens contraire de la pesanteur; due à la rotation du globe, elle est plus petite sur un parallèle que sur l'équateur, parce que la vitesse du déplacement des points d'un parallèle quelconque est moindre que la vitesse des points équatoriaux. La deuxième raison du retard d'un pendule transporté à l'équateur, c'est-à-dire l'accroissement de la distance au centre de la terre, fut déduite par Newton de sa théorie, suivant laquelle la terre a été fluide à l'origine, et par l'effet de sa rotation s'est aplatie aux pôles en se solidifiant, ainsi que cela s'observe sur des masses globulaires pâteuses que l'on fait tourner rapidement.

C'est ainsi que Newton arriva à soutenir que la terre était un sphéroïde légèrement aplati aux pôles et renflé à l'équateur.

Cette belle déduction mathématique ne fut pas acceptée d'emblée. Elle trouva, au contraire, de violents contradicteurs. Les mesures de Cassini, qui en 1683 avait étendu ses triangulations de Paris jusqu'aux Pyrénées, avaient fait supposer qu'un degré était plus petit dans le nord que dans le midi de la France, et l'on en concluait naturellement que la terre était renflée aux pôles et aplatie à l'équateur, c'est-à-dire précisément l'inverse de l'hypothèse de Newton. Le P. Riccioli, en Italie; en France, les trois Cassini, Fontenelle et son école, se distinguèrent parmi les adversaires de Newton et de sa théorie de l'aplatissement polaire. La difficulté demeura longtemps pendante; les Anglais tenaient pour l'aplatissement, les Français pour l'allongement du sphéroïde terrestre; les uns lui attribuaient la forme d'une orange, les autres celle d'un œuf. Il fallait pourtant vider cette question, qui avait dégénéré en une véritable querelle nationale.

En 1736, le gouvernement envoya une expédition scientifique au Pérou et une autre en Laponie, avec mission d'y mesurer un arc du méridien. La Condamine et Bouguer dirigeaient le groupe de géomètres qui se rendit à l'équateur. Le physicien Maupertuis, qui avait embrassé avec chaleur le système de Newton, et qui même souffrait volontiers qu'on lui en attribuât la découverte, fut le chef de la commission envoyée au pôle nord. Voltaire célébra, dans une épître adressée au comte Algarotti, cette belle expédition scientifique :

> Lorsque ce grand courrier de la philosophie,
> Condamine l'observateur,
> De l'Afrique au Pérou, conduit par Uranie,
> Par la gloire et par la manie,
> S'en va griller sous l'équateur,
> Maupertuis et Clairault vont au pôle du monde.
> Je les vois d'un degré mesurer la longueur,
> Pour ôter au peuple rimeur
> Ce beau nom de machine ronde
> Que nos flasques auteurs, en chevillant leurs vers,
> Donnaient à l'aventure à ce plat univers [1].

La commission envoyée au cercle polaire, sous les ordres de Maupertuis, souffrit beaucoup du froid ; mais elle était dédommagée par les belles aurores, dont les feux de mille couleurs éclairent les longues nuits de ces sombres climats. On attendait impatiemment leur retour, et Voltaire écrivait :

> Revole, Maupertuis, de ces déserts glacés,
> Où les rayons du jour sont six mois éclipsés ;
> Apôtre de Newton, digne appui d'un tel maître,
> Né pour la vérité, viens la faire connaître !
> Héros de la physique, Argonautes nouveaux,
> Qui franchissez les monts, qui traversez les eaux,
> Dont le travail immense et l'exacte mesure
> De la terre étonnée ont fixé la figure, etc.

Il est vrai que le même Voltaire, impatient peut-être de toute espèce de bruit qui ne se faisait pas pour lui-même, se ravisa plus tard, et, après le succès des Argonautes de l'Académie, chanta cette palinodie :

> Vous avez confirmé, dans des lieux pleins d'ennui,
> Ce que Newton connut sans sortir de chez lui,
> Vous avez arpenté quelque faible partie
> Des flancs, toujours glacés, de la terre aplatie....

Ici, Voltaire était injuste. Non-seulement les nouvelles mesures, quoique entachées de quelques erreurs, avaient confirmé les calculs de Newton, ce qui était déjà bien quelque chose ;

---

1. *Épître* XXXIX.

mais elles avaient fourni les moyens de les rectifier. Il résulta, en effet, des opérations géodésiques de la Condamine, Bouguer et Maupertuis, que la terre est encore plus aplatie vers les pôles que le philosophe anglais ne l'avait estimé par ses calculs.

Cassini s'était distingué, avons-nous dit, parmi les plus violents opposants au système de Newton. On eut quelque peine, en France, à prendre son parti de la défaite de cet homme illustre, qui tenait le sceptre de l'astronomie, et la gaieté parisienne trouva quelque consolation à humilier son heureux rival, Maupertuis, en lui donnant le sobriquet de *grand aplatisseur*.

On a, depuis cette époque, singulièrement multiplié les triangulations et les mesures des arcs de méridiens. Lacaille en a fait au cap de Bonne-Espérance, le père Boscovich entre Rome et Rimini. Mason et Dixon ont mesuré des degrés en Pensylvanie; Roy et Eudge en Angleterre; Hamilton et Everest aux Indes; Gauss en Hanovre; Bessel en Prusse; Struve en Russie, etc.

Ce magnifique ensemble de travaux entrepris pendant les dix-huitième et dix-neuvième siècles, a fixé avec précision les dimensions de la terre et sa véritable figure générale. Il en résulte que l'aplatissement polaire est de $\frac{1}{300}$, ou que le diamètre qui joint les pôles de la terre est au diamètre de l'équateur comme 299 est à 300. Sur un globe de 1 mètre de diamètre, cette différence correspondrait à un peu plus de 3 millimètres.

Parmi les grands travaux de triangulation, le plus célèbre est celui qui fut exécuté en France à la fin du dernier siècle, par le *Bureau des longitudes*, pour fixer la base du système métrique actuel. Dans le système nouveau destiné à remplacer toutes les anciennes mesures, on voulait prendre pour unité une fraction exacte de la longueur du méridien. Il fallait donc déterminer avec le plus de précision possible cette circonférence, et par conséquent mesurer pour la troisième fois une portion du méridien de Paris. Delambre et Méchain furent chargés de ce travail.

Ce n'était pas une tâche facile ni sans dangers que l'on confiait à ces deux géomètres au moment où la Révolution française, jetant les esprits dans une fiévreuse effervescence, rendait suspects tout mouvement, toute opération faite en dehors des habitudes de la vie commune. Delambre et Méchain, en menant leurs chaînes sur le terrain, furent souvent appréhendés au corps et incarcérés, comme suspects, dans les prisons municipales, victimes involontaires de la défiance de populations peu instruites dans l'art de l'ingénieur. Tout entiers à leurs travaux, nos deux géomètres restaient étrangers à l'agitation qui régnait autour d'eux, et qui, plusieurs fois, mit leurs jours en péril.

Delambre n'avait pas encore terminé la triangulation de Dunkerque à Rodez, qu'il fut exclu de la *commission du mètre*, et n'obtint qu'à titre de faveur, de terminer lui-même la portion de travail qu'il avait entreprise. Pendant ce temps, Méchain, renfermé dans Barcelone par suite de la guerre qui venait d'éclater entre la France et l'Espagne, déterminait la latitude de cette ville, et il en concluait pour le mont Jouy, une latitude de trois secondes et un quart plus grande que celle qu'il avait fait connaître à l'Académie. Erreur funeste, qu'il n'osa divulguer, craignant de jeter la défaveur sur tout son travail. Méchain garda par devers lui ce pénible secret, dont l'amertume devait abréger sa vie. Mais quand on réfléchit aux conditions difficiles au milieu desquelles Delambre et Méchain avaient dû poursuivre leurs opérations trigonométriques; quand on considère qu'ils devaient mettre autant de soin à défendre leur vie et leur liberté qu'à conduire leur arpentage et leurs visées angulaires, on excuse sans peine l'erreur qui fit le tourment des derniers jours du géomètre français.

Biot et Arago furent chargés de terminer le travail de Méchain. C'est ce qu'ils firent de 1806 à 1808. On connaît toutes les vicissitudes par lesquelles eut à passer Arago, considéré comme espion dans les îles Baléares, fait prisonnier par les Espagnols, puis emmené comme esclave sur les côtes des États barbaresques, rendu à la liberté par l'intervention diplomatique, et rentré enfin, après tant de péripéties, en possession de ses instruments et de ses papiers.

La nouvelle mesure de l'arc du méridien qui traverse la France avait donné pour la longueur du quart du méridien, 5 130 740 toises[1]. Ce nombre a servi de base au système métrique, constitué légalement en 1799.

Le mètre, unité fondamentale du système actuel des poids et

---

1. La toise est ici la longueur de l'étalon en fer qui avait servi à la mesure du Pérou; on l'appelle *toise du Pérou*.

mesures, est la *dix millionième partie du quart du méridien*; sa longueur a été fixée à 0,513 074 toise, ou 3 pieds 11 lignes. Nous sommes forcé d'ajouter que le nombre obtenu pour la longueur du méridien, a dû être légèrement modifié depuis. Si le mètre n'est plus dès lors, à la rigueur, une unité naturelle, il n'en reste pas moins une mesure parfaitement définie par l'étalon fondamental, et le système dont il est la base sera toujours considéré comme une des plus belles conceptions de l'esprit humain.

Le système métrique règne aujourd'hui en France, dans les Pays-Bas, en Italie, en Suisse, en Espagne et en Portugal, et son introduction en Angleterre se prépare en ce moment.

Cassini de Thury, troisième du nom, le même à qui nous devons la grande carte de France, avait conçu le projet de mesurer le parallèle qui s'étend de Strasbourg à Vienne, au moyen de trente-huit signaux à poudre, dont l'emplacement était déterminé; mais cette grande opération n'a été exécutée que de nos jours.

En 1804, le gouvernement français chargea de ce travail le colonel Henry, qui venait d'exécuter la triangulation de la Suisse. M. Henry mesura, comme point de départ de ses opérations, une base remarquable par sa longueur. Il mena ensuite une chaîne de triangles dans la direction du méridien, par Genève et les Alpes; ce fut là le commencement des grands travaux sur la triangulation de la France que l'on termine en ce moment.

On voit, par cet exposé rapide, que, depuis Newton, les savants ont fait de constants efforts pour arriver à se rendre un compte exact de la forme de la terre. Toutes les ressources de la géométrie et de l'astronomie ont été mises à contribution; partout on a poussé la précision des mesures à un degré extraordinaire. Les travaux de tous ces hommes, entièrement dévoués à la science, et qui ont consacré une partie de leur carrière à ces arides recherches, sont inconnus du public; une courte mention de leurs travaux est-elle une compensation suffisante pour une vie de dévouement et de sacrifices?

Le résultat de tant de mesures géodésiques et astronomiques faits en différents points du globe, l'ensemble des grandes opérations que nous venons de raconter, a conduit à une évaluation très-rigoureuse des dimensions du globe terrestre. Sans nous attacher ici à donner des nombres très-précis, nous nous bornerons à dire que la circonférence du méridien est, en nombres ronds, de 40 millions de mètres (4000 myriamètres), — que le diamètre moyen de la terre est de 1273 myriamètres, — son rayon de 636 myriamètres, — enfin que la surface terrestre a 5 millions de myriamètres carrés.

Les grandes triangulations n'ont pas seulement servi à déterminer les éléments du *sphéroïde terrestre*, c'est-à-dire à fixer la valeur de l'aplatissement et les véritables dimensions du globe; elles ont encore été d'une immense utilité pour les progrès de la géographie de précision, c'est-à-dire de la topographie. La géodésie a fourni les positions absolues et relatives d'un très-grand nombre de points importants du globe, avec une précision jusque-là inconnue. C'est de cette manière qu'ont été obtenues la plupart des données géographiques qui sont insérées tous les ans dans le recueil, à l'adresse des navigateurs et des astronomes, qui a pour titre : *Connaissance des temps*.

Les longitudes sont quelquefois exprimées *en temps*. Expliquons cette dernière particularité.

La terre tournant autour de son axe en vingt-quatre heures, dans cet intervalle tous ses méridiens défilent successivement devant le soleil; leurs différences peuvent donc s'évaluer par le temps qui s'écoule entre le passage de deux méridiens devant le soleil (ou entre les passages du soleil aux deux méridiens, pour parler le langage des astronomes). En conséquence, l'on dit indifféremment : deux méridiens diffèrent de 1 heure, ou bien : ils sont éloignés de 15 degrés (la vingt-quatrième partie de la circonférence). Une heure de longitude équivaut à 15 degrés, 1 minute de temps à 15 minutes d'arc, 1 degré à 4 minutes de temps, etc.

La différence des méridiens (longitudes) peut se déterminer astronomiquement par l'observation de phénomènes instantanés que l'on rapporte à l'heure solaire. Les signaux que l'on détermine par l'inflammation de la poudre, ou par le télégraphe électrique, sont des moyens d'observation instantanés, car la vitesse de la lumière et celle de l'électricité peuvent être considérées comme infinies. Un signal donné à Greenwich, en Angleterre, par le télégraphe électrique, s'observe à Paris, malgré la distance, au moment même de son départ. Dès lors, si l'on note l'heure de l'arrivée à Paris du signal télégraphique parti de Greenwich, on a, par cela même, la longitude cherchée. Si, par exemple, le signal parti à midi de Greenwich a été observé à midi 9 minutes 21 secondes à Paris, il s'ensuit que le soleil avait déjà, à Paris, quitté le méridien depuis 9 minutes 21 secondes, lorsqu'il était encore au méridien de Greenwich (puisqu'on y comptait midi); Greenwich est donc à 9 minutes 21 secondes ouest de Paris.

C'est par cette méthode que M. Airy, directeur de l'observatoire royal d'Angleterre, et M. le Verrier, directeur de l'observatoire impérial de Paris, ont déterminé, en 1858, la différence des longitudes de Paris et de Greenwich.

On appelle *antipodes* les lieux placés aux extrémités d'un même diamètre du globe. Les longitudes des antipodes diffèrent de 180 degrés (12 heures); leurs latitudes sont les mêmes, mais de dénominations opposées. L'antipode de Paris est situé à environ 49 degrés de latitude sud et à une longitude de 180 degrés à l'est.

Terminons ce chapitre par un mot sur les globes et cartes géographiques.

La manière la plus naturelle de représenter la surface de la terre, c'est de construire un globe artificiel sur lequel on rapporte les divers points de la terre au moyen de leurs longitudes et latitudes. On fabrique ces globes en couvrant une boule en carton de fuseaux imprimés, que l'on colle les uns à côté des autres, et que l'on étire un peu, afin de raccorder parfaitement leurs contours.

Les globes artificiels sont un auxiliaire indispensable pour l'étude de la géographie physique, mais ils sont difficiles à déplacer, et les dimensions que l'on ne peut dépasser pour les construire, ne permettent pas de donner aux différentes parties de la terre un développement suffisant. On a donc cherché des méthodes pour représenter sur une feuille de papier plane, la surface sphérique de la terre, sans trop la déformer et avec le plus de fidélité possible. Les méthodes en usage pour la construction des cartes géographiques sont au nombre de deux : celle des *projections* et celle des *développements*.

II

Distribution des terres à la surface du globe. — Position et contour des continents. — Mappemonde. — Océan et ses divisions.

Trois formes de la matière se partagent la surface de notre planète. La *forme gazeuse*, représentée par l'air et les nuages, enveloppe sa masse; la *forme liquide*, c'est-à-dire l'eau, en couvre à peu près les trois quarts; enfin la *forme solide*, ou la terre ferme, se montre à découvert sur un quart environ de sa superficie.

Il est digne de remarque que la matière se condense à mesure qu'elle se rapproche du centre de la terre. A l'extérieur, l'océan aérien entoure notre globe d'un manteau transparent et léger; viennent ensuite les eaux, déjà plus pesantes que l'air; enfin les roches; et, fait bien remarquable, la densité des roches qui occupent l'intérieur de la terre augmente à mesure qu'elles s'approchent du centre. On a constaté que les matières des éruptions les plus anciennes, telles que le granit, sont moins denses que les roches éruptives plus récentes, comme les trachytes et les basaltes. On a reconnu enfin que les métaux très-lourds dominent dans les produits des éruptions se rapprochant de notre époque. Ainsi les matériaux qui occupent l'intérieur du globe, augmentent de pesanteur à mesure qu'ils se rapprochent du centre, et le temps réserve peut-être à la terre des éruptions de matières plus lourdes encore que celles que nous considérons aujourd'hui comme les plus denses, telles que l'or et le platine.

La *météorologie* étudie les phénomènes si complexes de l'atmosphère; elle interprète pour nous le langage de l'air, qui parle à nos yeux au moyen de la colonne barométrique. La *géologie* nous renseigne sur la nature des couches qui composent l'écorce terrestre : elle descend dans les profondeurs du globe, pour nous éclairer sur la formation progressive et les modifications diverses de notre planète. La *géographie physique* a pour objet spécial la connaissance des continents et des eaux qui couvrent la surface de la terre. Les formes superficielles du globe, telle est donc l'étude qui doit nous occuper dans cet ouvrage. Nous commencerons par considérer la distribution relative des continents et des eaux.

Comme nous l'avons exposé dans *la Terre avant le déluge*, aux premiers temps et pour ainsi dire dans l'enfance de notre planète, l'eau a couvert entièrement sa surface. La formation des continents par les sédiments marins ou les éruptions venues de l'intérieur, a plus tard resserré les eaux dans les grandes dépressions de l'écorce solide du globe, c'est-à-dire dans les principaux *bassins*.

Il n'existe, à proprement parler, qu'une seule mer, une seule masse liquide continue, répandue tout autour de la terre, et qui baigne sans interruption les glaces des deux pôles opposés. Toutes les méditerranées, les golfes, les baies, ne sont que des parties détachées, mais non isolées, de cet universel Océan. Ce n'est donc que pour faciliter les usages journaliers, que les géographes distinguent une foule de mers particulières, avec leurs innombrables ramifications : les *baies*, les *détroits*, les *fleuves* et les *rivières*.

L'eau forme une sorte de liaison entre l'atmosphère et la terre ferme. En effet, elle change souvent d'état physique et se rapproche de l'une ou de l'autre des deux formes extrêmes : elle se réduit en vapeurs et s'élève vers le ciel, pour y former les nuages, ou bien elle se solidifie, devient glace, et sous cet état, vient s'ajouter aux continents, dont elle accroît l'étendue.

La quantité d'eau qui existe sur la terre ne nous est connue qu'avec beaucoup d'incertitude. On ignore encore quelle est la plus grande profondeur de la mer, car il est des points, tels que l'océan Austral, dans lesquels il a été impossible d'atteindre le fond, bien que dans ces parages on ait fait descendre la sonde jusqu'à 15 kilomètres. Nous parlerons avec détails, dans un autre chapitre, de la question de la profondeur des mers.

On admet, en général, que la hauteur verticale de la couche d'air qui enveloppe la terre, et qui la suit dans tous ses mouvements à travers l'espace, est d'environ 25 lieues, ou 100 kilomètres. Mais cette évaluation n'a rien de précis. Tout ce que l'on

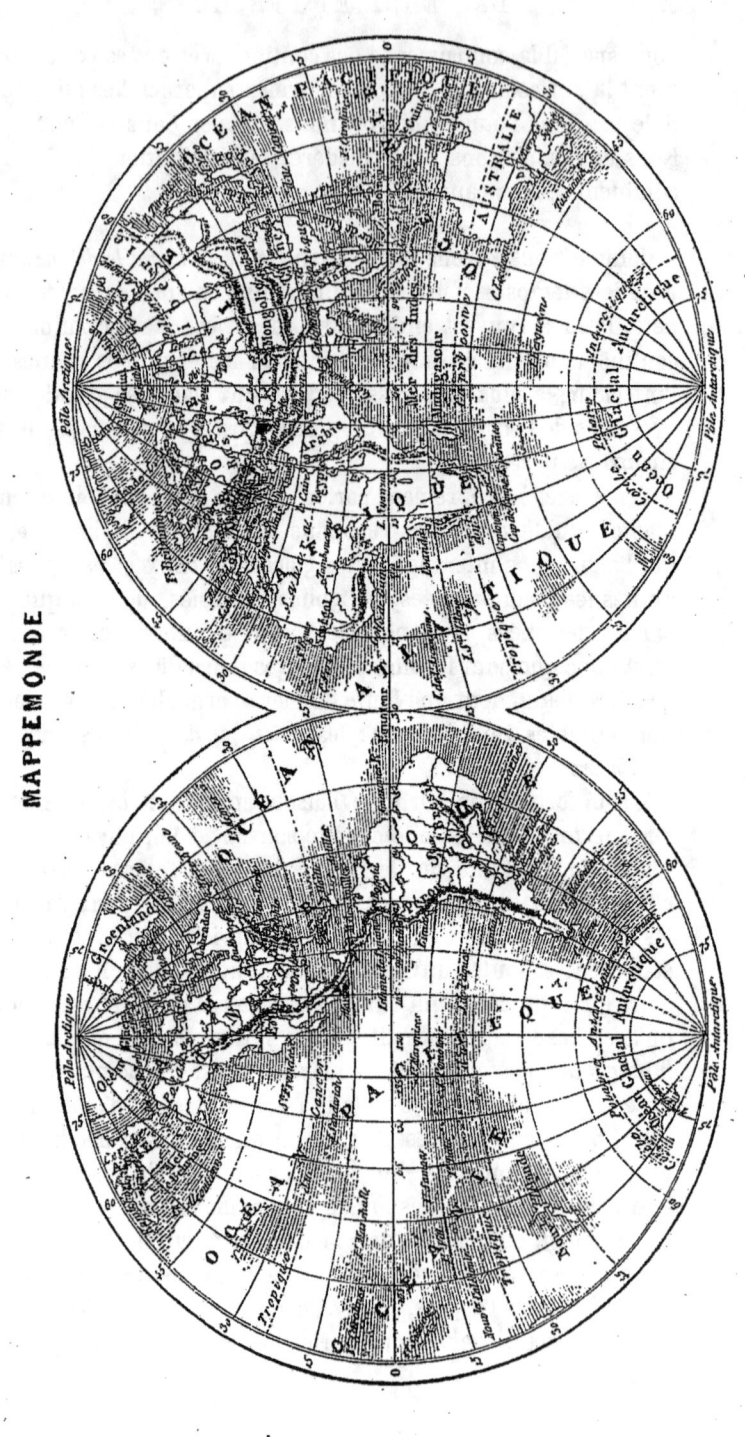

peut affirmer, c'est qu'il est impossible de s'élever dans un aérostat au-dessus de 10 kilomètres de hauteur.

L'épaisseur de l'écorce solide du globe est, comme nous l'avons dit dans *la Terre avant le déluge*, d'environ 12 lieues (45 kilomètres). Le rapport de cette épaisseur au diamètre entier de la terre, est celui de la coque d'un œuf à son diamètre moyen. La plus grande profondeur à laquelle l'homme ait pu descendre ne dépasse pas 900 mètres, c'est-à-dire un sept millième du rayon terrestre. Ce que l'on connaît de notre planète n'équivaudrait, sur un globe de 1 mètre et demi de diamètre, qu'à un dixième de millimètre, c'est-à-dire à l'épaisseur d'une feuille de papier. La terre ne nous est donc que bien imparfaitement connue. Ajoutons néanmoins que les roches vomies par les volcans proviennent de profondeurs très-considérables, et que ces produits d'éruptions sont pour nous de véritables échantillons des couches du globe peu distantes du noyau central.

La surface totale de la terre est d'environ 5 millions de myriamètres (500 millions de kilomètres carrés), ou de 41 000 degrés carrés, dont l'eau occupe 30 000 et la terre ferme 11 000, c'est-à-dire un peu plus d'un quart. D'après M. Balachoff, la superficie de l'île de Chypre serait à peu près égale à un degré carré. Ces nombres sont utiles à retenir.

En général, il règne encore beaucoup d'incertitude sur la véritable étendue territoriale des continents; les travaux des géomètres modernes introduisent tous les jours des changements importants dans les évaluations qui courent les traités de géographie. C'est ainsi, par exemple, qu'au commencement de notre siècle, la carte de l'empire ottoman fut tellement modifiée par les astronomes Beauchamp et de Zach, que l'empire du sultan y gagna 50 000 kilomètres carrés de terrain. Nous ignorons si le grand Turc sut témoigner sa reconnaissance aux deux géomètres qui lui faisaient un si beau cadeau, et qui lui gagnaient ainsi des territoires sans coup férir.

Lorsqu'on regarde avec attention une mappemonde du système homolographique de Mollweide, vulgarisé par M. Babinet, qui a l'avantage de conserver exactement les vrais rapports de superficie, tels qu'ils existent à la surface du globe, on reconnaît que l'Asie est environ cinq fois plus grande que l'Europe; que l'Afrique est trois fois plus grande que l'Europe, et l'Amérique quatre fois plus. L'étendue de l'Europe diffère peu de celle de l'Australie; elle n'est qu'un tiers de celle de l'Afrique, un quart de l'Amérique et un cinquième de l'Asie, enfin, un treizième de l'étendue totale des autres parties du monde.

La distribution de ces grands continents à la surface du globe est très-inégale. Mais un fait bien curieux, c'est qu'une moitié de la terre est presque entièrement couverte d'eau, tandis que l'autre moitié contient plus de terre que d'eau; de sorte qu'il est permis de parler d'un *hémisphère aqueux*, en opposition avec un *hémisphère terrestre*. En jetant un coup d'œil sur un planisphère qui aurait Paris à son centre, on sera frappé de voir que notre capitale est située au cœur même de l'agglomération des continents, tandis que l'espace circonscrit par l'horizon de nos antipodes, ne présente que quelques îles éparses et quelques lisières de côtes au milieu d'une mer immense. C'est ce que représente la carte placée en regard de cette page.

Dans l'*hémisphère aqueux* représenté sur cette carte, les terres sont comme des îles éparses à la surface de l'eau; dans l'*hémisphère terrestre*, les mers semblent des enclos environnés de terres, comme notre Méditerranée et l'océan Glacial du pôle nord. Les géographes du dix-huitième siècle, pour expliquer cette frappante inégalité, supposaient l'existence de quelque grand continent austral, qui devrait contre-balancer la masse des terres boréales. Mais le voyage du capitaine Cook mit fin à ces spéculations. Ce navigateur prouva que ce que l'on avait pris, au pôle sud, pour les promontoires d'un continent, n'étaient que de petites îles, ou des glaces.

Le contour de l'*hémisphère terrestre* n'est interrompu que deux fois par la mer, dans le voisinage du pôle sud et du pôle nord. Ce contour forme, pour ainsi dire, une vaste ceinture de rivages autour du globe, une zone amphibie, participant à la fois aux conditions climatériques des continents et des mers. En partant du cap de Bonne-Espérance, cette ceinture va croiser l'équateur, elle frise les bords sud et est de l'Asie, contourne le pôle nord, et descend le long de la côte occidentale de l'Amérique, jusqu'au cap Horn. Elle forme sur la terre un grand cercle incliné sur l'équateur, comme l'écliptique sur l'équateur céleste. Son rôle est, en quelque sorte, analogue à celui des zones tempérées, qui représentent le passage du climat torride au climat glacial; la zone riveraine est la

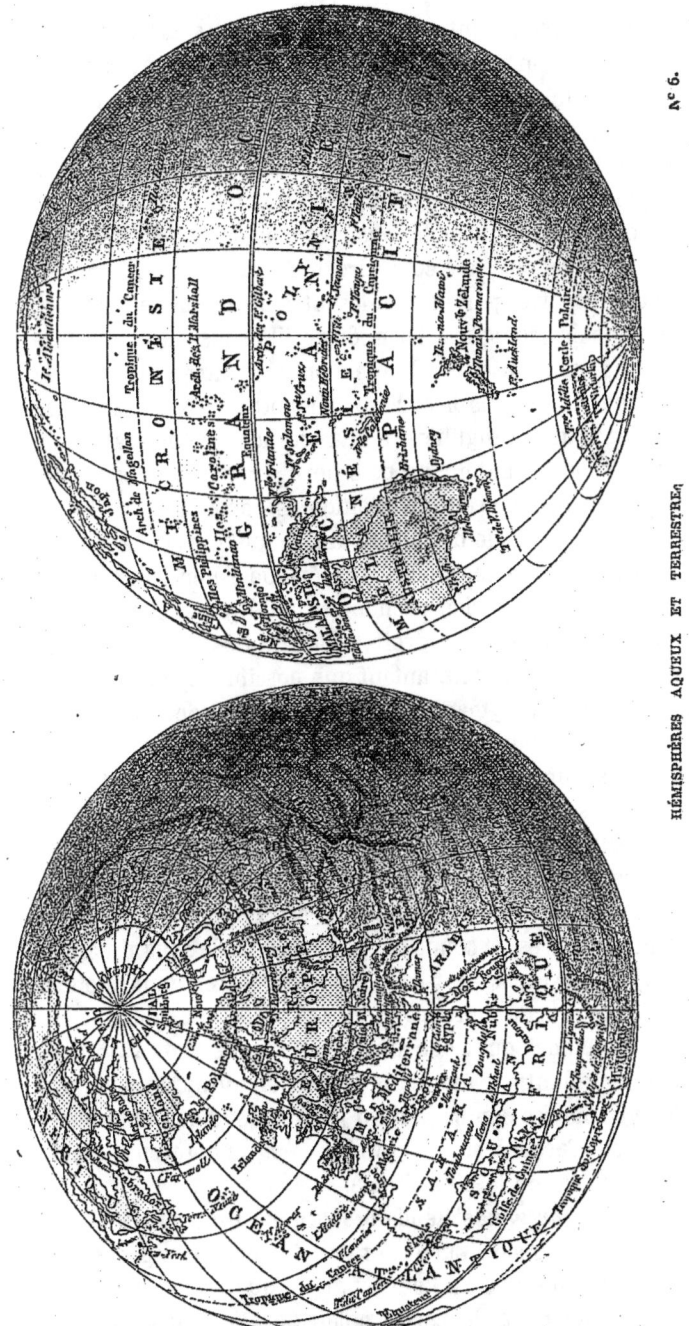

HÉMISPHÈRES AQUEUX ET TERRESTRE.

réunion des climats continentaux et des climats maritimes des îles. Cette situation intermédiaire fait naître une vie organique plus riche et plus variée que dans les autres points du globe.

Un autre fait très-digne d'être remarqué, c'est la structure des grands continents en quelque sorte radiée vers le sud : « la forme pyramidale de leurs extrémités, » comme le dit Alexandre de Humboldt. Vers le nord, les grandes masses de terres se concentrent, s'entassent ; au contraire dans la direction du sud, elles s'ouvrent, divergent en éventail et se terminent en pointes, ou en péninsules coniques. Le midi de l'Europe offre une disposition analogue : il est déchiqueté en lambeaux effilés dans le sens du sud. On a émis beaucoup d'hypothèses pour expliquer cette configuration singulière de la grande agglomération de continents groupés autour du pôle nord ; mais il est sage d'avouer que la cause de cette disposition est inconnue.

La direction générale des terres diffère toutefois dans le nouveau et dans l'ancien continent. L'Amérique s'étend d'un pôle à l'autre, tandis que l'ancien monde est plutôt parallèle à l'équateur. La plus longue ligne droite qu'on puisse tracer sur l'ancien continent, en restant, autant que possible, sur des terres, commence, selon Bergmann, sous le 61ᵉ degré de latitude boréale, près de l'embouchure de la rivière de Ponaschka, traverse la ville de Nargun, le lac Aval et la partie méridionale de la mer Caspienne, passe près du golfe Persique et au nord du détroit de Bab-el-Mandeb, parcourt l'Afrique, en suivant les monts Lupata, que l'on appelle quelquefois l'*Épine du monde*, et se termine au cap de Bonne-Espérance. Elle est longue de 148 degrés ou 1640 myriamètres, et coupe la ligne équinoxiale sous un angle de 65 degrés, en partageant l'ancien continent en deux moitiés presque égales. Sur le nouveau continent, il est plus difficile de tirer une ligne analogue, elle aurait une longueur de 1275 myriamètres ; en allant sur une ligne brisée, on aurait un parcours de 1660 myriamètres depuis le nord jusqu'au sud de l'Amérique.

On est peu d'accord sur la division géographique des mers. Voici la classification la plus simple.

L'*océan Glacial arctique* s'étend du pôle nord jusqu'au cercle polaire. Situé entre l'Asie, l'Europe et l'Amérique, il comprend une foule de golfes ou de baies. Ce n'est guère qu'une mer de glace.

L'*océan Atlantique* va du cercle polaire arctique jusqu'au cap

Horn. Séparant l'Amérique de l'Europe et de l'Afrique, il comprend la mer du Nord, la mer Baltique, le golfe de Gascogne, la Méditerranée avec la mer Noire, le golfe du Mexique et les Antilles, enfin le golfe de Guinée.

L'*océan Indien*, au sud de l'Asie, s'étend entre l'Afrique et la Nouvelle-Hollande; il comprend la mer Rouge, le golfe Persique, la mer de Bengale.

L'*océan Pacifique* s'étend entre les deux cercles polaires; il sépare l'Amérique de l'Asie et de l'Océanie; au dela du cap Horn, il fait tout le tour du globe. On y comprend le détroit de Behring, la mer Jaune et la mer Bleue, la Sonde, la mer des Moluques, les golfes de Californie et de Panama.

L'immense nappe d'eau qu'on appelle l'*océan Atlantique* et qui est aujourd'hui parcourue en tous sens par des navires du commerce des deux mondes, fut, pour la première fois, franchie par le hardi Génois Christophe Colomb. Mais Colomb ignorait que les terres qu'il venait de découvrir fissent partie d'un monde nouveau; il croyait avoir atteint l'extrémité de l'Asie. Pour lui l'océan Pacifique n'existait pas. Quelle énorme étendue de terre fut donc retranchée des mappemondes, lorsque le Portugais Magellan, après avoir atteint l'Amérique, la côtoya vers le sud, et traversant le redoutable détroit qui porte aujourd'hui son nom, entra, toutes voiles dehors, dans l'océan Pacifique. Il alla jusqu'aux Moluques, dont il prit possession au nom de l'Espagne. On sait qu'il périt dans ces îles, et que ses compagnons retournèrent en Europe par la route que Vasco de Gama avait ouverte entre les Indes et l'Afrique, en contournant le cap de Bonne-Espérance. Cette nouvelle route avait changé la face du commerce, en privant de leurs marchés Alexandrie, Venise et tout le littoral de la Méditerranée. Il faut s'attendre à un retour de la prospérité commerciale dans ces parages, quand l'isthme de Suez parcouru par un canal de navigation fera communiquer la mer des Indes avec le *lac français*, selon le mot employé par Napoléon, pour désigner la Méditerranée. Une révolution analogue s'accomplira dans la navigation et le commerce, quand on sera parvenu à percer également l'isthme de Panama qui sépare les deux Amériques, et en fait presque deux mondes distincts.

LES MONTAGNES LES PLUS ÉLEVÉES DANS LES CINQ PARTIES DU MONDE.

RELIEFS DU GLOBE.

I

Les montagnes. — Principales chaînes de montagnes du globe.
Formes diverses des montagnes.

Les montagnes, qui hérissent en divers points, et suivant une direction linéaire multiple, la surface de la terre, ont été formées, comme nous l'avons expliqué dans *la Terre avant le déluge*, par deux effets géologiques tenant chacun à la même cause : le refroidissement progressif du globe. Le refroidissement de la masse terrestre, le passage à l'état solide d'une partie du noyau liquide intérieur, en diminuant le volume de la masse intérieure, a rendu trop grande son enveloppe consolidée. Dès lors, cette enveloppe s'est affaissée en certains points et relevée en d'autres ; elle a produit des *rides*, des *plis*, des *bosses*, à la surface de la terre. Ces rides et ces plis sont les montagnes ou chaînes de montagne. Quand une pomme se dessèche, c'est-à-dire diminue de volume par suite de l'évaporation de l'eau, sa peau se ride, se boursoufle : voilà l'image de la formation des montagnes sur l'écorce terrestre contractée par le refroidissement.

Le refroidissement de la masse intérieure du globe n'a pas seulement produit des rides sur notre globe, il a aussi déterminé des fentes et des fractures. Les immenses fentes qui, à un certain moment, se sont ouvertes dans l'épaisseur de la croûte terrestre, ont été bientôt remplies par l'irruption, lente ou subite, des matières contenues dans l'intérieur, par le granit, les porphyres, les basaltes, enfin par les laves. Les Alpes orientales, par exemple, ont été produites, à une époque assez récente, par l'éruption de la protogine qui constitue le Mont-Blanc, à travers les terrains de transition et secondaires qui formaient autrefois les plaines de la région des Alpes. Les Pyrénées ont été formées par l'éruption de masses de granit et d'ophite; ces roches, surgissant au dehors, ont soulevé et renversé les terrains crétacés et tertiaires qui s'étendaient autrefois dans cette région en bancs horizontaux, et ont ainsi produit la chaîne des Pyrénées.

Les deux phénomènes dont il vient d'être question s'étant manifesté à diverses époques, dans toutes les parties des deux hémisphères, ont donné au globe terrestre ses reliefs principaux, c'est-à-dire formé les montagnes que nous avons à considérer dans ce chapitre.

Donnons d'abord, d'une manière très-générale, une idée d'ensemble de la direction de toutes les montagnes du globe.

Plaçons-nous, pour un instant, au milieu de l'océan Pacifique, à une grande hauteur au-dessus de la Nouvelle-Zélande, et dirigeons nos regards vers le nord de la terre. Nous aurons à notre droite l'Amérique, à notre gauche les côtes de l'Afrique et de l'Asie. En partant du cap de Bonne-Espérance, une immense chaîne de montagnes, la chaîne de Lupata, dite l'*Épine du monde*, borde les côtes orientales de l'Afrique, jusqu'au cap de Guardafui, qui fait face au golfe d'Aden, au sud de l'Arabie. Les monts de l'Arabie heureuse, très-élevés et escarpés, peuvent être regardés comme une chaîne qui lie les monts Lupata aux plateaux élevés de la Perse, où commence la chaîne principale de l'Asie, laquelle s'étend dans la direction du sud-ouest au nord-est. Cette chaîne traverse le Tibet, où elle s'élève à une grande hauteur sous le nom des *monts Himalaya*; elle s'étend à travers la Mongolie, vers Ochotsk et vers le cap Tchutchi; sa pente est rapide vers la mer des Indes et vers le Pacifique, tandis qu'elle descend à la mer Glaciale en plaines et collines secondaires. Le détroit de Behring coupe cette chaîne, en séparant l'Asie de l'Amérique du nord; mais, à l'est, les montagnes se relèvent et suivent les côtes occidentales de l'Amérique jusqu'au cap Horn, en formant une chaîne non interrompue, qui de temps en temps se retire un peu à l'intérieur, mais le plus souvent borde immédiatement l'Océan par d'immenses falaises. De l'autre côté, les terrains s'inclinent peu à peu vers l'océan Atlantique, ainsi qu'on le reconnaît par la direction des grandes rivières.

Il existe donc une immense ligne de montagnes groupées en arc de cercle autour du Grand océan, et formant pour ainsi dire les falaises du Pacifique et de la mer des Indes. Cette chaîne, si l'on peut l'appeler ainsi, rattache le nouveau continent à l'ancien, et en fait un tout d'une structure symétrique.

Les plus hautes montagnes du monde entourent un vaste bassin dont le milieu est occupé par un amas d'îles plates. Les flots de ce bassin baignent souvent le pied de la chaîne qui borde ses rives; mais, sur quelques points, les montagnes sont encore séparées de la mer par des terrains en pente douce. Les régions de l'Inde et de la Chine s'étendent entre la ceinture rocheuse et le Grand océan; les presqu'îles du sud de l'Asie sont comme des tronçons de l'isthme qui joignait ces parages à ce groupe de pays brisés et morcelés qui remplissent le milieu du grand bassin, et dont le morceau le plus important est l'Australie. Ils ressemblent aux débris d'un continent écroulé.

Une ramification importante des grandes chaînes de l'Asie se propage dans l'Europe, où elle a ses points culminants dans les Alpes; de là, les terrains descendent doucement vers la mer. Les couches qui forment le sol des continents s'enfoncent graduellement sous les océans, vont reparaître de l'autre côté, et dans l'intervalle elles forment le fond des grands bassins du Pacifique et de l'Atlantique.

Les rives de l'océan Atlantique sont loin d'offrir des escarpements aussi roides que les falaises orientales et occidentales du Pacifique, avec leurs chaînes des Cordillères, des Andes, etc. La pente générale des plateaux qui entourent l'Atlantique est bien plus douce, et ce bassin sinueux, tout vaste qu'il soit, ne paraît que comme un grand canal ou comme une sorte de méditerranée.

Après ce coup d'œil général, occupons-nous de la hauteur et de la forme des diverses montagnes du globe. Les explorations récentes d'une foule de savants voyageurs de tous pays, nous fourniront les matériaux de cet exposé.

Les montagnes de la terre sont loin d'être aussi élevées que celles de la lune ou que celles de la planète Vénus; toutefois, une hauteur de 9 kilomètres, comme celle du Gaurisankar, en Asie, n'est pas à mépriser. Seulement il ne faut pas s'imaginer que le relief des montagnes altère sensiblement la forme sphérique de la terre. Nous avons déjà comparé les montagnes, sous le rapport de leur relief sur le globe, aux rugosités de la peau d'une orange; mais il faut convenir, pour être exact, que la surface terrestre est bien plus unie que ne l'indiquerait cette comparaison. La plus grande hauteur des montagnes de notre globe est de 9 kilomètres, c'est-à-dire à peu près $\frac{1}{1500}$ du diamètre de la terre. Or, le diamètre d'une orange étant en moyenne de 7 à 8 centimètres, ce chiffre correspondrait à une rugosité vingt fois plus petite qu'un millimètre, c'est-à-dire de l'épaisseur d'une feuille de papier. Mais n'oublions pas que ce calcul repose sur la considération de la plus haute montagne du globe. Que seraient les montagnes ordinaires, représentées, en proportion de leur grandeur véritable, sur un globe de la grosseur d'une orange? Elles seraient nulles. Malgré ses montagnes et ses vallées, la terre est donc parfaitement arrondie; le tourneur le plus habile ne réussirait pas à produire une sphère aussi parfaite[1].

En parlant des montagnes, nous avons toujours employé le mot *chaîne*. Que faut-il entendre par ce terme? Une *chaîne* est une suite de montagnes qui s'étendent principalement dans une direction longitudinale. Quand les dimensions transversales d'un

---

1. Quand on parle de la hauteur d'une chaîne de montagnes, il est bon de distinguer l'élévation des cimes et l'élévation moyenne des passes ou cols, laquelle représente la hauteur du dos des montagnes. De Humboldt a calculé comme il suit ces deux données pour les principales chaînes du globe; il y ajoute l'élévation de la base de ces montagnes au-dessus du niveau prolongé de la mer :

Himalaya.	Mètres.	*Alpes.*	Mètres.
Faîte................	8300	Mont-Blanc..............	4810
Passes...............	5000	Passes.................	2400
Pied (à Delhi)........	300	Pied...................	400
Cordillères.		*Pyrénées.*	
Chimborazo...........	7000	Maladetta..............	3570
Passes...............	3300	Passes.................	2700
Pied (mer)...........	0	Pied (mer).............	0

Ainsi, dans les Alpes (et aussi dans le Caucase), la hauteur du faîte est le double de l'élévation moyenne des passes, dans les Cordillères, de Quito et les monts Himalaya, le rapport est celui de 9 à 5, dans les Pyrénées celui de 3 à 2. Les Pyrénées sont le rempart le moins accessible de l'Europe; les Alpes, au contraire, qui offrent des dépressions plus profondes, sont beaucoup plus faciles à traverser.

Fig. 20. Aiguille de Dru et Aiguille verte, dans la chaîne du Mont Blanc.

tel système deviennent aussi considérables que la dimension de la longueur, on l'appelle un *massif*. Citons comme exemple de massifs les montagnes des Vosges, de la Forêt-Noire, des Ardennes, etc.

Un fait à remarquer, c'est que, plus un système de montagnes est élevé, plus son faîte présente d'irrégularités, plus les fentes et les vallées sont profondes, les précipices abrupts, et les pentes rapides.

Les flancs d'une chaîne de montagnes se nomment *versants*, parce qu'on les considère comme le point de départ des eaux qui descendent ou se *déversent* dans les vallées et les plaines. Les deux versants d'une même chaîne offrent très-souvent de grandes différences : tandis que l'un s'abaisse doucement, l'autre est, au contraire, roide et escarpé. Les Alpes, par exemple, descendent beaucoup plus rapidement du côté de l'Italie que du côté de la France et de la Suisse. Le mont Liban offre une pente très-douce vers l'Euphrate, et oppose une falaise escarpée à la Méditerranée. Cette circonstance générale de structure s'explique d'ailleurs fort bien par la théorie que nous avons présentée de la formation géologique des montagnes. Le point sur lequel s'est faite l'éruption de la matière lancée de l'intérieur du globe, présente un côté abrupt et escarpé, tandis que les terrains qui ont été soulevés sur une grande étendue, à partir de ce point, s'abaissent en une pente douce et graduée, selon leur éloignement du centre de soulèvement : de là un versant abrupt et même à pic, et un versant à pente prolongée. Le même effet s'est encore produit quand les montagnes résultent d'un simple plissement de l'écorce terrestre : il y a dans le pli d'une étoffe un côté abrupt et une pente.

Les sommets des groupes de montagnes offrent des aspects très-variés. Ainsi les Pyrénées, vues du côté de la Gascogne, ressemblent aux dentelures régulières d'une scie ; de là le nom de *Sierra* donné à beaucoup de chaînes de montagnes par les peuples espagnols. La crête des Alpes, au contraire, est bizarrement et irrégulièrement découpée. Faisons remarquer que les formes aiguës de ces sommets proviennent de l'action de l'air et des pluies, qui ont diversement altéré les roches et fait naître, postérieurement à la formation des montagnes, ces apparences souvent bizarres.

On distingue, dans une même montagne : le *pied*, qui repose sur les ondulations de la plaine, ensuite les *flancs*, enfin la *cime*, le *sommet* ou le *faîte;* si l'élévation s'étend en forme de toit, cette cime se nomme *crête*.

La dénomination de *montagne* ne s'accorde généralement qu'à des gibbosités hautes de plus de 500 mètres; mais le sens de ce mot varie selon les habitudes et la patrie des voyageurs qui l'emploient.

Les habitants des plaines appellent *montagne* ce qui, pour d'autres, n'est qu'une butte, et les montagnards désignent dédaigneusement par le nom de *collines* ou *monticules*, des élévations de terrain fort respectables.

Rien n'est plus varié que la forme des montagnes : leur sommet présente le roc, tantôt taillé en angle aigu, s'élançant en aiguilles droites ou renversées, tantôt arrondi en coupole. De là l'immense variété de dénominations que l'on donne à ces cimes, selon leurs formes particulières : *pics, aiguilles, dents, quilles, dômes, puys, cornes, tours, mamelons, trompes, ballons, brèches,* etc. Pour mieux faire apprécier la variété de ces formes caractéristiques, nous en donnerons ici quelques exemples, accompagnés de figures à l'appui.

Un exemple frappant des sommets effilés des montagnes, c'est le *mont Aiguille*, dans le Dauphiné.

Dans la chaîne du Mont-Blanc, on voit une série de pics désignés sous le nom même d'*aiguilles :* l'*aiguille de Charmoz*, l'*aiguille de Dru*, l'*aiguille verte*, etc. La figure 20 représente l'*aiguille de Dru* et l'*aiguille verte* qui dominent la Mer de glace.

Un autre mont taillé en pic dentelé, c'est le *Cervin*, qui domine le revers italien des Alpes. La figure 21 représente le mont Cervin, ainsi que les glaciers qui accompagnent ce magnifique échantillon des sommités alpestres.

La *montagne de la Table*, au cap de Bonne-Espérance, présente forme d'un immense autel.

L'une des formes les plus curieuses est celle de la *montagne de Pierre Bott* (fig. 22), dans l'Ile-de-France (autrefois Ile-Maurice). Elle porte le nom d'un certain Peter Bott qui, après avoir réussi à escalader son sommet, périt en redescendant. Un énorme bloc de pierre posé en surplomb, couronne la cime de ce pic, élevé de plus de cent mètres au-dessus de sa base. En 1832, un voya-

Fig. 21. Mont-Cervin, sur le revers italien des Alpes.

geur; plus heureux que Pierre Bott, s'éleva au sommet de cette aiguille et en redescendit sans accident.

On trouve en Chine des sommets de montagnes qui offrent l'image grossière d'une tête de dragon, de tigre ou d'ours. On rencontre quelquefois un labyrinthe de rochers élevés comme des quilles, c'est ce qui existe à Adersbach, en Bohême. Auprès d'Envionne, dans le Valais, il y a des mamelons qui rappellent les anciennes perruques moutonnées[1].

Fig. 22. Montagne de Pierre Bott, à l'Ile-de-France.

Une forme des plus remarquables est celle des montagnes basaltiques. Quand on contemple les rangs serrés de ces piliers immenses formant des montagnes entières, on croit voir des constructions sorties des mains des géants. Aussi désigne-t-on, en général, les dépôts de basalte sous le nom de *chaussée des géants*.

La figure 23 représente l'une des *îles Cyclopéennes*, qui se trou-

. De Saussure, *Voyages dans les Alpes*, § 1061.

vent non loin de la Sicile et ne sont que des montagnes volcaniques résultant d'éruptions de basalte.

Les exemples de *mamelons* ou *croupes montagneuses* sont trop connus pour qu'il soit nécessaire d'en tracer aucune vue particulière.

Les montagnes *percées à jour* sont une des plus curieuses bizarreries de la nature. La *Pierre pertuise*, dans le Jura, le *Pausilippe*, près de Naples, le *Mont-Artica*, en Corse, le *Torghat*, en Norvége, nous en offrent des exemples remarquables.

La montagne de *Pausilippe*, site antique et célèbre, parce que

Fig. 23. Ile Cyclopéenne.

la tradition y place le tombeau de Virgile, forme un promontoire près de Naples. Elle est percée de part en part, et la route de Naples à Pouzzoles la traverse en entier : c'est une sorte de tunnel de dimensions gigantesques. C'était, à l'origine, une carrière de pierres, et c'est en continuant l'exploitation que l'on a fini par percer la montagne d'un bout à l'autre. Vers le milieu du quinzième siècle, Alphonse, roi de Naples, la fit élargir; plus tard on l'a encore élargie et munie de soupiraux à la voûte, pour y faciliter le mouvement de l'air. Longue de près d'un kilomètre, la voie souterraine de Pausilippe a trente mètres de hauteur et une largeur qui varie de huit à dix mètres. Au milieu du souterrain est une chapelle dédiée à la Vierge. C'est au-dessus de la grotte que se voit, avec les débris d'un aqueduc, ce que l'on nomme le *tombeau de Virgile*.

La figure 24 représente le mont Tafanato, l'un des plus élevés de la Corse.

Formé de beau porphyre rouge, le *mont Tafanato* (mont troué), a 2315 mètres de hauteur; il sert de contre-fort au mont Buclia-Orba, qui a 2630 mètres. Près de son sommet est une ouverture qui a plusieurs mètres de largeur et de hauteur. Lorsque le soleil a déjà disparu derrière les montagnes environnantes,

Fig. 24. Mont Tafanato.

on voit tout à coup ses rayons percer à travers cette ouverture.

Nous ne saurions dire exactement la cause de cette singulière perforation du porphyre au sommet du mont Tafanato. Dans son *Histoire illustrée de la Corse*, en cours de publication, M. l'abbé Galetti ne nous donne qu'une légende pour toute explication de ce phénomène géologique. En général, on ne saurait rien imaginer de plus plat et de plus nul qu'une légende. Dans tous les pays du monde, les légendes sont toujours et invariablement la même histoire, ce qui doit introduire une étrange monotonie dans les ouvrages où l'on s'est proposé de réunir la collection de ces récits populaires. Le diable en est le personnage obligé : le diable a bâti un pont remarquable par sa hardiesse; le diable a élevé un rocher pesant au sommet d'une colline, etc., etc L'abbé Galetti nous raconte que le trou du monte Tafanato a été creusé d'un coup de marteau par le démon, dans un moment de mauvaise humeur contre saint Martin. Le pire de la légende en cas pareil, c'est qu'elle fait négliger l'explication scientifique. M. l'abbé Galetti croit nous avoir contenté avec sa vieille histoire

Fig. 25. Le Thorgat.

du diable et de saint Martin ; M l'abbé Galetti a tort : un peu de géologie n'aurait rien gâté.

Un beau spécimen de montagne percée à jour est représenté dans la figure 25. C'est le *Thorgat*, énorme masse granitique percée assez régulièrement en arche naturelle ; Atkinson en a donné dans son *Voyage en Norvége* la figure que nous reproduisons ici.

Près des rivages de la Nouvelle-Zélande se trouve une série de rochers disposés en arches sous lesquels les flots passent aux heures des marées. Le capitaine Cook nous a laissé les vues de ces curieuses montagnes percées à jour, de ces rochers aux formes bizarres, qui se rencontrent dans les mers de la Nouvelle-Zélande[1]

Fig. 26. Rochers de l'île Thoulou (golfe de Siam).

Nous représentons ici (fig. 26) un beau spécimen du même genre : ce sont des rochers qui se dressent aux bords de l'île de Thoulou, dans le golfe de Siam, et sous lesquels passent les plus grands navires.

1. *Voyage du capitaine Cook*, tome III.

II

ontagnes de l'Europe. — Tableau des montagnes les plus élevées de l'Europe. — Le Mont-Blanc. — Histoire des principales ascensions du Mont-Blanc. — Élévation générale du continent européen.

Étudions maintenant les montagnes dans les cinq parties du monde, en commençant par celles de l'Europe.

Les montagnes de l'Europe se divisent en six groupes, ou systèmes principaux : le *système scandinave*, le *système britannique*, le *système ibérique*, celui des *Alpes*, le *système slavo-hellénique* et le groupe *sarmatique* ou *plateau de Valdaï*.

Le groupe *britannique* est peu important : ses pics les plus élevés sont le Ben-Nevis et le Ben-Wyvis en Écosse; la chaîne des monts Grampians présente aussi quelques sommets remarquables. Le groupe *scandinave* comprend les montagnes de la Norvége, formant des plateaux larges et élevés, qui sont fréquemment entrecoupés par des vallées profondes, d'un caractère hivernal et sauvage. A ce groupe appartiennent le Hardangar, le Langefield, le Dovrefield, les monts Kjœlen.

Le *système ibérique* embrasse les Pyrénées, dont quelques cimes atteignent de grandes hauteurs : le Malahite a 3485 mètres, le Mont-Perdu 3350, le Malore 3322, la Maladetta 3312. L'Espagne elle-même est un pays très-élevé; sa hauteur moyenne est estimée à plus de 700 mètres. Le Mulhacen, au sud-est de Grenade, atteint 3555 mètres, c'est le faîte de la Sierra-Nevada, ou chaîne neigeuse qui domine la côte méridionale de l'Espagne. Le détroit de Gibraltar la sépare du groupe parallèle de l'Atlas

La hauteur moyenne de la crête des Pyrénées est de 2440 mètres, tandis que la ligne de faîte des Alpes, qui offrent des pics plus élancés, n'est que 2340 mètres; c'est donc une chaîne plus massive, plus trapue, pour ainsi dire, que la chaîne des Alpes.

Le *système des Alpes* s'étend sur une grande partie de l'Europe centrale; c'est le plus vaste et le plus important de l'Europe.

MONTAGNES DE L'EUROPE

RELIEFS DU GLOBE.

Nous représenterons dans le tableau placé en regard de cette page, la hauteur des cimes les plus élevées des chaînes de montagnes de l'Europe. Voici les altitudes des montagnes figurées sur ce tableau.

MONTAGNES DE L'EUROPE.

		mètres
Hékla	Volcan d'Islande	1690
Snéehaetta	Monts Dofrines (Norvége)	2500
Langfield	Monts Thaliens (Norvége)	2010
Ben-Nevis	Monts Grampians (Écosse)	1330
Lowthez	Monts Cheviots (Écosse)	955
Plomb du Cantal	Monts d'Auvergne (France)	1855
Puy-de-Dôme	Monts d'Auvergne (France)	1470
Mont-Dore	Monts d'Auvergne (France)	1900
Ballon de Guebviller	Vosges (France)	1430
Le Reculet	Jura (France)	1715
La Dôle	Jura (France)	1680
Pic-du-Midi (de Bigorre)	Pyrénées (France)	2875
Mont-Blanc	Alpes françaises (France)	4810
Mont-Rose	Alpes (Italie)	4630
Mont-Cervin	Alpes (Italie)	4505
Finsterarhorn	Alpes helvétiques (Suisse)	4360
Yungfrau	Alpes helvétiques (Suisse)	4180
Ortler	Alpe rhétiques (Tyrol)	3920
Gros-Glockner	Alpes noriques	3900
Marmolata	Alpes carniques	3510
Buclia Orba	Ile de Corse	2630
Ruska Poyana	Karpathes	3025
Schneekoppe	Riesengebirge	1645
Monts Estrella	(Portugal)	2300
Mont-Perdu	Pyrénées (Espagne)	3405
Maladetta	Pyrénées (Espagne)	3480
Mulhacen	Sierra-Nevada (Espagne)	3555
Tchardagh	Balkan (Turquie)	3200
Olympe	Balkan (Turquie)	1950
Monte-Corno	Apennins (Italie)	2900
Etna	Volcan de Sicile	3315
Vésuve	Volcan de Naples	1190

Nous ne saurions évidemment parler avec détails des diverses montagnes, dont les noms se trouvent inscrits dans le tableau qui précède. Nous bornerons nos récits et nos descriptions à la cime la plus élevée des montagnes de l'Europe, c'est-à-dire au colosse qui, sous le nom de Mont-Blanc, domine l'Europe entière. Abordons, en conséquence, les récits des tentatives diverses qui ont été faites à diverses époques, pour gravir cette cime immense, qui fut considérée jusqu'à la fin du dernier siècle comme tout à fait inaccessible à l'homme. La figure 27 représente le panorama de la chaîne du Mont-Blanc, pris de la montagne du Buet, qui en est distante de plusieurs lieues.

La hauteur du Mont-Blanc est de 4810 mètres au-dessus du niveau de la mer. Avant le célèbre Horace Bénédict de Saussure, personne n'avait conçu l'idée audacieuse de gravir sa cime escarpée. On ignorait même si la raréfaction de l'air sur de si hauts sommets ne serait pas un obstacle à la vie de l'homme. Saussure n'avait pas vingt ans lorsqu'il songea à attaquer le géant des Alpes. Dans la première course qu'il fit à Chamonix, en 1760, le jeune naturaliste fit publier dans toutes les paroisses de la vallée, qu'il donnerait une récompense assez considérable aux guides qui trouveraient une route praticable pour atteindre au Mont-Blanc. Il avait même promis de payer les journées de ceux qui feraient des tentatives infructueuses. Mais ces offres n'amenèrent aucun résultat.

Ce ne fut que quinze ans après, en 1775, que quatre guides de Chamonix tentèrent de parvenir au Mont-Blanc par la montagne de la Côte qui se dresse au-dessus du village des Bossons. Cette montagne située entre les glaciers des Bossons et de Tacconay, aboutit à des glaces et à des neiges qui continuent sans interruption jusqu'à la cime du Mont-Blanc. Après avoir franchi les obstacles que leur opposait la marche sur ces glaciers, entrecoupés sans cesse d'immenses crevasses, les quatre guides entrèrent dans une grande vallée de neige, qui semblait devoir aboutir directement au Mont-Blanc. Le temps était des plus favorables ; on ne rencontrait ni des pentes trop escarpées, ni des crevasses trop larges, et tout semblait promettre le succès. Mais la raréfaction de l'air et la réverbération du soleil sur cette éblouissante surface, les fatiguaient au dernier point. Succombant à l'inanition et à la fatigue, ils se virent forcés de redescendre, sans avoir eu à reculer devant aucun obstacle matériel.

Sept ans après, en 1783, trois autres guides de Chamonix, Jean-Marie Coutet, Jorasse et Joseph Carriez, firent la même tentative, en suivant le même chemin. Seulement, ils eurent la précaution de passer la nuit sur la montagne de la Côte, et de ne s'engager que le lendemain matin dans le glacier qui lui fait suite.

Fig. 27. Panorama du Mont-Blanc vu du Buet.

1, Mont-Blanc; — 2, Dôme du Goûter; — 3, Aiguille du Goûter; — 4, Mont-Maudit; — 5, Glacier des Bossons; — 6, Glacier de Taconnay; — 7, Montagne de la Côte; — 8, Mer de Glace; —9, Aiguille de Charmoz; — 10, Aiguille de Dru et Aiguille verte; — 11, Montagne du Buet, à 6 lieues du Mont-Blanc, où est prise la vue.

Après l'avoir traversé, ils suivirent la vallée de neiges qui monte jusqu'au Mont-Blanc. Ils étaient déjà assez élevés, et continuaient de marcher avec confiance, lorsque le plus hardi et le plus courageux d'entre eux fut saisi subitement d'une insurmontable envie de dormir. Il exigeait que ses camarades continuassent seuls leur ascension; mais ces derniers ne voulurent point consentir à l'abandonner ainsi et à le laisser, comme il le voulait, dormir sur la neige. Renonçant à leur entreprise, ils redescendirent ensemble à Chamonix.

Il est certain que, même sans l'accident de ce sommeil inopiné qui les força de s'arrêter, ces trois hommes n'auraient jamais pu atteindre le but de leur expédition aventureuse. Ils avaient encore beaucoup de chemin à faire pour arriver au Mont-Blanc, et la chaleur les fatiguait à l'excès. En outre, ils étaient sans appétit, le vin et les vivres qu'ils portaient n'avaient pour eux aucun attrait. Aussi Jorasse disait-il sérieusement que s'il devait recommencer cette entreprise, il ne se chargerait d'aucuns vivres, et ne prendrait qu'un parasol et un flacon d'eau de senteur. Quand on se représente un robuste montagnard gravissant les pentes des Alpes en tenant d'une main une ombrelle, et de l'autre un flacon d'eau de Cologne, on se fait, par cette singulière image, une idée suffisante des difficultés anomales et des conditions insolites qui se rattachent à cette ascension.

Malgré l'insuccès de ces hardis montagnards, un naturaliste à qui l'on doit d'excellentes descriptions des Alpes, Pierre Bourrit, *chantre* de la cathédrale de Genève, voulut tenter la même route avant la fin de la saison. Il alla coucher au haut de la montagne de la Côte; mais au moment où il s'engageait dans le glacier des Bossons, un orage qui éclata inopinément l'obligea de rebrousser chemin.

Cependant Bourrit n'était pas homme à abandonner si vite la partie. D'après l'impossibilité bien reconnue d'atteindre le but par cette route, il fit prendre des informations dans toute la vallée de Chamonix, et il apprit que, du côté du glacier de Bionnassay, deux chasseurs, lancés à la poursuite de Chamois, étaient parvenus, en suivant toujours l'arête de rochers, à une telle hauteur, qu'ils avaient presque atteint le Mont-Blanc.

En possession de ce renseignement, Bourrit court au village de la Grue, habité par ces chasseurs, et les engage à faire aussitôt avec lui l'essai de la même route. Il partit le soir même, en compagnie de ces deux hommes. Le lendemain, au lever du jour, ils étaient arrivés à la base du rocher que les chasseurs avaient gravi à la poursuite des Chamois, et qui ouvrait la route du Mont-Blanc. Mais la matinée était très-froide, et Bourrit, que cette marche nocturne avait excédé de fatigue, n'eut pas la force de suivre ses guides. L'un d'eux resta avec lui ; les deux autres montèrent au haut de ces rochers et poussèrent fort avant dans les neiges. Ils se vantèrent d'être arrivés ainsi bien près du Mont-Blanc.

Cette tentative rendait probable un succès complet. Bourrit se prépara donc à renouveler la même entreprise, et de Saussure s'y disposa de son côté. Malheureusement l'été de 1785 fut froid et pluvieux ; aussi ne purent-ils songer, avant le mois de septembre, à réaliser ce projet.

Horace de Saussure et Bourrit, ce dernier accompagné de son fils, s'étaient donné rendez-vous pour le 12 septembre au village de Bionnassay, qui est situé à quatre lieues de Chamonix. Bourrit avait eu l'heureuse idée d'envoyer, à l'avance, trois hommes de Chamonix, pour construire dans un abri de rochers, au pied de l'aiguille du Goûter, une espèce de cabane en pierres sèches, pour y coucher et s'y mettre à l'abri en cas d'orage. Le but de la première journée était donc seulement d'atteindre jusqu'à la hauteur où se trouvait cette cabane.

Le 12 septembre 1785, à huit heures du matin, Bourrit et de Saussure, accompagnés de quinze montagnards chargés de vivres, fourrures et couvertures, instruments de physique, paille, bois à brûler, etc., commencèrent de marcher à la conquête du Mont-Blanc.

On suivit d'abord une pente douce qui côtoie un ravin au fond duquel coule le torrent qui sort du glacier de Bionnassay. Une montée rapide les conduisit ensuite au bas du glacier de Bionnassay. Ils le côtoyèrent quelque temps et finirent par s'en éloigner, en tirant au nord-est par une montée assez rude. Cette montée aboutit au lieu nommé *Pierre-Ronde*, qui est situé à 1444 mètres au-dessus de Chamonix. C'était là qu'avait été construite la cabane destinée à abriter les voyageurs. Ils y parvinrent à une heure et demie de l'après-midi.

Placée au pied de l'aiguille du Goûter, cette station était la plus heureusement choisie pour un lieu aussi sauvage. La cabane était appliquée au fond d'un angle de rochers, à vingt pas au-dessus d'un petit glacier d'où sortait une eau limpide, propre à servir à tous les besoins des voyageurs. Haute de quatre pieds sur sept à huit de longueur et de hauteur, cette cabane n'avait que trois murs : le rocher contre lequel elle était adossée tenait lieu du quatrième. Ces murs grossiers étaient composés de pierres plates posées sans ciment les unes sur les autres. Des pierres toutes semblables, soutenues par quatre tiges de sapin, formaient le toit de ce grossier abri. Il n'y avait point de porte, mais une simple ouverture de trois pieds carrés, de sorte qu'on n'y entrait qu'en se courbant. Un parasol ouvert, appliqué contre cette ouverture, remplaçait la porte. Les lits se composaient de deux paillassons munis de couvertures de laine.

C'est par l'aiguille du Goûter que l'on devait atteindre au Mont-Blanc. On profita de ce qui restait de jour pour charger deux guides d'escalader la montagne, d'y choisir la route la plus facile, et de marquer des pas dans les neiges dures.

Quelques blocs de rochers dominaient d'une quarantaine de pieds la cabane de nos voyageurs. Ils se hâtèrent d'y monter, pour jouir d'un des plus beaux spectacles que l'on puisse admirer dans les Alpes. Ces rochers sont taillés à pic du côté de la vallée de Chamonix, dont ils dominent l'extrémité méridionale de près de 1800 mètres. L'œil embrasse cette partie de la vallée bordée par les aiguilles de la chaîne du Mont-Blanc, qui semblent l'enfermer dans une sorte de cirque, et qui étalent autour d'elle comme une forêt de pyramides de granit. La vue s'étend de ce côté jusqu'à la *Gemmi*. Un énorme entassement de montagnes impossible à dénombrer se découvre du haut de cet incomparable observatoire.

De Saussure passa une excellente nuit à l'abri de sa hutte rustique. Lorsque le parasol n'était pas devant la porte, il voyait de son lit les neiges, les glaciers et les pics situés au-dessous de la cabane. Éclairé par la lune, cet amphithéâtre de neiges offrait le plus étrange aspect.

Les guides passèrent la nuit, les uns blottis dans des trous de rocher, les autres enveloppés dans des manteaux ou des couvertures; quelques-uns veillèrent auprès d'un feu parcimonieusement entretenu avec le bois apporté de Chamonix.

On se mit en route le lendemain, à six heures du matin, après avoir réparti également entre les guides les charges de vivres, d'habillements et d'instruments. Le site de *Pierre-Ronde* se trouvant à 2770 mètres au-dessus du niveau de la mer, il restait environ 2000 mètres à gravir pour arriver au Mont-Blanc. La plus grande partie du trajet devait se faire sur l'aiguille du Goûter, et le reste sur les neiges.

Nos voyageurs franchirent en vingt minutes un glacier qui les séparait de la base du Goûter. Il fallait monter sur une arête assez rapide, et dont les rocs, brisés ou désunis par l'action de l'atmosphère, n'offraient pas une route facile. Mais la température n'était pas trop basse, elle n'atteignait pas le zéro du thermomètre, et dans une heure on eut franchi cette arête. Arrivé à une certaine hauteur, on découvrit le lac de Genève, qui ne s'aperçoit que des points les plus élevés des bases du Mont-Blanc.

Un glacier forme le plateau qui s'étend au pied de l'aiguille du Goûter. Il était sept heures du soir quand on arriva à ce plateau. Ce glacier aboutit à un couloir de neige qu'il fallut traverser, non sans de grands dangers, parce qu'il domine un précipice effroyable. Pour le franchir, chacun se plaça entre deux guides qui tenaient les deux extrémités de leur long bâton. Telle est la manière de franchir les passages dangereux des Alpes. Le bâton tenu par les guides forme du côté du précipice une espèce de barrière sur laquelle on s'appuie; cette barrière, qui s'avance avec le voyageur, affermit sa marche et le rassure contre le danger.

Après avoir traversé le couloir de neiges, on attaqua l'arête de l'aiguille du Goûter. Mais ici la marche commença à devenir très-pénible. La montée était incomparablement plus rapide que celle qui avait conduit à la base de l'aiguille. Les rochers, désunis par l'action de l'air, s'éboulaient sous les pieds, ou restaient à la main quand on voulait s'y accrocher en grimpant. Souvent, ne sachant où se retenir, le voyageur était forcé de saisir le bas de la jambe du guide qui le précédait. Des neiges récemment tombées remplissaient le creux ou les interstices des rochers. Souvent le milieu de l'arête était inaccessible, et il fallait traverser les dangereux couloirs dont elle était bordée. Tous ces obstacles augmentaient à mesure que l'on s'approchait de la cime de l'aiguille.

Après cinq heures de cette pénible ascension, la pente devenait continuellement plus rapide, et la quantité de neiges nouvelles augmentait à chaque pas. Un des guides, Pierre Balmat, proposa alors de s'avancer seul, afin de reconnaître la route.

Balmat ne revint qu'au bout d'une heure. Il annonça que la neige nouvelle était si grande dans les parties supérieures, qu'on ne pourrait atteindre le haut sans les plus grands dangers, et que la cime de la montagne était couverte de deux pieds de neige dans laquelle on ne pouvait avancer. Ses guêtres étaient, en effet, couvertes de neige jusqu'au-dessus du genou.

Quelque regret que dût inspirer l'abandon d'une entreprise si heureusement commencée, de Saussure et Bourrit prirent donc le parti de ne pas aller plus loin. Au lieu où l'on s'était arrêté, l'observation du baromètre fixait l'élévation à 3717 mètres au-dessus du niveau de la mer.

Cependant les guides pressaient le départ. La chaleur du soleil avait fait fondre les neiges et rendu la descente dangereuse. En marchant avec prudence et en se faisant soutenir par les guides, on revint sans accident au plateau de la base de l'aiguille du Goûter, et on redescendit de là à la cabane.

Ce qui avait fait échouer cette entreprise, c'était l'époque trop avancée de la saison. Horace de Saussure résolut de répéter la même tentative l'année suivante, mais à une époque qui rendrait moins à redouter et moins probable l'obstacle des neiges nouvelles. En conséquence, et pour alléger le plus possible la fatigue de la dernière journée, il chargea son guide favori, Pierre Balmat, de lui construire une nouvelle cabane bien au-dessus de *Pierre-Ronde*, c'est-à-dire au pied de quelqu'une des arêtes de l'aiguille du Goûter. Il lui recommanda en même temps de faire quelques courses du côté de cette partie de la montagne, pour choisir la meilleure route à suivre.

Pierre Balmat s'adjoignit deux autres guides, et le 6 juillet 1786, ils allèrent coucher dans la cabane de *Pierre-Ronde*. Ils en partirent à la pointe du jour, et, prenant le même chemin qu'avait suivi de Saussure, ils parvinrent jusqu'à l'aiguille, et enfin jusqu'au dôme du Goûter, mais non sans avoir été tous malades par suite de la raréfaction de l'air.

Pendant que Pierre Balmat et ses amis gravissaient l'aiguille du Goûter par la pente de *Pierre-Ronde,* trois autres guides de Chamonix s'y rendaient de leur côté, mais par une autre route, c'est-à-dire par la montagne de la Côte. Comme on croyait alors que le dôme du Goûter était la seule voie par laquelle on pourrait parvenir au Mont-Blanc, quelques guides de Chamonix s'étaient partagés en deux groupes, pour essayer comparativement les deux routes qui conduisaient au dôme du Goûter. François Paccard, Michel Cachat, dit le *géant,* et Joseph Carriez composaient ce dernier groupe. Ils furent rejoints par un autre guide, Jacques Balmat, qui depuis plusieurs années cherchait, de son côté, la route du Mont-Blanc, et à qui était réservée la gloire d'y parvenir le premier.

Les deux groupes de guides s'étant réunis, traversèrent une grande plaine de neige et gagnèrent la longue arête qui joint le dôme du Goûter au Mont-Blanc. Mais cette arête, qui court entre deux précipices de 2000 mètres, est si étroite et d'une pente si rapide, qu'il était absolument impossible d'atteindre par là le Mont-Blanc. C'est ce que nos guides reconnurent avec chagrin. Seul, Jacques Balmat voulut pousser plus loin l'aventure. Il se hasarda sur l'étroite arête du dôme du Goûter, et fut obligé, pour pouvoir avancer, de se placer à califourchon sur l'espèce de dos d'âne que forme cet effroyable escarpement. Ses compagnons, effrayés de tant de témérité, le quittèrent et redescendirent à Chamonix.

Jacques Balmat, après de vains efforts, fut contraint de renoncer à une tentative impossible. Il revint à reculons, et toujours à cheval sur l'arête. Mais au retour, il ne trouva plus ses compagnons, qui d'ailleurs, mécontents de lui parce qu'il les avait suivis sans leur agrément, l'avaient laissé seul. Piqué de cet abandon, Jacques Balmat prit la résolution de rester dans ces déserts de glace tout le temps nécessaire pour chercher et découvrir la véritable route qui devait conduire au Mont-Blanc.

Au lieu de revenir à Chamonix, il descendit au grand plateau et résolut d'y passer la nuit.

Le grand plateau du Mont-Blanc est un plan peu incliné, de deux hectares environ, situé à 3000 mètres au-dessus du niveau de la mer, balayé par de continuelles avalanches et ouvert aux vents les plus froids, car il est entouré de tous côtés par des montagnes de neige, où l'on ne trouve ni un rocher ni une pierre pour s'asseoir ou s'abriter. Le thermomètre y marque toujours zéro au soleil, pendant l'été. C'est dans cet affreux désert que Jacques Balmat, sans couverture, n'ayant que son sac et son bâton, passa la nuit, blotti sous un rocher, et mal abrité contre une neige fine et glacée qui ne cessa pas de tomber.

Au lever du jour, il poussa des reconnaissances dans la montagne. C'est ainsi qu'il reconnut la véritable direction à suivre pour parvenir au Mont-Blanc, et qui consistait à s'engager dans la vallée de neige qui s'étend à partir du lieu nommé aujourd'hui les *Grands-Mulets*, et à monter de là, par une pente médiocre, jusqu'au Mont-Blanc. Le mauvais temps, la neige, le froid et le manque de vivres empêchèrent Jacques Balmat de parvenir jusqu'au Mont-Blanc; mais, en redescendant dans la vallée, il connaissait avec certitude la direction qu'il fallait suivre pour arriver à sa cime.

De retour chez lui Jacques Balmat dormit pendant quarante-huit heures sans désemparer.

La continuelle réverbération du soleil sur les neiges avait tellement fatigué sa vue, qu'il souffrait cruellement des yeux. Le médecin Paccard, qui résidait dans la vallée de Chamonix, le guérit de cette ophthalmie. C'est sans doute en reconnaissance des soins qu'il avait reçus du docteur Paccard que Jacques Balmat lui révéla sa découverte, et lui proposa de partager avec lui la gloire de faire la première ascension du Mont-Blanc. Le docteur Paccard accepta cette offre avec joie.

Le 8 août 1786, Jacques Balmat et le docteur Paccard commencèrent cette expédition étonnante. Ils n'avaient voulu mettre que deux personnes dans la confidence de ce projet avant son exécution. Aussi firent-ils seuls cette route si longue, hérissée de tant de périls, et que l'on n'entreprend aujourd'hui que par caravanes nombreuses. Ils ne portaient avec eux ni tente ni abris; leurs bagages se réduisaient à deux couvertures de laine, pour s'y rouler pendant la nuit sous quelque rocher. On a peine à comprendre comment ces deux hommes, réduits à leurs propres forces, au milieu de ces lieux désolés, dans ces déserts de glace, qu'aucun être humain n'avait encore visités, purent, malgré les précipices et les neiges, malgré le froid et la raréfaction de l'air, atteindre le but qu'ils s'étaient proposé. Le fait est qu'après avoir couché, enveloppés dans leurs couvertures, sous un rocher au plateau des *Grands-Mulets*, ils s'élevèrent le lendemain jusqu'au Mont-Blanc.

Les habitants de Chamonix, réunis sur la place et munis de lunettes, les aperçurent tous les deux au sommet du Mont-Blanc, c'est-à-dire de la montagne la plus élevée de l'Europe, point qui avait été considéré jusque-là comme absolument inaccessible à l'homme.

Jacques Balmat et Paccard restèrent une demi-heure sur l'arête en forme de fer à cheval qui forme le sommet du Mont-Blanc.

Seulement, par suite de la continuelle réverbération du soleil sur les neiges, Paccard, revenu dans la vallée, était à peu près aveugle. Quant à Jacques Balmat, outre une extrême fatigue des yeux, il avait les lèvres injectées de sang et la figure tuméfiée.

« C'est singulier! disait le lendemain Paccard à son compagnon, j'entends chanter les oiseaux, et il ne fait pas jour.

— C'est que vous n'y voyez pas, répondit Balmat; le soleil est levé, mais le gonflement de vos yeux vous rend aveugle momentanément. »

En effet cet accident n'eut aucune suite. Le docteur Paccard est mort en 1830, à l'âge de 79 ans. Quant à Jacques Balmat, il périt misérablement, en 1834, au fond d'un précipice. Ayant cru, sur de vagues renseignements, qu'il existait un filon aurifère sur le flanc de l'une des hautes cimes qui barrent la vallée de Sixt au N. E., il courut à sa recherche. Mais le lieu désigné était inabordable : il fallait s'avancer sur une étroite corniche, au-dessous de laquelle s'ouvre un précipice de 120 mètres de profondeur. Cette vue le glaça d'effroi. Mais quelque temps après, accompagné d'un chasseur de Chamois, aussi intrépide, aussi téméraire que lui, il revint à la charge. Il s'aventura sur l'étroite corniche, fit quelques pas, et disparut dans l'abîme. Son corps n'a jamais été retrouvé[1].

A peine rétabli de ses fatigues, c'est-à-dire quatre jours après sa belle ascension, Jacques Balmat se rendit à Genève, pour annoncer à Horace de Saussure le résultat de son expédition. De

---

1. *Notice biographique sur Jacques Balmat, dit Mont-Blanc*, par Michel Carrier, Genève, 1854, brochure in-8°.

Saussure, qui en était déjà informé, voulut, sans autre retard, faire la même ascension avec le courageux Balmat.

Le 20 août 1786, Jacques Balmat tenta de refaire avec de Saussure ce grand et solennel voyage qu'il venait d'accomplir avec le docteur Paccard. Ils passèrent la nuit dans une grotte au-dessus du glacier de Tacconay. Mais il survint une pluie si violente, accompagnée de tant de neige et de grêle sur les hauteurs, qu'ils furent obligés de renoncer à leur entreprise, et de la remettre à l'année suivante.

Ce fut le 1er août 1787 que de Saussure, accompagné de dix-huit guides et d'un domestique, accomplit la première ascension du Mont-Blanc exécutée dans un but scientifique. La première journée fut employée à atteindre la montagne de la Côte, et l'on

Fig. 28. Rocher des *Grands-Mulets*.

passa la nuit à la cime de cette montagne. De Saussure coucha sous une tente, avec son domestique et deux guides. On coucha dans l'endroit même où Jacques Balmat et le docteur Paccard avaient passé la première nuit de leur expédition. C'est le lieu qui porte aujourd'hui le nom de *Grands-Mulets*, et qui sert de station nocturne aux voyageurs qui s'élèvent au Mont-Blanc. Les autres guides s'arrangèrent entre des blocs de granit, pour s'y mettre à l'abri du froid.

La figure 29 représente le rocher des *Grands-Mulets* avec la cabane que l'on y a construite il y a vingt ans, et qui sert d'hôtellerie nocturne aux excursionnistes en route pour le Mont-Blanc; la figure 30 représente la cabane seule.

Fig. 30. Cabane des Grands-Mulets.

La difficulté ne commençait qu'à la seconde journée, car, à partir des *Grands-Mulets*, on ne marche plus que sur des glaces ou des neiges.

Dans cette seconde journée, on commença par traverser le glacier de la Côte. Ce glacier est très-dangereux à franchir. Il est entrecoupé de crevasses profondes et irrégulières, souvent très-larges, et qu'on ne peut traverser que sur des ponts formés de neige durcie suspendus sur l'abîme.

Nous laisserons maintenant Horace de Saussure raconter la suite de cette célèbre ascension, et nous en faire connaître les particularités diverses, tant au point de vue des observations scientifiques, que sous le rapport des impressions physiques qu'il ressentit dans cet air de plus en plus raréfié par l'élévation.

« Le lendemain 2 août, dit Horace Bénédict de Saussure, malgré le grand intérêt que nous avions tous à partir de bon matin, il s'éleva tant de difficultés entre les guides sur la répartition et l'arrangement de leurs charges, que nous ne fûmes en pleine marche qu'à six heures et demie. Chacun redoutait de se charger, moins encore par la crainte de la fatigue que dans celle d'enfoncer la neige par son poids, et de tomber ainsi dans une crevasse.

Fig. 31. Caravane gravissant le dôme du Goûter.

« Nous entrâmes sur le glacier, vis-à-vis des blocs de granit à l'abri desquels nous avions dormi (fig. 31); l'entrée en est très-facile, mais bientôt après l'on s'engage dans un labyrinthe de rochers de glace séparés par des crevasses, ici entièrement couvertes, là comblées en tout ou en partie par des neiges qui souvent forment des espèces d'arches évidées par-dessous, et qui cependant sont quelquefois les seules ressources que l'on ait pour traverser ces crevasses; ailleurs, c'est une arête tranchante de glace qui sert de pont pour les traverser. Dans quelques endroits où les crevasses sont absolument vides, on est réduit à descendre jusqu'au fond, et à remonter ensuite le mur opposé par des escaliers taillés avec la hache dans la glace vive. Mais nulle part on n'atteint ni on ne voit même le roc; le fond est toujours neige ou glace, et il y a des moments où, après être descendu dans ces abîmes entourés de murs de glace presque verticaux, on ne peut pas se figurer par où l'on en sortira (fig. 32). Cependant, tant qu'on marche sur la glace vive, quelque étroites que soient les arêtes, quelque rapides que soient les pentes, ces intrépides Chamouniards, dont la tête et le pied sont également fermes, ne paraissent ni effrayés ni inquiets; ils causent, rient, se défient les uns des autres; mais quand on passe sur ces voûtes minces suspendues au-dessus des abîmes, on les voit marcher dans le plus profond silence, les trois premiers liés ensemble par des cordes à cinq ou six pieds de distance l'un de l'autre, les autres se tenant deux à deux par leurs bâtons, les yeux fixés sur leurs pieds, chacun s'efforçant de poser exactement et légèrement le pied dans la trace de celui qui le précède. Lorsque, après avoir franchi quelqu'une de ces neiges suspectes, la caravane se retrouvait sur un rocher de glace vive, l'expression de la joie et de la sérénité éclaircissait toutes les physionomies; le babil et les jactances recommençaient; puis on tenait conseil sur la route qu'il fallait suivre, et rassuré par le succès, on s'exposait avec plus de confiance à de nouveaux dangers. Nous mîmes ainsi près de trois heures à traverser ce redoutable glacier, quoiqu'il ait à peine un quart de lieue de largeur. Dès lors nous ne marchâmes plus que sur des neiges, souvent très-difficiles par la rapidité de leurs pentes, et quelquefois dangereuses lorsque ces pentes aboutissent à des précipices, mais où du moins l'on ne craint d'autre danger que celui que l'on voit, et où l'on ne risque pas d'être englouti sans que la force et l'adresse puissent être d'aucun secours. »

Pour ne pas trop étendre ce récit, nous supprimerons les détails que de Saussure donne des circonstances diverses que présenta l'ascension, et nous arriverons tout de suite au terme du voyage. Dans la seconde journée, on avait atteint le Mont-Blanc au prix de mille dangers.

« Mes premiers regards, dit de Saussure, furent sur Chamouni, où je savais ma femme et ses deux sœurs, l'œil fixé au télescope, suivant tous mes pas avec une inquiétude trop grande sans doute, mais qui n'en était pas moins cruelle; et j'éprouvai un sentiment bien doux et bien consolant lorsque je vis flotter l'étendard qu'elles m'avaient promis d'arborer au moment où, me voyant parvenu à la cime, leurs craintes seraient au moins suspendues.

« Je pus alors jouir sans regret du grand spectacle que j'avais sous

Fig. 32. Grande crevasse de la base du Mont-Blanc, d'après une photographie de M. Bisson.

les yeux. Une légère vapeur, suspendue dans les régions inférieures de l'air, me dérobait à la vérité la vue des objets les plus bas et les plus éloignés, tels que les plaines de la France et de la Lombardie ; mais je ne regrettai pas beaucoup cette perte ; ce que je venais voir, et ce que je vis avec la plus grande clarté, c'est l'ensemble de toutes les hautes cimes dont je désirais depuis si longtemps de connaître l'organisation. Je n'en croyais pas mes yeux, il me semblait que c'était un rêve, lorsque je voyais sous mes pieds ces cimes majestueuses, ces redoutables aiguilles, le Midi, l'Argentière, le Géant, dont les bases mêmes avaient été pour moi d'un accès si difficile et si dangereux. Je saisissais leurs rapports, leur liaison, leur structure, et un seul regard levait des doutes que des années de travail n'avaient pu éclaircir.

« Pendant ce temps-là, mes guides tendaient ma tente et y dressaient la petite table sur laquelle je devais faire l'expérience de l'ébullition de l'eau. Mais quand il fallut me mettre à disposer mes instruments et à les observer, je me trouvai à chaque instant obligé d'interrompre mon travail, pour ne m'occuper que du soin de respirer. Si l'on considère que le baromètre n'était là qu'à 16 pouces 1 ligne, et qu'ainsi l'air n'avait guère plus de la moitié de sa densité ordinaire, on comprendra qu'il fallait suppléer à la densité par la fréquence des inspirations. Or, cette fréquence accélérait le mouvement du sang, d'autant plus que les artères n'étaient plus contrebandées au dehors par une pression égale à celle qu'elles éprouvent à l'ordinaire. Aussi avions-nous tous la fièvre, comme on le verra dans le détail des observations.

« Lorsque je demeurais parfaitement tranquille, je n'éprouvais qu'un peu de malaise, une légère disposition au mal de cœur. Mais lorsque je prenais de la peine, ou que je fixais mon attention pendant quelques moments de suite, et surtout lorsqu'en me baissant je comprimais ma poitrine, il fallait me reposer et haleter pendant deux ou trois minutes. Mes guides éprouvaient des sensations analogues. Ils n'avaient aucun appétit ; et à la vérité nos vivres, qui étaient tous gelés en route, n'étaient pas bien propres à l'exciter ; ils ne se souciaient pas même du vin et de l'eau-de-vie. En effet, ils avaient éprouvé que les liqueurs fortes augmentent cette indisposition, sans doute en accélérant encore la vitesse de la circulation. Il n'y avait que l'eau fraîche qui fît du bien et du plaisir ; il fallait du temps et de la peine pour allumer du feu, sans lequel nous ne pouvions point en avoir.

« Je restai cependant sur la cime jusqu'à trois heures et demie ; et quoique je ne perdisse pas un seul moment, je ne pus faire dans ces quatre heures et demie toutes les expériences que j'ai fréquemment achevées en moins de trois heures au bord de la mer. Je fis cependant avec soin celles qui étaient les plus essentielles. »

Nous allons résumer les observations scientifiques que de Saussure fit sur l'observatoire le plus élevé qui eût servi jusque-là aux expériences et aux investigations d'un savant.

Son premier coup d'œil eut trait à l'origine géologique des Alpes et du colosse qui les domine. C'est dans ce moment que ce géologue éminent, qui marchait fort en avant de son époque, sut démêler la nature éruptive de cette montagne. D'après la direction inclinée en sens concordant, des montagnes qui environnent le Mont-Blanc, il s'assura que ces montagnes n'étaient que des *relèvements* du sol, soulevé des deux côtés par la masse éruptive du Mont-Blanc. Les progrès ultérieurs de la science devaient pleinement confirmer cette vue, véritable trait de génie pour cette époque.

De Saussure prit, par l'observation du baromètre, que son fils, de son côté, observait au même moment à Chamonix, la hauteur du Mont-Blanc. Il la trouva, après le calcul et les corrections, de 2450 toises : ce qui en faisait la montagne la plus élevée de l'Europe.

Le thermomètre marquait, à midi, à l'ombre — 1° et au soleil — 2°.

Pour apprécier l'état d'humidité ou de sécheresse de l'air, de Saussure mit en expérience l'*hygromètre à cheveu*, instrument de son invention, qu'il plaçait au soleil, puis à l'ombre. A midi, l'hygromètre placé au soleil marquait 44 degrés, et à l'ombre 51 degrés, différence beaucoup plus grande qu'on ne l'observe communément dans la plaine, parce que la chaleur solaire augmente beaucoup plus l'évaporation dans un air raréfié que dans un air condensé. L'hygromètre observé au même instant à Chamonix et à Genève marquait, à midi, 73°,4 et 76°,7. En consultant les tables de l'hygromètre à cheveu, qui font remonter des degrés de cet instrument à l'*état hygrométrique* de l'air et aux quantités absolues de vapeur d'eau contenues dans un volume donné d'air, on trouve qu'à midi l'air, sur la cime du Mont-Blanc, contenait six fois moins d'humidité qu'à Genève. Cette extrême sécheresse de l'air était sans doute la cause de la soif ardente que de Saussure et ses compagnons éprouvèrent pendant tout le temps de leur séjour sur ces hauteurs[1].

L'électricité atmosphérique était très-faible : les boules de l'électromètre ne divergeaient que de trois lignes, ce qui tenait sans doute à la sécheresse de l'air; rendu peu conducteur par l'absence de la vapeur d'eau, l'air n'établissait guère de com-

---

1. Notons toutefois que cette remarque souffre des exceptions; car M. Boussingault a trouvé l'air du sommet du Chimborazo plus humide que l'air de la plaine.

munication avec le fluide électrique contenu dans les régions supérieures.

Un des spectacles les plus curieux que nos voyageurs eurent à admirer sur le Mont-Blanc, ce fut l'extrême intensité de la couleur du ciel. Toutes les personnes qui ont gravi de hautes montagnes savent que le ciel y paraît souvent d'un bleu plus foncé que dans la plaine, ce qui tient à la grande pureté et à la transparence de l'air. Pour rapporter un échantillon précis de la couleur du ciel du Mont-Blanc, de Saussure avait eu la précaution de préparer d'avance une série de bandes de papier colorées de seize nuances graduelles, depuis le bleu le plus pâle jusqu'au bleu presque noir. A midi, sur le Mont-Blanc, le ciel paraissait de la seconde nuance, c'est-à-dire tout près du bleu le plus foncé; les observateurs qui, au même moment, faisaient la même comparaison à Chamonix et à Genève, trouvèrent que la couleur du ciel paraissait à Chamonix de la sixième nuance et de la septième à Genève.

L'eau de chaux, la potasse caustique, exposées à l'air, mirent hors de doute la présence de l'acide carbonique dans l'atmosphère du Mont-Blanc. Cette expérience, qui serait aujourd'hui de peu d'importance, avait pour but de vérifier une conjecture qui venait d'être hasardée par Lavoisier. L'illustre chimiste avait pensé que les régions supérieures de l'atmosphère pourraient contenir des gaz à nous inconnus et que leur légèreté spécifique maintiendrait à ces hauteurs.

Une des expériences les plus intéressantes à faire, comme vérification d'une théorie importante de la physique, c'était la détermination du degré d'ébullition de l'eau sur ces hauteurs excessives. Le physicien de Luc avait autrefois gravi, non sans de grandes difficultés, la montagne du Buet, dans le seul but d'y faire cette expérience, qui depuis cette époque n'avait jamais été tentée à une plus grande élévation. Le Mont-Blanc étant d'une hauteur double de celle du Buet, cette expérience présentait un grand intérêt.

De Luc avait éprouvé de grandes difficultés pour faire brûler du charbon sur le Buet, à cause de la grande raréfaction de l'air. Pour écarter cet obstacle, de Saussure avait fait construire une lampe à esprit-de-vin munie d'une mèche à double courant d'air et d'une cheminée de tôle, selon l'invention d'Argand, alors toute récente. L'esprit-de-vin brûla très-bien. Il fallut toutefois une demi-heure pour faire bouillir l'eau, tandis que dans le même appareil, l'ébullition de l'eau au bord de la mer ne demandait que 12 ou 13 minutes. La chaleur de l'eau bouillante sur le Mont-Blanc n'était que de 85 degrés centigrades.

On avait eu la précaution de se munir de charbon, pour le cas où la lampe aurait mal fonctionné. On n'eut pas à s'en servir pour l'expérience de l'ébullition de l'eau ; mais on en fit continuellement usage pour faire fondre la neige et obtenir de l'eau potable, rendue à chaque instant nécessaire par l'extrême altération de tous les voyageurs. Il fallait continuellement animer, au moyen du soufflet, le charbon, qui, sans cela, s'éteignait à l'instant.

La déclinaison de l'aiguille aimantée ne présenta aucune circonstance particulière. On peut en dire autant des observations auxquelles de Saussure se livra sur l'épaisseur de la calotte de neige qui recouvre le Mont-Blanc et sur la disposition des couches de neige le long des flancs du reste de la montagne.

On n'aperçut aucun animal près de la cime glacée du géant des Alpes. Deux papillons qui traversaient la dernière pente du Mont-Blanc, à environ 100 mètres au-dessous de la cime, furent les seuls êtres vivants que nos explorateurs rencontrèrent dans ces lieux déserts. Il est probable qu'un coup de vent venu de la plaine les avait poussés jusqu'à cette hauteur.

Le peu d'intensité du son sur les hautes montagnes s'explique aisément par la raréfaction de l'air ; cette raréfaction, diminuant la masse de l'air, diminue nécessairement l'intensité de ses vibrations. Sur une cime isolée, l'absence des échos est encore une cause qui réduit la force du son. La voix paraissait donc fort affaiblie sur le Mont-Blanc : un coup de pistolet n'y faisait pas plus de bruit qu'un petit pétard.

Mais de tous les effets de la faible densité de l'air, le plus manifeste, c'était l'extrême accélération des mouvements respiratoires chez l'homme. Sur le Mont-Blanc, où la colonne barométrique subit une dépression de près de moitié, et où les poumons reçoivent par conséquent à chaque inspiration une quantité d'oxygène moitié moindre que dans la plaine, il faut nécessairement que les inspirations soient deux fois plus nombreuses, pour que la sanguification se maintienne dans ses conditions normales et physiologiques. La nécessité de ces inspirations continuellement répétées nous explique les angoisses et la fatigue que l'on ressent à ces grandes hauteurs. Mais en même temps que la respiration s'accélère, la circulation du sang est activée dans la même proportion. De Saussure voulut s'assurer de ce fait d'une manière exacte, et, pour écarter la cause d'erreur qui aurait pu faire attribuer l'accélération du pouls à la fatigue du voyage, il ne fit cette épreuve qu'après quatre heures d'un séjour à peu près tranquille sur la cime de la montagne. Alors le pouls de son domestique battait 112 fois par minute, le sien 100 fois, et le pouls de Pierre Balmat 98 fois. Cette épreuve, répétée le lendemain à Chamonix, après le repos, donna chez les mêmes personnes et dans le même ordre 60, 72 et 49 pulsations.

Ainsi les intrépides explorateurs du Mont-Blanc étaient sans cesse dans un véritable état de fièvre, ce qui explique la soif qui les tourmentait, comme aussi leur aversion pour le vin, les liqueurs fortes, et même pour toute espèce d'aliments. Ils ne désiraient et ne pouvaient supporter que l'eau fraîche; en mangeant de la neige, ils ne faisaient qu'augmenter leur altération. Cependant, lorsqu'ils se tenaient dans une tranquillité parfaite, ils ne souffraient pas sensiblement.

Quelques-uns des guides et des hommes de l'expédition ne purent plus longtemps supporter tant de genres de souffrances; ils furent contraints de descendre, pour retrouver un air plus condensé.

« La nature, dit de Saussure, n'a point fait l'homme pour ces hautes régions; le froid et la rareté de l'air l'en écartent; et comme il n'y trouve ni animaux, ni plantes, ni même des métaux, rien ne l'y attire; la curiosité et un désir ardent de s'instruire peuvent seuls lui faire surmonter pour quelques instants les obstacles de tout genre qui en défendent l'accès.

« Je restai cependant sur la cime jusqu'à trois heures et demie après midi, et quoique je ne perdisse pas un seul moment, je ne pus pas faire dans ces quatre heures et demie toutes les expériences que j'avais fréquemment achevées en moins de trois heures au bord de la mer. J'eus du regret à partir sans avoir accompli tout mon projet, mais il fallait absolument prendre de la marge pour être assuré de passer avant la nuit les mauvais pas que nous avions à franchir....

« Je quittai, quoique avec bien du regret, à trois heures et demie ce magnifique belvédère.

« Nous passâmes auprès de la place où nous avions sinon dormi, du moins reposé la nuit précédente, et nous poussâmes encore une lieue plus loin jusqu'au rocher, auprès duquel nous nous étions arrêtés en montant. Je me déterminai à y passer la nuit; je fis tendre la tente contre l'extrémité méridionale de ce rocher, dans une situation vraiment singulière. C'était sur la pente de neige que domine le dôme du Goûter, avec sa couronne de séracs, et qui est terminée au midi par la cime du Mont-Blanc. Au bout de cette pente régnait une large et profonde crevasse, qui nous séparait de cette vallée et où s'engloutissait tout ce qu'on laissait tomber des environs de notre tente.

« Nous avions choisi ce poste pour éviter le danger des avalanches, et pour que les guides, trouvant des abris dans les fentes de ces rochers, nous ne fussions pas entassés dans la tente, comme nous l'avions été la nuit précédente.

« Je m'occupai dans la soirée à observer le baromètre, dont la hauteur donna à ce rocher une élévation de 1780 toises. Je m'amusai ensuite à contempler l'amas de nuages qui flottaient sous nos pieds, au-dessus des vallées et des montagnes moins élevées que nous. Ces nuages, au lieu de présenter des plaques et des surfaces unies, comme on les voit de bas en haut, offraient des formes extrêmement bizarres, des tours, des châteaux, des géants, et paraissaient soulevés par des vents verticaux qui partaient des différents points des pays situés au-dessous.

« Nous soupâmes ensuite gaiement et de très-bon appétit; après quoi je passai sur mon petit matelas une excellente nuit. Ce fut alors seulement que je jouis du plaisir d'avoir accompli ce dessein formé depuis vingt-sept ans : savoir, dans mon premier voyage à Chamouni, en 1760; projet que j'avais si souvent abandonné et repris, et qui faisait pour ma famille un continuel sujet de souci et d'inquiétude. Cela était devenu pour moi une espèce de maladie; mes yeux ne rencontraient pas le Mont-Blanc, que l'on voit de tant d'endroits de nos environs, sans que j'éprouvasse une espèce de saisissement douloureux. Au moment où j'y arrivai, ma satisfaction ne fut pas complète; elle le fut encore moins au moment de mon départ; je ne voyais alors que ce que je n'avais pu faire. Mais dans le silence de la nuit, après m'être bien reposé de ma fatigue, lorsque je récapitulais les observations que j'avais faites, lors surtout que je me retraçais le magnifique tableau des montagnes que j'emportais gravé dans ma tête, et qu'enfin je conservais l'espérance bien fondée d'achever, sur le col du Géant, ce que je n'avais pas fait, et que vraisemblablement l'on ne fera jamais sur le Mont-Blanc, je goûtais une satisfaction vraie et sans mélange. »

La belle expédition scientifique de Saussure fut aussitôt chantée par un poëte qui en rendit un compte fidèle, mais qui eut le tort d'oublier que deux pauvres habitants de la vallée, Jacques Balmat et le docteur Paccard, avaient eu la gloire de fouler les premiers la cime du colosse alpestre. Cet oubli excita la verve d'un autre poëte, qui, dans une épître, voulut rétablir des droits méconnus. Citons quelques vers de cette protestation rimée :

« Ah! qu'un riche lettré, noble en ses jouissances,
Porte jusqu'au Mont-Blanc le luxe des sciences;
Qu'attentifs à ses pas vingt guides éprouvés

> Le sauvent des périls qu'ils ont vingt fois bravés,
> J'applaudis ; c'est JASON et sa troupe intrépide
> Qui s'arment pour dompter l'hydre de la Colchide ;
> Leur audace me plaît, et ne m'étonne pas.
> Mais qu'HERCULE TOUT SEUL étouffe dans ses bras
> Ce lion rugissant, l'effroi de la Némée !
> Hercule est plus qu'un homme[1]. . . . . . »

Le retentissement qu'eut dans toute l'Europe l'éclatant succès de l'entreprise de Saussure fit naître des émules de sa gloire. Nous ne dirons que peu de chose de ces ascensions, entreprises presque toutes dans un simple but de curiosité, non par des savants désireux de fixer quelques points incertains de la physique du globe, mais par des touristes en quête d'émotions.

Il faut toutefois excepter de ce jugement le naturaliste Bourrit, chantre de la cathédrale de Genève, dont nous avons déjà raconté les vains efforts. Dès le lendemain de la victoire de Saussure, Pierre Bourrit, escorté de quelques guides, gravissait les pentes du Mont-Blanc ; mais un orage le força presque aussitôt à rebrousser chemin. Il ne fut pas plus heureux dans une tentative faite l'année suivante. Il était écrit que l'excellent Bourrit passerait sa vie à montrer à ses rivaux la route du Mont-Blanc, sans pouvoir jamais y parvenir lui-même. Dure contrariété pour celui qui s'intitulait, à juste titre, le peintre des Alpes, et qui eut, en effet, le mérite d'attirer le premier, par ses ouvrages (en particulier par ses descriptions et ses remarquables dessins des glaciers), l'attention de l'Europe sur les beautés de ces montagnes, alors inconnues du touriste.

Le 5 août 1788, l'année qui suivit l'expédition de Saussure, un Anglais et un Hollandais, M. Woodley et M. Camper, tentaient la même ascension, accompagnés d'une dizaine de guides. Ils avaient eu malheureusement l'idée de s'adjoindre Bourrit, qui semblait avoir le fâcheux privilége de faire tourner à mal toute entreprise de ce genre. M. Woodley eut les mains et les pieds gelés ; quelques guides eurent aussi les articulations des mains et des pieds gelées. Bourrit, descendu à demi aveugle, ne se guérit que par des applications de neige continuées pendant treize jours.

Ce fut un Anglais, le colonel Beaufroy, qui, le 9 août 1790,

---

1. *Bibliothèque universelle de Genève*, tome XIV, p. 233.

suivit le premier avec succès les traces de Saussure, et s'éleva jusqu'au Mont-Blanc. Il fut menacé, au retour, de perdre la vue[1]. On ne se mettait pas alors assez en garde, comme on le fait aujourd'hui, au moyen d'un simple crêpe vert ou bleu, contre l'éclatante réverbération du soleil sur les neiges, et c'est ainsi qu'on s'exposait à des ophthalmies dangereuses et à des tuméfactions de la face.

En 1792, quatre compatriotes du colonel Beaufroy firent la même tentative ; mais le mauvais temps les força à redescendre : tous avaient plus ou moins souffert et éprouvé de nombreuses chutes. L'un des guides s'était cassé la jambe ; l'autre avait eu le crâne ouvert.

Le 10 août 1802, le baron Doorthesen, gentilhomme russe, et M. Forneret, de Lausanne, atteignirent le sommet du mont[2] ; mais ils avaient couru de tels dangers, ils avaient enduré de telles souffrances, qu'ils déclarèrent qu'aucune puissance ne les forcerait à recommencer.

Notons une nouvelle ascension faite, le 10 septembre 1812, par un habitant de Hombourg, M. Rodaz, et une autre, faite le 4 août 1818, par un gentilhomme polonais, le comte Matezecki[3].

Aucun Américain n'avait encore suivi dans la même voie les hardis conquérants du Mont-Blanc. Le charme fut levé, le 17 juin 1819, par le docteur Van Reusselaer, de New-York, et M. Roward, de Baltimore. Ils souffrirent beaucoup de la chaleur et du froid, et furent longtemps malades d'une affection des yeux et du visage.

C'était dans un but particulièrement scientifique que le docteur Hamel, conseiller de la cour de Russie, s'était rendu, en 1821, au pied du Mont-Blanc, pour escalader ses sommets. Ce savant voyageait aux frais du gouvernement russe, pour se livrer à des études sur la physique du globe, et il ne marchait qu'avec un bagage d'instruments d'observation de toutes sortes. Nous raconterons la tentative d'ascension du Mont-Blanc faite par le savant russe, non pour les résultats scientifiques qu'elle a fournis, mais pour la catastrophe qui la termina brusquement, et

---

1. *Journal de Thomson*, Londres, 1818.
2. *Bibliothèque universelle de Genève*, tome XX, p. 429.
3. *Ibidem*, tome IX, p. 84.

dont le souvenir est encore vivant aujourd'hui dans la vallée de Chamonix.

Le 3 août 1820, jour anniversaire de l'ascension de Saussure, une première tentative d'ascension fut faite par le docteur Hamel, par les glaciers de Bionnassay et l'aiguille du Goûter; mais un orage et des nuages amoncelés qui occupaient le Mont-Blanc le forcèrent à redescendre.

Ce fut le 18 août que le docteur Hamel recommença son ascension. Il était accompagné de deux gentilshommes anglais, M. Dornford et le colonel Gilbert Henderson. Douze guides les escortaient, sous le commandement de Marie Coutet; les autres guides étaient Julien Devoissous, David et Joseph Folliguet, les deux frères Pierre et Mathieu Balmat, Pierre Carrier, Auguste Teiraz, David Coutet, Jacques Coutet et Pierre Favret.

Partis de Chamonix à six heures du matin, on était arrivé à dix heures aux *Grands-Mulets*. C'est à cette hauteur que l'on s'arrête toujours pour passer la nuit. Une partie de ce rocher est taillée en forme de lettre L; l'échelle et quelques bâtons couverts de toile furent arrangés de manière à former une sorte de triangle dans l'intérieur duquel on passa la nuit, couchés sur de la paille. Mais, dans la soirée, le temps s'était mis à l'orage, la pluie commença de tomber. L'atmosphère était si fortement électrisée, que les boules de l'électromètre dansaient à faire peur. Le tonnerre ne cessa de gronder pendant toute la nuit.

La pluie continua toute la journée du lendemain, et la neige, qui ne tombait d'abord que sur le Mont-Blanc, commença à atteindre la région où se trouvait la tente de nos voyageurs. Le mauvais temps persista toute la nuit, qui fut passée, comme la première, sous le misérable abri de la tente.

Les conseils de la prudence la plus vulgaire prescrivaient le retour immédiat dans la vallée. Les guides, ayant tenu conseil au lever du jour, décidèrent de redescendre à Chamonix; mais quand cette décision fut signifiée au docteur Hamel, celui-ci la rejeta formellement. Il fut donc décidé que trois guides, qui furent désignés par le sort, Jacques Coutet, Joseph Folliguet et Pierre Favret, iraient chercher à Chamonix les vivres qui commençaient à manquer.

Il avait été arrêté qu'on attendrait dans le lieu du campement le retour du beau temps; mais à huit heures du matin, sur une éclaircie du ciel, le docteur Hamel décida qu'il fallait immédiatement partir. Les guides, qui connaissaient tout le danger de marcher, au milieu de tant d'effroyables précipices, sur des neiges fraîchement tombées, refusaient d'obéir à un ordre si imprudent; l'un d'eux, Auguste Teiraz, versait des larmes; il se jeta dans les bras de l'un de ses camarades en disant : « Je suis un homme perdu, j'y périrai! » Ce pressentiment sinistre devait se vérifier, car Auguste Teiraz fut une des victimes de la catastrophe. Le colonel Henderson lui-même prenait le parti des guides; mais le docteur Hamel, frappant du pied et regardant l'Anglais en face, laissa échapper le mot de *lâches!*

Il n'y avait plus à hésiter. Chacun fit ses préparatifs en silence, et l'on se mit en route.

La première partie de la montée se fit sans accident; le temps s'était remis au beau. On gravit sans trop de peine le dôme du Goûter, et l'on arriva ainsi enfin au grand plateau, qui se trouve à la base du Mont-Blanc.

« Ici, dit le docteur Hamel dans la relation qu'il a écrite de cet événement, nos guides nous félicitèrent, en disant qu'actuellement toutes les difficultés étaient vaincues; plus de crevasses, plus de danger. Jamais, disaient-ils, une ascension n'a mieux réussi. Jamais personne n'est monté plus vite et avec moins de difficulté; en effet, les neiges avaient justement la consistance qui convenait pour marcher avec facilité; les pieds ne s'enfonçaient pas trop, et elles n'étaient pas trop dures. Personne n'était indisposé. Cependant nous éprouvions déjà depuis quelque temps l'effet de la rareté de l'air, mon pouls battait 128 pulsations par minute, et j'avais soif à chaque instant. Nos guides nous invitèrent à déjeuner ici, car, disaient-ils, plus haut on n'a plus d'appétit. Une couverture fut étalée sur la neige à l'entrée du grand plateau, elle servit de chaise et de table. Chacun mangea avec appétit son demi-poulet; j'arrangeai plusieurs choses pour les observations et les expériences que je me proposais de faire en haut. J'écrivis deux billets pour annoncer notre arrivée au sommet, en laissant seulement un blanc pour l'heure. Je voulais les attacher à un pigeon, que j'avais avec moi et que je voulais lâcher sur la cime, pour voir comment il volerait dans cet air si rare, et ensuite pour savoir s'il retrouverait son chemin jusqu'à Sallanches, où sa femelle l'attendait. Nous gardâmes une bouteille de notre meilleur vin pour boire sur la cime, à la mémoire de feu de Saussure.

« A neuf heures précises, nous nous remîmes en marche pour monter jusqu'au sommet, que nous voyions devant nous. — « Accepteriez vous « mille livres sterling pour descendre, au lieu de monter? » demandait un de mes compagnons à son compatriote, qui répliqua : « Je ne vou-

Fig. 32. — Catastrophe du 20 août 1820.

« drais pas retourner, à quelque prix que ce fût. » — Nous étions trop pleins d'espérance et de joie de nous voir si près du terme de notre voyage[1]. »

La caravane gravissait en ce moment ce que les guides appellent la *calotte du Mont-Blanc*, c'est-à-dire la dernière pente de neige qui mène à l'extrême sommité. Au pied de ce talus est béante une immense crevasse de glace, de 20 mètres de large et de 50 de profondeur. C'est la grande crevasse que l'on a vue représentée page 93. On marchait à la file les uns des autres, dans l'ordre suivant : le premier guide était Pierre Carrier, le second Pierre Balmat, et le troisième Auguste Teiraz. Venaient ensuite Julien Devoissous et Marie Coutet. Derrière eux enfin marchaient, toujours à la file, cinq autres guides, le docteur Hamel et les deux Anglais.

Ce fut cet ordre de marche qui probablement détermina la catastrophe. En avançant sur une seule ligne, on tranchait, comme avec une charrue, la neige récemment tombée et qui n'avait pas encore contracté d'adhérence avec les neiges anciennes. Ainsi divisée par une longue section, la portion de neige que gravissait la caravane, se sépara tout d'un coup ; elle glissa sur la neige ancienne. Toute la caravane fut emportée avec cette avalanche le long du talus au pied duquel s'ouvrait, comme pour l'engloutir, l'immense crevasse dont nous avons parlé. L'avalanche de neige qui se détachait avait une longueur de 1000 mètres sur 70 de large, et moins d'un mètre d'épaisseur.

Tout le monde fut renversé et roulé dans la neige. Les trois guides qui marchaient en avant, Pierre Carrier, Pierre Balmat et Auguste Teiraz, furent précipités dans la crevasse. Julien et Marie Coutet, lancés par une impulsion plus violente, eurent le bonheur de dépasser cet abîme, et d'aller tomber dans une autre crevasse, heureusement peu profonde, à moitié remplie de neige, et d'où ils purent être tirés. Par un bonheur providentiel, les autres guides, les deux Anglais et le docteur Hamel, restèrent au bord du gouffre. Ils avaient roulé sur eux-mêmes d'une hauteur de 100 mètres.

Julien Devoissous et Marie Coutet restèrent un moment sans connaissance. Julien, la tête en bas, était tout meurtri de sa chute entre les parois resserrées de la crevasse : Marie Coutet

---

[1]. *Bibliothèque universelle de Genève*, tome XIV, p. 317.

était à demi couvert par la neige qui remplissait cette anfractuosité, de 20 mètres de profondeur. Ayant de la neige jusqu'au cou, il ne pouvait faire un mouvement, et son visage avait la couleur violacée de l'asphyxie. Il appela, d'une voix éteinte, son compagnon à son secours; Julien, ayant réussi à se dégager, se servit d'un bâton de guide pour écarter la neige qui couvrait le corps de son ami. Les deux montagnards restèrent pendant quelques minutes assis en face l'un de l'autre, se regardant sans proférer une parole; ils croyaient avoir survécu seuls à cette horrible chute.

Heureusement, il n'en était pas ainsi. Plusieurs de leurs camarades, échappés comme par miracle à l'avalanche, se tenaient au bord de la crevasse qui avait manqué leur servir de tombeau. L'un d'eux, Mathieu Balmat, se laissa même couler le long des parois, pour leur porter secours. On leur jeta une hachette, avec laquelle ils taillèrent des escaliers dans la glace. Arrivés à une certaine hauteur, on leur tendit un bâton ferré, et on les tira dehors.

Tout le monde, en ce moment, se trouvait réuni sur le même point; on se compta. Il manquait trois guides : ceux qui marchaient en tête, Pierre Carrier, Pierre Balmat et Auguste Teiraz. Ils étaient tombés tous les trois dans la grande crevasse. Mathieu Balmat les avait vus précipités dans cet abîme; et Julien Coutet, au moment de sa propre chute, et tout en tournant sur lui-même, avait vu passer rapidement devant ses yeux, et tomber dans la grande crevasse, comme une jambe de couleur noire : c'était sans doute Auguste Teiraz, qui portait des guêtres de même couleur, le même qui avait manifesté de si vives appréhensions lorsque le docteur Hamel avait donné, en dépit de tout, l'ordre impérieux du départ.

Le docteur Hamel était consterné de regret et de douleur. Quant aux deux Anglais, rien ne saurait donner une idée de leur désespoir. Ils se prosternaient sur la neige; la raison semblait les avoir abandonnés. Ils déclarèrent ne pas vouloir quitter la place avant que l'on eût retrouvé, morts ou vivants, les trois malheureux dont ils s'accusaient d'avoir causé la perte.

Malgré les remontrances des guides, M. Dornford et le docteur Hamel descendirent dans la grande crevasse, le corps à demi enfoncé dans les neiges molles. Ils sondèrent la neige avec leurs bâtons ferrés, sans rencontrer rien de résistant. Ils appelaient de toutes leurs forces les guides par leurs noms; mais à ces hauteurs extraordinaires l'air, très-raréfié, ne produit que des sons très-faibles.

Présumant qu'ils étaient ensevelis sous une épaisse couche de neige, Hamel enfonçait son bâton de toute sa longueur dans la neige, sur laquelle il se couchait, en appliquant les dents au bâton; il écoutait ensuite avec une profonde attention. Mais rien ne répondit; rien ne troubla le silence de ce lugubre tombeau.

Il fallut renoncer à une recherche reconnue inutile. Le docteur Hamel et son compagnon remontèrent donc sur le plateau. Les malheureux guides devaient avoir au moins 50 mètres de neige sur la tête. On fut forcé de les abandonner, et depuis cette époque tous les voyageurs qui font l'ascension du Mont-Blanc ne peuvent passer sans un serrement de cœur devant l'abîme de glace où ont péri les trois habitants de la vallée.

Cependant, à mesure que la journée avançait, le froid devenait glacial, puisque à cette hauteur on touchait presque au Mont-Blanc. On avait employé deux heures en vaines recherches au bord de la grande crevasse; il fallait absolument commencer de descendre, si l'on ne voulait pas être surpris par la nuit au milieu de ces précipices et courir le risque d'y être tous gelés.

Le guide Mathieu Balmat s'approcha alors du docteur Hamel, et le regardant en face, comme le docteur les avait regardés au matin de cette journée funeste :

« Eh bien, monsieur, lui dit-il, sommes-nous des lâches, et faut-il monter encore? »

Le docteur répondit en donnant l'ordre de descendre. Il aurait voulu que quelques guides consentissent à passer la nuit au bord de la crevasse, pour attendre les secours qu'on leur expédierait de Chamonix. C'était peut-être les vouer à la mort. Aussi cette idée ne fut-elle accueillie qu'avec colère et récriminations par les guides, qui reprochaient à l'étranger d'avoir causé, par son obstination, la mort de leurs camarades.

Pendant le retour, chacun raconta les sensations qu'il avait éprouvées au moment de la chute de cette avalanche d'un kilomètre de long. Julien Coutet avait tourné trois fois sur lui-même avant de tomber dans la petite crevasse, en franchissant la grande. Il attribuait son salut à ce qu'il portait en bandoulière le long étui du baromètre du docteur, qui l'aurait retenu suspendu un moment au bord de cet abîme, d'où il aurait rebondi dans la seconde crevasse. Marie Coutet avait vu quatre des cinq guides qui le précédaient tomber les pieds en l'air, un seul rester debout et n'être pas renversé. Quant à lui, il s'était senti emporté comme par un boulet de canon, et s'était trouvé, en un clin d'œil, couché et à demi enseveli dans un lit de neige. Une seconde après, un autre de ses compagnons tombait du ciel à ses côtés : c'était Julien Devoissous.

Le seul des guides qui n'avait pas été entraîné par l'avalanche était Mathieu Balmat. Devinant ce qui se passait, comprenant, avec son instinct de montagnard, que la neige nouvelle se détachait de l'ancienne, et glissait tout d'une pièce sur le talus; doué d'ailleurs d'une force prodigieuse, il enfonça son long bâton ferré à travers la neige nouvelle, qui n'avait pas un mètre d'épaisseur, et le planta dans la neige ancienne et résistante. Il put rester, de cette manière, suspendu à son bâton, à la force des poignets, tandis que l'avalanche emportait au-dessous de lui ses compagnons et son frère, Pierre Balmat, qui allaient trouver la mort au fond de l'abîme.

Renversé et roulé comme les autres, le docteur Hamel s'était trouvé heureusement arrêté au bord de la grande crevasse. Le colonel Henderson avait été lancé plus près encore du même abîme; il n'avait été arrêté que par la masse de neige qui l'entoure. Il était resté entièrement enseveli sous cette neige, qui le couvrait jusqu'au-dessus de la tête, et dont on ne le tira qu'à grand'peine.

En arrivant aux Grands-Mulets, on rencontra les trois guides envoyés le matin à la recherche des provisions. Ils redescendirent avec le reste de la caravane. Tous ces braves montagnards, frappés d'une sorte de stupeur, déploraient, d'une voix concentrée, le trépas de leurs camarades et la détresse dans laquelle cet événement devait plonger leurs familles.

Les deux Anglais contribuèrent généreusement à secourir ces familles, sans que le docteur Hamel prît d'ailleurs aucune part à ces libéralités. Mais rien ne put consoler la mère d'une des trois victimes, Pierre Balmat. Elle ne cessait de pleurer; trois mois après, elle mourut[1].

Le 15 août 1861 s'est passé le dernier épisode de cette triste histoire. Un guide de Chamonix trouva sur le glacier des Bossons deux crânes avec leurs téguments, un bras avec la main adhérente, le tout revêtu de chairs sanguinolentes. Des débris de sacs, d'étoffe de veste, etc., ne permirent pas de douter que ces restes humains eussent appartenu aux deux guides Pierre Balmat et Pierre Carrier[2]. Enfin, le 1er juillet 1863, le glacier des Bossons apportait un nouveau débris humain : c'était un pied, recouvert de ses chairs et de ses ongles, adhérant encore par les tendons au tibia décharné. A côté de ce pied était une boussole, probablement celle du docteur Hamel, que portait le guide Auguste Teiraz. Et c'est un petit-fils de la victime, Joseph Teiraz, photographe de Chamonix, que le hasard a rendu l'auteur de cette lugubre découverte.

Beaucoup d'ascensions au Mont-Blanc ont été entreprises depuis celles qui viennent d'être racontées. Nous n'entrerons pas dans ces nouveaux récits, et nous nous contenterons de donner la liste et la nationalité des voyageurs qui ont réussi dans cette tentative, après l'année 1820. Voici cette liste :

Date	Nom	Nationalité
1822 (18 août)	M. F. Clissold	Anglais
1823 (4 sept.)	M. Jackson	Id.
1825 (26 août)	Le docteur Clark	Id.
	Le capitaine Sherwill	Id.
1827 (15 juil.)	M. C. Fellowe	Id.
	M. W. Hawes	Id.
» (9 août)	M. Jean Auldjo	Id.
1830 (3 août)	Le capitaine Bootle Wilbrahonn	Anglais.
1834 (17 sept.)	Le docteur Martin Barry	Id
» (9 oct.)	Le comte de Tilly	Français.
1836 »	M. Alfred Waddington	Anglais.
1837 (23 août)	M. Hedzengen	Suédois.
	M. Pidwell	Anglais.
	M. H. M. Arkins	Id.
1844 (août)	MM. Martins, Bravais et le Pileur	Français.

1. *Bibliothèque universelle de Genève*, 1820, tome XIV, p. 304-323. — *Ascension du docteur Edmund Clark et du capitaine Markham Sherwill*, note 3.
2. *Notice sur la découverte de cadavres après quarante et un ans de séjour dans la glace*, Chamonix, 1861, chez Venance Payot, brochure in-8° de 7 pages.

Le capitaine Markham Sherwill[1], le comte de Tilly[2], et M. Arkins, officier de dragons anglais[3], ont publié le récit de leurs ascensions. Ce sont toujours les mêmes périls évités, les mêmes difficultés surmontées avec plus ou moins de bonheur. Le comte de Tilly eut, au retour, les pieds gelés; M. Arkins fut menacé de la même manière, et l'on craignit un moment la gangrène du pied. Le capitaine Markham Sherwill termine sa narration en disant: « Je ne conseillerais à personne une ascension dont le résultat ne peut jamais avoir une importance proportionnée aux dangers qu'on y court et qu'on y fait courir aux autres. »

L'ascension faite en 1844 par MM. Ch. Martins, Bravais et le Pileur est la plus intéressante de toutes celles qui se trouvent portées sur la liste précédente, parce qu'elle est la seule qui ait été entreprise depuis Saussure dans un but scientifique.

Parvenus au sommet du Mont-Blanc, MM. Martins et Bravais prirent un certain nombre de mesures de la hauteur et de la distance des montagnes situées autour du Mont-Blanc, et ils firent des observations thermométriques et physiologiques vraiment importantes[4].

Un physicien de Berlin, le docteur Pitschner, a fait en 1861 un séjour de trois semaines aux *Grands-Mulets*, pour s'y livrer à des expériences météorologiques. Il a publié à Berlin quelques vues, assez grossières, des principaux passages que l'on franchit pour atteindre au Mont-Blanc.

Nous ne pousserons pas plus loin ces récits, déjà bien longs, des principales ascensions du Mont-Blanc. Cette escalade est devenue assez vulgaire aujourd'hui. On en compte une quarantaine chaque année. Ce qui arrête surtout les touristes français, dont la bourse n'est pas enflée par les guinées anglaises ou les dollars américains, c'est le tarif exagéré de la compagnie des guides. Les règlements de l'autorité locale prescrivent de n'entreprendre

---

1. *Ascension du docteur Edmund Clark et du capitaine Markham Sherwill à la première sommité du Mont-Blanc les 25, 26 et 27 août 1825, par le capitaine Markham Sherwill*, Paris et Genève, 1827, brochure de 80 pages.
2. *Ascensions aux cimes de l'Etna et du Mont-Blanc, par le comte Henri de Tilly, ancien officier de dragons*, Genève, 1835, brochure de 114 pages.
3. *Ascension au sommet du Mont-Blanc le 22 et le 23 août 1837, par M. Arkins*, Genève, 1838, brochure de 63 pages.
4. *Illustration* du 5 octobre 1844.

Fig. 33. Passage des Échelles par M. Bisson en 1861; d'après une photographie de M. Bisson.

l'ascension du Mont-Blanc qu'avec trois guides par voyageur. Chaque guide se paye 100 fr., et il y a d'autres frais accessoires. Si le tarif était plus modéré, le nombre des excursionnistes au Mont-Blanc serait très-considérable. Pendant une semaine que nous avons passée, en 1863, dans la vallée de Chamonix, pour visiter les glaciers de la chaîne du Mont-Blanc, nous avons assisté au départ ou à l'arrivée d'une dizaine de *sociétés* (c'est le mot du terroir), et le 20 août, à 10 heures du matin, nous pûmes compter, avec la longue-vue de l'*hôtel de Saussure*, vingt-cinq personnes réunies au sommet du géant des Alpes.

Dans leur ardent désir de rapporter les spécimens artistiques de toutes les merveilles du globe, les photographes ne se sont pas laissé arrêter par les difficultés que présente le transport au Mont-Blanc de tout le matériel daguerrien. En juillet 1861, M. Bisson est parvenu à escalader, avec tout son attirail, la cime du Mont-Blanc, et il en a rapporté d'admirables vues photographiques. La figure 33 placée en regard de cette page a été exécutée d'après une de ces photographies. Elle représente le *passage des Échelles* par les guides qui accompagnaient M. Bisson et portaient son bagage. Ce *passage des Échelles* se trouve avant l'arrivée aux *Grands-Mulets*.

Nous terminerons tout ce qui se rapporte aux montagnes de l'Europe par quelques remarques sur l'altitude générale du continent européen prise dans sa totalité.

D'après M. de Humboldt, la hauteur moyenne des plaines de la France est de 156 mètres. Arago a trouvé cette altitude de 206 mètres, en prenant la moyenne d'un grand nombre de villes de France. La répartition des montagnes exhausserait le niveau moyen de 113 mètres, ce qui donne 269 mètres pour la hauteur moyenne générale de la France, en adoptant les données de M. de Humboldt. Avec le nombre trouvé par Arago, on arriverait à plus de 300 mètres. Il est à remarquer que par l'annexion de la Savoie qui place en France le groupe du Mont-Blanc, la hauteur moyenne de la France se trouve encore augmentée. Ces variations sont, toutefois, peu importantes pour le calcul de l'élévation moyenne de toute l'Europe.

L'Allemagne est, en moyenne, plus haute que la France; 380 mètres représentent son niveau moyen. Pour l'Europe, en général, M. de Humboldt trouve 205 mètres d'altitude. L'altitude moyenne de l'Asie est de 350 mètres, et celle de l'Amérique de 285 mètres. Si l'Océan montait de 300 mètres, il submergerait donc la plus grande partie de notre continent.

On comprendra mieux la signification de ces chiffres, si on les rapproche de quelques autres, contenus dans le tableau suivant :

ALTITUDES DE QUELQUES LIEUX HABITÉS DE L'EUROPE.

	Mètres
Hospice du Saint-Bernard	2490
Village de Soglio (Grisons)	2046
Village de Breuil (Mont-Cervin)	2007
Village de Héas (Pyrénées)	1500
Briançon (Hautes-Alpes)	1320
Village de Barége (Pyrénées)	1240
Bains du Mont-Dore	1040
Village de Chamonix	1023
Pontarlier	828
Madrid	608
Munich	538
Genève	407
Moscou	300
Lyon	163
Paris	65

On peut enfin comparer à ces hauteurs les élévations de quelques ouvrages de l'homme, dont voici un court tableau :

	Mètres.
La grande pyramide de Gizeh	146
Le Munster de Strasbourg	142
Coupole de Saint-Pierre à Rome	132
Flèche de l'église d'Anvers	120
Flèche des Invalides	105
Sommet du Panthéon	79
Balustrade de Notre-Dame	66
Colonne Vendôme	43
Mâture d'un vaisseau de 120 canons	73

Fig. 34. Panorama des Andes. (Amérique du Sud)

III

Montagnes de l'Amérique. — Ascension du Chimborazo par de Humboldt et par M. Boussingault. — Altitude du continent américain.

Au milieu de l'Amérique du Sud, dans la Bolivie, existe un grand plateau de près de 4000 mètres de hauteur, que Pentland appelle le *Tibet du Nouveau-Monde*. C'est une immense vallée renfermée entre deux chaînes parallèles qui appartiennent à la Cordillère centrale des Andes. Au nord se trouve le lac *Titicaca*. Vingt-cinq fois plus grand que celui de Genève, ce lac était le centre de l'ancien empire des Incas. La rivière Desaguadero traverse le sud de cette vallée; ses affluents viennent de la chaîne orientale, dont le versant opposé fournit les affluents du Paraguay, et qui porte les pics neigeux ou *nevados* de Sorata et d'Illimani. La Cordillère occidentale sépare la vallée de Titicaca des rives de l'océan Pacifique; elle renferme les pics Sahama, Parinacota, et des volcans actifs, tels que le volcan d'Arequipa et le Gualateiri.

La figure 34 présente le panorama de toute la chaîne des Andes, entre le lac supérieur de Titicaca et le lac inférieur de Parihuanacocha. A partir de cette masse centrale, les Andes se prolongent au nord jusqu'à l'isthme de Panama, au midi jusqu'au cap Horn, avec une configuration très-variée, et en formant divers rameaux et contre-forts.

La Cordillère du Pérou renferme le Chimborazo, celle du Chili, le pic d'Aconcagua, la plus haute montagne du nouveau continent.

Nous donnons dans la liste suivante la hauteur des montagnes les plus élevées de l'Amérique du Sud.

	Mètres.
Cap Horn	955
Pic de Captuna. (Terre de Feu.)	2400
Corcovado. (Cordillère de Patagonie.)	3450
Descabezado. (Andes du Chili.)	6430
Maypo. (Volcan, *ibidem*.)	5380

	Mètres.
Aconcagua. (Volcan, *ibidem*.)	7150
Illimani. (Andes de Bolivie.)	6455
Sorata. (*Ibidem*.)	6488
Parinacota. (Andes de Bolivie.)	5710
Sahama. (*Ibidem*.)	6810
Chimborazo. (Andes de Quito.)	6530
Cotopaxi. (Volcan, *ibidem*.)	5755
Pichincha. (*Ibidem*.)	4855
Pastos. (*Ibidem*.)	4100
Sierra de Mar. (Amérique centrale.)	1300
Sierra Tabatinga. (*Ibidem*.)	2200

Les chaînes de l'Amérique du Sud sont bien plus importantes que celles de l'Amérique du Nord. La Cordillère de Mexico, avec ses nombreux volcans (Popocatepetl, Colima, Orizaba, etc.), va se rattacher aux *montagnes Rocheuses* situées au nord du continent américain, et qui traversent l'Orégon dans la direction du sud au nord. Les plus hautes cimes des *montagnes Rocheuses* sont le pic James, les pics Espagnols, etc. Un rameau occidental suit la rive de l'océan Pacifique jusqu'aux îles Aléutes; il renferme le volcan Saint-Élie, la *montagne du Beau-Temps*, le Cerro de la Giganta (situé en Californie).

Du côté de l'est se dresse, dans l'Amérique septentrionale, la longue chaîne des Alleghanys, qui traverse les États-Unis depuis le golfe du Mexique jusqu'à l'embouchure du fleuve Saint-Laurent, en suivant la rive de l'océan Atlantique. Ses faîtes sont le mont Washington et le mont Otter. On désigne quelquefois cette chaîne par les noms de *Montagnes bleues*, nom que l'on donne aussi à une chaîne de montagnes dans l'Inde méridionale, aux montagnes de l'Australie et à celles de la Jamaïque. C'est que, vues de loin, toutes les montagnes paraissent bleues.

Nous réunissons dans le tableau suivant la liste et l'altitude des montagnes les plus élevées de l'Amérique septentrionale.

	Mètres.
Le Cumbre. (Guadeloupe.)	1490
La Soufrière. (*Ibidem*.)	800
Colima. (Volcan du Mexique.)	3960
Popocatepetl. (*Ibidem*.)	5400
Sierra Madre. (Cordillère du Mexique.)	2500
Cordillère d'Anahuac. (Mexique.)	3000
La Table. (Alleghanys, États-Unis.)	1310
Mont Otter. (*Ibidem*.)	1220
Mont Washington. (*Ibidem*.)	2300

MONTAGNES DE L'AMÉRIQUE

	Mètres.
Pic James. (Montagnes Rocheuses, Orégon.)..	3500
Big-Horn. (*Ibidem*.).............................	4135
Mont Saint-Élie. (Volcan de l'Amérique-Russe.).	5443
Mont Hooker. (Point culminant des montagnes Rocheuses.)...............................	5086

La carte placée en regard de cette page présente le tableau des montagnes les plus hautes dans les deux Amériques.

Le point le plus élevé auquel l'homme se soit élevé jusqu'à ce jour en Amérique, c'est le Chimborazo, pic qui fait partie de la Cordillère du Pérou. En 1802, de Humboldt atteignit, sur cette montagne, la hauteur de 5878 mètres, et trente années plus tard, M. Boussingault s'élevait à 6000 mètres, en faisant l'ascension de ce même pic des Andes.

Nous allons raconter les tentatives de ces voyageurs illustres. L'intérêt scientifique de ces ascensions n'était pas proportionné aux difficultés et aux dangers de la route ; mais ces entreprises ont toujours eu le privilége d'exciter la curiosité du public. Chacun est désireux de connaître les impressions que l'on peut éprouver sur ces sommets réputés inaccessibles, ou du moins hors d'atteinte au commun des hommes. « Nul autre objet, dit M. de Humboldt, n'a fourni matière à des questions aussi incessantes que celles qui m'ont été adressées au sujet du Chimborazo ; et ce n'était pas des grandes lois naturelles que l'on s'occupait. »

C'est dans l'été de 1802 que le célèbre voyageur tenta l'ascension du Chimborazo. Accompagné de son ami Bonpland, d'un Espagnol, Carlos Montufar, et de quelques guides indigènes, il partit, le 22 juin, de la plaine de Tapia, qui fait partie d'une vallée séparant la Cordillère orientale où se trouve le Cotopaxi, de la Cordillère occidentale, où sont situés les volcans éteints de l'Iliniza et du Chimborazo. On arriva par une montée douce jusqu'au village indien de Calpi, situé au pied de la montagne, et où l'on devait passer la nuit.

La plaine de Tapia est déjà élevée de près de 3000 mètres au-dessus de la mer du Sud ; on y rencontre encore des Cactus et des Schinus, mais l'agriculture y est impossible, à cause des gelées nocturnes. Des troupeaux de Lamas ont de la peine à trouver dans ces stériles parages une maigre nourriture.

Le 23 au matin, de Humboldt et Bonpland quittèrent le village de Calpi, pour attaquer le Chimborazo du côté sud-sud-est. Le sommet de ce pic est entouré de plaines superposées en

Fig. 35. Le Chimborazo.

sortes de gradins. Ces plaines, ou, comme on les appelle en Amérique, ces *llanos*, couverts de végétation, surpassent en hauteur le pic de Ténériffe. Parfaitement horizontaux, ils ressemblent au lit d'un lac desséché, et rappellent les steppes de l'Asie centrale. La végétation de ces *llanos* se compose de Graminées, de Gentiane pourprée, etc. A cette hauteur, la température moyenne annuelle est encore de 9 degrés, c'est-à-dire à peu près celle de Paris; mais les nuits sont plus froides que sous notre ciel.

Au-dessus du plateau de Sisgun, élevé de 3800 mètres, on rencontra l'étang de *Yana-Concha*, qui n'a que 40 mètres de long. La cime neigeuse du Chimborazo n'apparaissait encore aux voyageurs que par de rares éclaircies au milieu des nuages et dans l'épaisseur du brouillard qui l'enveloppait. A cette hauteur (4380 mètres) M. de Humboldt descendit de son mulet, parce qu'il était tombé beaucoup de neige la veille. Bonpland et Montufar y laissèrent aussi leurs chevaux, pour les reprendre au retour.

La végétation herbacée qui recouvre le sol cesse à 300 mètres au-dessus de l'étang Yana-Concha. On ne voit plus alors que des murs de rochers se dressant sur des neiges éternelles. Une partie de ces rochers forme des colonnes grêles et irrégulières, qui, de loin, produisent l'effet d'une forêt d'arbres morts et encore debout.

Cette allée de noirs piliers menait directement à une crête fort étroite : c'était le seul chemin pour parvenir à la cime du Chimborazo, car la neige qui couvrait les autres parties de la montagne était trop récente et trop molle pour que l'on pût y poser le pied. Ce périlleux sentier allait toujours en se rétrécissant, et la montée devenait de plus en plus roide. A la hauteur de 5070 mètres, tous les guides, rebutés par la difficulté de l'ascension, se retirèrent; nos voyageurs ne purent retenir auprès d'eux qu'un indigène, un métis de San-Juan.

Malgré le brouillard qui les enveloppait, ils parvinrent plus haut qu'ils ne l'avaient espéré; mais ce ne fut pas sans d'immenses dangers. La crête (*cuchilla*, *dos de couteau*, suivant le mot expressif des Espagnols) sur laquelle on marchait n'avait quelquefois que 25 à 30 centimètres de large. Elle se terminait, à gauche, par une pente inclinée de 30 degrés, formée de neige durcie qui brillait comme un miroir; à droite s'ouvrait un abîme de 300 mètres de profondeur, dans lequel se dressaient verticalement des aiguilles de rochers. « Nous marchions cependant, dit de Humboldt, le corps penché de ce côté. Le danger nous paraissait plus redoutable encore à gauche, parce qu'il n'y avait pas même la ressource de se tenir avec les mains aux aspérités du roc, et que la couche de glace à gauche ne nous aurait pas empêchés de nous enfoncer dans la neige[1]. »

L'ascension ne tarda pas à devenir plus difficile encore. La roche était de plus en plus friable, et la montée si roide qu'il fallait se servir des pieds et des mains, au risque de se blesser à tout moment, pour se retenir aux aspérités aiguës de la pierre. Il fallait marcher un à un et explorer le chemin à chaque pas en avant, car souvent des blocs, qui semblaient faire partie du sol, s'en détachaient et roulaient sous le pied qui les prenait pour appui.

---

1. *Mélanges de géologie et de physique*, in-8°, tome I, p. 164.

Afin de reconnaître la hauteur à laquelle on était parvenu de Humboldt s'arrêta, pour observer le baromètre, sur un point de la crête où deux personnes pouvaient se tenir à côté l'une de l'autre : on était alors à 5620 mètres au-dessus de la mer. L'air était à 3 degrés au-dessous de zéro ; le sol était très-humide et le brouillard ne cessa d'envelopper les voyageurs pendant l'heure qu'on employa à gravir la terrible *cuchilla*.

Tout le monde commença alors à ressentir le *mal des montagnes*, c'est-à-dire des envies de vomir et une sorte de vertige. Le paysan indigène qui avait consenti à partager les fatigues de l'ascension souffrait plus encore que les voyageurs européens. Tous saignaient des gencives et des lèvres, et leurs yeux s'injectaient de sang. C'est ce qu'avaient éprouvé de Saussure et tous ceux qui ont fait l'ascension du Mont-Blanc. Mais tandis que ces phénomènes avaient apparu sur le Mont-Blanc à 2800 mètres, chez nos voyageurs ils n'avaient commencé à se manifester, comme nous venons de le dire, qu'à 5620 mètres. Le *mal des montagnes* varie, en effet, selon les pays et selon les individus. Beaucoup de personnes commencent à en souffrir au-dessous de 4600 mètres. Les symptômes du malaise diffèrent suivant l'âge et la constitution, et ils s'aggravent par les efforts musculaires que l'on est forcé d'accomplir. Gay-Lussac s'est élevé en ballon jusqu'à 7060 mètres, sans trop de souffrances et sans hémorragie, parce qu'il était immobile dans son aérostat. La raréfaction de l'air détermine le suintement du sang à travers ses canaux, par suite de la trop faible pression que la peau reçoit de l'extérieur.

Tout à coup, le voile de nuages qui couvrait le sommet du Chimborazo sembla se déchirer comme par enchantement, et l'on vit apparaître sa cime arrondie. Le chemin s'élargissant un peu, l'on avançait d'un pas plus assuré, lorsqu'une crevasse profonde de 150 mètres et large de 20 mètres vint opposer à l'élan de nos voyageurs un obstacle décidément infranchissable. Le chemin continuait au delà ; mais il était impossible de tourner l'abîme ni de descendre dans ses profondeurs, à cause du peu de consistance de la neige qui le remplissait. Il fallait donc se résigner à ne pas monter plus haut.

Il était une heure de l'après-midi. Le baromètre marquait 13 pouces 11,2 lignes ; ce qui correspond à 5878 mètres d'altitude. L'air était à 1°,6 au-dessous de zéro. Une distance de 650 mètres seulement, c'est-à-dire dix fois la hauteur de la balustrade de Notre-Dame à Paris, séparait nos intrépides explorateurs de l'extrême sommité du colosse des Andes. La Condamine et Bouguer n'avaient pas dépassé 4700 mètres sur le Chimborazo; de Humboldt et Bonpland se trouvaient donc à la plus grande élévation que les hommes eussent atteinte jusqu'à ce jour.

On ne pouvait demeurer longtemps dans ce sombre désert. Le brouillard s'était épaissi de nouveau; déjà la cime du Chimborazo, ni aucune des montagnes voisines, n'étaient plus visibles. On n'apercevait autour de soi qu'une immense mer de nuages. Pas un être organisé ne se montrait. M. de Humboldt finit cependant par découvrir une espèce de lichen de rocher. Il avait trouvé à 5500 mètres de hauteur des *Gyrophora rugosa*; à 4700 mètres, il avait vu la dernière mousse. A 4880 mètres, Bonpland avait encore capturé un papillon, et l'on vit une mouche à 5400 mètres ; mais ces insectes avaient évidemment été portés par les courants d'air, car on voit quelquefois des pelotons d'herbes s'élever à cette hauteur par la seule action du vent.

Le ciel se couvrait de plus en plus, et la petite caravane dut songer à un prompt retour, qui fut effectué par le même chemin, mais non sans des précautions infinies. Ils commençaient à peine leur descente qu'une grêle épaisse, bientôt suivie de neige, se mit à tomber. Le sol se couvrit d'une épaisseur de neige qui allait jusqu'à la cheville, et qui augmentait les dangers de la descente. Cependant, vers 2 heures, de Humboldt et Bonpland avaient retrouvé leurs guides et leurs chevaux qu'ils avaient laissés à la limite des neiges perpétuelles.

Ayant repris sa route vers le village de Calpi, la caravane y arriva à 5 heures du soir. « Comme d'habitude, dit M. de Humboldt, le brouillard qui avait contrarié notre expédition fut suivi du plus beau temps. Le 25 juin, le Chimborazo se dévoila aux habitants de la Nouvelle-Riobamba dans toute sa splendeur, avec cette majesté calme et imposante qui est le caractère naturel des paysages sous les tropiques. » Malgré cette engageante apparence, on ne jugea pas à propos de renouveler une tentative qui avait réussi dans la mesure désirée.

D'après les observations de Humboldt, le Chimborazo est un volcan éteint, composé de porphyre et de trachyte. Sa cime est formée de laBrador et d'ogite; c'est un porphyre ogitique, une sorte de *dolérite*. On n'y trouve ni obsidienne ni pierre ponce. Bien que le Chimborazo n'ait point de cratère actuel appréciable, les forces volcaniques ne sont point éteintes dans ses profondeurs. Les mugissements souterrains s'y font fréquemment entendre et le sol est agité par des secousses. Mais les indigènes, habitués à ces mouvements du sol, n'y font aucune attention[1].

Passons à la seconde ascension du Chimborazo faite environ trente années après, en décembre 1831, par le voyageur et naturaliste français contemporain, M. Boussingault.

Après avoir accompli de grands travaux de physique et de géodésie dans les Andes, M. Boussingault se reposait de ses fatigues à Riobamba. L'élévation considérable du plateau sur lequel elle est située donne à cette ville un aspect aride et hivernal. A l'horizon s'étale un panorama de cimes neigeuses, sur lesquelles on voit se succéder dans leur magnificence entière tous les grands phénomènes météorologiques, savoir : des orages à la moitié de la hauteur du sommet de la montagne, — des nuages chargés d'électricité se formant par intervalles autour des pointes élancées de ses pics, qui fonctionnent comme des condensateurs électriques, — un crépuscule produit subitement et en plein jour par un voile de brouillard qui se répand en peu d'instants sur toute la ligne de l'horizon. On trouve donc réunis dans ce cadre imposant tous les tableaux de la nature pittoresque et sauvage des Andes.

Après s'être rassasié de ce grand spectacle, M. Boussingault voulut terminer ses recherches par une ascension du Chimborazo, dans l'espoir de reconnaître la composition de ce pic plus exactement que ne l'avait fait de Humboldt, et pour obtenir la température moyenne d'une station américaine très-élevée. Le colonel anglais Hall, qui l'avait déjà accompagné dans d'autres excursions, voulut cette fois encore se joindre à lui.

---

1. Le mot *Chimborazo* veut dire *neige de Chimbo*; la terminaison *razo*, qui se retrouve dans les noms d'autres montagnes, signifiant *neige*.

Vu de Riobamba, le Chimborazo offre deux pentes très-différentes : l'une, qui regarde l'*Arenal*, est très-abrupte; l'autre qui descend vers Chillapalla, est beaucoup plus douce. C'est de ce côté que l'on résolut de tenter l'ascension.

Le 14 décembre 1831, M. Boussingault et son compagnon allèrent coucher dans la métairie du Chimborazo, qui se trouve dans cette montagne, à 3800 mètres au-dessus de la mer; et le 15 au matin, on partit, escorté des guides indiens, mauvais guides toutefois, et sur lesquels il ne faut jamais compter pour atteindre à de grandes hauteurs.

En suivant un ruisseau encaissé entre deux murs verticaux de trachyte, on parvint, non sans beaucoup de peine, à une hauteur égale à celle du Mont-Blanc. Là, les voyageurs jugèrent bon de se couvrir le visage avec des voiles de taffetas, pour éviter les accidents que déterminent sur l'épiderme les rayons solaires réfléchis par la glace. Il fallut ensuite gravir une crête qui conduisait à un rocher de trachyte dépouillé de neige; pour cela on se frayait un chemin à travers la neige, dans laquelle on s'enfonçait parfois jusqu'à la ceinture. Bientôt la neige meuble présenta plus de 13 décimètres de profondeur; il devint impossible d'avancer plus loin, et l'on dut renoncer à continuer cette tentative d'ascension de ce côté de la montagne. On se reposa sur l'éminence isolée de trachyte qui surgissait de cette mer de neige. Il était 1 heure et demie de l'après-midi; la température était de 3 degrés au-dessus de 0; le baromètre accusait une altitude de 5115 mètres. M. Boussingault remplit une bouteille de neige, pour la soumettre à un examen chimique, et l'on retourna sur ses pas. On était de retour à la métairie à 6 heures du soir.

Le temps avait été magnifique, ce qui fit regretter d'autant plus l'insuccès de l'entreprise. Il fut donc résolu qu'on la recommencerait dès le lendemain, mais cette fois du côté de l'*Arenal*. C'était à peu près la direction qu'avait suivie 30 ans auparavant de Humboldt. On aurait voulu obtenir des habitants des renseignements précis sur la route suivie autrefois par l'illustre naturaliste, mais tous ceux qui l'avaient accompagné étaient morts.

A 7 heures du matin on se mit en route; à 9 heures, on déjeunait sur un énorme bloc de trachyte, élevé de 4335 mètres et que M. Boussingault baptisa du nom de *pedron del almuerzo* (pierre du repas). Six cents mètres plus haut, les mulets refusant d'avancer par suite de la raréfaction de l'air, il fallut quitter les montures, et l'on commença à gravir à pied un talus de roches reposant sur la glace, amas qui devait provenir d'un éboulement récent, d'une sorte d'avalanche de pierres descendue du sommet de la montagne. On traversa, vers midi, une nappe de glace tellement glissante, qu'on était obligé de creuser des entailles avec une hache pour pouvoir y poser le pied. L'air était déjà si raréfié qu'il fallait reprendre haleine chaque six à huit pas. On regagna ainsi la terre ferme, c'est-à-dire des blocs de trachyte non recouverts de neige. La petite caravane marchait sur une file : M. Boussingault en tête, le colonel Hall et son nègre mettant leurs pieds dans les marques des pas de M. Boussingault. Pendant la marche, on gardait le silence ; et l'on n'échangeait, pendant les haltes, que quelques paroles à voix basse, précaution très-essentielle dans ces sortes d'excursions, où rien ne fatigue autant qu'une conversation soutenue, et où les cris, l'agitation de l'air peuvent provoquer la formation d'avalanches terribles.

On ne tarda pas à gagner, de cette manière, une arête qui montait directement au sommet du Chimborazo. Elle ne portait que peu de neige ; mais elle était périlleuse à escalader, par sa très-forte inclinaison. Après des efforts inouïs de gymnastique, on se vit au pied d'un mur de trachyte coupé à pic, haut de quelques centaines de mètres, qui semblait fermer tout passage. On n'était pourtant qu'à 5680 mètres de hauteur : c'était décourageant. Nos voyageurs s'assirent devant le *Rocher-Rouge*, et se désaltérèrent en suçant des glaçons. Il était alors midi trois quarts. Tout le monde était gelé, car le thermomètre marquait zéro. Une humidité extraordinaire régnait dans l'air, les roches étaient toutes mouillées. Cet état hygrométrique de l'atmosphère aux sommets des plus haut pics ne permet donc pas de supposer que l'altération de la peau du visage que l'on éprouve si souvent à ces hauteurs soit due à la sécheresse de l'air. Il faut attribuer cet accident à l'action de la lumière trop vive réfléchie par les glaces. Aussi peut-on les éviter en se couvrant la figure d'un crêpe de couleur, ou même en se noircissant la peau du visage. La peau des nègres ne souffre jamais, sur les glaciers, de l'action du soleil.

Le nuage qui enveloppait les voyageurs finit par se dissiper ; ils reconnurent alors sur leur droite un abîme effrayant, et à gauche une roche avancée, formant une sorte de belvédère ou d'observatoire. Avec l'aide de ses compagnons, M. Boussingault se hâta de l'escalader. En regardant autour de lui, il s'assura qu'on pourrait s'élever plus haut si l'on réussissait à gravir un talus de neige qui s'appuyait sur la face opposée du *Rocher-Rouge*. Il ordonna donc au nègre d'aller essayer la force de la neige : elle se trouva heureusement assez forte pour les porter tous. Le colonel Hall et le nègre tournèrent alors le pied du belvédère, et M. Boussingault, pour les rejoindre, se laissa glisser le long de cette petite pente de glace.

Comme on se préparait à commencer l'escalade, une pierre se détacha du haut de la montagne et vint tomber tout près du colonel, qui fut renversé du choc; mais il se releva aussitôt pour examiner l'échantillon de roche qui s'était si brutalement soumise à son investigation : c'était un bloc de trachyte.

« Nous marchions avec précaution, dit M. Boussingault : à droite, nous pouvions nous appuyer sur le rocher; à gauche, la pente était effrayante, et avant de nous engager plus avant, nous commençâmes par bien nous familiariser avec le précipice. C'est une précaution qu'il importe de ne point négliger dans les montagnes, toutes les fois que l'on doit passer un endroit dangereux. Saussure l'a dit depuis longtemps, mais on ne saurait trop le répéter, et dans mes courses aventureuses sur les sommets des Andes, je n'ai jamais perdu de vue ce sage précepte[1]. »

A ce point de la course, tout le monde commença à ressentir les effets de la raréfaction de l'air. Il fallait s'arrêter à chaque instant, et souvent même se coucher par terre quelques secondes. Mais les souffrances cessaient avec le mouvement. C'est ce que de Saussure avait déjà noté.

Un nouveau danger vint bientôt s'ajouter aux autres : la neige molle n'avait qu'un décimètre d'épaisseur; au-dessus se trouvait une glace dure et glissante : il fallut y pratiquer des entailles pour ne pas tomber. Le nègre marchait en tête, pour creuser les pas dans la glace; mais cet exercice épuisait ses forces. M. Boussingault voulant passer devant cet homme, pour le remplacer dans son travail, glissa sur la pente du précipice. Fort heureusement, ses deux compagnons réussirent à le retenir suspendu sur l'abîme. Ils coururent tous les trois un grand danger; mais ayant réussi à reprendre leur équilibre, ils se remirent coura-

1. De Humboldt, *Mélanges de géologie et de physique*, p. 199.

geusement à marcher dans ce périlleux sentier. Par un dernier effort, ils parvinrent, à une heure trois quarts, au bout de cette terrible arête.

Mais il fut impossible d'aller plus loin. On se trouvait au pied d'un énorme massif de trachyte, dont la partie supérieure, couverte d'une calotte de neige, forme le sommet du Chimborazo.

Les arêtes qui pourraient conduire au sommet sont les arcs-boutants que l'on aperçoit de la plaine, et qui semblent supporter de divers côtés, comme pour l'étayer, ce rocher immense. L'arête à l'extrémité de laquelle M. Boussingault se trouvait avec ses deux compagnons avait à peine un mètre de large. Elle était entourée de toutes parts de précipices et de roches qui contrastaient avec l'éblouissante blancheur de la neige. De longues stalagmites de glace, suspendues sur les têtes de nos voyageurs, ressemblaient à une cascade qui se serait gelée en l'air. Le temps était magnifique, l'air calme et pur ; la vue embrassait un horizon sans limites : la situation était sublime.

Le baromètre se soutenait à 371 millimètres, ce qui correspond à une hauteur absolue de 6004 mètres. M. Boussingault avait donc dépassé les limites d'élévation atteintes par de Humboldt. Personne avant lui n'avait porté le baromètre à 6000 mètres de hauteur. Et nous verrons que cette dernière limite n'a pu être dépassée que par les frères Schlagintweit dans leur passage sur les sommets neigeux de l'Himalaya.

Le colonel Hall était ravi de joie ; il ne cessait de plaisanter tout en dessinant l'*enfer de glace*. Les voix semblaient profondément modifiées ; le son avait peu d'intensité : c'est à peine si l'on entendait le bruit du marteau frappant la roche.

Circonstance remarquable, les effets du *mal des montagnes* que nos voyageurs avaient ressenti au bas de l'arête étaient nuls au sommet du Chimborazo. Le pouls de M. Boussingault battait, il est vrai, 106 pulsations par minute ; il avait soif et ressentait, ainsi que le colonel, une excitation fébrile, mais cette excitation n'avait rien de pénible.

Le peu d'effet que la raréfaction de l'air produisit sur nos voyageurs s'explique par l'espèce d'acclimatation que leur avait procuré une séjour prolongé sur les plateaux des Andes. On est porté à croire que l'homme peut s'accoutumer à l'air raréfié des montagnes quand on considère que les habitants de la ville de

Quito vivent à 3000 mètres au-dessus de la mer ; que, dans ce pays, l'homme vit, sans trop de malaise habituel, à des altitudes aussi grandes que celles du Mont-Blanc ; enfin si on se rappelle le combat de Pichincha, livré de nos jours, et qui eut lieu à une hauteur égalant celle du Mont-Blanc.

On a reconnu, et M. Boussingault insiste sur ce fait, que l'on éprouve, à hauteur égale, un plus grand malaise sur une surface de neige que sur la roche nue. Les Indiens, en marchant sur la neige, sont saisis d'un étouffement (*akogo*), d'une difficulté de respirer qui ne dépend pas uniquement de la raréfaction de l'air. Aussi M. Boussingault croit-il que la neige vicie chimiquement l'air respirable. Saussure avait reconnu que l'air extrait de la neige contient moins d'oxygène que l'air ordinaire. M. Boussingault soumit à une expérience eudiométrique les gaz contenus dans la bouteille qu'il avait remplie de neige sur le Chimborazo, et il arriva à un résultat analogue. Ce fait est l'indice d'une certaine altération de l'air par la neige des grandes hauteurs.

M. Boussingault ne trouva pas au ciel du Chimborazo la couleur foncée que Saussure a signalée dans le ciel du Mont-Blanc. Du sommet du Chimborazo, le ciel ne paraissait pas plus foncé qu'à Quito. En général, M. Boussingault n'a observé que très-rarement le ciel bleu-noir dont parle Saussure. Il est persuadé que cette apparence de couleur foncée du ciel, que l'on voit quelquefois sur les glaciers, n'est, en grande partie, qu'un résultat de la fatigue des organes de la vue ; peut-être aussi n'est-elle qu'un effet de contraste avec la blancheur de la neige. Ce serait donc un phénomène essentiellement physiologique.

Le temps était resté jusqu'à trois heures d'une admirable beauté, et le thermomètre n'avait marqué que + 8 degrés. Mais des nuages commencèrent à se former au pied de la montagne, et un orage grondait au-dessous des pieds de nos observateurs aériens. Le bruit du tonnerre montait vers eux, mais très-affaibli, comme s'il venait de loin. Il était temps de redescendre, car la neige ou le froid aurait pu rendre la route impraticable, et on n'avait pas de provisions pour séjourner sur le glacier. Après une descente de 300 mètres, qui fut très-pénible, on entra dans la région des nuages. Il tombait, plus bas, un peu de grêle. Enfin, à mesure que l'on descendait, après avoir repris les mulets, une pluie glaciale vint se mêler à la grêle. On arriva pourtant sain et sauf, à huit heures du soir, à la métairie du Chimborazo.

Toutes les observations du physicien français tendent à confirmer l'opinion émise par de Humboldt, à savoir que le Chimborazo est un volcan éteint. Sa masse est une accumulation de débris trachytiques irrégulièrement disposés. Les plateaux de trachyte présentent d'énormes crevasses qui semblent diverger du centre, comme les fentes d'un morceau de verre étoilé. Le Chimborazo, en se soulevant, a redressé les rochers, qui sont restés amoncelés autour du centre d'éruption.

Le 23 décembre 1831, M. Boussingault quitta Riobamba, pour continuer ses voyages. En se séparant du colonel Hall, qui avait si longtemps partagé ses périls et ses fatigues, il lui serra la main, non sans un sombre pressentiment. En effet, quelques mois après, le courageux officier anglais périssait misérablement dans une rue de Quito, sous le fer d'un assassin.

Nous parlerons, pour terminer ce chapitre, de l'altitude générale du continent américain. Cette altitude, qui est considérable, peut expliquer l'élévation de la plupart des chaînes de montagnes de l'Amérique, bien supérieure à l'altitude des montagnes de l'Europe.

Les hauteurs primitives des basses terres de l'Amérique du Sud et de l'Amérique du Nord sont évaluées respectivement à 200 et 145 mètres environ, par M. de Humboldt; mais, en tenant compte de l'exhaussement que produirait la répartition uniforme de la masse des montagnes sur toute la superficie du pays, en trouve 345 et 230 mètres respectivement pour la hauteur moyenne de ces continents, et 285 mètres pour l'Amérique en général.

On ne sera pas surpris dès lors de l'élévation de beaucoup de lieux du continent américain. Dans cette région, en effet, il existe des villes, et l'homme passe son existence dans des localités dont l'altitude est celle des plus hautes montagnes de l'Europe. La hauteur moyenne de la crête des Andes est, selon M. Boussingault, de 4300 mètres. Mais un grand nombre de *cols* ou *passages de montagne* d'Amérique sont plus élevés. Les passages de Lagunillas, Alto de Tolédo sont situés à 4750 mètres au-dessus de la mer. Le passage de Gualitas, qui mène de la ville la Paz à celle d'Arica, au Pérou, est à 4520 mètres. Dans tous ces passages, on trouve des habitations isolées ou même des hameaux à des hauteurs extraordinaires. La maison du maître de poste d'Ancomarca, qui est fréquentée par les voyageurs qui se rendent de la Bolivie aux ports du Pacifique, est située à une altitude de 4792 mètres, celle de la cime du Mont-Blanc. Les hameaux ou maisons de Chullunquani, de Rio-Mauro, de Huayllas, sont suspendus à environ 4200 mètres de hauteur absolue sur les flancs des Cordillères.

Voici encore les altitudes de quelques villes du Pérou ou de l'État de Bolivie :

	Mètres.
Arequipa	2375
Cochabamba	2575
Chaquisaca	2845
Tapisa	3050
La Paz	3715
Oruro	3790
Puno	3910
Chucuito	3870
Potosi	4165

Plusieurs de ces villes sont des capitales de provinces. Potosi est à la hauteur de la Yungfrau. Le village Tacora, habité par des Indiens, situé à la base d'un volcan éteint, a une altitude de 4345 mètres.

Dans la république de l'Equateur, la grande ville de Quito est à 2900 mètres de hauteur absolue; la métairie, au pied du volcan d'Antisana (haut de 5833 mètres), s'élève à 4100 mètres. Dans la Nouvelle-Grenade, Santa-Fé de Bogota a encore une altitude de 2660 mètres. Mexico est à 2275 mètres, et un grand nombre de villes du plateau mexicain sont à 2000 mètres au-dessus du niveau de l'Océan.

Ainsi l'homme s'habitue à vivre dans un air étrangement raréfié. Ce qui est un air rare et léger pour l'Européen des plaines, n'est que de l'air à sa densité ordinaire pour l'habitant des plateaux du Mexique ou des Cordillères.

IV

Montagnes de l'Asie. — Tableau des montagnes les plus élevées de l'Asie. — Le Gaurisankar et le Kunchinjunga.

Le point le plus élevé de la terre que l'homme ait pu atteindre, la région la plus haute que son pied ait foulée, se trouve dans l'Asie centrale, sur la chaîne de l'Himalaya. Le 19 août 1855, les frères Schlagintweit, célèbres voyageurs bavarois, dont l'un devait bientôt périr au milieu de ses voyages, victime de son zèle scientifique, atteignirent, sur le pic *Ibi-Ganmin*, la hauteur de 6770 mètres.

Si l'on se rappelle que la hauteur du Mont-Blanc est de 4810 mètres, on voit que le baromètre a été porté 2000 mètres plus haut que sur le Mont-Blanc. L'altitude des chaînes de montagnes de l'Asie est d'ailleurs bien supérieure à celle de l'Europe, et l'on peut dire, en général, que le géant des Alpes est peu de chose, si on le compare à divers points des Cordillères, en Amérique, et de l'Himalaya, en Asie. Dans la chaîne du Tibet, en Asie, les hauteurs moyennes des passages sont évaluées comme il suit par les frères Schlagintweit : dans l'Himalaya, 5400 mètres; dans le Karakoroum, 5700 mètres; dans le Kuen-Luen, 5200 mètres. Le plus haut passage dans l'Himalaya, l'*Ibi-Ganmin*, n'a pas moins de 6236 mètres; il a été fréquenté autrefois par les marchands, et n'est abandonné aujourd'hui que parce qu'il est un repaire de brigands.

La carte placée en regard de cette page représente le panorama des montagnes les plus élevées de l'Asie. Le tableau suivant renferme les altitudes de ces montagnes.

		Mètres.
Ida (Kaz-Dagh)	Turquie	160
Boulgar-Dagh	Taurus (Turquie)	2100
Pic de Kaïsarich	Ibid	3840
Djebel Makmel	Liban (Syrie)	2905
Djebel Musa (Sinaï)	Syrie	2754
Elbrouz	Caucase (Circassie)	5645

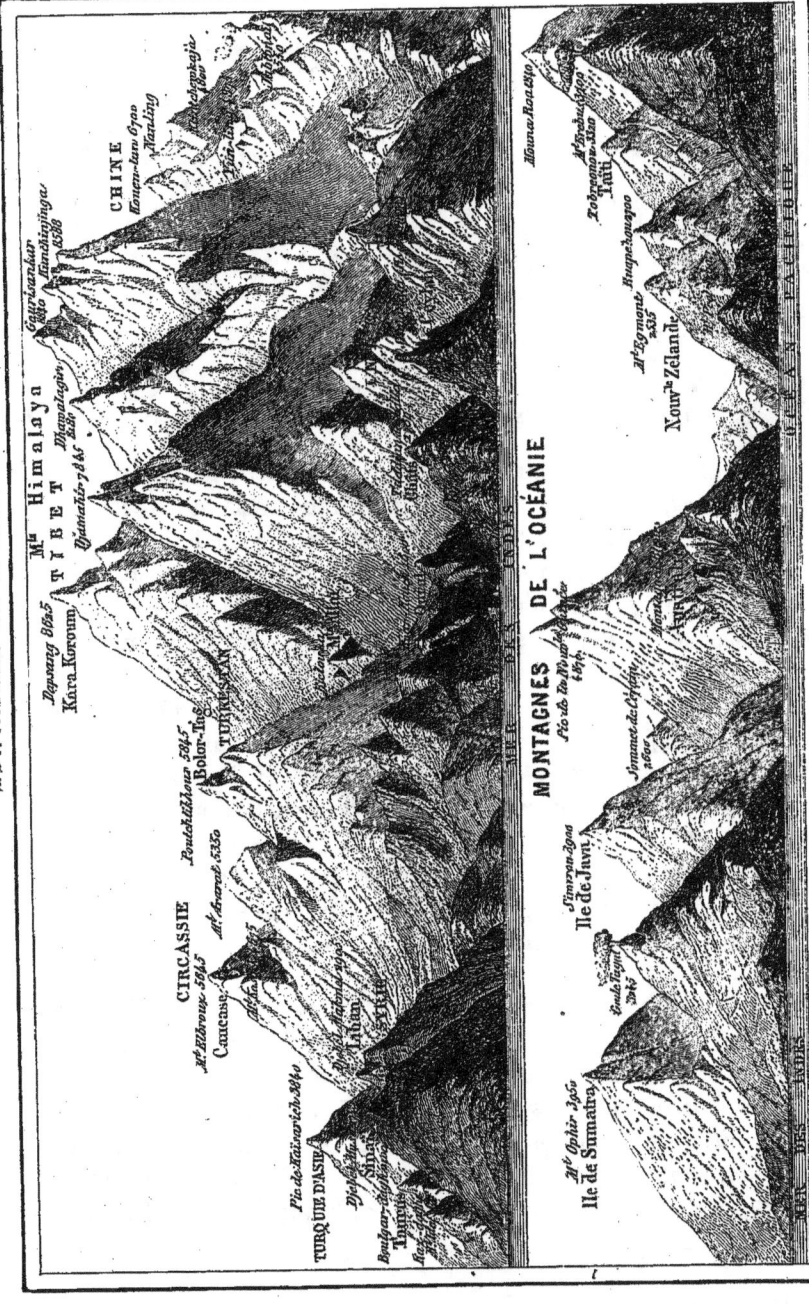

		Mètres.
Kasbeck	Caucase (Circassie)	4675
Ararat	Arménie	5350
Kar-Konch	Oural (Russie)	1600
Pontichkhour	Bolor-Tag (Turkestan)	5845
Dapsang	Karakoroum (Tibet occidental)	8625
Djawahir	Himalaya (Népaul)	7845
Dawalagiri	Ibid.	8180
Kunchinjunga	Ibid.	8840
Gaurisankar	Ibid.	8840
Yun-Ling	Chine	4895
Kuen-Luen	Ibid.	6700
Nom-Ling	Ibid.	
Altaï	Sibérie	3270
Jablonaï	Ibid.	4550
Kliutschi	Volcan de Sibérie	4800
Taddian-da-Malla	Ghats (Inde)	1730
Samanala (pic d'Adam)	Ceylan	1950

Si l'on veut se faire une idée assez nette de la configuration orographique de l'immense continent de l'Asie, il faut considérer la grande élévation centrale comprise entre les deux systèmes de l'Himalaya et de l'Altaï. Cette vaste *intumescence* du sol, comme l'appelle d'une manière expressive M. de Humboldt, s'étend dans la direction du sud-ouest au nord-est, à travers le Tibet et la Mongolie. Quatre grandes chaînes s'étendent dans le sens des latitudes terrestres. Au nord, à la frontière de la Chine et de la Sibérie, s'élève le groupe de l'Altaï; au sud, la ceinture imposante des monts Himalaya, où l'on découvre les plus hautes cimes du monde. Les deux chaînes intermédiaires, en allant du nord au sud, sont les Thian-Chan, ou *montagnes Célestes*, et le Kuen-Luen, qui se termine à l'ouest par le Tioungling, ou Kara-Koroum; elles vont rejoindre, à l'occident, la chaîne du Bolor-Tag (*montagnes du Brouillard*).

Les *montagnes Célestes* semblent se continuer par delà le grand bassin aralo-caspien, dans le Caucase, qui borde à l'orient la mer Noire. La Sibérie est séparée de la Russie d'Europe par les monts Ourals, qui s'étendent du nord au sud; les rives de l'Inde portent les Ghattes occidentales et les Ghattes orientales, qui forment au sud les plateaux des Nilgherris, ou *montagnes Bleues*. Enfin, la Turquie d'Asie est traversée par le Taurus et le Liban.

L'élévation de la ligne du faîte, ou hauteur moyenne des passages, est, d'après MM. Schlagintweit :

	Mètres.
Pour l'Himalaya	5480
Pour le Kuen-Luen	5760
Pour le Kara-Koroum	5180

Ces chiffres sont plus élevés que ceux qu'a donnés Al. de Humboldt. Ce dernier évalue à 80 mètres environ la hauteur primitive des basses terres de l'Asie. Le plateau chinois a une élévation de 1500 mètres, l'intumescence qui renferme le Tibet a une altitude de 3500 mètres en moyenne. La répartition de toutes les montagnes et de tous les plateaux élevés sur la surface totale de l'Asie produirait un exhaussement qui porterait la hauteur moyenne générale de ce continent à plus de 350 mètres. Elle est plus considérable que la hauteur moyenne de l'Amérique ou de l'Europe.

Le versant occidental du Bolor-Tag renferme le célèbre plateau de Pamir, que les Kirghiz nomment le *Toit-du-Monde*. Le premier voyageur qui en ait parlé est le Vénitien Marco-Polo.

« Là, dit-il, se trouve une plaine, où il y a un fleuve moult bel et la meilleure pasture du monde, car une maigre jument y deviendroit bien grasse en dix jours. On y chevauche toujours montant pendant douze journées, durant lesquelles on ne rencontre nulle habitation ni nul herbage, fors le désert. Nul oiseau n'y a, pour le haut lieu et froid qui y est. Et si vous di que le feu, pour cel grant froid n'y est pas si cler ne de tel chaleur comme en autre lieu, ne se peuvent pas si bien cuire les viandes. ».

Ce plateau est le nœud central, d'où rayonnent les chaînes de montagnes tibétaines. Le fleuve Amou, l'ancien Oxus, y prend naissance et va se jeter ensuite dans le lac Aral. En février 1838, le capitaine Wood visita ces lieux déserts, et il trouva à 4760 mètres d'altitude le lac Kink-Kiol, grande et belle nappe d'eau en forme de croissant, d'où sort l'Amou-Daria. Les montagnes d'alentour alimentent plusieurs des principales rivières de l'Asie, le Yarkand, le Sin, etc. Voici en quels termes le capitaine anglais rend compte de ses impressions :

« L'aspect du pays présentait l'image d'un hiver dans toute sa rigueur. Partout où le regard se portait, une couche éblouissante de neige couvrait le sol comme un tapis, tandis que le ciel au-dessus de nos têtes offrait une couleur sombre et désolante. Des nuages eussent reposé les yeux; mais il n'y en avait nulle part. Pas un souffle ne s'agitait sur la surface du lac; pas un animal vivant, pas même un oiseau ne se montrait à la vue. Le son d'une voix humaine eût été une musique harmonieuse à l'oreille; mais aucune, en cette saison inhospitalière, ne s'aventurait dans ces domaines glacés. Le silence régnait tout autour de nous: un silence si profond, qu'il oppressait le cœur. »

Pendant l'été, tout est changé; alors une herbe fraîche et nourrissante couvre la plaine et attire les tribus de pasteurs.

Quelques-unes des villes principales du Tibet sont situées à de très-grandes hauteurs au-dessus du niveau de la mer. MM. Schlagintweit donnent :

	Mètres.
A Gartok	4600
A Leh ou Ladak	3500
A Lassa	3000

La ville d'Erzeroum, en Arménie, est située à une altitude de 1900 mètres, celle d'Ispahan à 1340 mètres. Voici les hauteurs de quelques lacs du Tibet occidental, d'après les déterminations barométriques des frères Schlagintweit :

	Mètres.
Aksaé-Chin	5070
Tso-Kar	4780
Lac Kiuk-Kiol	4715
Monsarawr ou Teso-Mapan	4650
Rakous-Tal ou Teso-Hanag	4650
Les deux Tsa-Mognalari (moyenne)	4280

Dans Garval, on rencontre un lac au milieu des glaciers, à 5410 mètres de hauteur : c'est le Déo-Tal. A de certains intervalles, le rempart de glace qui le borde se brise, et alors des torrents d'eau inondent le pays inférieur.

Ces lacs du Tibet sont plus salés que les eaux douces ne le sont d'ordinaire. Dans l'Himalaya, les lacs sont plus rares; celui de Naintal est situé à 2000 mètres de hauteur absolue.

Les passages ou *cols* des montagnes centrales de l'Asie offrent, comme nous l'avons déjà dit, une hauteur moyenne excessive, puisqu'elle dépasse la hauteur des cimes les plus élevées des Alpes. Mais il existe dans l'Himalaya des passages encore plus aériens : celui d'Ibi-Ganmin, que MM. Schlagintweit ont traversé en allant de Garval à Guari-Korsum, a 6240 mètres d'altitude.

Vers 1820, des indigènes tentèrent de suivre cette route, avec un troupeau de brebis. Mais ils tombèrent entre les mains des brigands qui infestent cette région de la montagne, et les pertes qu'ils subirent les décidèrent à abandonner le passage d'Ibi-Ganmin comme route commerciale.

Le col de Mastag présente encore une altitude de 5800 mètres de hauteur. Les indigènes ont l'habitude de placer le long de ces voies des blocs de pierres. Ces pierres et les nombreux squelettes de bêtes de somme, restées en chemin, sont ordinairement les seules marques auxquelles on puisse reconnaître ces routes sauvages.

Les passages de l'Himalaya, qui s'élèvent au-dessus de 4900 mètres, sont fermés par la neige pendant l'hiver, depuis novembre jusqu'en mai, ou même en juin. En décembre 1845, les Chinois y ont livré une bataille. La garnison de Takla-Khar se sauva par un de ces cols neigeux; mais la moitié de cette troupe fut tuée par le froid, les survivants eurent les extrémités gelées.

Dans le Kara-Karoum, les passages sont libres à peu près toute l'année, et les marchands les traversent même en hiver pour aller de Ladak au Turkestan.

Le plus haut pic de l'Himalaya et du monde entier, c'est le *Gaurisankar* [1], qui a été mesuré trigonométriquement par le major Everest, en 1847. Il a 8840 mètres. La figure 36 représente le Gaurisankar d'après la vue qu'en ont donnée dans le magnifique atlas de leurs voyages les frères Schlagintweit.

Immédiatement après, quant à l'altitude, vient le Dapsang, appartenant au système du Kara-Koroum, qui sépare le Ladak du Yarkand. Ce pic, qui a été mesuré en 1861 par le capitaine Montgomerie, officier de l'état-major anglais, a 8625 mètres environ de hauteur absolue.

Les glaciers de l'Himalaya, compris entre le Gaurisankar, qui domine le centre du Népaul, et le Kunchinjunga du Sikkim, qui occupe le troisième rang parmi les cimes connues (il a 8588 mètres), présentent un des plus grandioses panoramas

---

[1]. Sir John Herschel lui donne encore les noms de Disdunga et de Chingopamari. On a voulu, plus récemment, en Angleterre, lui donner le nom de *mont Everest*, du nom du major Everest qui a mesuré sa hauteur. Mais le nom de Gaurisankar doit prévaloir, comme étant usité dans le pays.

Fig. 36 Le Gaurisankar, (Himalaya.)

qu'il soit donné aux hommes de contempler. L'eau de ces glaciers alimente la rivière Cosi qui vient du nord se précipiter dans le Gange, dont le cours est presque parallèle à cette partie de l'Himalaya. Le Cosi trace un sillon d'argent sur la verdure intense des plaines du Bengale. En remontant du regard ce large ruban qui brille au soleil, on aperçoit à 3 ou 400 kilomètres de distance les contours blanchâtres de ces pics neigeux, se détachant sur le fond d'azur du ciel. Au pied de cette chaîne aérienne s'étend la zone brisée que l'on appelle le *Teray*, d'un mot persan qui signifie *brouillard*. Au commencement et à la fin de la saison des pluies, ces forêts se couvrent d'une brume blanchâtre qui en écarte toute créature vivante. Les bêtes abandonnent ce séjour mortel à la mi-avril et n'y retournent que vers le mois d'octobre.

« Les Tigres et les Éléphants, lisons-nous dans un ouvrage récent, gagnent la montagne ; les Singes, les Antilopes et les Sangliers se jettent dans la plaine cultivée, et les êtres humains, qui, tels que les coursiers et les militaires, sont quelquefois obligés de traverser la forêt pendant la mauvaise saison, s'accordent à dire que rien, pas même le cri d'un oiseau, ne trouble l'affreux silence de cette immense solitude, abandonnée à la malaria [1]. »

La seule passe praticable pour les touristes est l'échancrure ou ravine par laquelle la rivière sacrée Satledje se précipite du Tibet dans la plaine méridionale, où elle va alimenter l'Indus. Cette vallée est déprimée jusqu'à moins de 1000 mètres d'altitude. Entre ses parois noires et escarpées, le fleuve n'a guère que 50 mètres de largeur. On le traverse sur des câbles tendus d'un de ces murs à pic à l'autre. Autour du câble, on passe un anneau de bois, auquel les voyageurs s'attachent avec tout leur bagage ; puis on les tire rapidement vers le bord opposé : si le câble venait à se rompre, on tomberait dans le torrent qui gronde et écume au-dessous.

En remontant les rives du Saltedje, on rencontre des paysages frais et fertiles où les Anglais qui habitent l'Inde vont se reposer, pendant l'été, des fatigues et des chaleurs qu'ils ont supportées dans le midi de cette contrée.

L'une des parties les plus pittoresques de la chaîne colossale

---

1. *Inde contemporaine.*

de l'Himalaya est le district de Sikkim, dominé par le pic de Kunchinjunga. Dans cette étonnante région on trouve réunis les plus grandioses contrastes. Des glaciers règnent au-dessus de la région des neiges; plus bas, des torrents s'engouffrent dans de profonds abîmes; plus bas encore et à travers des bois de Magnolias, des lacs étendent le miroir de leurs eaux tranquilles au milieu des verts pâturages, peuplés de vaches tibétaines et de vallons fertiles, habités par des montagnards pasteurs. Le Kunchinjunga se dresse à 6550 mètres au-dessus du plateau de Dorgiling, élevé lui-même de 2100 mètres au-dessus de la mer. Dans la vue que le lecteur a sous les yeux (fig. 37), le Kunchinjunga occupe le fond; on voit au premier plan à gauche le grand torrent Rungeït, qui se précipite dans un gouffre.

« La plume la plus éloquente, dit le botaniste Hoke, le pinceau le plus habile, sont également impuissants à placer sous les yeux les formes et les couleurs de ces monts neigeux, ou à réveiller dans l'imagination les sensations et les pensées qui l'enchaînent tout entière à ces sublimes phénomènes, quand ils se développent dans leur réalité. Rien ne peut rendre la précision et la netteté de leurs lignes, et encore moins les merveilleux effets des couleurs jouant sur les pentes des neiges, les faisceaux lumineux formés par les combinaisons de l'orange, de l'or et de l'incarnat, les nuages illuminés par le lever du soleil, et enfin la teinte fantastique que revêt le tout au moment du crépuscule[1]. »

Ce qu'il y a surtout d'imposant dans l'Himalaya, c'est la largeur de ce système de montagnes, le grand espace qu'il occupe. Dans les Alpes, les cimes forment des bandes assez étroites, les vallées sont ouvertes comme des plaines; ici, au contraire, toute la chaîne est hérissée de cimes, c'est un labyrinthe irrégulier et capricieux de pics noirs, de gouffres abrupts, et de glaciers qui s'entre-croisent dans tous les sens. On rencontre quelquefois des sommités coupées horizontalement comme une table, ou des crêtes ondulées qui se croisent en formant comme des nœuds irréguliers. Le caractère commun de l'Himalaya et des montagnes tibétaines c'est ce groupement sans ordre qui semble sorti des plus bizarres caprices du hasard.

L'une des montagnes les plus intéressantes de l'Asie est le mont Ararat, situé en Arménie, entre la mer Noire et la mer

---

1. *Inde contemporaine.*

Fig. 37. Le Kunchinjunga. (Himalaya.)

Caspienne. C'est la montagne volcanique qui, par son éruption, provoqua le grand événement qui porte le nom de *déluge de l'Asie*.

On a cru longtemps l'Ararat inaccessible. En 1700, le célèbre botaniste Tournefort fut obligé de renoncer à une tentative d'ascension, après avoir enduré beaucoup de fatigues inutiles. Plus récemment, le pacha de Bajazed envoya une expédition chargée d'escalader l'Ararat. Ces hommes construisirent des tentes échelonnées le long de leur route, et y laissèrent des provisions; mais le froid les força à revenir sur leurs pas avant d'avoir atteint le but de leur mission. Enfin, en 1829, le voyageur prussien Parrot parvint au sommet neigeux de cette montagne, qui est élevé de 5260 mètres. En 1834, il fut imité par M. Autonomoff, qui confirma le récit de son prédécesseur, contesté par le clergé arménien. Des touristes anglais ont escaladé de nouveau l'Ararat en 1857.

La chaîne du Caucase offre encore quelques autres pics très-élevés : tels sont le mont Elbrouz (5640 mètres), le mont Kazbek (5040 mètres) et le pic de Demavend, près Téhéran, la capitale de la Perse, auquel on ne donnait que 4485 mètres, d'après lord Schomberg; son altitude réelle est de 6550 mètres.

V

Montagnes de l'Afrique et de l'Océanie.

Nous réunissons dans le tableau placé en regard de cette page les montagnes les plus élevées du continent africain, et dans la liste suivante les hauteurs de ces montagnes.

	Mètres.
Ras Dajan (Éthiopie)	4620
Wosho (Kaffa)	5060
Kénia (côte de Zanguebar)	5000
Kilimandjaro (Ibid.)	6100
Grand Atlas (Maroc)	3465
Pic de Ténériffe (île Canaries)	3710
Mont Mandara (Sénégambie)	1500
Monts Camerons (Guinée)	4000
Piton des Neiges (île de la Réunion)	3065
Green-Mountain (île de l'Ascension)	885
Pic de Diane (Sainte-Hélène)	825
Monts Lupata (Mozambique)	1950
Mont Ambotismène (Madagascar)	3500
Nieuveveld (cap de Bonne-Espérance)	3050
Roggeveld (Ibid.)	1700
Mont de la Table (Ibid.)	1350

Nos connaissances sont encore très-incomplètes relativement aux montagnes de l'Afrique. Le continent africain se termine au sud par une masse rocheuse de grès, superposée au schiste et au granit, qui s'élève de 1000 à 2000 mètres. Cette formation granitique, recouverte par le grès, est très-développée dans l'Afrique méridionale; on y rencontre des murailles escarpées que couronnent d'immenses talus de grès. Le long de la côte orientale courent les *montagnes Neigeuses*, qui s'élèvent à 3500 mètres, et se continuent par la chaîne de Lupata. Une branche plus élevée se dirige vers le nord jusqu'aux montagnes de la Lune, en contournant l'immense lac Nyassi, qui est séparé de la côte par un rempart de montagnes dont le faîte semble se rencontrer dans Mombaz, où l'on a découvert presque sous l'équateur les pics neigeux du Kénia et du Kilimandjaro.

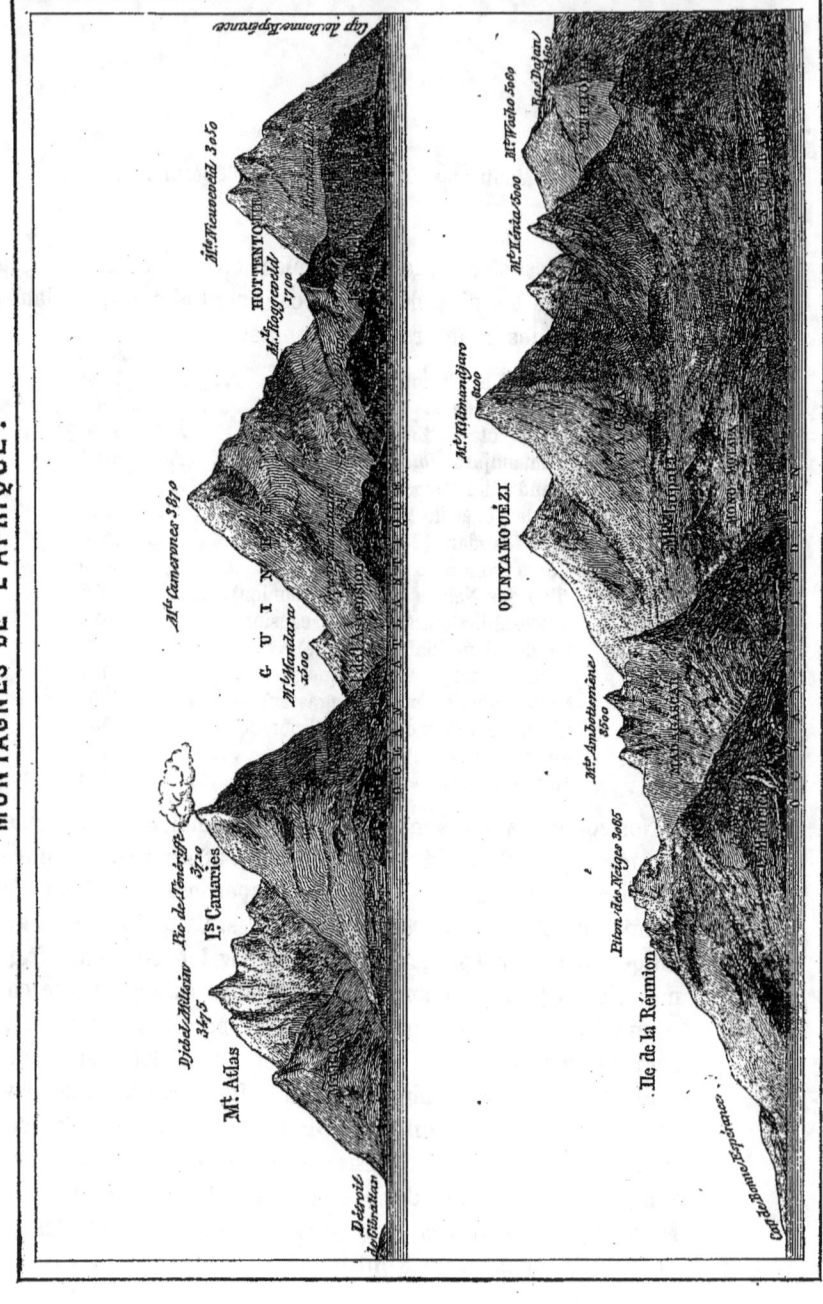

D'après le voyageur anglais Livingstone, une grande partie de l'Afrique méridionale serait un plateau très-élevé; l'Éthiopie,

Fig. 38. Monts Homboris (Tombouctou).

située au nord de l'équateur, est dans les mêmes conditions. Mais la côte occidentale n'offre que des élévations peu considérables, ces groupes de montagnes n'atteignent une hauteur respectable qu'au golfe de Guinée, où les monts Camerons s'élèvent à 4000 mètres. Dans l'intérieur, du côté de Tombouctou, le docteur Barth a signalé les monts Homboris (fig. 38), remarquables par leur aspect bizarre.

Le groupe de l'Atlas, qui, au nord de l'Afrique, traverse le Maroc et l'Algérie, se rapproche, par sa direction générale et son élévation, des montagnes de la presqu'île ibérique. Le faîte de l'Atlas n'atteint pas 4000 mètres. Cette chaîne se continue le long de la côte de Tripoli, où elle semble former une branche rattachée aux Apennins, les montagnes de Sicile étant considérées comme un anneau de la même chaîne interrompue par la mer. La partie moyenne de ce système, qui renferme les montagnes de l'Algérie, domine des régions fertiles et habitées.

L'Éthiopie offre des plateaux considérables, étagés du nord vers le sud. Un voyageur français, M. d'Abbadie, y a mesuré un grand nombre de sommets; nous en citerons quelques-uns : *Abba Yarel* (4500 mètres), *Ras Dajan* (4620 mètres), *Buahit* (4510 mètres), *Amadamid* (3600 mètres); *Wariro* (3700 mètres), *Boré* (2600 mètres); enfin le mont *Wosho*, en Kaffa, qui a 5060 mètres. D'après le même voyageur, le lac Tsana est situé à 1900 mètres d'altitude. Voici encore les hauteurs de quelques villes d'Éthiopie :

	Mètres.
Adoua	1965
Gondar	2270
Saka	1890
Bonga	1850

Le mont Wosho doit être couvert de neige, puisque M. d'Abbadie a déjà trouvé de la neige sur le Buahit, à une hauteur inférieure de 550 mètres à celle du faîte des montagnes de Kaffa. Le père Kuoblecher, qui a remonté le fleuve Blanc jusqu'à 4 degrés de latitude nord, a vu à l'horizon sud des chaînes de montagnes qui semblaient très-élevées et neigeuses, mais ces fameuses montagnes équatoriales ont passé longtemps pour un mythe.

Deux missionnaires anglais constatèrent pour la première fois, il y a quinze ans, l'existence sous l'équateur, de cimes neigeuses, portant les noms de *Kénia* et de *Kilimandjaro*. M. Rebmann avait vu lui-même cette dernière au mois de mars 1848, et plusieurs fois depuis, M. Krapf avait vu cette cime couverte de neige au mois de novembre de l'année suivante. Aucun de ces deux voyageurs ne tenta une ascension ; mais les indigènes leur racontaient qu'ayant visité la montagne et emporté un peu de la matière blanche qui s'y trouvait, ils avaient été surpris de la voir se transformer en eau. Plusieurs d'entre eux étaient revenus avec les mains et les pieds gelés, ce qu'ils attribuaient aux mauvais esprits.

Les récits des deux voyageurs rencontrèrent tout d'abord beaucoup d'incrédulité. Mais en 1862 la *Société de géographie* de Londres a reçu la confirmation complète des assertions de MM. Krapf et Rebmann, par deux autres voyageurs, M. Thornton, géologue anglais, et le baron Van der Decken, qui ont donné une description authentique de la montagne équatoriale qui doit faire partie de la chaîne de Lupata. MM. Van der Decken et Thornton ont fait une esquisse de leur route depuis la côte de Mombaz jusqu'à la chaîne dont le Kilimandjaro est le sommet ; ils en ont fixé la hauteur à 6100 mètres, au moyen d'une suite de triangles, mais ils n'ont pu en faire qu'une ascension incomplète ; ils ont dû s'arrêter à une hauteur de 2500 mètres.

L'aspect du Kilimandjaro varie beaucoup suivant le point de vue où l'on se place. En général, c'est un cône à base très-large. A quelque distance au nord-est, s'élève un autre cône à environ 5200 mètres ; à 90 kilomètres vers l'ouest, on aperçoit le pic Mérou, haut d'environ 5500 mètres. Du côté de l'est, le Kilimandjaro offre l'aspect d'un cône tronqué ; la neige le couvre comme une épaisse calotte, une langue de neige descend du côté du sud, et plusieurs filets de neige remplissent les ravins ou sillons le long des flancs de la montagne. La pente, très-escarpée du côté sud, ne permet pas à la neige de s'accumuler, et l'on en voit souvent des quantités rouler vers le bas. M. Thornton croit que le Kilimandjaro est la partie nord-est d'un ancien volcan, dont la partie sud-ouest se serait affaissée ; il en trouve les débris dans une montagne très-rocheuse qui se trouve à peu de distance du faîte actuel. Bien loin au sud-ouest on aperçoit par un temps clair trois aspérités très-élevées, de forme conique, appartenant probablement à la chaîne granitique centrale.

Les îles africaines offrent aussi quelques élévations remarquables. Les monts Ambotismènes, à Madagascar, atteignent 2500 mètres ; le piton des Neiges, à l'île Bourbon, et le pic des

Açores ont 3000 mètres; le pic de Fuego, dans une île du cap Vert, et les trois Salasses, à Bourbon, s'élèvent encore à 2400 mètres.

La plus haute de ces cimes est le *pico de Teyde*, à l'île de Ténériffe, grand cône de verdure qui se termine par un autre cône de neige (fig. 39). Le pic de Ténériffe, dont la hauteur est de 3710 mètres, a passé longtemps pour le plus haut point du monde. C'est pour cette raison que les Hollandais l'avaient choisi pour y faire passer leur premier méridien.

Terminons l'étude des montagnes de la terre par quelques mots sur les reliefs de l'Océanie.

Voici la cote des plus grandes altitudes de l'Océanie :

	Mètres.
Ophir (Ile de Sumatra)	3950
Simiron (Ile de Java)	3900
Gede Tagal (Volcan, *ibid.*)	3245
Montagnes Bleues (Australie)	2000
Sommet de Cesam (Moluques)	2600
Pic de la Nouvelle Guinée	4870
Mouna-Roa (Owaihi)	4840
Tobreonou (Otaïti)	3320
Mont Egmont (Nouvelle Zélande)	2535
Ruapehou	2700
Mont Peel	1200
Érèbe (mer du Sud)	3700 [1]

Le relief du continent d'Australie est encore très-peu connu. Il paraît que c'est en général une terre basse, renfermée entre des chaînes côtières d'élévation assez médiocre. La partie la plus haute est probablement le bord sud-est, le pays de la Nouvelle-Galles. De ce point, la chaîne des montagnes Bleues s'avance vers l'intérieur du continent. Elle a été traversée, pour la première fois, en 1813, par le voyageur anglais Evans. On dit qu'elle renferme des pics qui atteignent 3000 mètres de hauteur absolue.

Les îles de la mer du Sud sont couvertes de montagnes volcaniques, parmi lesquelles on cite le Mowna-Roa d'Owaïhi (4800 mètres).

1. Voir le tableau des plus hautes montagnes de l'Océanie, p. 149.

Fig. 32. Pic de Ténériffe.

VI

Les vallées, les passes et les gorges de montagnes.

On appelle *vallée* une dépression du sol existant entre deux montagnes, collines ou plateaux voisins. La forme et l'origine de ces dépressions sont extrêmement variées. Les vallées sont très-étroites et ressemblent à de véritables fentes du sol, si les montagnes qui les encaissent sont très-rapprochées. Quand les montagnes sont à grandes distances, les vallées s'élargissent jusqu'à former des plaines.

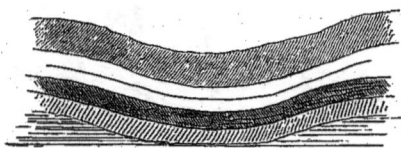

Fig. 40.

Si l'on considère leur origine géologique, il faut distinguer les *vallées d'affaissement*, de *déchirement*, de *séparation* et d'*érosion*.

Les premières sont dues aux tremblements de terre, c'est-à-dire aux grandes oscillations qui ont autrefois ébranlé le sol; on y voit se continuer en pente douce les couches qui forment les élévations latérales (fig. 40).

Fig. 41.

Les vallées de *déchirement* sont nées de la brusque rupture de deux ou plusieurs couches de terrains, rupture ordinairement produite par l'action d'un tremblement de terre, comme on le voit dans la figure 41. Les couches se correspondent et continuent dans les deux murailles disjointes.

Une vallée résulte quelquefois du soulèvement d'une masse éruptive entre deux couches, elle présente alors la forme suivante (fig. 42).

Les vallées de *séparation* peuvent aussi être formées par la

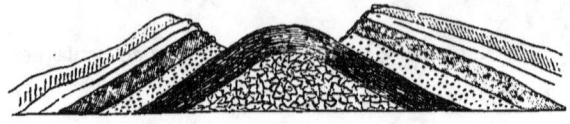
Fig. 42.

perte ou l'usure d'une couche de terrain qui était autrefois superposée aux autres couches (fig. 43).

C'est l'action des eaux torrentielles ou diluviennes qui a façonné ce genre de vallée.

Les *vallées d'érosion* présentent ce dernier phénomène d'une

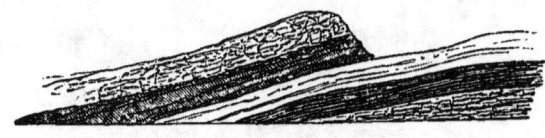
Fig. 43.

manière plus accusée. Elles tirent leur origine de l'action destructive des eaux qui ont mis à nu les couches inférieures du sol en emportant les couches supérieures (fig. 44).

Ainsi les vallées ont été formées par des causes géologiques bien différentes. Le sol s'est soulevé en ondulations convexes;

Fig. 44.

de violentes secousses l'ont fendu et déchiré; des éruptions volcaniques ont écarté des couches de terrain autrefois continues; des courants d'eau, usant peu à peu le terrain sur leur parcours, ont fini par se creuser des lits profonds. C'est cet ensemble d'effets qui a donné à la surface de notre sol sa configuration actuelle.

Les géographes établissent entre les différentes vallées une autre distinction, fondée sur la place qu'elles occupent dans les systèmes de montagnes On appelle *vallées longitudinales* celles qui s'étendent entre deux chaînes de montagnes, parce qu'elles suivent le sens de la longueur de ces chaînes. Celles qui sont formées par deux rameaux latéraux d'une chaîne s'appellent *vallées transversales*. Parmi les vallées de la première espèce, on peut citer, en France, celle qui sépare le Jura et les Alpes à l'est, et les montagnes du Lyonnais et du Vivarais à l'ouest. Elle est arrosée par la Saône et le Rhône, et reçoit les vallées transversales du Doubs, de l'Isère et de la Durance d'un côté, et l'autre celles du Gard et de l'Ardèche. La vallée du Rhin nous fournit un autre exemple de vallée longitudinale.

Si l'on considère une île ou les côtes d'un continent, on remarque toujours qu'à partir de la mer, le sol s'élève graduellement jusqu'à une certaine hauteur, qui forme une ligne de faîte, d'où le terrain s'abaisse de nouveau, offrant ainsi deux pentes ou versants opposés. Chaque versant général se divise en une foule de versants secondaires, formés par les rameaux qui se dirigent transversalement à la ligne de faîte, et se terminent à la côte. La ligne qui suit le fond de la vallée formée par deux versants voisins s'appelle *thalweg*, d'un mot allemand qui signifie *chemin de la vallée*; c'est le chemin, ou fil, des eaux qui naissent sur le faîte principal, et descendent vers la mer ou vers la plaine. Le *thalweg* devient presque toujours le lit d'un fleuve.

Les hautes vallées offrent souvent, à leur origine, une foule de petites vallées secondaires, dont les flancs sont en pente douce, et qui s'appellent *vallons*. Quelquefois on les voit commencer par un bassin circulaire ou *cirque*, tel que le cirque de Gavarnie dans les Pyrénées. Les vallées étroites et profondes reçoivent le nom de *gorges*; quand elles sont très-petites, on les appelle *ravins*; ordinairement les ravins renferment un *torrent*.

Dans les chaînes de montagnes, le point de départ de deux rameaux opposés est ordinairement marqué par un exhaussement de la crête, et la naissance de deux vallées opposées est indiquée par une dépression que l'on appelle *col :* tels sont les cols de Tende, de Balme, du Saint-Bernard en Savoie, etc. Dans les Pyrénées, les *cols* reçoivent le nom de *port*.

Souvent une vallée est fermée par un angle saillant de l'un des deux rameaux qui lui servent de ceinture, de sorte qu'il ne reste plus qu'un étroit passage par lequel on peut y pénétrer : ces détroits s'appellent *défilés* ou *passes*. Il est bon toutefois de faire remarquer ici que les mots *col*, *défilé*, *passe*, *passage* sont souvent confondus par les auteurs, et que les significations de ces mots ne sont pas bien fixées.

Les premiers peuples de chaque pays s'établirent d'abord dans les vallées ; aussi les cols ou passes qui en ouvrent l'accès, ont-ils reçu quelquefois le nom de *portes des Nations*. Citons, comme exemple, la *porta Vestphalica* que traverse la rivière de Weser ; les *portes du Caucase* ; les *portes Caspiennes* ; la *passe d'Issus*, près des *portes Syriennes*, dans la chaîne du Taurus, célèbre par la victoire d'Alexandre le Grand sur Darius Codomannus ; les *pyles Ciliciennes*, qui mènent à Tarse ; les *Thermopyles*, près du mont Œta, immortalisées par le dévouement des trois cents Spartiates ; les *Fourches caudines*, où s'humilia la gloire des armées romaines. Entre la Suède et la Norvége, près de Skiaerdal, une de ces *portes* est formée par deux murailles à pic ; une autre semblable se trouve dans le Portfield. Aux États-Unis, on en trouve des exemples très-remarquables dans les ouvertures si brusques par lesquelles le fleuve Hudson se fraye un chemin à travers les montagnes. Dans les Andes, il existe de ces *portes* qui ont 1500 mètres de profondeur.

Signalons avec plus de détails quelques-uns des défilés les plus célèbres dans l'histoire.

Le *col de Pertus* a été de tout temps le passage naturel à travers la partie orientale des Pyrénées. Pompée et César le franchirent, et bientôt l'Ibérie était devenue province romaine. Plusieurs siècles après, les Goths traversèrent le même passage, pour aller s'établir en Espagne à la place des Romains ; et lorsque, au huitième siècle, ils furent à leur tour chassés par les Arabes, ces derniers traversant le col de Pertus, se ruèrent sur la France, et ne furent arrêtés par Charles Martel qu'entre Poitiers et Tours.

M. Blanchard a visité le célèbre défilé du Darial (*portes du Caucase*) en 1857, allant de Tiflis à Stavropol.

« De tous les passages de montagnes que j'ai traversés, nous dit ce voyageur, celui-ci est de beaucoup le plus imposant. Qu'on se figure deux immenses parois de rocher s'élevant perpendiculairement, presque à la limite des neiges éternelles, au pied un torrent écumant, furieux, contrarié dans sa course par d'énormes blocs détachés de la montagne voisine; une route parfois large de dix pieds à peine, largeur que souvent l'on n'a pu obtenir qu'en faisant sauter, en forme de demi-voûte, les ro-

Fig. 45. Rosstrappe, gorge des montagnes du Harz.

chers de la paroi à pic : tel est ce tableau. La plume ne peut donner une idée de la sauvage grandeur que présente ce passage, Thermopyles infranchissables et avec lesquelles on est maître de la route militaire qui, de l'Europe, pénètre en Asie. »

Les gorges se rencontrent souvent dans les pays de collines et de plateaux ; elles conduisent toujours à des vallées plus ouvertes. Aussi en cheminant sur la crête qui les domine, peut-on souvent arriver jusqu'à leurs bords sans les apercevoir. L'origine des gorges est ordinairement due à l'action destructive de quelque torrent ou à des crevasses produites par une fracture ou déchirement violent du sol. On trouve dans les Pyrénées de nombreuses gorges qui se distinguent par une beauté sauvage. Le Dauphiné, en France, est riche en accidents montagneux de ce genre. Telle est la *gorge de Trente-Pas*, située aux abords de la grande Chartreuse, dans les Alpes dauphinoises.

Nous représentons (fig. 45) la curieuse gorge formée par le rapprochement des montagnes du Harz, et qui est connue sous le nom de Rosstrappe.

On rencontre, dans les montagnes du Taurus, en Cilicie, un grand nombre de gorges très-pittoresques, qui sont des repaires de brigands. Leurs flancs sont couverts de Cèdres, de Chênes, de Platanes et d'arbres résineux. Des torrents qui s'écoulent rapidement à travers les rochers y forment de bruyantes cascades. Le défilé qui mène de Cilicie en Cappadoce a reçu le nom des *portes de Cilicie*. C'est un point stratégique de la plus haute importance. Xénophon, qui le traversa, en a donné une description qui représente fort bien l'état actuel des lieux, d'après M. Victor Langlois, qui a rapporté de beaux dessins de ce défilé célèbre, de sa récente exploration du Taurus. Ce voyageur ajoute que le Kulek est encore rempli des souvenirs du passage des Croisés. Les gens du pays montrent aux voyageurs l'arbre même au pied duquel le chef de la croisade s'assit pour voir défiler les armées chrétiennes marchant sur Antioche, pour préluder à la conquête des lieux saints et du tombeau du Christ.

Les *ravins* sont formés par les torrents qui se creusent un lit dans les flancs des montagnes. Ces dépressions du sol sont d'un grand intérêt pour le minéralogiste, parce qu'ils mettent à nu des coupes de terrains, et découvrent les roches qui composent la montagne. Les Pyrénées, les Alpes, et surtout les Cordillères, sont sillonnées en tous sens par une foule de ravins. Plus les montagnes sont élevées, plus ces érosions sont considérables. Les Espagnols donnent aux grands ravins des Andes le nom de *quebradas* (fractures).

VII

Altération et destruction des roches qui forment les montagnes.
Causes de l'érosion et de la chute des montagnes.

Nous ne terminerons pas l'étude générale des montagnes sans parler des altérations continuelles que subissent les roches qui les composent, et des éboulements ou chutes partielles qui sont la conséquence de cette altération.

Pour l'observateur peu réfléchi, il semble que les roches et les substances minérales soient absolument indestructibles, qu'elles représentent, pour ainsi dire, le type de la stabilité et de la durée. Mais un peu d'attention fait voir que les roches se détruisent sans cesse, et que toute substance minérale exposée à l'air et à la pluie est forcément vouée à la destruction. L'air, par son humidité, par son acide carbonique et son oxygène, exerce sur les roches exposées à son influence une puissance d'altération vraiment extraordinaire. Aucune roche ne résiste à l'influence de l'air : calcaire et basalte, granit et porphyre, rien n'est à l'abri de l'attaque chimique de l'atmosphère et de l'eau. Ce que les poëtes et les rhéteurs appellent la *main du temps*, n'est autre chose que cette action chimique s'exerçant pendant un long intervalle. Les alternatives de chaleur et de froid sont de puissants auxiliaires de l'air dans cette œuvre de destruction. Le froid brise en fragments, par suite de la congélation de l'eau qui les a pénétrées, les pierres que l'action de l'air doit ensuite décomposer : c'est une division mécanique qui prépare et facilite une décomposition chimique[1]. Citons les exemples les plus frappants de ces diverses altérations.

Le *calcaire grossier* retiré des terrains tertiaires, avec lequel on bâtit les maisons de Paris, subit une désagrégation lente, qui

---

1. Quand l'eau s'est infiltrée dans une roche, et que cette eau vient à se congeler, elle se dilate, résultat inévitable de son changement d'état, et cette dilatation provoque souvent la rupture de la roche.

le fait tomber en poussière. Le peuple attribue cette altération à la lune : il dit que la *lune mange les pierres*. Le savant hydraulicien Bélidor fait, à ce propos, la consolante remarque, que ces actions étant réciproques, et la terre étant bien plus grosse que la lune, elle doit lui en manger bien davantage.

Les statues de marbre exposées en plein air souffrent singulièrement de l'action de l'atmosphère.

Le feldspath, l'orthose, exposés à l'air, se décomposent rapidement ; ils perdent leur silicate de potasse, qui disparaît dans les eaux pluviales en raison de sa solubilité, et il ne reste que de l'argile. Ainsi se forme, sous nos yeux, l'argile dite *kaolin*, ou *terre à porcelaine*.

C'est pour cette raison que le granit, formé de silicates divers (feldspath, quartz et mica), est loin de garantir la durée des édifices. Les murs de l'église de Notre-Dame, à Limoges, bâtie il y a quatre siècles seulement, sont déjà attaqués à une profondeur de 7 à 8 millimètres. Le Puy-de-Dôme, roche trachytique, repose sur une base de granit; quand on y arrive du côté de Clermont-Ferrand, on croit marcher sur un dépôt de gravier, tant la roche est déjà désagrégée. Dans quelques carrières de granit, on a remarqué sur la roche exposée à l'air une décomposition superficielle qui va jusqu'à 2 mètres de profondeur. C'est la même cause qui a donné leur forme arrondie à certains blocs, ou *boules* de granit, que l'on trouve dans l'Erzgebirge de Saxe, et aux *boules de basalte*, si abondantes en Auvergne, qui s'exfolient et abandonnent successivement des couches concentriques de leur écorce.

Le basalte altéré de la même façon finit par tomber en poussière et par former une terre grasse très-fertile.

Les grès de Fontainebleau exposés à l'air deviennent si tendres, au bout d'un certain temps, qu'on les fait tomber en poussière d'un coup de marteau.

Toutes ces remarques feront comprendre que, de nos jours et sous nos yeux, l'action combinée de l'eau et de l'atmosphère produise, en agissant sur les roches qui composent les montagnes, des éboulementts, des chutes de terrains, etc., aussi désastreux quelquefois que les tremblements de terre ou les éruptions volcaniques.

Dans d'autres circonstances, les éboulements de terrain sont provoqués par les flots d'une rivière, qui rongent et minent sourdement un terrain, et finissent par amener la chute de masses énormes de roches. D'autres fois, les eaux pluviales s'infiltrant dans le sol et y produisant des courants souterrains, emportent la base des couches superficielles des montagnes. Des éboulements se sont produits par cette dernière cause dans la falaise crayeuse du cap la Hève, près du Havre. D'autres fois, enfin, par une fissure existant entre les diverses couches superposées, une partie d'une montagne se détache du reste ; privée ainsi de son soutien, elle se renverse ou glisse au bas du talus.

Ainsi les montagnes se détruisent sans cesse : le froid fend et divise les roches, l'air les décompose, l'eau les lave et les emporte. C'est un nivellement général opéré par les seules forces de la nature. Il ne sera pas sans intérêt de donner ici l'énumération des catastrophes les plus célèbres qui ont été produites par des causes de ce genre.

En 1767, le bourg de Neumarkt fut englouti sous les eaux de l'Adige qui avaient miné le terrain sur lequel il était bâti.

Le château de Borge, en Norvége, s'enfonça le 5 février 1702 dans une crevasse souterraine creusée par le torrent Glommen, qui descend des monts Dofrines.

Le 25 juillet 1825, vers cinq heures du soir, on entendit dans le village de Barlis (Hanovre) un éclat de tonnerre effroyable. Tout à coup, un nuage de poussière obscurcit l'air, et la terre s'éboula avec fracas sur une largeur de 40 mètres, en formant un gouffre dont on peut concevoir la profondeur par ce fait qu'un caillou emploie, dit-on, une minute pour arriver au fond : ce qui donnerait au gouffre 17 kilomètres de profondeur si l'assertion est exacte.

En Irlande, il se forme un grand nombre de lacs par l'enfoncement des tourbières. C'est là que l'on peut voir le spectacle extraordinaire de forêts souterraines, c'est-à-dire de masses d'arbres abaissés brusquement au-dessous du sol, et qui continuent à verdir par le sommet des branches.

En Prusse et en Pologne, il existe bon nombre de lacs qui ont été formés par des éboulements. Il suffit de citer, comme exemple de ce genre, le lac d'Arend, dans la Marche de Brandebourg. D'après Strabon, des événements de cette nature avaient lieu fréquemment dans les environs du lac Copaïs, en Béotie, qui est aujourd'hui un marais.

En 1792, plusieurs maisons de la ville de Lons-le-Saunier disparurent, et un lac qui se forma engloutit encore une partie de la route de Lyon à Strasbourg. Les eaux souterraines avaient miné le sol, qui s'était enfoncé.

En 1768, en Gascogne, une montagne s'écroula, et tombant dans une rivière ou cavité remplie d'eau, elle produisit une inondation dans le pays environnant. Ce fait est rapporté par Buffon. Nous pourrions citer une foule d'événements semblables; nous nous en dispensons d'autant plus que nous aurons à parler plus loin des eaux souterraines et de leurs effets.

Le 29 janvier 1840, le mont Casnans, dans le Jura, descendit dans la plaine qui s'étend à sa base, et une partie de la route royale de Dijon à Pontarlier s'enfonça dans un trou de 50 mètres de profondeur, qui s'ouvrit en même temps. Cette partie de la route, désignée sous le nom de la *Rampe de Casnans*, fut ainsi rendue impraticable. Le lendemain de cet éboulement, il se détacha une autre masse de terrain et de roches qui suivit la première. On suppose que cette catastrophe était due à une source souterraine qui avait tari vingt-cinq ans auparavant, et s'était épanchée sous le sol, qu'elle avait peu à peu rongé.

Le 25 août 1618, le bourg de Pleurs et celui de Schilano dans le val de Breglia (Lombardie) furent ensevelis par l'éboulement du mont Conto. Les quartiers de roche dont se compose cette montagne étaient minés par des ruisseaux et des sources; ils s'écroulèrent sur les deux bourgs. 2430 individus y trouvèrent la mort; un lac prit la place de 200 maisons.

En 1248, une partie du mont Grenier, à 10 kilomètres au sud de Chambéry, tomba et couvrit cinq paroisses, y compris la ville Saint-André; les ruines portent aujourd'hui le nom d'*abîme de Myans*. La coulée s'arrêta devant l'église de Notre-Dame des Myans, qui devint très-célèbre par ce miracle. Les Savoisiens regardent comme une impiété l'idée que l'élévation du terrain, au point où s'arrêtèrent les débris, ait quelque peu secondé les efforts protecteurs de la sainte Vierge.

A Adersbach, en Bohême, un espace de 10 kilomètres carrés est couvert d'un labyrinthe de blocs de grès, de 30 à 60 mètres de haut, qui sont les débris d'une montagne écroulée.

Les *Diablerets*, montagnes de la Suisse, entre les cantons de

Berne et du Valais, avaient autrefois quatre cimes. Peut-être en ont-ils perdu plusieurs dans le cours des siècles. Le 23 septembre 1713, un de ces sommets tomba tout à coup. Il couvrit de ses décombres une énorme étendue de terrain, et ensevelit plusieurs centaines de cabanes. La chute de ces masses énormes souleva une poussière si épaisse que pendant plusieurs heures l'air en fut complétement obscurci. Au milieu de cette affreuse catastrophe, un pâtre du village d'Avon, dans le Valais, avait disparu; on le croyait au nombre des morts de cette journée funeste. Trois mois après, et pendant la nuit de Noël, il apparaît dans son village, pâle, amaigri et couvert de haillons. Aussitôt, grand effroi partout; la porte de sa maison se ferme devant lui; les paysans cherchent un prêtre pour exorciser le revenant, qu'ils ne veulent pas reconnaître. Le spectre parvient pourtant à se faire entendre; il réussit à calmer cet émoi, et raconte ce qui lui était arrivé. Au moment de la catastrophe, il se trouvait dans une hutte de bois; il tomba à genoux et se mit en prière. Une énorme roche s'abattit bientôt, et vint s'appuyer contre le mur au pied duquel était bâtie la cabane; cette roche, formant un abri, protégea le pâtre contre les masses qui passaient par-dessus sa tête. Quand tout fut rentré dans le calme, le pauvre homme, enterré vif sous les décombres, se mit à l'œuvre pour se dégager. Il lui restait de son dîner un morceau de fromage, et l'eau qui suintait à travers les pierres entassées sur sa cabane servit à le désaltérer. Au bout de quelques jours, qu'il n'avait pu compter, il put enfin sortir des ténèbres, comme Jonas sortit du ventre de la baleine. Ses yeux ne pouvaient d'abord supporter l'éclat du jour, et il fallut l'y habituer avec de grandes précautions. Il rentra enfin au sein de sa famille, témoignage vivant d'un miracle de la Providence.

On voit aujourd'hui sur le théâtre de l'événement d'énormes rochers brisés et fendillés qui barrent le chemin aux torrents de la montagne. Quelques morceaux de pâturages restés intacts, quelques troncs de Sapins à demi noyés dans les eaux, voilà tout ce qui rappelle aujourd'hui l'existence d'un vallon jadis florissant. L'éboulement se renouvela dans les mêmes lieux en 1749.

La montagne de Piz, située dans le territoire de Trévise, était rongée à sa base par des eaux qui s'infiltraient par toutes ses fissures. En 1772, cette montagne se fendit en deux, une partie se renversa et ensevelit trois villages. Les ruines barrèrent le chemin à un ruisseau, qui ne tarda pas à former un lac. Le reste de la montagne tomba peu de temps après dans ce lac, le fit déborder et causa dans le pays une inondation terrible.

En 1740, d'après les *Mémoires de l'Académie de Stockholm*, une pluie d'orage qui dura huit heures détruisit et entraîna plusieurs collines dans l'ancienne province de Wermelam, voisine de la Norvége. Le mont Lidscheere se fendit et s'écroula; ses débris furent emportés par les eaux.

Des effets de ce genre s'observent quelquefois en Savoie. Un des événements de ce genre les mieux connus est celui qui se produisit en 1751, près de Sallanches, sur la route de Chamonix. Les neiges très-abondantes de l'hiver 1751 s'étant mêlées aux eaux d'infiltration qui minaient depuis longtemps cette montagne, un éboulement se manifesta, et 25 millions de mètres cubes de rochers tombèrent dans la vallée. Une immense quantité de poussière très-fine fut le résultat de cette chute; cette poussière mit trois jours à se dissiper. Elle ressemblait tellement à de la fumée que le bruit se répandit qu'un volcan s'était ouvert au milieu des Alpes. Le roi du Piémont envoya sur les lieux, et en toute hâte, le géologue Donati. Ce naturaliste arriva assez à temps pour voir les rochers continuer de s'ébouler avec un fracas terrible.

Horace de Saussure nous a conservé une lettre assez curieuse dans laquelle Donati donne une idée succincte de cet événement[1].

Des éboulements ou chutes de montagnes peuvent être produits par une action des plus curieuses : par le simple glissement d'un ensemble très-étendu de couches de terrain qui descendent, sans se séparer, sur une pente de la montagne. Le village de Pardines était bâti sur une partie de la montagne de Perrier, située près d'Issoire. Du 22 au 23 juin 1737, tout ce village glissa jusqu'au pied de la montagne, entraînant avec fracas les arbres et les fermes. Un champ de vigne et une maison furent transportés sans éprouver aucun dérangement.

Les chroniqueurs racontent que la ville de Dordrecht, en Hollande, fut jadis transportée à une certaine distance de son

---

1. *Voyages dans les Alpes*, tome I.

emplacement primitif, avec le sol sur lequel elle est bâtie. Ce fait n'aurait rien d'improbable, d'après celui que nous allons raconter.

Vers 1806, après de grandes pluies, les couches de terre qui couvrent la montagne de Solatré, près Mâcon, commencèrent à glisser sur les bancs de calcaire dont se compose la montagne; elles s'étaient déjà déplacées de quelques centimètres et allaient ensevelir le village, quand les pluies s'arrêtèrent; avec elles s'arrêta le menaçant phénomène de cette avalanche de terres.

Une partie du mont Goïma, situé dans l'État de Venise, se détacha pendant une nuit, et descendit doucement sur la pente de la montagne jusqu'au fond de la vallée, avec toutes les maisons qui s'y trouvaient, et sans qu'une seule des maisons fût renversée. Les habitants n'avaient rien senti. A leur réveil, ils furent étrangement surpris de se voir au bas de la montagne. Ils croyaient à un événement surnaturel. L'examen des lieux leur fit promptement reconnaître la nature de l'étonnante promenade qu'ils venaient de faire en dormant.

Mais les événements de ce genre ont presque toujours de plus terribles suites. Il suffira de citer en exemple les deux catastrophes qui frappèrent en 1795 et en 1806 les villages de Waeggis et de Goldau.

Le village de Waeggis est bâti au bord du lac de Lucerne, au-dessous du mont Righi. Au mois de juillet 1795, à la suite d'un orage, un torrent fangeux, d'un kilomètre de largeur et de plusieurs mètres de hauteur, descendit de la montagne, inonda et entraîna dans le lac une partie de ce village. Heureusement la descente des terres se faisait avec assez de lenteur. Elle dura quinze jours, ce qui permit aux habitants de sauver ce qu'ils possédaient. On voit encore, au Righi-Staffel, une trace de cet événement dans un énorme bloc de rocher posé à plat sur deux autres dressés verticalement, de manière que le tout forme une sorte de portique.

L'année 1806, dont les pluies, comme nous l'avons raconté plus haut, faillirent devenir si funestes pour Solatré, en France, fut marquée par la terrible catastrophe de Goldau. Au centre de la Suisse, dans le canton de Schwitz, sont situés le lac de même nom et un autre lac plus petit, celui de Lowerz. Entre leurs rives s'étend la belle vallée de Goldau. D'un côté, s'élance, à 1400 mètres de hauteur, le Righi; de l'autre côté, à 1100 mètres, le mont Ruffi, ou Rosemberg. Ce sont des montagnes composées de couches de cailloux pétris d'une sorte de grès ou de marne à grains fins. Le 2 septembre, une partie de ces masses conglomérées se détacha du mont Ruffi. Dans la matinée, les habitants de Goldau entendirent un craquement terrible. A cinq heures du soir, les couches qui s'étendaient entre le Spitzbuel et le Steinbergerflue se détachèrent de la montagne, et se précipitèrent, avec le bruit du tonnerre, dans la vallée, d'où leurs décombres remontèrent le long de la base du Righi. Ces couches avaient une longueur de près de 4 kilomètres, 30 mètres de haut et plus de 300 mètres de large. En cinq minutes, les vallées de Goldau et de Busingen furent couvertes d'un amas de roches de 30 à 70 mètres de hauteur. Les villages de Goldau, Busingen, Lowerz, Ober Rother et Unter Rother furent complétement ensevelis sous les débris de la montagne. Une partie du lac de Lowerz fut comblée; ses eaux s'élevèrent à plus de 20 mètres, et allèrent dévaster tout le pays d'alentour jusqu'à Seewen. Deux églises, cent onze maisons, deux cent vingt granges et étables furent écrasées avec 484 habitants sous les gigantesques décombres. Un petit nombre seulement échappa au désastre : ceux que le hasard avait à ce moment éloignés de leurs demeures; mais ils perdirent tout ce qu'ils possédaient au monde. Le dommage a été évalué à 2 millions et demi.

Au milieu de la solitude pierreuse, toute couverte d'herbe et de mousse, où furent jadis de florissants villages, et que traverse maintenant la grande route d'Arth à Schwitz, on a érigé une chapelle, destinée à rappeler le souvenir de cet événement funeste. Le 2 septembre de chaque année, on y célèbre un service religieux commémoratif.

Fig. 46. Vallée de Goldau avant l'éboulement.

Fig. 47. Vallée de Goldau après l'éboulement.

VIII

Les plaines, les steppes et les déserts.

Quand les montagnes laissent entre elles un intervalle considérable, on nomme *plaine* l'espace qui s'étend entre ces deux sommités.

Les plaines sont supérieures et plus souvent inférieures au niveau de la mer. L'Europe renferme des terres basses d'une immense étendue : telles sont les vastes plaines du nord de la France, des Pays-Bas, du nord de l'Allemagne et du sud de la Russie. Leur ensemble forme une vaste inclinaison de terrain ondulé, qui descend en pente douce vers les mers du nord et du sud-est. Dans cette partie de l'Europe, on rencontre souvent de grandes étendues de terrains incultes, couvertes de bruyères à perte de vue : ce sont les *landes* ou *hernes* dont on trouve des

Fig. 48. Vue des Landes des Pyrénées.

exemples très-remarquables en Westphalie, dans le midi de la France, etc. Quand on traverse la lande de Lunebourg, qui couvre un espace de 25 000 kilomètres carrés, le ciel semble se mêler à la terre ; on n'aperçoit tout autour de l'horizon qu'un océan de verdure : des nuages et un brouillard sec y voilent les lointains. C'est un véritable désert jeté au milieu de la civilisation. Entre les Pyrénées et la Gironde, s'étend un autre désert de sable entrecoupé de marais et de grands bois. Les paysans traversent sur des échasses le sable mouvant des Landes (fig. 48).

Ces plaines basses sont les fonds de vallées très-évasées. Les plaines qui entourent Paris, telles que celles de Boulogne, de Saint-Denis, etc., ont la même origine. Mais il existe des plaines basses qui doivent leur formation à des atterrissements formés par les fleuves à leurs embouchures : tels sont les *deltas* du Rhône, du Pô, du Nil, etc. ; telles sont aussi les plaines tourbeuses de la Hollande, et celles que le Volga traverse pour se jeter dans la mer Caspienne.

Les Espagnols désignent sous le nom de *llanos*, les Indiens de l'Amérique sous celui de *pampas*, et les Allemands sous le nom de *steppes*, d'immenses plaines couvertes de pâturages. Ces mots ont à peu près la même signification que *savanes* ou *landes*, mais ils conservent une signification locale, et on les emploie comme désignations géographiques.

Les *steppes* commencent dans la Valachie et s'étendent, avec une monotonie fatigante, à travers les provinces russes de Bessarabie et de Kherson jusqu'à la mer Caspienne et au lac d'Aral. Entre le Danube et le Don, ce sont des savanes que couvre une riche végétation, offrant de gras pâturages aux nombreux troupeaux de moutons et de chevaux qu'entretiennent les Cosaques et les Tartares. On y trouve des Malvacées de haute taille et des Centaurées, que recherchent les brebis. Mais dans ces plaines à perte de vue l'œil cherche en vain un arbre ou une habitation. Quelques *tumulus* groupés çà et là arrêtent seuls le regard. De place en place, le sol est formé d'un terreau fertile sur lequel les céréales poussent sans culture.

Les steppes deviennent plus sablonneuses et complétement arides au delà de la mer d'Azof, vers les rivages des grands lacs salés. Des deux côtés de la mer Caspienne le sol est formé de sable, d'argile et de sel ; tout y révèle l'ancien lit d'une mer desséchée. On rencontre encore çà et là de petits lacs salés qui, pendant l'été, répandent sur la steppe une poussière fine et blanche composée de sel marin. L'évaporation de ces lagunes laisse quelquefois à nu une couche épaisse de sel. La longue monotonie de ce désert aride fait ressortir davantage la majesté de la chaîne du Caucase, qui forme au sud une muraille, au pied de laquelle viennent s'arrêter net les steppes inhabitées (fig. 49).

Fig. 49. Vue des Steppes du Caucase.

Ici le pays n'est même plus propre à l'entretien des troupeaux, on n'y trouve que de rares buissons ; c'est à peine si quelques places se garnissent de verdure au printemps.

« Les steppes des Khirgiz, dit un touriste, le baron Meyendorff, n'offrent pas un aspect moins triste. Si l'on se représente plusieurs lacs salés, quelques plaines unies dont le sol, formé d'une argile molle et bleuâtre, cède sous le pied des voyageurs, enfin tous les indices ordinaires de la diminution et de la retraite des eaux de la mer, on aura une idée assez exacte de la nature du terrain de cette contrée. »

Dans ces contrées arides, l'eau est chose précieuse : chaque source devient un point de réunion des pasteurs nomades ; un foyer convergent de sentiers s'y forme avec le temps.

Le pays plat qu'entoure la mer Caspienne embrasse une superficie plus grande que la France.

Les steppes de la Russie se continuent au nord par les plaines glacées de la Sibérie ; elles se retrouvent, à l'ouest, en Hongrie, où l'on désigne par le mot *puszta* ces vastes plaines herbeuses.

La Pologne et la Lithuanie sont en partie couvertes d'un marais aussi grand que la France.

Les déserts glacés qui s'étendent au nord de la Sibérie s'appellent *toundras*. Pendant l'hiver, ces plaines deviennent tout à fait inaccessibles; elles sont à chaque instant balayées par des tourmentes de neige. En été, la sécheresse s'oppose à toute culture, excepté sur quelques points que l'on peut arroser. Il existe pourtant, dans la Sibérie méridionale, des steppes qui, après la fonte des neiges en juin et en juillet, se couvrent de végétation comme par enchantement.

Les *pampas* de l'Amérique du Sud sont des plaines basses fermées à l'ouest et ouvertes vers l'est et le sud-est; on pourrait les considérer comme d'anciens golfes que la mer remplirait de nouveau, si une grande marée avait la puissance de soulever ses flots jusqu'à la hauteur de quelques centaines de mètres. Une verte plaine occupe toute l'extrémité méridionale de ce continent, sur une étendue de près de 30 degrés en latitude. La Patagonie est une succession de plaines horizontales étagées jusqu'au pied des Andes où coule le *Rio-Colorado*. Ce n'est qu'un désert immense, où des eaux saumâtres et salées alternent avec une végétation maigre et épineuse. Les ruisseaux qui coupent ce terrain désolé sont peu abondants; la température y subit des variations extrêmes, et des vents tumultueux écorchent le sol aride.

Au nord du *Rio-Colorado* commencent les *pampas* de la Plata. Le calcaire rougeâtre qui en forme le sol n'est baigné par aucun cours d'eau; mais de longues pluies suffisent à l'arroser et à y entretenir une abondante végétation herbacée. Des graminées touffues en font un océan de verdure uniforme, sur lequel aucune éminence ne vient arrêter le regard. Le seul arbrisseau qui rompe la plate monotonie de cette végétation des déserts, est l'*Umbre*, dont on aperçoit çà et là les cimes solitaires. Le climat des pampas de la Plata est chaud, humide et malsain.

A l'ouest de Buenos-Ayres, les pampas se couvrent, pendant la saison des pluies, de chardons aux feuilles roides, d'un vert foncé, qui donnent à la plaine l'aspect d'un champ de navets. Les troupeaux y trouvent en abondance de la luzerne et d'autres herbes fourragères. Cette verdure se fane dès l'arrivée des chaleurs; les chardons poussent en graine, et, s'élevant à plusieurs mètres, ils interceptent la vue et défendent l'accès des pampas en formant un épineux rempart de broussailles. Bientôt les ardeurs d'un brûlant été dessèchent les tiges de ces plantes, et les réduisent en poussière que le vent emporte et dissipe au loin.

Pendant les longues sécheresses des pampas, les chevaux sauvages, pressés par une soif mortelle, ne peuvent se désaltérer que dans l'eau saumâtre des ruisseaux, et ils périssent en grand nombre. On trouve quelquefois par milliers, sur le sol, les carcasses de ces animaux. Pendant le *granchaco* (grande sécheresse) qui sévit de 1827 à 1830, Buenos-Ayres perdit un million de bêtes : un seul propriétaire perdit un troupeau de vingt mille bœufs. Épuisés par la soif, les animaux se jetaient dans le fleuve Parana, et s'y noyaient. On vit d'innombrables cadavres putréfiés charriés par les eaux dans l'*estuaire* de la Plata.

Plus à l'ouest et au nord, on rencontre de belles prairies où d'innombrables troupeaux trouvent une nourriture inépuisable. Les bords du *Rio-Parana* présentent de vastes pelouses, émaillées de Palmiers et d'autres plantes tropicales. Mais cette fertilité disparaît à mesure qu'on marche vers le nord; et dans le désert du Gran-Chaco, on ne trouve plus que des Aloès et des Cactus. Du côté des Andes, ces plaines se transforment en marécages ; on y trouve d'énormes lagunes, couvertes de plantes aquatiques; ces lagunes inondent quelquefois le pays lorsque les pluies les font déborder.

Outre ces inondations, les pampas sont encore sujets à de terribles sécheresses, pendant lesquelles les herbes s'enflamment quelquefois accidentellement sur un parcours de plusieurs lieues. Ces immenses incendies font périr d'énormes quantités de bétail (fig. 50).

Les *pampas* couvrent dans l'Amérique méridionale une superficie des plus considérables. Ils s'étendent jusque dans le haut Pérou, où ils forment les *pampas del Sacramento*.

Les *punas* du Pérou, où paissent des troupeaux de Vigognes, d'Anes et de Mulets, sont des savanes de la même nature. M. Paul Marcoy, qui a traversé la pampa d'Islay en allant à Arequipa, en parle en ces termes :

« Une traversée de ce désert n'est pas sans dangers. Le vent de mer qui laboure sa surface en renouvelle sans cesse l'aspect. Du soir au matin, des cavités s'ouvrent, des dunes se forment, des assises s'élèvent,

Fig. 50. Incendie dans les Pampas.

puis se comblent, s'affaissent, se dispersent et vont se reformer ailleurs. Pour aider leur marche à travers ces terrains mobiles, les pilotes de la Pampa consultent le soleil pendant le jour, et pendant la nuit les étoiles.

La région des forêts, qui s'étend de la Cordillère de Chiquito

Fig. 51. Forêt vierge.

jusqu'à la chaîne de Parima, des deux côtés de l'équateur, embrasse une superficie six fois plus grande que la France. Ce sont là ces *forêts vierges* propres à l'Amérique méridionale, et qui n'ont subi aucun changement depuis une époque qui dépasse l'apparition de l'homme sur la terre. Dans cet inépuisable réservoir de chaleur et d'humidité, l'air est lourd et très-malsain. L'homme s'aventure rarement dans ces fourrés impénétrables. Un singulier silence y règne pendant le jour ; ce n'est qu'à la nuit que commencent à se faire entendre les mille bruits des oiseaux et des bêtes fauves qui peuplent ces forêts inaccessibles (fig. 51).

L'Amérique du Nord offre, comme celle du Sud, de vastes savanes herbeuses : on leur donne le nom de *prairies*. Le romancier Fenimore Cooper a poétisé les majestueuses et verdoyantes plaines de l'Amérique septentrionale.

Outre ces *prairies* on trouve des steppes et des déserts de sable dans le Texas et dans le haut Arkansas ; enfin le Canada est couvert de majestueuses forêts de Conifères.

Nous avons encore à parler, pour terminer ce qui concerne les plaines, des grands déserts de l'Afrique et de l'Asie.

Le désert le mieux connu et le plus vaste du monde est le Sahara, en Afrique. Sa longueur est de 5000 kilomètres, à peu près un septième de la circonférence de la terre. Sa superficie est évaluée à 2 millions de kilomètres carrés.

Le Sahara est une plaine basse, interrompue çà et là par des collines rocailleuses ; tout le reste est du sable mouvant, qui n'est pas toujours très-fin, mais entremêlé de petits cailloux, de sel marin et de coquilles. Les monticules de sables, entassés par le vent, divisent le grand désert en douze déserts plus petits. Ces monticules arrêtent les nuages et les vapeurs d'eau, et donnent ainsi naissance à quelques ruisseaux qui fertilisent en quelques points le terrain aride. Les plantes qui poussent sur ces parties du sol produisent de la terre végétale, et c'est ainsi que se forment les *oasis*, petits paradis jetés au milieu d'un océan de sables.

La grande oasis de Thèbes a une longueur de près de 100 kilomètres sur une largeur de 15.

L'air brûlant du Sahara est chargé, pendant la plus grande partie de l'année, d'un brouillard sec et rougeâtre. La pluie n'y tombe qu'entre les mois de juillet et d'octobre. Ce qui rend surtout dangereux les voyages dans le désert, c'est le *simounn*, ou vent chaud, dont l'ardeur suffoque ceux qui osent l'affronter. En 1805 un coup de vent de ce genre tua et ensevelit dans les sables une caravane de deux mille personnes, avec dix-huit cents chameaux.

Un des phénomènes les plus curieux qui s'observent dans ces parages brûlants, sont les effets de mirage, ou ce que les Arabes appellent le *Lac des Gazelles*.

Le mirage est, comme nous l'enseigne la physique, un jeu

Fig. 52. Désert du Sahara.

de réfraction atmosphérique anomale qui fait paraître renversés les objets très-éloignés, comme s'ils se miraient dans les eaux d'un lac. Cette trompeuse apparence fait croire au voyageur fatigué qu'il aperçoit les arbres et les eaux d'une oasis; mais ce n'est là qu'une illusion cruelle que la marche ne tarde pas à dissiper, et qui, se renouvelant sans cesse, jette dans le désespoir les malheureuses victimes de cette illusion des sens.

Le désert de *Gobi* (fig. 53) s'étend à travers l'empire chinois, sur une longueur de 2000 kilomètres. La partie orientale est appelée par les Chinois *Ghamo* (mer de sable). C'est un terrain ondulé, où des masses de granit alternent avec des buttes de sable. Quelques oasis offrent une maigre végétation au bord des rares ruisseaux. Au cœur de l'été, le sol de ce désert est brûlé par les feux du soleil; mais l'hiver est très-long et très-froid.

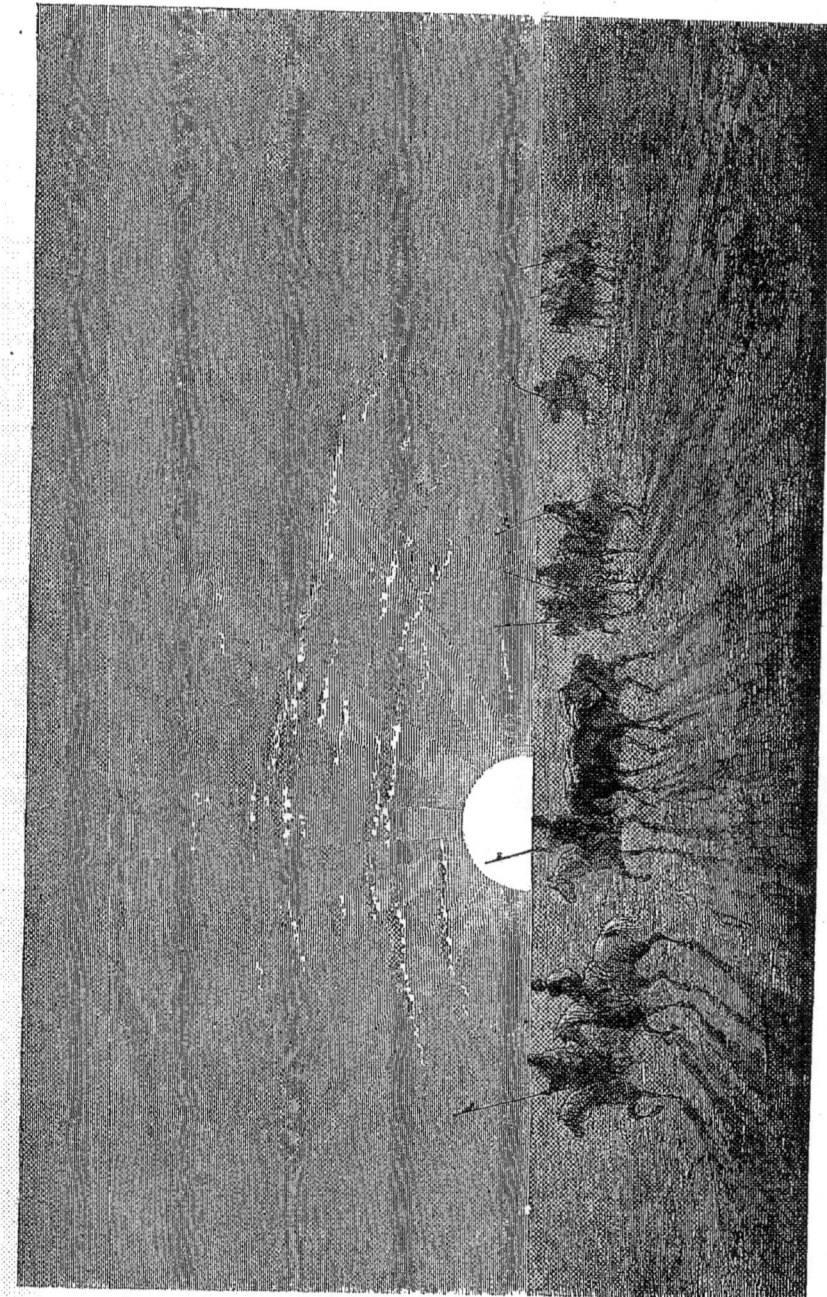

Fig. 53. Désert de Gobi (Chine et Mongolie).

TEMPÉRATURE DU GLOBE.

1

Température du globe terrestre. — Température superficielle et température intérieure. — Les climats. — Les lignes isothermes. — Température moyenne de différents lieux du globe. — Températures extrêmes observées en différents lieux.

Passons à l'étude générale de la température du globe terrestre. Nous poserons ici une grande distinction qui nous permettra de distribuer en deux groupes les sujets divers que nous avons à considérer. La chaleur de notre globe a deux origines bien différentes : elle vient, d'une part, du soleil; elle vient, d'autre part, du noyau liquide incandescent qui est caché dans ses profondeurs, et dont le calorique se transmet partiellement jusqu'à sa surface. Cette dernière cause d'échauffement qui a exclusivement agi aux premiers temps de notre planète, est aujourd'hui peu sensible, en raison de l'épaisseur qu'a fini par acquérir la croûte consolidée du globe. Aussi la chaleur du soleil est-elle à peu près la seule qui, de nos jours, contribue à échauffer la terre à sa surface. Cependant le foyer qui couve dans les profondeurs de notre planète, révèle son existence par les plus terribles et les plus imposants phénomènes de la nature, c'est-à-dire par les tremblements de terre et les volcans; à ce titre, il mérite d'être pris dans cet ouvrage en sérieuse considération.

D'après cette remarque, nous partagerons en deux sections l'étude de la température du globe terrestre, et nous considérerons successivement :

1° Les effets de la chaleur solaire; 2° les effets du feu central.

Au premier groupe se rapportera l'étude des températures de la surface du globe, c'est-à-dire celle *des climats;* au second se rattachera l'exposition des phénomènes des tremblements de terre et des volcans.

L'expression de *climat,* dans le sens le plus général, comprend l'ensemble des variations atmosphériques dont nos organes sont affectés d'une manière sensible, savoir : la température, l'humidité, la pression barométrique, le calme de l'atmosphère, les vents et les orages, la tension électrique, la pureté de l'air ou la présence des miasmes, enfin le degré relatif de transparence et de sérénité du ciel. Toutes ces questions touchent, on le voit, à l'état de l'atmosphère; en d'autres termes, elles appartiennent à la météorologie, science qui ne fait pas l'objet de ce livre. Il est néanmoins indispensable de placer ici quelques considérations sur la distribution de la chaleur à la surface du globe et sur la division des climats.

La source principale de chaleur superficielle pour notre planète, c'est le soleil. La durée de sa présence au-dessus de l'horizon et son élévation sont les mêmes pour tous les lieux situés au même degré de latitude. Si donc la surface terrestre était composée d'une même couche homogène, offrant partout la même couleur, la même densité, le même pouvoir absorbant et émissif pour la chaleur rayonnante, la température moyenne[1] devrait être la même sous la même latitude, de sorte que les parallèles seraient aussi les lignes *isothermes, isothères* et *isochimènes,* c'est-à-dire les lignes d'égale température *annuelle, estivale* et *hivernale.* Mais cet état primitif, dont la simplicité se

---

1. Expliquons ici ce que l'on entend par la *température moyenne* d'un lieu. Si l'on observe le thermomètre régulièrement chaque jour et à des intervalles plus ou moins rapprochés, et que l'on prenne la moyenne de ces observations, c'est-à-dire la somme de chiffres observés divisée par le nombre des observations, on obtient la *moyenne de la température du jour.* Si le thermomètre, observé par exemple, à Paris, à six heures du matin, a donné $+ 18°$; à neuf heures, $+ 13°$; à trois heures, $+ 12°$, et à minuit, $+ 7°$, la moyenne des températures du jour sera $\frac{18 + 13 + 12 + 7}{4} = 10°$. Si au bout de plusieurs années d'observation on réunit les moyennes de la température d'un jour donné, par exemple celle du 5 mai, on obtiendra la température moyenne générale de ce jour de l'année. On peut trouver, de la même manière, la température de chaque mois; enfin, en réunissant les températures des douze mois, et prenant la moyenne de ces nombres, on aura la *température moyenne* du lieu de l'observation.

Citons comme exemple la station de Paris. D'après environ cinquante années

prêterait admirablement à une théorie mathématique, à une science exacte des climats, est profondément modifié par l'inégale répartition de la terre ferme et de l'eau sur le globe terrestre, par le relief capricieux de l'écorce solide au-dessus et au-dessous des mers, et par la variation de la constitution chimique des masses qui composent cette écorce minérale. L'interposition des eaux fait aussi considérablement varier la température de l'air. L'eau s'échauffe beaucoup moins à sa surface que les terres, parce que la quantité de calorique nécessaire pour élever de 1 degré la température d'une couche d'eau est beaucoup plus considérable que celle qui suffit pour élever de la même quantité une égale couche de matière terreuse. Dans l'eau, la chaleur envoyée par le soleil pénètre à une grande profondeur, au lieu de se concentrer à la surface, comme il arrive pour le sol opaque et solide. D'un autre côté, l'évaporation continuelle de l'eau refroidit considérablement ce liquide.

Ces différentes causes ont pour résultat de rendre pendant l'été l'atmosphère plus froide sur l'eau que sur les continents. En hiver, au contraire, la surface des mers conserve plus de chaleur que la surface continentale, parce que les molécules liquides plus chaudes remontent sans cesse des bas-fonds dans lesquels la chaleur avait pénétré pendant l'été, ce qui amène du calorique à la surface des eaux. La mer ne suit donc qu'avec une lenteur excessive les variations de température de l'atmosphère, produites par le rayonnement solaire. La masse énorme de ses eaux sert à égaliser les températures de notre globe; elle

d'observations et prenant les mesures mensuelles des températures *maxima*, *minima* et *moyenne*, on obtient les chiffres contenus dans le tableau suivant :

Mois.	Maxima.	Minima.	Moyennes.
Janvier	$+ 5°,0$	$- 0°,9$	$+ 2°,1$
Février	$7°,3$	$0°,7$	$4°,0$
Mars	$10°,0$	$3°,1$	$6°,6$
Avril	$13°,1$	$6°,5$	$9°,8$
Mai	$18°,4$	$10°,7$	$14°,3$
Juin	$21°,1$	$13°,6$	$17°,3$
Juillet	$22°,7$	$15°,4$	$19°,0$
Août	$22°,4$	$14°,6$	$18°,5$
Septembre	$18°,9$	$12°,1$	$15°,5$
Octobre	$14°,6$	$7°,3$	$11°,0$
Novembre	$9°,7$	$3°,9$	$6°,8$
Décembre	$6°,9$	$0°,3$	$3°,6$
Moyenne annuelle	$14°2$	$7°,3$	$10°,7$

tempère la rigueur des hivers et l'ardeur des étés. De là une différence marquée entre le *climat marin* (celui des îles et des côtes) et le *climat continental*. Le premier est caractérisé par l'uniformité des températures, lesquelles varient assez peu de l'hiver à l'été ; le second présente des variations excessives, des hivers très-froids, suivis d'étés fort chauds. Ainsi, sur l'océan Atlantique, la température ne descend jamais au-dessous de $+$ 10 degrés sous la latitude de Bordeaux, tandis qu'à Bordeaux, la température moyenne de l'hiver est de $+$ 6 degrés seulement. Sous la latitude de Bruxelles, la température moyenne de l'Océan reste toujours au-dessus de 9 degrés, température supérieure à celle de Bruxelles.

Des points semblablement situés au nord et au sud de l'équateur n'ont pas non plus la même température moyenne : aux îles Malouines, par exemple, le climat est plus froid que chez nous sous la même latitude boréale (51°), à cause de l'immense nappe d'eau qui entoure ces îles.

Des considérations analogues expliquent la différence qui existe entre les climats de la côte orientale et de la côte occidentale d'un même continent. Les vents *alizés*, ou vents d'est de la zone tropicale, déterminent dans l'atmosphère des contre-courants qui font prédominer dans les zones tempérées les vents d'ouest ou de sud-ouest. Ce sont des vents de terre pour les côtes orientales, et des vents de mer pour les côtes occidentales.

Les vents exercent une grande influence sur les climats des régions qu'ils visitent, parce qu'ils portent dans ces lieux la température des contrées qu'ils viennent d'abandonner. Le vent du sud-ouest qui arrive à Boston, à Québec, etc., a déjà franchi toute l'étendue de l'Amérique du Nord, et en a pris la température, chaude en été, froide en hiver ; il ne pourra donc ni abaisser la température estivale de la côte orientale d'Amérique, ni en élever la température hivernale. Au contraire, en arrivant sur la côte occidentale de l'Europe, il portera avec lui la température modérée de l'océan Atlantique, et aura pour effet de tempérer sur nos côtes la chaleur des étés et la rigueur des hivers. Voilà pourquoi les climats des côtes occidentales de l'ancien monde sont moins excessifs que ceux des côtes orientales du nouveau continent, qui forment la rive opposée de l'océan Atlantique. Les côtes occidentales de l'Amérique, exposées aux

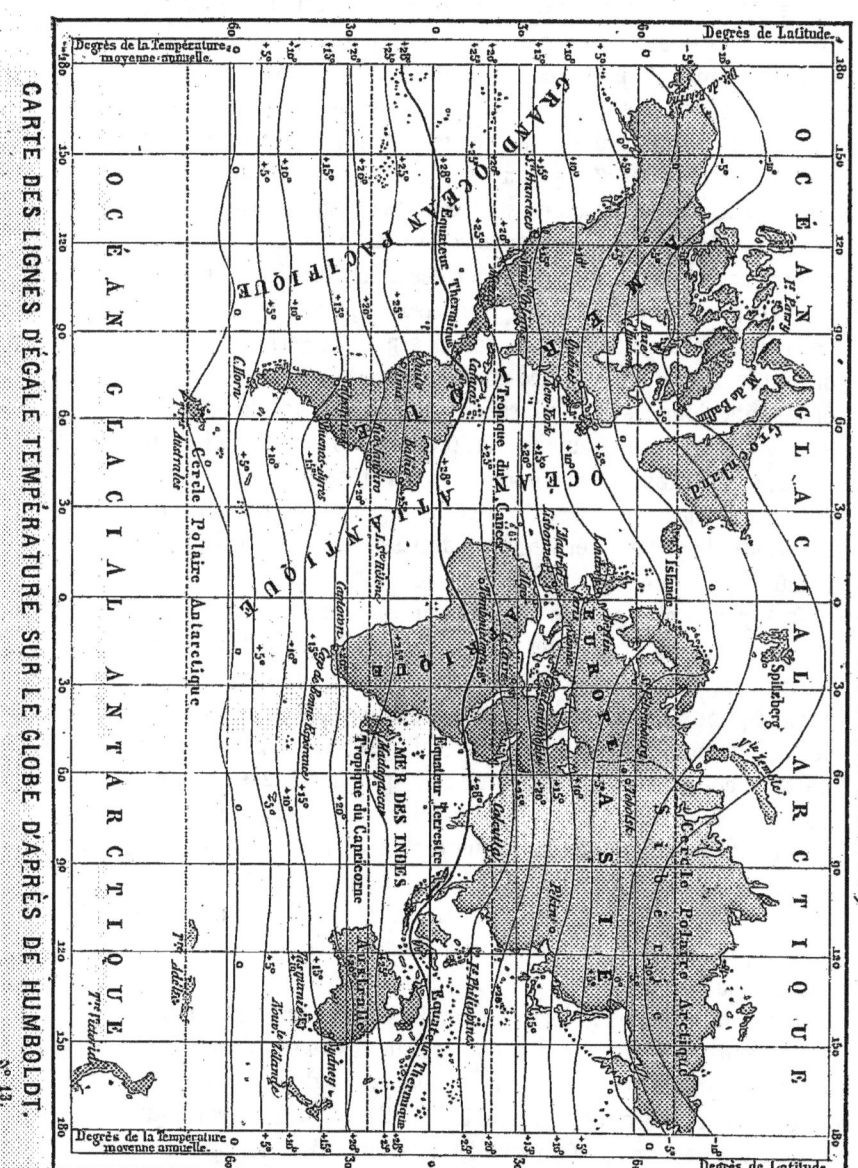

vents du Pacifique, offrent aussi des climats moins rigoureux que les côtes opposées.

Ces diverses causes : la configuration des continents et la distribution des eaux autour de ces continents; l'exposition aux vents régnants; la présence de montagnes qui peuvent servir de remparts contre ces vents; l'élévation d'un lieu au-dessus de la mer; la distribution des lacs, des marécages et des forêts, qui agissent comme des réfrigérants sur le sol, et une foule d'autres circonstances plus ou moins efficaces, modifient énormément le cours des lignes *isothermes* ou *d'égale chaleur* (ισος, égal ; θερμον, chaleur) par des perturbations locales bien difficiles à préciser. Il en résulte que le tracé des lignes isothermes que l'on obtient en faisant passer des lignes courbes par les séries de points offrant la même température annuelle, présentent les sinuosités et les inflexions les plus capricieuses. Entre les tropiques, elles ne s'éloignent pas autant des latitudes que dans les régions du Nord, où les causes de variation sont plus nombreuses.

La carte placée en regard de cette page représente les *lignes isothermes* le plus généralement admises d'après les travaux de Humboldt modifiés par des observations plus récentes.

La ligne de plus grande chaleur, ou *équateur isotherme*, coupe l'équateur terrestre sous les longitudes de Taïti et de Singapour, et traverse le Pacifique au sud, et l'Atlantique au nord de la ligne équinoxiale. La température moyenne de la ligne de chaleur maximum est d'environ 29°; elle est, plus spécialement, de 28°,3 pour l'Asie, de 27°,5 pour l'Afrique, de 29°,2 pour l'Amérique; c'est donc en Afrique et en Amérique que l'on trouve les deux extrêmes. L'océan Pacifique est de 1° environ plus chaud sous l'équateur thermal que l'océan Atlantique. L'hémisphère austral est, en général, beaucoup moins chaud que l'hémisphère opposé, ce qui tient à la prédominance des grandes nappes d'eau dans le sud de la terre.

Les deux pôles de la terre ne paraissent pas être les points les plus froids du globe ; ce que l'on appelle les *pôles du froid*, c'est-à-dire les points des températures *minima* du globe, ne sont pas encore bien déterminés. Il semblerait, d'après M. Brewster, qu'il y en ait deux au nord, l'un en Sibérie, l'autre en Amérique; mais cette hypothèse n'est pas admise par le célèbre météorologiste allemand Dove. La température moyenne du pôle nord de la terre est probablement peu éloignée de 8° au-dessous de zéro ; il n'est pas impossible dès lors qu'il existe là une mer débarrassée de glaces, comme le veut le docteur Kane.

Si l'on considère séparément les températures de l'été et de l'hiver dans les différents lieux du globe, on peut tracer des lignes sur lesquelles on trouve ces températures constantes, et qui s'appellent *lignes isothères* (égal été) et *lignes isochimènes* (égal hiver). Ces lignes sont aussi irrégulières que les lignes isothermes générales. Cependant, entre les tropiques elles ne diffèrent pas beaucoup des parallèles. Là, les saisons se distribuent assez régulièrement, et il n'y en a guère que deux : la saison sèche et la saison humide (hivernage). La première dure 4 ou 5 mois ; la saison des pluies 7 à 8 mois avec quelques éclaircies de beau temps.

Quand on construit les courbes isothermes, il faut autant que possible choisir des lieux également élevés au-dessus du niveau de la mer, car la seule élévation d'un lieu dans l'atmosphère abaisse déjà sa température. Cette remarque nous amène à l'importante question de la décroissance de la température de l'air quand on s'élève au-dessus de la surface du globe.

La quantité dont il faut s'élever dans l'air pour trouver un abaissement de 1 degré, est très-variable selon la localité, la saison et l'heure de la journée. Sous la zone torride, Alexandre de Humboldt a trouvé cette hauteur de 194 mètres par degré ; pour la Suisse, on a donné 144 mètres comme résultat moyen d'un grand nombre d'observations. Mais ces chiffres ne sauraient être généralisés. D'après un physicien anglais, M. Glaisher, qui a fait en 1862 et 1863 des ascensions aérostatiques dans le but de déterminer la loi de décroissance des températures atmosphériques avec la hauteur, le thermomètre baisse d'abord de 1 degré centigrade pour 60 mètres, puis de moins en moins rapidement, et enfin ne descend plus de 1 degré que pour chaque 600 mètres (lorsqu'on a atteint des hauteurs absolues de 10 kilomètres). La correction par laquelle les physiciens réduisent les températures moyennes au niveau de la mer est donc assez vague. La variabilité de l'abaissement thermométrique avec l'élévation absolue se manifeste surtout dans la limite des neiges perpétuelles, dont nous parlerons plus loin.

Il ne sera pas sans intérêt de faire connaître ici quelques-unes des températures extrêmes qui ont été observées à la surface du globe.

Parlons d'abord des chaleurs extrêmes. Entre les tropiques, M. de Humboldt a fréquemment trouvé au-dessus de 52° centigrades la température du sol exposé aux rayons solaires; et Arago observa un jour 53° dans le sable du jardin de l'Observatoire, à Paris. M. H. Marès, pendant qu'il étudiait, en 1854, l'action du soufre sur les vignes atteintes de l'*oïdium*, constata que la température du sol arable, dans la plaine de Launac, près de Gigean (Hérault), était de 51 à 55°[1]. Le sable granitique blanc près de l'Orénoque, qui porte une belle végétation, a été trouvé par M. de Humboldt, à 60°. Enfin, Nouet a noté 67°,5 dans le sable, près Philac, en Égypte.

A l'ombre et en plein air, on a observé les températures suivantes :

A Paramatta, en Australie, 41°.......... (lord Brisbane);
Au cap de Bonne-Espérance, 43 à 44°..... (Lacaille);
A Pondichéry, 44 à 45°................ (le Gentil);
A Madagascar, 45 à 46°................ (le même auteur);
A Esneh, en Égypte, 47 à 48°.......... (Burckhard);
A Mourzouk, dans le Fezzan, 56°....... (Ritchie).

Les plus hautes températures observées à Paris depuis un siècle ont été, à l'ombre, de + 40° le 26 août 1765, de 39° le 6 août 1705, ainsi que le 14 août 1773, et de 38° le 9 août 1863.

Passons à l'observation des froids extrêmes. La température la plus basse observée à Paris a été de —23°,5 le 25 janvier 1795. A Yakoutsk, en Sibérie, on a vu le thermomètre descendre, au mois de janvier, jusqu'à 58° au-dessous de zéro. Franklin a observé 50° de froid à Fort-Entreprise (64°,5 latitude nord). Black, au nord de l'Amérique, a supporté un froid de —56°,7. La température moyenne de l'île Melville est, d'après le capitaine Parry, de —18°,5; les *minima* et *maxima* ont été — 47° et + 15°,6.

Des deux extrêmes +56° constatés dans le Fezzan, et —58° observés à Yakoutsk, la distance est de 114° centigrades! Tels sont les écarts de température que l'homme et les animaux peuvent supporter sur le globe.

---

1. Voir notre *Année scientifique et industrielle*, première année, p. 412.

II

Limite des neiges perpétuelles. — Avalanches.

Les lignes *isothermes*, *isothères* et *isochimènes* ont fait comprendre l'influence de la latitude géographique sur les climats terrestres ; mais on a déjà vu que le climat dépend aussi, d'une manière très-essentielle, de l'élévation d'un lieu au-dessus du niveau de la mer. A mesure qu'on s'élève dans l'atmosphère, la température décroît avec rapidité, mais cette décroissance varie selon la latitude, et même selon la saison. Il est pourtant vrai de dire, en général, que la température s'abaisse d'autant plus qu'on s'élève davantage au-dessus du niveau de la mer. Dans les Andes, M. Boussingault a trouvé, en moyenne, une diminution de 1 degré de température par 175 mètres d'élévation, chiffre qui s'éloigne peu de ce qui a été trouvé sous ce rapport dans la région des Alpes.

L'abaissement de la température avec l'élévation des lieux a une conséquence intéressante. C'est qu'à mesure qu'on gravit une haute montagne, on rencontre, étagées aux différentes hauteurs, les productions organiques de chaque pays, et que l'on traverse graduellement des climats de plus en plus rigoureux. Cette curieuse contiguïté des produits de l'hiver et de l'été contribue beaucoup au charme des contrées alpestres. Si l'on se place sur les sommets de la Suisse, on embrasse d'un coup d'œil le grandiose panorama des Alpes, et, comme dans une page ouverte du livre de la nature, on peut lire dans ce tableau les règles et les lois que la science a établies concernant la distribution des êtres vivants aux différentes latitudes. On aperçoit assez distinctement six zones étagées l'une sur l'autre, et nettement accusées dans leurs contours par la différence de la végétation et de l'aspect du sol. Au fond, s'étend la plaine fertile, entrecoupée de lacs, de grandes routes, de rivières, de forêts, parsemée de villages et de métairies : c'est la résidence de l'homme. Au-dessus de ce vert tapis s'élèvent, dans un pittoresque désordre, de riantes collines, tantôt nues, tantôt couvertes de bois et d'ombrages. Plus haut, le regard rencontre des crêtes rocailleuses, couronnées de groupes de noirs sapins. Par-dessus ces rochers, on aperçoit encore des pentes couvertes de riches pâturages; mais bientôt le caractère du paysage change brusquement : la mort succède à la vie, la verdure fait place aux teintes grises et monotones des roches nues. La montagne emprunte alors son charme ou sa grandeur à d'autres aspects, aux formes capricieuses et sauvages des rochers qui forment sa masse imposante. Plus haut enfin, les Alpes s'enveloppent d'un resplendissant manteau de neige, que percent, à peine, par intervalles, quelques pics dont les flancs escarpés ne peuvent retenir les neiges au moment de leur chute. Ces six régions ont reçu, d'après la différence de leur végétation, les dénominations suivantes :

			Mètres.
1° Région	sous-montane, ou des Noyers....	jusqu'à 800
2° —	montane, ou des Hêtres..........	de 800 à 1300
3° —	sous-alpine, ou des Sapins.......	de 1300 à 1700
4° —	alpine, ou des arbustes..........	de 1700 à 2100
5° —	sous-nivale, ou des Graminées....	de 2100 à 2700
6° —	nivale, ou des neiges éternelles...	au delà de 2700

Les chiffres que nous venons de donner sont ceux qu'on admet d'ordinaire pour les Alpes; ils varient pour d'autres localités de la terre, suivant la distance à l'équateur et la température moyenne du pays.

De toutes les régions naturelles qui s'étagent ainsi le long des flancs d'une montagne, nulle n'a un caractère aussi tranché que celle des *neiges éternelles*, ainsi nommées avec juste raison parce qu'elles résistent aux ardeurs de l'été, ou se renouvellent aussitôt qu'une fonte partielle pendant l'été ou le printemps a diminué leur masse. Toutes les autres régions se mêlent un peu et empiètent l'une sur l'autre; mais la limite inférieure des neiges qui résistent aux ardeurs des étés apparaît de loin comme une ligne de démarcation tracée d'une main ferme; elle sépare des régions cultivées, le monde froid et inhospitalier des hautes cimes. Au-dessous s'agite la vie; le sol change d'aspect avec la saison; toutes sortes d'êtres organisés s'y développent aux rayons du soleil; tout près encore de la limite des neiges, un espace de quelques mètres suffit pour transformer un champ neigeux en un tapis de verdure. Mais après cette limite, l'hiver règne avec toutes ses horreurs : le paysage s'enveloppe d'un immense linceul de glace; le silence de ces déserts n'est interrompu que par la fureur des éléments déchaînés.

Il est facile de comprendre que la *limite des neiges éternelles* se trouve à une hauteur absolue d'autant plus grande qu'il fait plus chaud au niveau de la mer. La limite des neiges doit être au niveau même du sol, dans les régions polaires arctiques et antarctiques où règne un froid continu, et située au contraire à une très-grande élévation dans les chaudes régions équatoriales.

La figure 54 représente la *limite des neiges éternelles* selon la latitude à laquelle appartiennent les montagnes.

Voici la liste des données numériques portées sur ce tableau :

	Latitude.	Limite des neiges.
Spitzberg..................	79° nord..	0 mètres.
Norvége, île de Mageroc...	71°......	720 »
Norvége intérieure........	70° à 60°.	1070 à 1560
Irlande	65°......	936 »
Ounalaschka (Sibérie).....	54°......	1070 »
Altaï.....................	50°......	2145 »
Alpes, versant nord.......	45°......	2700 »
— — sud........	45°......	2800 »
Caucase..................	43°......	3300 »
Pyrénées.................	43°......	2730 »
Ararat...................	40°......	4320 »
Karakoroum, flanc nord....	36°......	5670 »
— sud.....	36°......	5920 »
Kuenluen, flanc nord....	36°......	4600 »
— sud.....	35°......	4820 »
Himalaya, flanc nord......	29°......	5300 »
— sud.......	28°......	4940 »
Cordillère du Mexique.....	17°......	4500 »
Éthiopie..................	13°......	4300 »
Andes de Quito...........	1° sud..	4820 »
Andes de Bolivie, flanc orient.	16°......	4850 »
— flanc occid.	16°......	5640 »
Andes du Chili...........	33°......	4480 »
Andes de Patagonie.......	43°......	1830 »
Détroit de Magellan.......	54°......	1130 »

On ne saurait accepter toutefois comme absolument exactes les altitudes admises dans ce tableau. En effet, le phénomène de la *limite des neiges éternelles* est très-complexe. Il dépend de la température, de l'état hygrométrique de l'air, de la forme des montagnes, de la direction des vents régnants et de leur contact, soit avec la terre soit avec la mer, de la hauteur totale de la montagne et du degré d'escarpement de ses versants, enfin de l'étendue et de l'élévation absolue des plateaux qui supportent cette montagne. Toutes ces causes réunies donnent à la limite des neiges le caractère d'une grande variabilité. Sur les cimes élancées des Alpes suisses, les neiges commencent à 2700 mètres de hauteur, et quelques rares lichens y colorent à peine les roches qui sortent du linceul glacé; sur le Chimborazo, en Amérique, M. Boussingault a encore vu des Saxifrages adhérer aux pierres à 4800 mètres de hauteur, qui est celle de la limite des neiges sur cette montagne. Sur les flancs de la Cordillère orientale du haut Pérou, Pentland a vu la limite inférieure des neiges perpétuelles descendre rarement au-dessous de 5200 mètres, tandis que dans les Andes de Quito, plus voisines de l'équateur, cette limite descend jusqu'à 4800 mètres

Nous n'abandonnerons pas ce qui concerne les neiges des montagnes sans dire quelques mots du terrible phénomène naturel des *avalanches*.

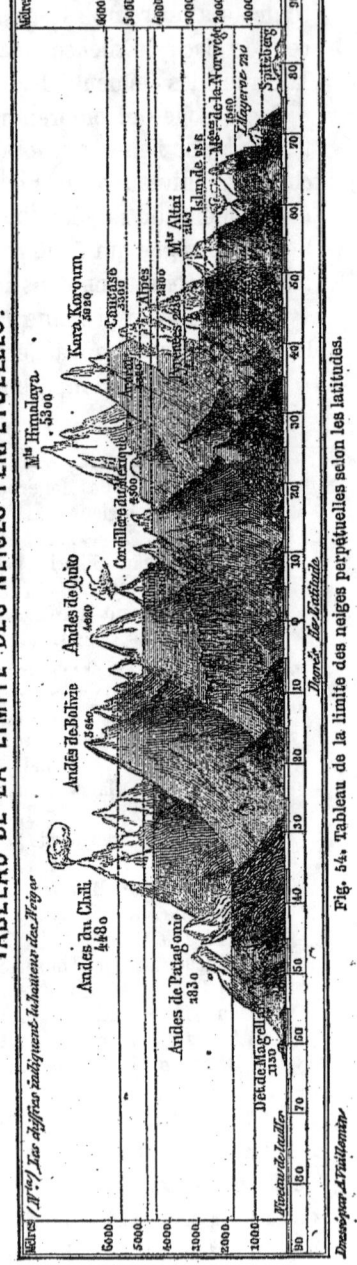

Fig. 54. Tableau de la limite des neiges perpétuelles selon les latitudes.

Une avalanche est une masse de neige ou de glace qui roule le long de la pente des hautes montagnes, et qui tombe dans les vallées avec un bruit semblable à celui du tonnerre, renversant tout ce qui s'oppose à son passage et entraînant quelquefois dans sa chute, des maisons, des villages et jusqu'à des forêts entières. C'est dans les Alpes, en raison de l'altitude et de la configuration de ces montagnes, qui abondent en étroites vallées encaissées, que l'on observe les plus redoutables avalanches. Là, elles parcourent dans leur chute plusieurs kilomètres sur le flanc d'une montagne; en tombant au fond des gorges, elles peuvent ensevelir des habitations, ou en arrêtant le cours d'un torrent, provoquer une inondation dans les vallées.

Les naturalistes de la Suisse allemande, qui ont fait une étude approfondie de ce redoutable phénomène, distinguent cinq espèces d'avalanches :

1° Les *avalanches de fond* (*grund-lavinen*). Ce sont des masses de neige que l'infiltration de l'eau de pluie ou de la fonte des neiges a détachées du sol, en l'attaquant par-dessous. Cette sorte d'avalanche s'observe surtout vers le commencement de l'été ; elle est peu dangereuse, parce que l'on connaît généralement dans les Alpes les places d'où les neiges se détachent périodiquement et les circonstances qui retardent ou accélèrent leur chute.

2° Les *avalanches rampantes* (*schleich-lavinen*). Elles arrivent sur les pentes douces couvertes de neige, et presque toujours sur le versant méridional des montagnes ; elles descendent lentement, grossissent par les neiges qu'elles trouvent sur leur passage, et s'entassent derrière les obstacles qu'elles rencontrent, jusqu'à ce que ces derniers cèdent à leur poids, ou que la neige se divise en deux parties, qui descendent alors en suivant chacune une route différente.

3° Les *avalanches tuîles* (*schlag-lavinen*) (fig. 55). Ce sont les plus dangereuses à cause de la rapidité de leur chute. Elles arrivent dans les parties des montagnes où une pente douce se termine par une paroi taillée à pic. Les masses de neige accumulées glissent peu à peu jusqu'au bout du plan incliné, et restent en surplomb sur la paroi verticale, jusqu'à ce que leur poids, ou bien un ébranlement quelconque de l'air, un coup de vent, un cri, la détonation d'une arme à feu, vienne déterminer leur chute. Ces avalanches portent la destruction sur leur passage. Comme elles tombent quelquefois de très-grandes hauteurs, le mouvement qu'elles impriment à l'air est si violent qu'il suffit à renverser des hommes et même des cabanes, à des distances considérables du théâtre de la catastrophe. Quelques passages des Alpes, comme les Schoellenen, sur la route du Saint-Gothard, la vallée de Trémola, le passage du Grimsel, sont infestés par ces terribles hôtes, et des croix marquent les places où reposent leurs victimes.

4° Les *avalanches d'été* ou des *glaciers* (*sommer-lavinen*) ne tombent que dans les plus hautes régions des montagnes. Quand on voit de loin rouler une de ces masses neigeuses qui, dans sa marche rapide, soulève un voile de poussière d'une blancheur éclatante, on dirait qu'une cascade d'argent sillonne ces pentes abruptes. Pendant la descente, l'*avalanche d'été* augmente considérablement de volume. Ces belles cascades de neige et de glace s'observent souvent sur la route des Scheideck, dans l'Oberland. Comme toutes les autres avalanches, elles s'annoncent par un bruit sourd, qui avertit les montagnards de leur approche.

5° Les *avalanches poudreuses* (*staub-lavinen*). Lorsque, pendant l'hiver, ce qui n'est pas rare dans les Alpes, la température est remontée à 12 ou 14° centigrades, la neige ramollie devient pulvérulente. Une avalanche qui vient à se former avec de la neige amenée à ces conditions physiques, ne produit plus les effets de ces masses compactes constituées par les neiges solides et les glaces. Ce n'est plus qu'une poussière qui se divise dans l'air et ne peut plus agir par son poids sur les obstacles qu'elle rencontre. Mais elle fait naître d'autres dangers pour le voyageur qu'elle vient à surprendre. Les vents impétueux qui soufflent très-souvent dans les régions montagneuses, soulèvent ces neiges incohérentes, et achèvent de les pulvériser : livrées alors aux moindres agitations de l'air, on les voit flotter au-dessus de la montagne, même par un temps calme en apparence ; et si un ouragan vient les bouleverser, elles forment de redoutables tourbillons, qui font périr plus d'hommes que la chute des grandes masses.

C'est à tort que l'on a donné le nom d'*avalanches* à ces tourbillons de neige, en dépit du sens étymologique de ce mot. En les rapportant à leur origine, on les assimilera plutôt aux ouragans de sable dans les immenses déserts de l'Afrique; quoique le malheureux enseveli sous les neiges des Alpes, y périsse de froid, tandis que les sables africains, d'une sécheresse brûlante, menacent le voyageur d'une mort plus douloureuse encore.

Telles sont les particularités que présente le terrible phénomène des avalanches. Elles sont surtout à craindre au moment du dégel, c'est-à-dire au printemps ; dans l'été, mais alors bien entendu, dans la région des neiges éternelles, elles sont moins à redouter.

Si l'on est forcé de traverser, au printemps, les défilés des Alpes, entourés de cimes neigeuses, alors que les avalanches annuelles ne sont pas encore tombées, il faut s'astreindre à beaucoup de précautions. A cette époque de l'année, les touristes doivent s'arranger de manière à former de petits groupes, chaque voyageur cheminant à une distance convenable l'un de l'autre, afin qu'en cas de malheur, quelques-uns restés hors d'atteinte, puissent secourir les autres. Dans les passages dangereux, on recommande d'ôter les clochettes des animaux, de partir de grand matin, avant les premiers rayons du soleil, et de marcher dans le plus grand silence, pour éviter de *donner l'éveil à la lionne*[1]. Souvent on a la précaution de tirer un coup de pistolet à l'entrée d'un mauvais passage, car alors le choc de l'air produit par la détonation de l'arme à feu, fait tomber les avalanches prêtes à s'écrouler.

Quelques villages et villes de la Suisse ne sont préservés de la chute des avalanches que par les forêts qui les dominent; aussi des lois sévères défendent-elles le déboisement de ces montagnes. Dans d'autres localités, on a construit au-dessus des maisons exposées aux avalanches, des espèces de bastions de pierres pourvus d'un angle aigu, destiné à fendre et à séparer en deux les avalanches qui pourraient les atteindre. Au-dessus de quelques passages dangereux du Splugen et autres localités des Alpes, on a construit des galeries voûtées, afin d'abriter les voyageurs.

On ne sera pas surpris, d'après ce qui précède, d'apprendre que l'histoire ait conservé le souvenir de bien des désastres occa-

---

[1] Du mot allemand *lavine*, le peuple fait quelquefois *lœvinn* (lionne).

sionnés dans les Alpes par la chute des avalanches. Nous rappellerons ici quelques-uns de ces événements.

En 1478, une avalanche fit périr ensemble soixante soldats suisses.

En 1499, quatre cents soldats autrichiens furent ensevelis sous une masse de neige dans l'Exebirge; mais on réussit à les déblayer.

En 1500, une avalanche ensevelit, au passage du grand Saint-Bernard, une centaine de personnes.

En 1624, une autre avalanche, tombée du mont Cassedra, engloutit trois cents individus.

Au mois de février 1720, à Obergestlen, dans le Valais, cent vingt maisons furent détruites, et quatre-vingt-quatre personnes périrent, avec quatre cents têtes de bétail.

En 1749, une avalanche emporta une grande partie du village de Ruaeras (canton des Grisons), entraînant dans cette terrible tourmente cent personnes, dont soixante, heureusement, finirent par être sauvées. Cette avalanche était tombée si doucement que les habitants ne se réveillèrent même pas dans leurs maisons entraînées sur le flanc de la montagne; seulement ils trouvaient que le jour était long à poindre. Ce n'est qu'en sortant de leurs chaumières et en se voyant placés à une assez grande distance du lieu où ils étaient couchés la veille, qu'ils comprirent ce qui se passait, et se hâtèrent de se dérober à un imminent péril.

Au mois de janvier 1767, une avalanche tomba dans la vallée qui s'étend au pied de la Dent-de-Juman ; elle renversa plusieurs gros Sapins, entraîna une douzaine de granges inhabitées, et passant par-dessus un cabaret d'Allières, en enleva l'étage supérieur, sans que les personnes réunies au rez-de-chaussée éprouvassent le moindre mal.

Vers la même époque, le village de Saint-Antœnien fut atteint par la chute des neiges. Une femme de ce village fut retirée vivante de sa maison, après être restée huit jours ensevelie sous la neige.

III

Les glaciers. — Leur rôle dans la nature. — Origine et mode de formation des glaciers. — Leur mouvement de progression. — Fonte des glaciers. — Structure et propriétés physiques des glaciers.

Les lignes qui tracent les *limites des neiges perpétuelles*, que nous venons [d'étudier dans le précédent chapitre, ne circonscrivent point le domaine des *glaces :* les *glaces* descendent bien au-dessous des *neiges éternelles*. Éclaircissons ce qu'a d'obscur cette proposition ; montrons qu'elle n'a rien de contradictoire dans les termes.

Quand on parcourt les grandes vallées de la Savoie et de la Suisse qui s'étendent au pied des hautes montagnes des Alpes, on est surpris, si l'on n'est point prévenu, de se trouver tout d'un coup en face de véritables fleuves qui semblent gelés sur place. Au milieu d'une végétation vigoureuse, entre des champs cultivés et des forêts de Sapins, on voit briller des masses énormes de glace, qui résistent à l'action des chaleurs de l'été, comme elles ont résisté à l'action des siècles. Ces fleuves enchantés sont les *glaciers*. Sujet inépuisable d'admiration pour le touriste, phénomène naturel le plus saillant et le plus populaire du monde alpestre, les glaciers sont devenus, dans ces derniers temps, de la part des naturalistes et des géologues, le sujet de travaux immenses, passionnés, on peut le dire, et les découvertes qui sont sorties de ce grand concours d'études, ont dirigé la géologie dans un ordre d'idées tout nouveau et qui tend à envahir de plus en plus le domaine de cette science. L'existence d'une *période glaciaire* dans l'histoire de notre globe, n'est pas la seule découverte dont la science se soit enrichie à la suite des observations sur les glaciers actuels ; l'explication du phénomène diluvien est peut-être au moment de subir de grandes modifications par suite de l'application des mêmes vues.

Qu'est-ce qu'un glacier ?

Le spectateur fortuné qui pourrait embrasser d'un coup d'œil, à vol d'oiseau, ou, si l'on veut, du haut d'un ballon aérostatique, la chaîne tout entière des Alpes de la Suisse, de la Savoie et du Dauphiné, verrait plusieurs sommités de ces montagnes couvertes d'un tapis resplendissant de glace, percé çà et là de pics escarpés, trop roides pour retenir les neiges qui tombent sur leurs flancs. Au-dessous de ces cimes neigeuses, il verrait d'étroites vallées, dans l'intérieur desquelles descendent des sillons de glace, semblables à des franges ou à des lambeaux du manteau d'argent étalé sur le faîte. Il verrait ces longs sillons pénétrer jusqu'au cœur des fertiles régions habitées par les hommes. S'il portait ses regards plus loin du centre du massif alpin, des chaînes secondaires, moins importantes, lui offriraient le même spectacle sur une plus petite échelle. Et si ses yeux pouvaient plonger plus bas encore, il verrait les glaces et les neiges disparaître peu à peu, la nature perdre son aspect sauvage, les formes du sol s'adoucir, enfin la riante verdure de la végétation des plaines remplacer la désolante monotonie des champs de neige.

Ces fleuves d'eau solidifiée qui se rencontrent dans les Alpes partout où ces montagnes dépassent la limite des neiges éternelles, et qui descendent dans les vallées bien au-dessous de ces limites, jouent un rôle admirable dans l'économie de la nature. A l'arrivée du printemps, la nature s'éveille; les arbres se couvrent de bourgeons qui annoncent et préparent la riante parure des bois; partout les traces de l'hiver s'effacent au souffle attiédi d'avril. Seuls, les glaciers restent insensibles à la douce invitation du soleil, et sur leur masse éternellement solide, passe, sans l'entamer en apparence, l'ardeur des plus brûlants étés. Or, quand on réfléchit que ces longs fleuves immobiles et glacés descendent sans interruption de la région des neiges éternelles, on devine aisément qu'ils tirent leur origine et s'alimentent de cette source cachée dans les cieux. Les glaciers sont des avant-gardes envoyés de ces hauteurs inaccessibles où règne un froid éternel; ce sont des émissaires des glaces et des neiges qui couvrent les plateaux des altitudes extrêmes.

La neige qui tombe sur les montagnes très-élevées ne peut jamais fondre; elle demeure à l'état solide sur ces roches dont la température est toujours inférieure à 0 degré. Les couches de neige qui s'entassent ainsi sur les grandes hauteurs finiraient par monter jusqu'au ciel; elles s'entasseraient sur ces sommets, en privant les plaines du bienfait de leurs eaux, si la prévoyante nature n'avait le secret de l'empêcher. Ce secret, c'est la formation des glaciers. Un glacier n'est immobile que pour nos yeux ; en réalité, il est doué d'un mouvement de progression. Ce mouvement est d'une lenteur miraculeuse, et c'est précisément dans cette lenteur de progression qu'est l'intention providentielle de ce grand phénomène. Les glaciers avancent peu à peu dans le fond des vallées ; trouvant dans ces abris la douce température du printemps et de l'été, ils fondent par leur base, créant ainsi d'intarissables sources et des cours d'eau sans fin. Remontez, dans les Alpes, le lit d'un torrent ; suivez-le sans cesse en vous élevant le long du ravin fangeux qui l'encaisse, et vous arriverez nécessairement à un glacier. Un glacier n'est donc autre chose, dans les vues de la nature, qu'un vaste réservoir d'eaux solidifiées, qui fondent peu à peu et arrivent dans les vallées inférieures, où elles forment un bienfaisant cours d'eau. Et si nous voulons dévoiler sur cette question la série tout entière des opérations physiques de la nature, nous ajouterons que dans les plaines et les vallées, la chaleur du soleil, vaporisant l'eau des ruisseaux et des rivières, la renvoie à l'état de vapeur dans l'atmosphère, d'où elle retombe plus tard à l'état de neige, sur le sommet des monts, pour s'y convertir de nouveau en glace, puis en sources vivifiantes, accomplissant ainsi le plus complet et le plus merveilleux cercle d'actions naturelles, cercle éternel, qui n'a ni commencement ni fin, comme Dieu qui l'a conçu.

Nous venons de dire que les glaciers sont doués d'un mouvement de progression lente qui paraît représenter la cause finale de leur existence. Il semble difficile qu'un pareil phénomène ait longtemps échappé à l'attention des hommes. Il est certain pourtant que cette observation est récente. Horace de Saussure avait consigné cette remarque dans son livre ; mais personne n'y avait attaché d'importance[1]. C'est à un simple guide du Valais que la science de nos jours est redevable de cette observation fondamentale.

---

1. Voici comment s'exprime de Saussure :

« Une autre cause, qui s'oppose avec beaucoup d'efficace à un accroissement excessif des neiges et des glaces, c'est leur pesanteur qui les entraîne avec une rapidité plus ou moins grande dans les basses vallées, où la chaleur de l'été est assez forte pour les fondre.

« C'est ce glissement lent, mais continu, des glaces sur leurs bases inclinées, qui les entraîne jusques dans les basses vallées, et qui entretient continuelle-

C'était en 1817. Un géologue qui devait s'illustrer un jour par ses travaux sur les glaciers, M. de Charpentier, fut conduit par ses courses dans la cabane de Jean Perraudin, guide du Valais, qui était en même temps chasseur de Chamois. Un orage l'obligea à passer la nuit dans cette cabane. Assis devant un bon feu, le géologue et le chasseur se mirent à causer. M. de Charpentier expliqua au compagnon que le hasard lui avait envoyé, les théories que les géologues avaient mises en avant pour expliquer le mode de transport des *blocs erratiques*, c'est-à-dire de ces fragments détachés du sommet des montagnes que l'on rencontre à des distances si éloignées de leur lieu d'origine. C'est par le courant des eaux diluviennes que les géologues du premier quart de notre siècle croyaient pouvoir expliquer le déplacement, l'entraînement de tous ces blocs.

« Pourquoi, dit alors l'habitant des montagnes, inventez-vous des déluges et des cours d'eau, pour les charger de rochers évidemment trop lourds pour eux? N'est-il pas plus simple de penser que ces pierres ont été transportées par des glaciers, qui tous les jours en transportent sous nos yeux? »

Une explication si catégorique surprit beaucoup M. de Charpentier. Elle était tellement en dehors des faits alors admis en géologie, qu'il la médita dix-huit ans, tout en étudiant de plus près les caractères des glaciers. Ce ne fut qu'en 1834, devant la réunion tenue à Lucerne par les naturalistes suisses, qu'il fit connaître le fruit de ses longues études sur les glaciers.

Déjà avant cette époque, un intrépide explorateur des Alpes, Hugi, de Soleure, avait fait une expérience d'une portée capitale. Dans l'été de 1827, il avait fait construire, sur le flanc du glacier de l'Aar inférieur, une petite cabane en pierres de moraines ; il l'avait adossée à une sorte de promontoire, nommé l'*Abschwung*,

---

ment des amas de glaces dans des vallons assez chauds pour produire de grands arbres, et même de riches moissons. Dans le fond de la vallée de Chamouni, par exemple, il ne se forme aucun glacier; les neiges même y disparaissent dès le mois de mai ou de juin; et pourtant le glacier des Buissons, celui des Bois, celui d'Argentière, descendent jusques dans le fond de cette vallée. Mais les glaces inférieures de ces glaciers n'ont point été formées dans cette place ; et elles apportent pour ainsi dire, l'attestation du lieu de leur naissance, puisqu'elles descendent chargées des débris des rochers qui bordent l'extrémité la plus élevée de la vallée de glaces; et que ces rochers sont composés de pierre, dont les espèces ne se trouvent point dans les montagnes qui bordent la partie inférieure de cette même vallée. » (De Saussure, *Voyages dans les Alpes*, in-8, t. II, p. 251.)

et il en avait vérifié de temps en temps la situation. En 1830, il trouva sa cabane a environ 100 mètres plus bas; en 1836, elle était déjà descendue de 715 mètres. En 1840, MM. Agassiz et Desor cherchèrent la cabane, et la retrouvèrent à 1428 mètres du promontoire. Ils y découvrirent dans une bouteille cachée sous quelques pierres, des notes manuscrites de Hugi sur ses observations antérieures. L'année suivante, M. Agassiz constata un nouveau

Fig. 55. Hôtel des Neufchâtelois.

déplacement de 65 mètres. Ainsi, dans l'espace de treize ans, la cabane de Hugi était descendue d'environ 1500 mètres, ce qui fait environ 115 mètres par an.

Pour mieux étudier ces phénomènes, M. Agassiz passa deux étés au milieu de ces régions sibériennes. Il s'était installé sur le glacier de l'Unteraar (Aar inférieur), à 650 mètres plus haut que Hugi, et à 2700 mètres au-dessus du niveau de la mer. Pour s'abriter, il avait choisi au milieu de la moraine, un immense bloc erratique. C'est sous ce toit de pierre que M. Agassiz fit construire une demeure, restée célèbre sous le nom de l'*Hôtel des Neufchâtelois* (fig. 55). La cuisine était au-dessous de la partie du bloc qui s'avance en forme de portique ; la chambre à coucher était creusée dans la glace au-dessous du bloc ; un lit de pierres recouvertes de foin, servait de couche à notre patient explorateur. L'*Hôtel des Neufchâtelois* était signalé au loin par un drapeau flottant au haut d'un mât.

C'est dans ce désert que M. Agassiz brava pendant deux étés les injures du climat, pour arracher à la nature quelques-uns de ses secrets. Il inscrivit sur son bloc ambulant, sa distance au promontoire de l'Abschwung en 1840 ; elle était alors de 797 mètres ; aujourd'hui elle doit être bien plus grande, car la vitesse de translation du glacier au point où était situé l'*Hôtel des Neufchâtelois*, a été trouvée, en moyenne, de 75 mètres par an.

Au moment où M. de Charpentier annonça ses vues sur le mouvement des glaciers, la découverte de Hugi n'était pas encore rendue publique, et nous ignorons pourquoi ce dernier ne fit pas connaître à cette époque le résultat de ses propres recherches. Quoi qu'il en soit, l'hypothèse de M. de Charpentier fut assez mal reçue à l'assemblée des naturalistes de Lucerne ; elle fut même presque tournée en ridicule par la plus grande partie des géologues de cette époque.

Cependant la vérité ne tarda pas à se faire jour. De courageux explorateurs, des savants tels que MM. Desor, Venetz, Martins, Leblanc, Édouard Collomb, Dollfus-Ausset, etc., allèrent s'établir, pendant des mois entiers, sur ces champs glacés, afin d'éclaircir définitivement une question si importante.

A la suite de ce vaste ensemble de travaux, le mouvement de progression des glaciers fut entièrement mis hors de doute. On étudia, en même temps, les propriétés des glaciers, et l'on arriva à découvrir dans cet amas d'eau solidifiée des caractères physiques extrêmement curieux, et sur lesquels nous aurons bientôt à revenir. Enfin, d'après la connaissance approfondie que l'on acquit, de cette manière, des traces que les glaciers laissent sur les roches qu'ils ont labourées de leur masse, on remonta dans l'histoire du globe terrestre, et l'extension des glaciers bien au delà de leurs limites présentes, dans les Alpes, le Jura, l'Ecosse et tout le nord de l'Europe, fut ainsi mise hors de doute.

Voilà comment s'est introduite dans la géologie moderne la notion de la *période glaciaire*, une des vérités définitivement acquises à cette science, et qui tend tous les jours à y tenir une place plus sérieuse.

Après ce rapide historique des travaux scientifiques auxquels ont donné lieu les glaciers, nous entrerons dans l'étude analytique de ce grand phénomène naturel, en considérant successivement :

1° Le mode de formation des glaciers; 2° Leur marche; 3° Leur fonte partielle.

Mode de formation des glaciers. — La neige qui tombe sur les montagnes au-dessus de la limite des neiges perpétuelles, ne fond pas, avons-nous déjà dit; elle s'accumule dans les vallées et les dépressions du sol. L'eau qui provient de leur fusion superficielle produite par la chaleur des jours d'été, s'infiltrant peu à peu dans leur intérieur, et cette eau se congelant de nouveau pendant la nuit, la neige passe à l'état de *névé*, corps intermédiaire entre la neige et la glace, masse grenue qui se compose de cristaux arrondis et agglutinés entre eux par l'effet de la pression qu'ils supportent. La densité du *névé* tient le milieu entre celle de la neige et celle de la glace : tandis qu'un mètre cube de neige pèse environ 85 kilogrammes, un mètre cube de glace compacte pèse 900 kilogrammes environ, et le poids d'un mètre cube de *névé* varie entre 300 et 600 kilogrammes. La ligne de démarcation entre la glace et le *névé* n'est pas bien tranchée; suivant la pression à laquelle il est exposé, le *névé* passe successivement par une série de phases caractérisées par des densités différentes : il devient d'abord *glace bulleuse* (renfermant des bulles d'air), puis *glace grenue blanche*, enfin *glace bleue compacte*, qui forme la substance des glaciers.

Il tombe environ dans les Alpes 18 mètres de neige par an, qui équivalent à une couche de 2^m,30 de glace. Dans ces régions élevées, la chaleur solaire est insuffisante à fondre une pareille quantité d'eau solide; il y a donc chaque année un résidu, ou *stock* de glace, qui forme le noyau des glaciers. Amassées sur place, ces couches annuelles finiraient par former de véritables montagnes; mais la prévoyante nature s'en débarrasse, par le mouvement de progression dont nous avons parlé, et qui n'est autre chose que la chute lente et continue de ces masses énormes sur le plan incliné de la montagne. A mesure qu'elles descendent, ces masses de glace sont rongées à leur base, par la chaude température des vallées.

Saussure a divisé les glaciers en *glaciers de premier* et de

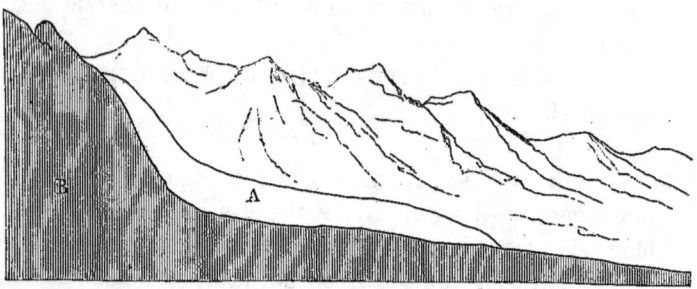

Fig. 56. Glacier du premier ordre.

second ordre. Les *glaciers de premier ordre* sont ceux qui descendent des plus hautes chaînes et vont combler les hautes vallées ; leur surface est souvent presque horizontale ; on les nomme alors *mers de glace*. Telle est la *mer de glace* de la chaîne du Mont-Blanc. Quelques-unes de ces *mers de glace* ont 20 à 25 kilomètres

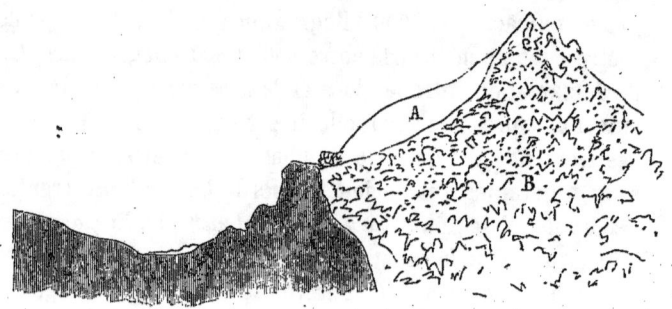

Fig. 57. Glacier du second ordre.

de longueur. Leur base descend jusqu'à 1800 ou 1200 mètres d'altitude. Les *glaciers du second ordre* ne descendent pas dans les vallées ; ils restent suspendus aux flancs des montagnes ; ils n'ont que dans des proportions réduites, les propriétés des grands glaciers. On ne voit en Espagne que des glaciers du second ordre.

Les deux figures suivantes représentent les coupes des glaciers du premier et du second ordre.

La figure 56 est une coupe idéale d'un glacier des Alpes, dans laquelle A représente la masse glaciaire descendant de la montagne dans la vallée. La figure 57 est une coupe théorique du glacier de la Maladetta, dans les Pyrénées. A représente le glacier suspendu au haut du mont, B le terrain granitique de la Maladetta.

Nous ne nous occuperons guère ici que des glaciers du premier ordre.

Le relief orographique est très-important pour la formation des glaciers. La première condition de leur formation, c'est l'existence, à l'origine d'une vallée, d'un cirque élargi à fond plat, situé à plus de 2600 mètres d'altitude; c'est là seulement que les neiges peuvent s'accumuler et s'emmagasiner, quand les vents balayent les flancs de la montagne. A une température de 8 ou 10 degrés au-dessous de zéro, la neige devient sèche, poudreuse, mobile comme les sables du désert; elle ne s'agglutine pas, mais cède et se disperse à chaque impulsion du vent. C'est pour cela que les montagnes isolées et unies ne peuvent donner lieu à la formation de grands glaciers, tandis que les montagnes des Alpes, qui sont déchiquetées en tous sens, réunissent toutes les conditions nécessaires pour retenir et consolider ces grands amas de neige.

La pente d'un glacier dépend en général de la pente du sol sur lequel il descend; il se moule sur toutes les anfractuosités qu'il recouvre. La pente des glaciers du second ordre est donc nécessairement plus roide que celle des grands glaciers qui remplissent les vallées.

On a fait quelques tentatives pour évaluer la surface et le volume de quelques glaciers remarquables. On a trouvé, par exemple, que le glacier de l'Aar présente, sur une longueur de 8 kilomètres, une superficie de 9 à 10 kilomètres carrés; son épaisseur *maxima* a été évaluée à 460 mètres, mais elle décroît rapidement jusqu'à 60 mètres environ. En prenant 250 mètres pour l'épaisseur moyenne, on a calculé que le volume de cette partie du glacier est de 2 à 3 kilomètres cubes. Pour la capacité du glacier d'Aletsch, on a trouvé 24 kilomètres cubes.

On compte en Suisse, plus de 600 glaciers : 370 dans le bassin du Rhin ; 137 dans le bassin du Rhône ; 66 dans celui de l'Inn ; 35 dans les bassins des fleuves qui se jettent dans la mer Adriatique. Le naturaliste Ebel a essayé d'évaluer l'étendue totale approximative des glaciers de la Suisse. Il a trouvé que la partie des Alpes comprise, en Suisse, entre le Mont-Blanc et les hauteurs du Tyrol, contient une surface de glaciers de 138 lieues carrées. On comprend d'après ce chiffre, le rôle fondamental que jouent les glaciers dans l'alimentation des principaux fleuves de l'Europe.

Il ne faut pas se figurer un glacier comme une masse compacte et homogène ; c'est, au contraire, une masse *feutrée* qui se compose d'une infinité de blocs ou de fragments de glace dure, entre lesquels il existe un réseau de fissures et de conduits dans lesquels l'eau peut circuler librement. De là cette plasticité, cette mollesse des glaciers, qui se manifeste dans les plis que leur imprime le relief du terrain sous-jacent. Cette propriété des glaciers de se plier et de se déformer, est encore due à la mollesse qui est propre à la glace maintenue à zéro, température ordinaire de l'intérieur des glaciers. Nous savons, en effet, par les belles recherches de MM. Agassiz et Desor, que la température dans les glaciers se maintient presque invariablement à zéro. Les savants neufchâtelois ont obtenu ce résultat en introduisant les *thermométrographes* dans des trous de sonde qu'ils avaient percés dans les glaces.

La constance de cette température est due, en partie, à l'épais manteau de neige qui couvre la surface des glaciers pendant une partie de l'année et la protége contre la chaleur atmosphérique.

Un autre phénomène intéressant, qui a donné lieu à de longues discussions, c'est la *stratification* des glaciers. On savait depuis Saussure, que les *névés* supérieurs se disposent en couches horizontales d'une épaisseur de 2 à 3 mètres ; l'existence de ces couches se reconnaît par des zones d'affleurement à la limite des glaciers et aux endroits où des crevasses ont mis à nu l'intérieur de la masse. Chacun de ces strates correspond à une chute abondante de neige, et il s'en forme ordinairement plusieurs chaque hiver. La neige fraîchement tombée, se tasse et se couvre d'une mince couche de verglas, sur laquelle l'air dépose des poussières végétales ou minérales. De là cette couleur gris sale qui, dans les *névés*, trahit les bandes de séparation des couches.

Mais cette structure stratifiée ne s'observe pas seulement sur les *névés*, elle se retrouve dans toutes les phases du glacier et l'accompagne dans ses évolutions ; seulement, les couches se relèvent à mesure que descend le glacier, et elles deviennent presque verticales vers le centre, pour s'incliner de nouveau ensuite, et redevenir horizontales vers le talus ou l'escarpement terminal. Ce changement d'inclinaison des strates devient une difficulté sérieuse pour les partisans de l'opinion de M. Agassiz, qui veut que la stratification primitive des névés se conserve lorsqu'ils passent à l'état de glace compacte. M. Agassiz attribue ces différences d'inclinaison à un redressement réel des couches de glace qui descendent le long de la montagne. Suivant lui, les couches se relèvent, vers la région moyenne des glaciers, par suite d'un mouvement accéléré des assises inférieures, et elles s'inclinent de nouveau en avant par suite du retard que produit le frottement contre le fond. Ces hypothèses manquent de preuves ; il paraît surtout difficile d'admettre l'accélération des couches inférieures, invoquée par M. Agassiz, pour expliquer la direction verticale des strates au cœur des glaciers. Il nous paraît plus naturel de supposer, avec MM. Forbes et Schlagintweit que la masse de *névés*, au moment où elle se transforme en glace et où elle commence à descendre, se déchire et se clive facilement de manière à présenter des crevasses transversales, qui s'infiltrent promptement d'eau de fonte et produisent les couches verticales de glace bleue que l'on voit alterner avec des couches de glace blanche et bulleuse. A mesure que le glacier descend, ces couches, en raison de l'inégale vitesse de leurs différentes parties, se plient et se bombent en aval, et les zones d'affleurement ou chevrons qui les trahissent à la surface, prennent une forme ogivale dont la convexité est tournée vers le pied du glacier. Ces ogives sont formées de bourrelets de glace bleue, alternant avec des sillons de glace blanchâtre farineuse, où se déposent encore des sables et des poussières, ce qui leur donne cette couleur sombre qui les fait distinguer de loin. M. Forbes les appelle *dirt-bands* (rubans de boue). On les aperçoit surtout avec facilité par un temps de dégel ; les veines de glace bleue prennent alors une limpidité remarquable.

Un glacier est entrecoupé, en divers points de son étendue, d'un grand nombre de crevasses dont la largeur est excessivement variable. Ces crevasses, ordinairement perpendiculaires à la direction des couches, proviennent de l'inégalité du mouvement de translation du glacier, et de la tension qui en résulte sur certains points de sa masse. Elles sont, par conséquent, plus nombreuses dans les points où la pente générale change brusquement, là où existe un coude, un escarpement, etc. Ces immenses cassures se forment subitement, et quelquefois avec un bruit qui ressemble à une détonation : la glace frissonne, puis se déchire tantôt lentement, tantôt tout d'un coup sur une grande étendue. Pendant l'été, les crevasses s'élargissent par la fonte progressive de leurs parois ; elles deviennent alors des gouffres béants qui rendent dangereuse l'exploration de ces champs de glace.

Lorsqu'il tombe de la neige, les crevasses se couvrent quelquefois d'un pont de quelques décimètres seulement d'épaisseur, qui les cache, mais qui n'a pas assez de consistance pour supporter le poids d'un homme. Le touriste doit avancer avec une extrême précaution sur ces ponts perfides ; il doit sans cesse tâter le terrain avec son bâton ferré, et suivre aveuglément les conseils de son guide.

Dans quelques cas, assez rares, les crevasses s'étendent jusqu'au fond du glacier ; elles constituent alors une véritable rupture de toute sa masse ; on en voit de semblables pendant l'été, dans la vallée de Maurienne, à la source de l'Aar.

Quand de nombreuses crevasses viennent s'entre-croiser sur un même point, la glace se divise en une infinité de prismes et d'aiguilles, qui s'amincissent, se brisent et s'oblitèrent sous l'action destructive des agents atmosphériques ; elles arrivent ainsi à former des groupes chaotiques aux formes les plus bizarres. M. Tyndall a dessiné une de ces formations fantastiques qu'il a vues sur le glacier des Bois [1], partie terminale de la Mer de glace du Mont-Blanc.

C'est à la même cause qu'il faut attribuer la formation de ces aiguilles de glace, confusément entassées et hautes de 15 à 20 mètres, qui hérissent la base du glacier des Bossons, au-dessus de la vallée de Chamonix et qui portent le nom de *pyramides*.

---

1. *The glaciers of the Alpes*, p. 316.

Bien des voyageurs, bien des touristes, ou des guides ont péri au fond des crevasses des grands glaciers. Les montagnards des Alpes conservent le souvenir de beaucoup de ces tristes événements. Nous rappellerons ici les plus connus.

Pendant l'été de 1790, un habitant de Grindelwald, Christian Bohrer, ramenait un troupeau de moutons à travers le glacier qui porte le nom de ce village. Arrivé au bord du glacier supérieur, il glissa dans une crevasse qui n'avait pas moins de 120 mètres de profondeur. Cette horrible chute lui fit perdre connaissance. Quand il revint à lui, il se trouva dans une obscurité complète, entre deux murailles à pic, tout près d'un ruisseau provenant de la fonte des glaces. Le murmure de l'eau ranima son courage; il commença à remonter le ruisseau en se traînant sur les genoux. Ce ne fut qu'au bout de plusieurs heures, et avec des peines infinies, qu'il revit la lumière du jour : il se trouvait au pied du Wetterhorn, dans le point où le ruisseau s'engouffre sous la glace. C'est alors seulement qu'il s'aperçut que son bras gauche était cassé. Il arriva, le soir, à Grindelwald, ayant échappé par miracle à cette situation affreuse où il avait vu cent fois la mort à ses côtés.

Le 31 août 1821, un pasteur protestant de Neufchâtel, nommé Mouron, se trouvait sur le même glacier de Grindelwald. Il se penchait sur une crevasse, pour admirer les reflets azurés de ces murailles resplendissantes, en s'appuyant sur son bâton qu'il avait fixé au bord opposé, lorsque tout à coup, son bâton glisse, et le malheureux est précipité dans l'abîme. Son guide épouvanté, court au village, pour annoncer ce triste événement. Mais personne, autre que le guide lui-même, n'avait été témoin de la chute du pasteur. Des doutes s'élèvent; rien ne démontre que le guide n'ait poussé le voyageur dans l'abîme, après l'avoir volé. Les guides de Grindelwald ne veulent pas que l'un d'entre eux reste sous le coup d'un pareil soupçon. Il est décidé que l'on tirera au sort le nom de celui qui descendra dans le gouffre, pour y chercher le corps du malheureux ministre. Le sort tombe sur Pierre Burguener, l'un des hommes les plus vigoureux de la vallée. On l'attache à une corde, et quatre hommes le descendent dans la crevasse, avec une lanterne attachée à son cou, tenant d'une main son bâton ferré, de l'autre une sonnette pour appeler. Deux fois, près d'être asphyxié, Burguener donna le signal de le remonter. Il réussit enfin à atteindre le fond de l'abîme ; il y retrouva le corps mutilé qu'il allait chercher au péril de sa vie. On le remonta à force de bras, avec son triste fardeau.

Le voyageur avait encore sa montre et sa bourse : le guide était donc justifié.

Le corps du pasteur fut inhumé près de la porte de l'église de Grindelwald : on lit sur la pierre une inscription qui rappelle cet événement.

En 1846, le docteur Burstenbinder, de Berlin, eut le même sort, sur le glacier d'Oetzthal. On le retira vivant mais il mourut quelques heures après.

Le 7 août 1800, un jeune Danois, le poëte Eshen, périt dans le glacier du Buet. Malgré les avis réitérés de son guide, il était parti accompagné seulement d'un ami, et se tenait toujours quelques centaines de pas en avant, lorsque tout à coup, on le vit disparaître. Son ami courut chercher du secours à Servoz. On retrouva le malheureux jeune homme au fond d'une crevasse de 30 mètres de profondeur, debout, les bras au-dessus de sa tête, et le corps complétement roidi par le double froid de la mort et des glaces qui l'environnaient.

En 1836, le guide Devoissous, tomba dans une crevasse du glacier de Talèfre, dans la chaîne du Mont-Blanc. Comme c'était un homme vigoureux, il se fraya un chemin en faisant, avec son couteau, des entailles dans les parois de la crevasse.

Marche des glaciers. — Nous avons signalé, en termes généraux, le phénomène de la marche des glaciers. Leur mouvement a été mesuré de la manière la plus attentive par les naturalistes suisses et français.

Le mouvement de translation d'un glacier n'est pas le même dans toutes ses parties. Ses différentes sections sont animées de vitesses particulières. La ligne médiane, où l'épaisseur et la pente sont les plus fortes, se meut avec le plus de rapidité. La vitesse *minima* s'observe sur les bords, c'est-à-dire dans les points où la masse est plus mince, et où le frottement produit une résistance plus sensible. MM. Agassiz et Desor ont mesuré d'une manière précise les quantités de mouvement des différentes parties du glacier de l'Aar, en plantant à sa surface des séries de pieux bien alignés, dont ils pouvaient observer la marche, en la rapportant à des objets fixes pris sur les roches environnantes.

Une série de pieux plantés sur une ligne droite transversale de 1350 mètres de longueur, décrivaient, au bout d'un an, une courbe de plus en plus convexe. Voici les chiffres qui expriment en mètres le déplacement moyen dans le cours d'une année, de chacun des pieux qui composaient la rangée.

5, 20, 48, 55, 62, 64, 67, 69, 70, 68, 64, 54, 47, 39, 21, 11, 1.

On voit que les points du milieu avançaient annuellement de 70 mètres environ, tandis que les rives latérales se déplaçaient de quelques mètres à peine.

En disposant ces jalons sur la ligne médiane du glacier, les physiciens suisses ont reconnu que les parties moyennes marchent de 70 ou 77 mètres par an, tandis que le talus terminal ou la base du glacier, ne s'avance que de 30 mètres, et la partie supérieure de 40 mètres environ.

M. Forbes a confirmé ces résultats par ses observations sur la Mer de glace et sur le glacier des Bois. Il a reconnu qu'un bloc situé sur la partie latérale de ce dernier glacier, descend de 147 mètres par an, ce qui donnerait un mouvement de plus de 200 mètres par an au centre du glacier.

Les glaciers du second ordre se meuvent beaucoup plus lentement : leur déplacement annuel n'est que de 20 mètres environ.

Les saisons exercent d'ailleurs une influence sensible sur ce déplacement. Il est à son maximum au printemps, et se ralentit beaucoup à l'approche de l'hiver. D'un autre côté, les accidents de terrain peuvent modifier la vitesse de cette marche. M. Tyndall a constaté, en 1857, que toute la partie orientale de la Mer de glace marche plus vite que la partie occidentale.

Le mouvement de progression des glaciers est arrêté par la fusion qui s'opère à leur base, dans les vallées, mais il n'est arrêté qu'en partie par cette cause. Il est établi que la plupart des glaciers actuels sont en voie de progression à leur base. Leur alimentation par le haut l'emporte donc sur leur destruction par le bas. Les glaciers d'Aletsch, de l'Aar, de Grindelwald, etc., s'avancent lentement vers les vallées qui s'étendent à leur pied;

ils détruisent par leur envahissement irrésistible les forêts de Sapins et de Mélèzes qu'ils rencontrent sur leur passage.

« Les empiétements des glaciers des Alpes pendant les derniers siècles, dit M. Hogard, paraissent aussi incontestablement démontrés par les documents historiques, que leurs envahissements récents et actuels sont prouvés par les traces irrécusables de leur incessante destruction. De vastes pâturages sont recouverts ou fermés, des forêts d'arbres séculaires sont envahies et dévastées, enfin des chalets isolés ou des groupes d'habitations situées autrefois à d'assez grandes distances de ces masses de glace, sont incessamment atteints, culbutés et détruits sous nos yeux. Cette marche progressive se ralentira-t-elle un jour, et dans un avenir prochain avant que de nouveaux désastres ne soient venus frapper des populations menacées ou déjà bien éprouvées ? Nul ne saurait l'affirmer. »

On serait porté à croire que cette extension des glaciers est due à un refroidissement lent de notre hémisphère. En observant avec attention le régime des glaciers, on a, du reste, constaté qu'ils ne s'avancent pas seulement d'amont en aval, mais qu'ils s'étendent encore latéralement, se gonflant de bas en haut en empiétant sur leurs rives. Ce gonflement est dû, selon toute probabilité, à la dilatation que l'eau éprouve en se congelant dans les fissures du glacier.

Nous arrivons à l'important phénomène qui est un des traits caractéristiques des glaciers, c'est-à-dire aux *moraines*.

Tous les glaciers portent sur leur dos et poussent au-devant d'eux, les débris de roches, souvent énormes, détachés des parois de la montagne par l'action de l'air, par la chute des avalanches, comme aussi par le mouvement même du glacier. Formés de granit et de protogine, roches éminemment altérables, les sommets aigus des Alpes, très-exposés à l'action des agents atmosphériques, se délitent, se réduisent en fragments plus ou moins volumineux, qui tombent à la surface du glacier. Dans leur mouvement de progression, les glaciers emportent ces débris. De nouvelles roches tombant au même point, se placent derrière les premières et marchent à leur suite. Ainsi se forment des traînées longitudinales qui ont depuis longtemps reçu des montagnards suisses le nom de *moraines*. Quand ces débris tombent en même temps des deux parois de montagnes qui encaissent le glacier, les moraines finissent par former des traînées parallèles qui ressemblent aux deux ornières d'une charrette que l'on aurait remplies de pierres.

Pour donner un exemple, pris dans la nature, d'une moraine simple bien caractérisée, nous représentons dans la figure 60 le glacier de Zermatt, en Suisse.

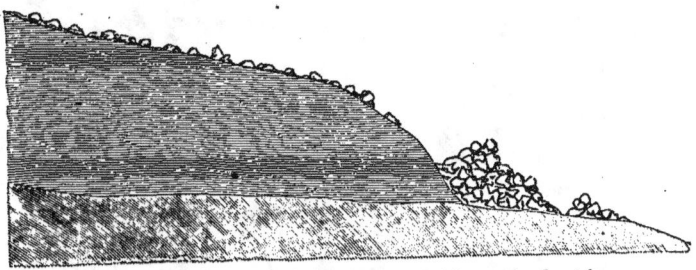

Fig. 58. Coupe en long d'un glacier montrant la moraine frontale.

On nomme *latérales* les moraines simples qui présentent la disposition que l'on voit dans le glacier de Zermatt. Un autre genre de moraine qui porte le nom de *moraine frontale* prend naissance dans d'autres conditions

Fig. 59. Moraine frontale du glacier de l'Ober-Aar.

Quand les pierres d'une moraine sont parvenues, poussées par le glacier, jusqu'à son point de terminaison ; lorsque, après un trajet plus ou moins long, les roches entraînées par le glacier atteignent le point de la vallée, ou bien l'escarpement auquel ce glacier se termine, ils s'entassent en ce point, et forment des

Fig. 60. Glacier de Zermatt.

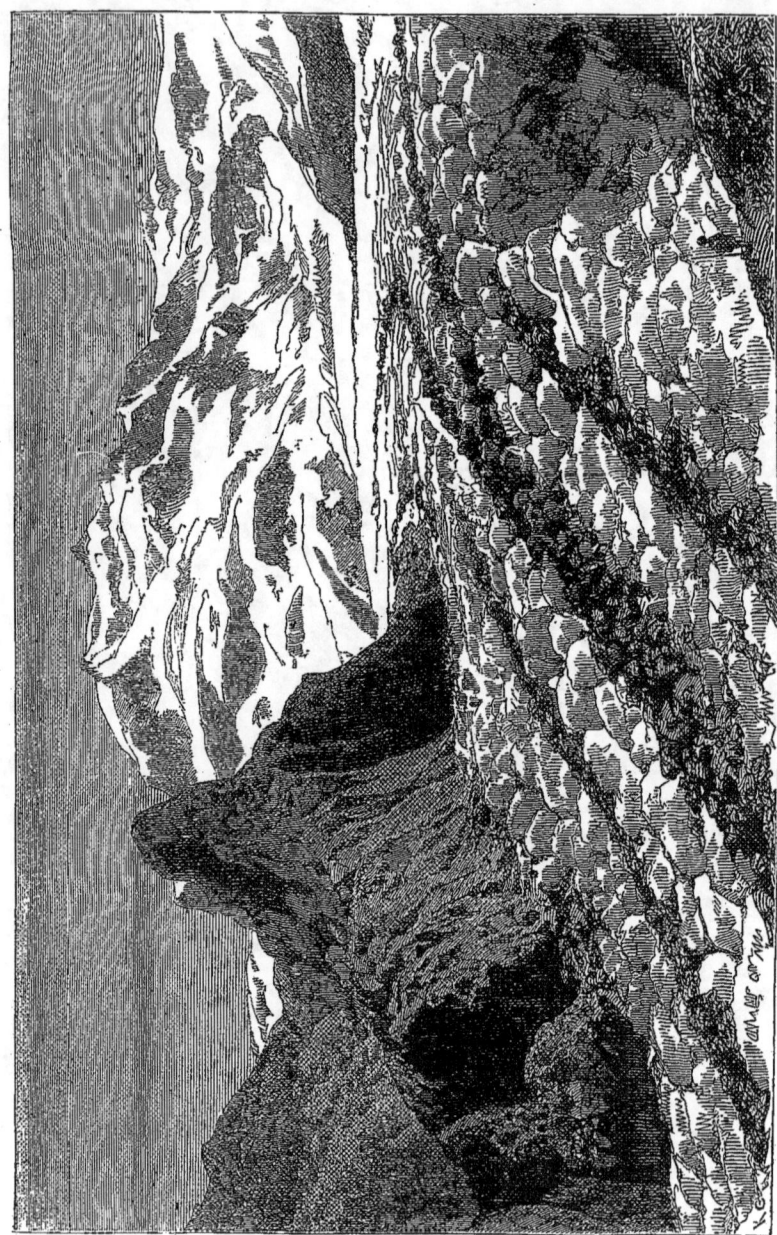

Fig. 61. Mont-Rose, et son glacier avec la moraine médiane.

accumulations de rochers, accumulations souvent énormes : ce sont là les *moraines frontales*. La figure 58 donne la vue théorique d'une moraine frontale.

Pour donner un exemple, pris dans la nature, d'une moraine frontale, nous représenterons dans la figure 59, la *moraine du glacier de l'Ober-Aar*, prise en 1849. Elle se compose de détritus granitiques provenant de l'Oberaar-Horn, du Grünhorn et du Rothorn.

Si deux glaciers viennent à se rencontrer dans un lit ou encaissement commun, leurs moraines *latérales* se réunissent, se confondent en une seule, dite *médiane*, qui se tient au milieu du glacier commun résultant de la combinaison des deux autres.

La partie moyenne du glacier de l'Aar présente un bel exemple de ces moraines médianes. On y remarque la réunion des grands glaciers du Finsteraar et du Lauteraar dans un seul lit, où descendent encore les glaciers du Thierberg et du Finterberg. La moraine médiane du glacier de l'Unteraar se forme par la réunion des moraines latérales des deux premiers glaciers, au pied du promontoire appelé l'*Abschwung*, dont nous avons parlé plusieurs fois.

Pour donner un exemple de moraines médianes, et introduire en même temps ici la vue de l'une des plus belles montagnes du monde entier, nous représentons (fig. 61) les glaciers qui s'élèvent au pied du *Mont-Rose*, le pic célèbre du versant italien des Alpes, qui ne le cède au Mont-Blanc, que d'une centaine de mètres en hauteur.

Pour terminer l'examen des faits qui se rattachent à la marche des glaciers, il nous reste à parler des traces physiques qu'ils laissent sur leur passage, c'est-à-dire des *cailloux striés* et des *roches moutonnées*.

On comprend sans peine que les glaciers, en raison de leur poids énorme et de leur mouvement continuel, doivent exercer sur les rochers qui les supportent ou qui encaissent leurs rives, des frottements considérables, et y laisser les traces de leur puissante action. Mais la glace seule ne produirait pas tous les effets que l'on observe. Ces effets sont dus surtout à cette couche de galets, de sable et de boue humide qui sépare ordinairement la glace du terrain sous-jacent, et qui agit comme le sable d'émeri sous le polissoir. Grâce à cette couche de détritus, le glacier nivelle les aspérités des roches, les arrondit et les polit comme pourrait le faire la main du marbrier. En même temps les fragments de pierres dures que charrient la boue et la glace, gravent des stries plus ou moins fines et même des sillons profonds, dans la roche sur laquelle glisse cet immense laminoir mobile.

Les cailloux et blocs de pierre qui se trouvent engagés *sous le glacier*, et y forment des moraines intérieures, sont pressés, triturés, broyés, par le poids et le mouvement progressif du glacier; ils se réduisent en sable et en boues. Les cailloux qui ne sont pas détruits, sont au moins *striés* et usés à leur surface. C'est ce que M. Agassiz a appelé *galets striés*, dont la présence indique toujours le passage d'un ancien glacier dans la vallée où on les rencontre. L'eau qui charrie des cailloux ne les raye point; tout au contraire, elle les arrondit et les polit.

Ces stries que l'on observe sur les cailloux qui ont été traînés sous les glaces, semblent avoir été produites par des fragments de quartz enchâssés dans la glace qui ont agi à la manière d'un burin sur les pierres qu'ils ont entraînées. Les cailloux étant mobiles dans les moraines, sont rayés dans tous les sens tandis que les roches fixes au-dessus desquelles un glacier a passé, offrent des stries parallèles et rectilignes, dans la direction du mouvement des glaces.

Les environs des glaciers sont parsemés de roches arrondies, polies et striées comme celles que l'on trouve au-dessous des glaciers lorsqu'on réussit à y pénétrer. De Saussure appelait ces roches *moutonnées*, à cause de leur ressemblance grossière ave un troupeau de moutons. Ebel les compare à des tas de foin épars sur une prairie.

Les plus beaux exemples de roches travaillées par les glaciers se trouvent en Scandinavie et dans les Alpes, aux environs des glaciers de l'Aar, de Zermatt, de Rosenlauï, etc. Là où l'Aar forme le belle cascade de la Handeck, toutes les roches qui dominent le gouffre sont des dômes arrondis, nus et tellement polis qu'on n'y marche qu'en tremblant; ce sont les plus belles roches moutonnées de la Suisse.

Quand la glace, dans son mouvement de progression, rencontrant un obstacle, ne peut surmonter tous les plis du terrain,

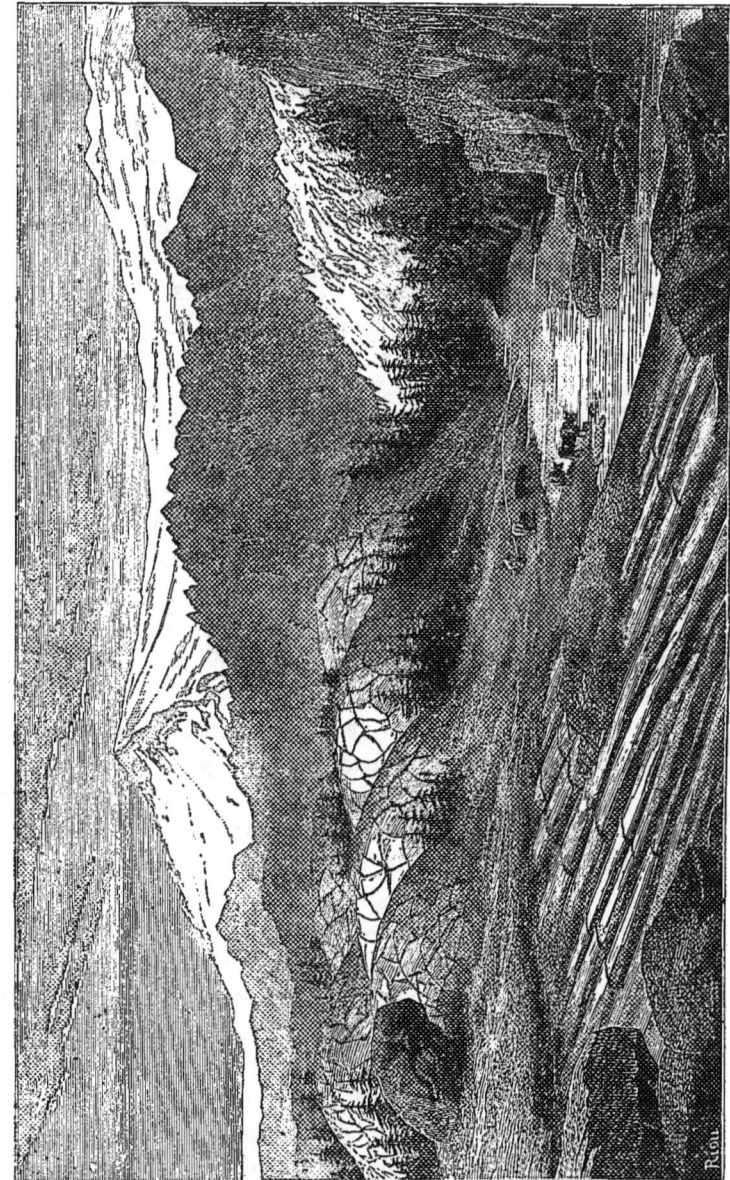

Fig. 62. Roches striées et moutonnées par les anciens glaciers.

elle se détourne et ne les attaque qu'à l'amont; alors on distingue dans les rayures des rochers le côté touché par la glace : le côté préservé garde, en effet, ses surfaces naturelles ; le côté attaqué par la glace est seul usé et rayé. C'est ainsi qu'au promontoire du Pavillon, sur le glacier de l'Aar, les surfaces de l'amont sont polies et striées, tandis qu'à l'aval les rochers n'offrent aucune altération.

La nature des modifications que subissent les roches dépend de la composition minéralogique du terrain. Les calcaires du Rosenlauï et de Grindelwald se couvrent de stries fines et profondes par l'action des fragments de granit et de gneiss qui viennent des cirques supérieurs ; mais ils ne se polissent que très-imparfaitement. Quand le lit d'un glacier est formé de roches argileuses, tendres et friables, leur surface est triturée et nivelée, mais elle n'offre ni le poli, ni les sillons que l'on observe sur la roche plus dure. Lorsque enfin le glacier se meut sur un terrain de granit et de protogine, le frottement produit un poli brillant comme un miroir. Nulle part ce phénomène n'apparaît mieux qu'aux environs de l'Aar, au lieu appelé la Roche-Miroir. C'est une surface immense de granit, qui est tellement lisse, unie et glissante qu'il a fallu y tailler des pas pour faciliter le passage des hommes. En face, de l'autre côté de la vallée, on remarque des parois verticales, polies comme cette roche elle-même, et interrompues seulement çà et là par des gouttières colossales, empreintes indélébiles de l'action des forces qui ont travaillé ces pierres dans le temps passé.

Nous représentons dans la figure 62 les *roches striées et moutonnées*. Cette vue réunit hypothétiquement les deux genres d'effets exercés sur les roches par le passage d'anciens glaciers.

Les roches moutonnées, les galets striés et les moraines terminales, restés en place après le retrait et la disparition d'un glacier, permettent de reconnaître l'ancienne existence de glaciers dans des contrées où nul ne les aurait jamais soupçonnés sans ces signes physiques et ces témoignages mis en lumière par la science moderne. Ces incontestables preuves conduisent nécessairement à admettre que les glaciers ont eu autrefois une extension considérable.

M. Venetz a donné une liste de trente-quatre observations dans lesquelles il a constaté en Suisse l'existence d'anciennes moraines isolées et placées à de grandes distances de glaciers qui les ont abandonnées en reculant. La moraine de Kandersteg, par exemple, est maintenant éloignée de plusieurs kilomètres du glaciêr d'Oeschinen. Les villages de Ried, de Bodmen et de Halten, dans le Valais, sont bâtis sur une ancienne moraine du puissant glacier de Viesch, qui se trouve aujourd'hui à une lieue de ce village.

Mais ce n'est pas seulement dans les vallées qui partent du pied des Alpes, que l'on découvre, grâce à l'existence des blocs erratiques, des moraines et des cailloux striés, les traces certaines de l'existence d'anciens glaciers. On les trouve dans le nord de l'Europe s'étendant jusque dans les parties centrales, en Suède, en Russie et jusqu'en Prusse. Ce sont là d'éloquents témoignages de l'existence, dans l'histoire ancienne de notre globe, d'une *période glaciaire* pendant laquelle une partie de notre continent fut enveloppée d'un manteau de glace et de neige : ce sont pour ainsi dire, les bornes milliaires placées de loin en loin sur le chemin de ces champs glacés qui ont, un moment, envahi l'Europe, et y ont anéanti la vie organique.

Nous avons donné, dans le premier volume de cette collection[1] une *carte de l'extension des anciens glaciers* qui présente le tableau précis de l'étendue des glaciers d'Europe pendant l'époque quaternaire. Nous renvoyons le lecteur à l'inspection de cette carte.

Fonte des glaciers. — La fonte des glaciers s'opère par leur base, soit dans les vallées, soit dans les parties des montagnes qui dépassent la limite des neiges éternelles. Elle varie nécessairement selon la température de l'air, et elle est moins sensible à de grandes hauteurs que dans les régions inférieures. M. Agassiz, en fixant des pieux dans un glacier, a pu apprécier la quantité dont son niveau s'abaisse annuellement par la fonte. Il a trouvé une fonte annuelle de 3 mètres à 3^m,5 dans la partie moyenne du glacier de l'Aar. Dans le mois d'août seul, un mètre de glace fondit; en hiver le phénomène fut nul. M. Martins a trouvé sur le glacier du Faulhorn, que la fusion moyenne de la neige s'élevait à 30 millimètres par jour au mois d'août, ce qui donne 0^m,90 en un mois, et celle de la glace à 38 millimètres, ce qui donne plus d'un mètre dans le même temps.

1. *La Terre avant le déluge*, troisième édition, p. 399.

Les eaux qui prennent naissance à la surface du glacier s'infiltrent par ses crevasses et par d'innombrables fissures extrêmement étroites que son tissu renferme. M. Agassiz compare un glacier à une immense éponge, qui se sature et s'égoutte alternativement, suivant la quantité d'eau qu'il reçoit.

Le liquide provenant de la fonte des glaciers s'accumule sous les glaces, et finit par en sortir en formant des torrents qui s'échappent du talus terminal. La couleur de l'eau des torrents glaciaires est caractéristique ; elle n'est pas limpide comme l'eau des sources, mais chargée de sédiments qui trahissent la nature des roches rencontrées par le torrent. Les roches granitiques donnent à l'eau un aspect laiteux, comme on l'observe pour les sources torrentielles de l'Arve et du Rhône, qui sortent chacune d'un glacier des Alpes. Une teinte verte des eaux du torrent dénote un lit de roches serpentineuses, une couleur noirâtre un lit de schistes noirs. Tous ces torrents entraînent avec eux les boues provenant des roches que le frottement du glacier a réduites en poudre dans son mouvement de progression.

Le terrain qui porte les glaciers n'a pas assez de chaleur propre pour contribuer à les faire entrer en fusion ; mais les sources qui s'échappent du sol avec une température un peu plus élevée que les eaux de pluie, et celles qui proviennent de la fonte des parties superficielles du glacier pendant les mois les plus chauds de l'année, enfin les eaux des ruisseaux qui se précipitent des flancs des vallées et s'engouffrent dans les fissures des glaciers, les rongent en dessous et creusent parfois en ces points de larges cavités, dans lesquelles il s'établit des courants d'air continuels par suite de la différence de température entre l'air extérieur et celui qui remplit ces excavations. Il arrive de cette manière, sous le glacier, des bouffées d'air à la température de $+ 6$ à $7°$; cet air lèche les parois inférieures, contribue puissamment à élargir les cavernes et conduits primitivement creusés par les eaux seules. M. Schlagintweit a pu s'avancer sous une voûte existant au glacier de Marcel, jusqu'à plus de 200 mètres. Hugi exploré une cavité de près d'un quart de lieue carrée, sous les aglacier d'Uraz, au pied du Titlis, et il a constaté que ces voûte immenses ne s'appuient sur le sol que par quelques puissantes colonnes. Un phénomène analogue avait déjà été observé en 1751, sous le glacier de Grindelwald, par Altmann.

Les cavernes qui existent sous un glacier débouchent ordinairement au pied du talus terminal dans une sorte de grotte. Cet orifice a quelquefois une hauteur considérable, et la lumière se jouant sur ces murailles de glace, y produit les plus brillants effets optiques. Les teintes rose et bleue, l'éclat des facettes qui font naître des irisations admirables, font de ces grottes de glace naturelle un des spectacles les plus curieux et les plus justement recherchés du touriste.

Nous représentons dans la figure 63 la grotte de glace située

Fig. 63. Source de l'Arve.

sous le *glacier des Bois* du Mont-Blanc, et qui forme la source de l'Arve. Cette voûte a 33 mètres de hauteur. Il n'est pas toujours prudent de s'aventurer sous cette arcade, et plus d'un touriste a payé de sa vie une curiosité téméraire. Chaque année l'aspect de la caverne se modifie par l'érosion continuelle de la glace résultant de la chaleur, et par des éboulements de blocs de glace. Ces blocs peuvent tuer l'imprudent explorateur. Dans la cavité du glacier du Rhône, la détonation d'un pistolet provoqua un jour l'écroulement du plafond de la voûte, et deux jeunes gens furent ensevelis sous ses ruines.

Ces éboulements ont parfois pour effet de barrer le chemin aux ruisseaux souterrains, et l'on voit alors l'eau remonter et jaillir des crevasses de la surface du glacier.

Autour des glaciers, courent un grand nombre de ruisseaux, qui s'y forment par la fonte des glaces pendant la saison chaude. Ces ruisseaux ne circulent guère que pendant la journée; la nuit ils tarissent, et leur bruit cesse de se faire entendre. Ces cours d'eau s'engouffrent dans des troncs verticaux nommés communément *puits* ou *moulins*. Ces puits présentent quelquefois une grande profondeur.

Ce que l'on nomme dans les Alpes les *trous méridiens*, sont des dépressions produites par la présence d'un corps étranger, tel que du sable noir, un bloc erratique, etc. Échauffé par les rayons du soleil, ce bloc fait fondre sous lui la glace, et s'enfonce dans l'excavation ainsi creusée, et dont la profondeur augmente de plus en plus par l'action de l'eau échauffée qui descend de la surface exposée au soleil.

Un effet tout opposé se produit lorsque des blocs erratiques ou de grands amas de gravier blanc, disposés à la surface d'une partie du glacier, garantissent ce point de la radiation solaire. La glace ne fond alors qu'alentour de ce point; et quand ce phénomène se produit avec quelque intensité, il reste debout, au milieu, un cône de glace et de gravier dont la hauteur dépasse quelquefois un mètre. Il se forme ainsi un piédestal de glace supportant un bloc de pierre. On donne au bloc ainsi suspendu le nom de *table de glacier* (fig. 64). On en voit un grand nombre sur le glacier de l'Aar. Selon l'influence du rayonnement solaire, ces gigantesques champignons prennent une inclinaison très-prononcée vers le sud, si bien qu'ils indiquent en quelque sorte la direction du *méridien*. Il est même certain que leur pente varie pendant la journée, suivant la position du soleil; mais ce mouvement d'oscillation, qui ferait des *tables de glaciers* un nouveau genre de cadrans solaires, est, en réalité, peu sensible.

Le soleil ronge, à la longue, le piédestal de glace du côté du midi; dès lors le tablier de pierre finit par glisser, et tombe sur la glace inférieure, où il se creuse quelquefois un nouveau piédestal.

Parlons d'un dernier phénomène dépendant de la fonte des glaciers. Quand l'eau provenant de la liquéfaction des glaces ne peut s'écouler, faute d'issue, elle se creuse un lit sur le bassin du glacier, et de là résulte un véritable lac. Un des plus grands lacs ainsi formés est celui de Mœrill ou Merjelen (fig. 65), sur la rive gauche du glacier d'Aletsch. Placé à 2350 mètres d'Aletsch,

Fig. 64. Table de glacier.

il a 1 kilomètre et demi de longueur, 350 mètres de largeur, et une profondeur de 7 à 8 mètres.

« Il présente, dit M. E. Colomb, dans son régime, un phénomène remarquable: il est intermittent, il se vide et se remplit alternativement dans l'espace de quelques années. Le glacier d'Aletsch, qui borde sa rive occidentale, le barre par une falaise verticale de glace d'environ. 10 mètres de hauteur. De temps en temps, de grands blocs s'en détachent; ils viennent flotter sur la surface du lac, et présentent la forme caractéristique, analogue à un champignon, des glaces flottantes de la baie de Bell-Sound au Spitzberg. Quand la pression de l'eau l'emporte sur la résistance des parois de glace, le lac se vide tout à coup, il se fait un passage sous le glacier; il en résulté une inondation désastreuse dans la vallée du Rhône, qui se fait sentir particulièrement dans les environs de Viége. Trois millions de mètres cubes ajoutés subitement aux eaux du Rhône rendent alors son voisinage dangereux. Quand j'explorais ce lac, le 28 août 1848, il était couvert de glaces flottantes; l'année suivante, le 18 août, il venait de se vider; les blocs de glace gisant sur le sol n'étaient pas encore complétement fondus[1]. »

On a construit récemment un canal destiné à donner un écoulement constant à une partie des eaux du lac de Mœrill, afin de diminuer les ravages que ces eaux produisaient autrefois par leur

Fig. 65. Lac de Mœrill.

éruption, qui arrivait périodiquement tous les six ou sept ans. La *Gouille de Vassu*, autre lac glaciaire formé entre deux branches du glacier du Valsorei, se vide tous les ans, d'après Saussure. On connaît encore comme lacs glaciaires, le lac Rofner,

---

1. *Mémoire sur les glaciers actuels*, Paris, 1857.

au pied du glacier de Vernagt; le lac Combal, dans l'Allée-Blanche; le lac de Tacul, dans la Mer de glace, etc., etc.

Comme exemple intéressant d'un lac formé par les eaux des glaciers, nous représentons ici le lac qui s'étend au-devant de l'hospice du Mont-Saint-Bernard, dans cette solitude affreuse qu'animent et vivifient le dévouement et la charité.

Placé dans la région des neiges éternelles, le Mont-Saint-Ber-

Fig. 66. Lac du Mont-Saint-Bernard.

nard et l'hospice qui porte ce nom se trouvent sur la route qui mène en Italie quand on franchit les Alpes. Aucune végétation n'est possible dans ces lieux d'une altitude de plus de 3000 mètres et dont la température ne descend jamais au-dessous de 0. Plus de 10 000 voyageurs traversent chaque année le Mont-Saint-Bernard, et trouvent un asile gratuit dans l'immense bâtiment de l'hospice.

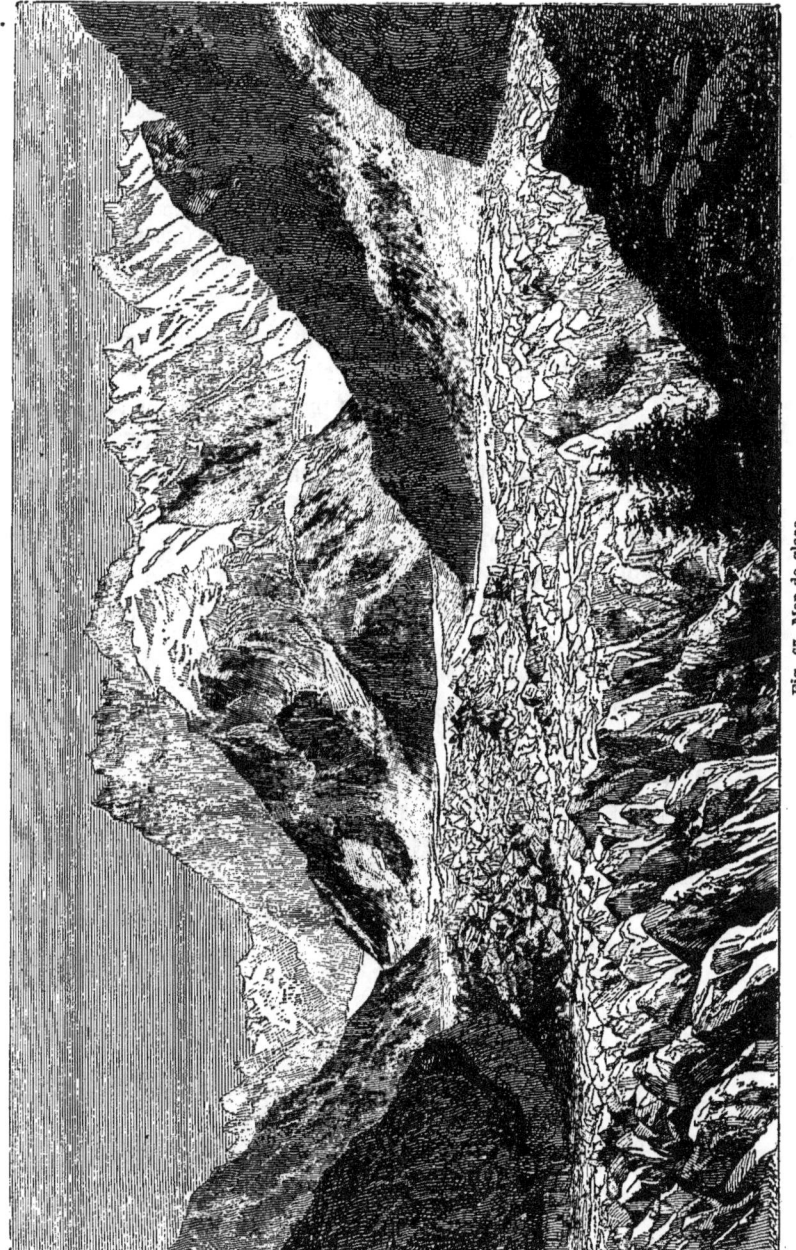

Fig. 67. Mer de glace.

IV

Glaciers des Alpes, des Pyrénées et du Spitzberg (Europe). — Glaciers de l'Himalaya (Asie). — Glaciers des Cordillères (Amérique).

Nous venons de faire connaître toutes les particularités intéressantes qui forment l'histoire physique des glaciers en général. Il ne nous reste qu'à signaler les principales régions des deux hémisphères où se rencontrent avec le plus grand développement ces amas immenses et pittoresques d'eaux solidifiées qui descendent des montagnes et se suspendent à leurs flancs.

D'après ce que l'on vient de lire, on voit qu'il faut qu'une chaîne de montagnes réunisse bien des conditions pour que les neiges s'y changent en glaciers permanents. Dans aucune contrée de l'Europe ces conditions ne se trouvent réunies au même degré que dans les Alpes de la Savoie et de la Suisse. On y rencontre, en effet, un relief continu qui s'élève au-dessus de la limite des neiges éternelles, et dont la base, déchiquetée par une multitude de vallées, descend dans une région au climat humide et tempéré, propre à faciliter la *glacification* des neiges. Aussi ne voit-on nulle part des glaciers aussi considérables et aussi puissants que dans les Alpes. Nous avons déjà parlé avec détails de plusieurs de ces importants glaciers. Celui qui a été le plus étudié et le plus exploré par les naturalistes, c'est le grand glacier de l'Aar, dans l'Oberland. Il faut citer ensuite les glaciers d'Aletsch et de Grindelwald, dans le Valais; ceux de la Brenva et de Miage, sur le revers italien du Mont-Blanc; le glacier de Furgge, sur le Mont-Cervin, etc.

Tout le monde connaît, au moins par son nom, la *Mer de glace* (fig. 67) de la vallée de Chamonix, dont le lit énorme est formé par la réunion des glaciers du Géant, du Lichaud et du Talèfre. Aucune description ne saurait rendre la magnificence de la Mer de glace; aucun pinceau ne saurait donner l'idée des teintes des blocs de glace, qui varient sans cesse, non-seulement avec la profondeur des crevasses ou l'épaisseur des couches, mais avec l'heure du jour. Rien de ce que nous avons habituellement sous les yeux ne peut donner l'idée de ce tableau. La blancheur des glaces forme le plus vif contraste avec la teinte noire des roches granitiques environnantes et la verdure des Sapins qui encaissent le glacier sur chaque bord. Le bruit perpétuel des eaux qui coulent sous les pieds du touriste, dans

Fig. 68. Glacier de la Maladetta.

des conduits souterrains, l'éblouissante lumière du soleil réfléchie sur le glacier, et les reflets étincelants qui en jaillissent, tout concourt à faire de cet ensemble une des plus imposantes scènes de la nature.

Un autre glacier qui rivalise pour la beauté et la pittoresque grandeur avec la Mer de glace, c'est le glacier de Grindelwald que représente la figure 69.

Fig. 69. Glacier de Grindelwald.

Les Pyrénées n'offrent que très-peu de glaciers, car les conditions exigées par la glacification des neiges n'y sont qu'incomplétement réunies. Leur massif ne dépasse pas la limite des neiges perpétuelles; des pics isolés s'élèvent seuls à ces hauteurs. Il est donc difficile que des glaciers s'y établissent.

Les glaciers les plus remarquables de la chaîne des Pyrénées sont ceux de la Maladetta, de Cabrioules et de Vignemale, de la Brèche-de-Roland, de Néouvielle, etc. La figure 68 représente le glacier de la Maladetta.

Dans les *sierras* d'Espagne, on ne rencontre pas de glaciers qui méritent véritablement ce nom.

Dans les montagnes du Caucase, en Asie, M. Kolenati a rencontré quelques champs de *névé* et des glaciers secondaires : ce sont les glaciers de Tchohari, de Zminda et de Desdaroki, étalés entre les cimes du Kazbek.

Dans la chaîne de l'Himalaya, les frères Schlagintweit ont observé d'admirables glaciers, aux altitudes de 3000 mètres. Nous représentons dans les deux planches 71 et 72 les vues de deux glaciers de l'Himalaya, d'après les belles aquarelles qu'en ont données ces voyageurs. Le premier est le glacier de Kothskanda, l'autre le glacier de Nubin (Tibet). On y remarque des moraines latérales semblables à celles des glaciers des Alpes.

Les glaciers de Kouphinie et de Pindour descendent jusqu'à 3400 et 3600 mètres de hauteur absolue, c'est-à-dire jusqu'à 1 kilomètre au-dessous de la ligne des neiges éternelles, qui se trouve, dans cette région de l'Himalaya, à une hauteur de 4570 mètres, d'après Strachey. On a remarqué dans les glaciers de l'Himalaya le même mouvement progressif que dans les glaciers des Alpes, des moraines, des crevasses, des roches striées, enfin tout ce que nous avons décrit à propos des glaciers européens.

Dans les Andes de l'Amérique centrale, la formation des glaciers rencontre d'insurmontables obstacles par la situation isolée des cimes qui dépassent la limite des neiges, comme aussi par l'uniformité du climat tropical, qui n'offre point ces alternatives de chaleur humide et de froid intense nécessaires pour faire passer le névé à l'état de glace compacte. On a cru longtemps que les Cordillères ne renfermaient pas un seul glacier; cependant M. Acosta en a vu un dans la Nevada de Santa-Marta, sous le 11ᵉ degré de latitude boréale. On remarque dans ces glaciers des moraines, des blocs erratiques, des crevasses, etc. La glace descend au-dessous de la ligne des neiges éternelles, qui est ici à 4680 mètres de hauteur.

Fig. 70. Glacier du Chili.

Un peintre allemand, M. Rugendas, a observé et dessiné les glaciers de Cerro da Tolosa, qui occupent les points les plus élevés de la Cordillère du Chili (fig. 70), entre Santiago et Mendoza. Situés par 34 degrés de latitude australe et à 3900 mètres au-dessus du niveau de la mer, ils remplissent les larges ravins qui découpent ces sommets de phonolithe. Composés de glace blanche, bleuâtre dans les escarpements, entraînant des blocs tom-

Fig. 71. Glacier de Kothsada (Himalaya).

Fig. 72. Pics et glaciers de Nubin (Tibet).

bés des cimes qui les dominent, ces glaciers rappellent complétement les *glaciers* du *second ordre* des Alpes, qui, suspendus aux cimes du Wetterhorn et du Schreckhorn, ne descendent pas dans les vallées inférieures.

Ces rares glaciers de l'Amérique méridionale sont les derniers vestiges de l'immense manteau de glaces qui a couvert une grande partie de l'Amérique pendant l'époque quaternaire. En effet, un grand nombre de blocs erratiques venus des Cordillères, et dispersés jusque sous l'équateur, attestent l'existence d'immenses glaciers dans le nouveau monde pendant les temps géologiques.

On ne connaît pas de glaciers dans le nord de l'Amérique; s'il en existe dans les montagnes Rocheuses, personne ne peut dire encore les avoir vus.

Les glaciers de la Norvége ne tirent pas leur origine de ces grands cirques dans lesquels la neige s'accumule sur le flanc des Alpes. Ils sortent des immenses plaines ou *champs de neige*, qui, dans les régions peu éloignées des pôles, s'étendent sur un espace de plusieurs lieues carrées, couvrant toutes les aspérités du terrain d'un épais manteau que déchirent rarement quelques noirs rochers.

Les glaciers ou *braeer* de Justedal (sous le 61ᵉ degré de latitude nord) commencent à la hauteur de 340 mètres au-dessus de la mer. La description physique, qui en a été faite par Naumann, prouve que les glaciers norvégiens sont doués d'un mouvement progressif de translation. Le *Soulitelma*, qui a 1730 mètres d'altitude, envoie aussi de nombreux glaciers dans les vallées inférieures. Les Lapons donnent à ce glacier le nom de *Jegna*.

Les parties les plus élevées de l'Islande disparaissent sous un tapis non interrompu de neige, plus ou moins compacte. Cet immense champ de *névé* a une étendue de 54 kilomètres carrés; de ses bords descendent un grand nombre de véritables glaciers (*joekulls*), qui présentent tous ces phénomènes dont nous avons rendu compte au commencement de ce chapitre. Ici, sous la double influence d'un climat plus rigoureux et de montagnes assez élevées, les glaciers descendent jusqu'aux bords mêmes de l'Océan. Toutefois ils ne s'avancent pas jusque dans la mer, car il existe toujours une plage libre qui permet de cheminer entre les glaciers et les flots.

Mais les glaciers d'une région plus rapprochée du pôle, ceux du Spitzberg, descendent jusque dans la mer. Celui de Bell-Sound (fig. 73) a une longueur de 16 kilomètres sur 5 kilomètres de largeur.

L'énorme puissance de ces masses et la rigueur continue du froid les préservent en partie des crevasses et fractures si fréquentes dans les glaciers alpins. Mais, d'après M. Ch. Martins, qui a séjourné un certain temps au Spitzberg, ces glaciers ne sont que de simples *névés*, comparables tout à fait à la partie supérieure des glaciers suisses, dont on retrancherait le fleuve glacé qui descend dans la vallée. Ce ne sont pas de véritables glaciers,

Fig. 73. Glacier de Bell-Sound, au Spitzberg.

mais des champs de neige qui se modifient par quelques alternances de gel et de dégel; ils se transforment en glace, mais en glace de *névé*, et non en glaciers. Ce développement incomplet a pour cause l'uniformité du froid dans ces parages, car la formation d'un glacier n'est pas possible sans des alternances assez marquées de température.

Comme les glaciers des Alpes, les glaciers polaires sont doués d'un mouvement de progression ; ils déchargent lentement les fardeaux de neige et de rochers qu'y entassent les longs hivers Nous aurons à revenir sur les glaciers polaires en parlant, à la fin de cet ouvrage, des mers arctique et antarctique.

V

Température propre du globe. — Loi de l'accroissement de la chaleur dans ses parties profondes. — Observations directes de l'accroissement de cette température dans l'intérieur des mines et des puits artésiens. — Température des eaux thermales et des laves volcaniques.

Nous n'avons pas à prouver ici l'existence d'un foyer incandescent au centre de la masse terrestre. Ce principe est la base de toute la géologie moderne, et nous l'avons mis suffisamment en lumière dans *la Terre avant le déluge*. Contesté à la fin du dernier siècle par Werner, l'illustre chef de l'école Neptunienne, ce principe a été dégagé avec toute l'évidence désirable par les deux plus grands élèves de Werner lui-même, par Léopold de Buch et Alexandre de Humboldt. Ce que nous avons à rechercher ici, ce n'est donc point le fait même de l'existence d'un fluide igné à l'intérieur du globe, mais seulement la loi selon laquelle se fait l'accroissement de la température à mesure que l'on descend dans ses profondeurs.

On admet généralement, comme nous l'avons dit, dans l'ouvrage cité plus haut, que la température de la terre s'élève de 1 degré par chaque 33 mètres de profondeur. Mais ce chiffre n'est que le résultat moyen d'un grand nombre d'observations; les circonstances locales, en particulier la conductibilité des roches pour le calorique, font varier selon les lieux cette progression uniforme. Il ne sera donc pas indifférent de rappeler ici les différentes observations qui ont conduit à adopter ce chiffre moyen.

A la fin du siècle dernier, Horace de Saussure avait remarqué que les glaciers des Alpes fondent par leur base, en toute saison. Il attribua à la chaleur propre du globe la cause de cette fusion, et il se trouva ainsi amené à faire, dans les lieux profonds, un grand nombre d'expériences, pour rechercher la loi de progression de la température à l'intérieur du globe. D'après les expériences qu'il fit dans les salines de Bex, Horace de Saussure crut pouvoir fixer à 1 degré pour 37 mètres de profondeur l'accroissement régulier de la température terrestre.

Dans un des plus beaux mémoires que l'histoire des sciences ait enregistrés [1] et qui a été le point de départ d'une ère nouvelle pour la géologie, Cordier, reprenant les déterminations de ce genre faites avant lui, et en cherchant à éviter les causes d'erreur que ses prédécesseurs avaient rencontrées, a posé les principes aujourd'hui en vigueur. Il a prouvé que l'élévation de la température intérieure du globe est variable d'un lieu à l'autre, mais que le fait même de l'augmentation régulière de cette température est à l'abri de tous les doutes. Cordier trouva une augmentation de 1 degré pour 36 mètres de profondeur dans les mines de Carmeaux (Tarn), pour 19 mètres dans les mines de Hittry (Calvados), et pour 15 mètres seulement à Decize (Nièvre). Le chiffre d'augmentation qu'il crut pouvoir admettre était de 1 degré pour 25 mètres [2].

Dans les mines du Cornouailles, en Angleterre, on a mis plus récemment en usage une méthode particulière pour la même détermination. Cette méthode consistait à noter la température des eaux extraites pour l'épuisement des mines. 70 000 tonnes d'eau étaient chaque jour amenées à l'extérieur, et la profondeur de la mine était parfaitement déterminée ; la température de ces eaux représentait donc exactement celle du lieu de leur irruption. Les observations faites dans les mines du Cornouailles ont conduit à admettre 1 degré par 37 mètres de profondeur, c'està-dire le chiffre même que Saussure avait adopté.

Dans les mines de l'Erzgebirge (Saxe), on a organisé un vaste ensemble d'observations, qui ont été poursuivies pendant dix ans, pour noter la température des roches, au moyen de thermo-

---

1. *Essai sur a température du globe.* (*Annales du Muséum d'histoire naturelle de Paris*, 1828).

2. Voici les conclusions du mémoire original de Cordier :

« 1° Nos expériences confirment pleinement l'existence d'une chaleur interne, qui est propre au globe terrestre, qui ne tient pas à l'influence des rayons solaires et qui croît rapidement avec les profondeurs;

« 2° L'augmentation de la chaleur souterraine ne suit pas la même loi par toute la terre; elle peut être double et même triple d'un pays à un autre;

« 3° Ces différences ne sont en rapport constant ni avec les longitudes ni avec les latitudes;

« 4° Enfin, l'accroissement est plus rapide qu'on ne l'avait supposé; il peut aller à 1° pour 15 mètres, et même 13 mètres en certaines contrées; provisoirement le terme moyen ne peut pas être fixé à moins de 25 mètres. »

mètres scellés dans la pierre. Ces thermomètres étaient disposés suivant une même ligne verticale. Les expériences ont été faites dans vingt mines différentes, représentant une surface d'environ 40 kilomètres. On observait le thermomètre plusieurs fois par mois, et l'on prenait la moyenne de ces observations pour chaque mois, enfin pour chaque année. C'est ainsi que l'on a pu réunir, de 1821 à 1831, près de quatre cents observations faites à des hauteurs variant de 20 mètres à 350 mètres. De toutes les expériences faites dans les mines de l'Erzgebirge, on a conclu que l'augmentation de température était de 1 degré pour 42 mètres de profondeur.

Des expériences à peu près analogues faites dans les mines de l'Oural, en Sibérie, ont conduit à un résultat supérieur de près de moitié, quant à la rapidité de l'accroissement de chaleur : l'augmentation a été de 1 degré pour 25 mètres de profondeur. D'un autre côté, dans quelques mines de l'Écosse, les mêmes expériences ont fait admettre une augmentation de 1 degré pour 63 mètres de profondeur. Enfin, il a été bien reconnu en Angleterre que la température s'accroît beaucoup plus vite dans les mines de houille que dans les mines consacrées à l'extraction des métaux.

La diversité des résultats que nous venons de rappeler prouve que l'observation de la température dans l'intérieur des mines ne constitue pas un moyen rigoureux d'arriver à la détermination dont il s'agit.

Les puits artésiens qui sont établis aujourd'hui dans un grand nombre de localités de l'Europe fournissent un moyen plus exact que le précédent de chercher la loi qui nous occupe. La profondeur d'un puits foré étant parfaitement connue, la température de l'eau qui s'élance à la surface de la terre par le tube abducteur doit signaler, sans erreur possible, la température du point de la terre d'où cette eau a jailli, car l'eau n'a pas eu le temps de se refroidir sensiblement. Celle qui s'échappe du puits artésien de Grenelle, par exemple, profond de 548 mètres, est à la température de $27°,7$. Comme la température moyenne de Paris est de $10°,6$, on voit que cette eau a emprunté aux parties profondes du sol $17°,1$ de chaleur. Ce chiffre correspond à une augmentation de 1 degré pour 32 mètres de profondeur.

Un physicien français, M. Walferdin, a introduit dans le tube abducteur de divers puits artésiens des thermomètres disposés de manière à résister à la pression des eaux, et qui donnent, avec beaucoup d'exactitude, leur température. Avec ses *thermomètres à déversement*, M. Walferdin a fait plusieurs déterminations de température de la terre dans l'intérieur des puits artésiens. Il a reconnu dans le puits artésien de l'École militaire, à Paris, une augmentation de 1 degré pour 30 mètres de profondeur; dans le puits artésien de Saint-André (Eure), une augmentation de 1 degré pour 30 mètres, et dans le puits artésien de Grenelle, à Paris, une augmentation de 30 à 31 degrés[1].

Nous pouvons ajouter qu'un puits artésien de 223 mètres ayant été foré à Pregny, M. de la Rive, de Genève, a pu y introduire des thermomètres à des profondeurs variables, et reconnaître ainsi un accroissement de 1 degré pour 30 mètres de profondeur.

C'est en combinant cet ensemble de résultats que l'on admet aujourd'hui le chiffre de 1 degré d'élévation de température pour 33 mètres de profondeur, en notant toutefois que ce rapport peut varier du tiers et même de la moitié selon les localités.

La profondeur à laquelle on peut faire des observations du genre de celles que nous venons de rapporter n'est jamais bien grande, car les puits artésiens n'ont pas dépassé jusqu'ici 600 mètres, et nos mines les plus profondes n'atteignent pas 2000 mètres. Les observations directes de la chaleur de la terre, poussées jusqu'aux plus extrêmes profondeurs auxquelles nous puissions atteindre, ne pourraient donc accuser qu'une température de 60 degrés au plus. Cette température n'a même jamais été observée avec des instruments descendus à cette profondeur. Mais un phénomène géologique particulier va nous permettre

---

[1]. Voici les chiffres exacts qui résultent des expériences de M. Walferdin :

Accroissement de la température avec la profondeur.

Puits forés.	Profondeur.	Température.	Accroissement de 1 degré cent. pour
École militaire........	173^m	16°,40	30^m,85
Saint-André (Eure)....	253^m	17°,95	30^m,95
	400^m	23°,50	31^m,50
À Grenelle........	400^m	23°,75	30^m,87
	505^m	26°,43	31^m,90
Moyenne........			31^m,21

de constater pour l'intérieur de la terre des températures plus élevées.

Certaines eaux minérales coulent à la surface du sol avec une température qui peut aller jusqu'à 90 degrés[1].

Ces immenses gerbes d'eaux chargées de silice, qui s'échappent du sol de l'Irlande et que l'on nomme les *geysers*, dépassent la température de 100 degrés au point d'émergence à la surface du sol; et dans leur canal souterrain, à quelques mètres de profondeur, la température est de 124 degrés. Cette chaleur n'a pu évidemment être communiquée à ces eaux que par les parties profondes de la terre occupées par la nappe liquide.

Un autre phénomène géologique plus important encore prouve sans réplique l'existence à l'intérieur du globe d'une température qui ne peut être moindre de 1500 degrés centigrades. Un grand nombre d'observations, faites pendant les éruptions du Vésuve, ont prouvé que les laves qui coulent hors de son cratère, et se répandent sur les flancs de la montagne, sont portées à un degré vraiment inouï de chaleur. Si l'on projette dans ces laves, au moment de leur irruption, du verre ou des substances bien plus réfractaires, telles que des basaltes ou du granit, ces matières entrent en fusion au contact de la lave. On a trouvé plus d'une fois dans les fouilles opérées pour mettre à nu la ville de Pompéi, des barres ou des tiges de fer, et, par exemple, des tringles de rideau, des monnaies d'argent ou d'or, etc., à demi fondues, et qui ont été amenées à l'état liquide par le seul contact des cendres du volcan. Le point de fusion du fer étant d'environ 1500 degrés centigrades, il est prouvé par cette observation que les parties internes de notre globe ont au moins la température de 1500 degrés. Nous rappelons ces derniers faits pour répondre

[1]. Voici la température de quelques sources thermales naturelles :

Courmayeur (Piémont)............	34°,44
Saint-Gervais (Savoie).............	36°,66
Baréges (France)................	48°,88
Louèches (Suisse)...............	52°,22
Cauterets (France)...............	55°,00
Bagnères (France)	58°,88
Aix-la-Chapelle (Prusse)..........	61°,66
Borset (Prusse)..................	70°,00
Carlsbad (Bohême)...............	73°,89
La Trinchers (Amérique)..........	90°,13
Reckum (Islande)................	100°,00
Geyser, au fond (Islande).........	124°,00

à cette objection qui a été présentée quelquefois, à savoir que les observations directes faites à l'intérieur de la terre n'ont jamais dépassé les températures de 30 à 40 degrés.

Il est donc prouvé que la température de l'intérieur de notre globe va sans cesse en augmentant ; les observations directes permettent de fixer cette augmentation à 1 degré pour 33 mètres de profondeur.

Si l'on admet que cette progression se continue régulièrement jusqu'au centre du globe (hypothèse aussi difficile à rejeter qu'à défendre), il en résulterait que la température du noyau central terrestre serait, comme nous l'avons dit dans *la Terre avant le déluge*, de 195 000 degrés ; — qu'à une profondeur moindre de $\frac{1}{60}$ du noyau terrestre la chaleur serait de 7700 degrés au thermomètre centigrade (100 degrés du pyromètre de Wedgewood), température capable de fondre toutes les laves et une grande partie de toutes les roches connues ; — enfin que la température de 100 degrés du thermomètre centigrade, en d'autres termes la chaleur de l'eau bouillante, existerait à la profondeur de 2500 mètres au-dessous du sol.

D'après ce qui précède, si l'art du forage des puits artésiens peut aller un jour jusqu'à pousser les sondages à 2500 mètres de profondeur, et s'il existe là des nappes d'eau liquide, on pourra extraire de l'intérieur du globe de véritables fleuves d'eaux bouillantes, imiter artificiellement l'imposant phénomène des *geysers*, et doter l'industrie de trésors incalculables, en mettant en nos mains, sans frais et sans appareils, la force mécanique de la vapeur d'eau, ce moteur universel, âme de l'industrie.

Mais, pour quitter le champ des hypothèses et rentrer dans le domaine des faits, concluons des considérations que nous venons de présenter, que la masse centrale du globe est constamment dans un état de liquéfaction produite par la chaleur, et, avec cette donnée fondamentale, arrivons à l'étude de ces deux grands phénomènes des *tremblements de terre* et des *volcans* qui, à toutes les époques, ont été un sujet continuel d'épouvante pour le vulgaire, d'étonnement pour le philosophe, et d'études pour le savant.

VI

Les tremblements de terre. — Phénomènes généraux.

Les tremblements de terre et les volcans sont deux effets successifs, ou concomitants, d'une même cause générale. Puisque l'intérieur de notre planète, à partir de douze lieues seulement de sa surface, est occupé par une masse liquide incandescente, par des matières en fusion, on peut se représenter l'écorce solide de la terre comme une sorte de radeau flottant, sans autre soutien que sa propre cohésion, sur un océan de feu. Cette mince écorce doit ressentir différentes impressions par suite des mouvements tumultueux de la masse liquide qui la supporte. Un physicien contemporain, M. Alexis Perrey, professeur à la Faculté des sciences de Dijon, a donné à cette pensée une forme éminemment scientifique. Il a cherché à établir, tant par le calcul que par le rapprochement d'un nombre immense d'observations, que l'attraction lunaire et solaire, qui produit à la surface de notre globe le flux et le reflux des mers, agit également sur la mer intérieure cachée dans les profondeurs de la terre ; il explique par l'action attractive de notre satellite, les tremblements de terre, qui seraient, pour ainsi dire, le résultat périodique des marées de l'océan lavique intérieur. Nous n'avons pas à juger ici cette vue remarquable. Nous ne l'invoquons que pour établir la cause générale des tremblements de terre, et pour montrer la liaison indissoluble de ce phénomène avec celui des volcans.

Que les flots incandescents de l'océan intérieur viennent à heurter la croûte terrestre par sa face intérieure, il y aura, sur une étendue variable, *tremblement de terre*. Que la pression exercée par les laves sous-jacentes ait assez de puissance pour rompre l'écorce terrestre, et établir, par cette fracture, une communication directe de la surface du globe avec l'intérieur, les laves, c'est-à-dire les flots de la mer intérieure, se feront jour au dehors : il y aura *volcan*. Si cette ouverture, si cette communication accidentellement établie en un point, entre l'intérieur et l'extérieur de la terre, demeure persistante, et que l'éruption des laves soit continue, comme au Stromboli, ou séparée seulement par quelques années d'intervalle, comme au Vésuve et à l'Etna, le volcan sera *actif*. Si cette communication vient à se fermer, on aura un *volcan éteint*, comme on en trouve un si grand nombre en France, dans l'Auvergne, le Velay et le Vivarais. L'existence, dans ces contrées, de masses éruptives, telles que les trachytes et les basaltes, et la persistance des anciens cratères, dont la forme rappelle celle des cratères actuels, permettent sans peine au géologue d'affirmer dans ces contrées l'existence de volcans éteints.

Étudions le phénomène des *tremblements de terre*, nous passerons ensuite à celui des *volcans*.

Depuis l'origine des sociétés humaines, les tremblements de terre ont été un juste sujet d'épouvante et d'horreur. Un simple ébranlement de l'écorce terrestre, qui n'est pour l'histoire naturelle de notre globe qu'un accident insignifiant, est une source d'affreux malheurs pour l'homme civilisé, qui, dans l'intervalle de quelques secondes, peut voir des contrées immenses ravagées de fond en comble, d'opulentes cités, de fertiles campagnes changées en un monceau de ruines, et cent mille de ses semblables périr sous les décombres des maisons renversées, ou disparaître à jamais engloutis dans le sol entr'ouvert.

Avant de présenter l'histoire de quelques événements de ce genre, de ceux qui ont laissé dans la mémoire des hommes les plus tristes souvenirs, nous croyons utile de tracer le tableau général des tremblements de terre au point de vue scientifique. Nous allons donc passer successivement en revue : les accidents précurseurs des tremblements de terre ; — l'étendue superficielle de cet ébranlement du sol ; — la durée et la direction des secousses ; — les effets qui en résultent quant à la configuration du sol ; — les désastres qu'ils occasionnent ; — enfin l'impression morale qu'exerce sur l'homme cet effrayant phénomène.

On s'imagine communément qu'un tremblement de terre est toujours précédé, annoncé et pour ainsi dire préparé, par quelque agitation inusitée de l'air, par un violent orage, par des vents brûlants, ou par une agitation anomale de l'aiguille aimantée.

Il n'en est rien. Cette absence de phénomènes précurseurs ne peut d'ailleurs surprendre quand on sait que la cause des tremblements de terre est tout intérieure, et que par conséquent elle n'a rien à démêler avec les conditions de l'atmosphère. C'est souvent par le soleil le plus radieux, par le calme le plus profond des airs, qu'éclatent soudainement ces catastrophes qui changent en un champ de ruines et de mort les campagnes et les cités, et anéantissent en un clin d'œil des milliers d'existences. Le terrible tremblement de terre de Lisbonne surprit cette capitale un jour de fête, à neuf heures du matin, par l'une des plus belles matinées de cet heureux climat, au moment où les habitants se rendaient en foule dans les églises. Les tremblements de terre arrivent par un ciel serein comme pendant la pluie, par un vent frais et doux comme par un temps d'orage. De Humboldt, dans les nombreux tremblements de terre qu'il a observés au nouveau monde, entre les tropiques, n'a jamais vu l'aiguille aimantée influencée par ce phénomène, et un autre voyageur, Adolphe Ermann, a fait la même remarque dans la zone tempérée, à l'occasion d'un tremblement de terre qui se fit ressentir à Irkutsk, près du lac Baïkal, le 8 mars 1829. Le tremblement de terre de Rio-Bamba, le 4 février 1797, l'un des plus grands désastres dont fasse mention l'histoire physique de notre globe, et sur lequel Alexandre de Humboldt put recueillir de précieux renseignements, ne fut précédé d'aucun symptôme atmosphérique extérieur.

Il arrive souvent qu'un bruit affreux précède, accompagne ou suit la catastrophe. Mais ce bruit n'a pas son origine dans l'atmosphère; il gît dans les entrailles du sol : il résulte du craquement des roches, cédant, sur une immense étendue, à la pression des laves enflammées qui les brisent. Un épouvantable bruit souterrain précéda de quelques minutes le désastre de Lisbonne. Mais la grande secousse de Rio-Bamba, de février 1797, ne fut signalée par aucun bruit. Une détonation formidable fut entendue sous le sol de Quito et d'Ibarsa, villes assez distantes de Rio-Bamba, mais ce ne fut que vingt minutes après la catastrophe. Un quart d'heure après le tremblement de terre qui détruisit la ville de Lima, le 28 octobre 1746, un coup de tonnerre souterrain retentit à Truxillo. Ce ne fut également que longtemps après le grand tremblement de terre de la Nouvelle-Grenade, du 16 novembre 1827, dont M. Boussingault a donné la description, que l'on entendit dans la vallée de Cauca des détonations souterraines.

La nature du bruit qui accompagne ou suit les tremblements de terre varie beaucoup. Tantôt il se prolonge comme un sourd cliquetis de chaînes entre-choquées souterrainement, tantôt il est saccadé comme l'éclat d'un tonnerre voisin. D'autres fois il gronde longuement, comme le feraient les roulements lugubres d'un million de tambours. Il peut aussi ressembler à un bris de porcelaines et de verres, comme si des masses de roches vitrifiées volaient subitement en éclats dans des cavernes souterraines.

La physique nous enseigne que les corps solides sont d'admirables conducteurs du son; les bois, les métaux, les roches transmettent beaucoup plus vite que l'air et les gaz les ondulations sonores. On peut se convaincre de ce fait en plaçant une montre à l'une des extrémités d'une poutre, et appliquant l'oreille à l'autre extrémité. Le mouvement du balancier de la montre, qui ne s'entendrait nullement à cette distance à travers l'air, se perçoit avec la plus grande facilité, par l'intermédiaire de la poutre. Aussi, les bruits formés à l'intérieur de la terre par le craquement et la rupture des masses minérales solides se transmettent-ils à de grandes distances et se font-ils entendre fort loin de leur point d'origine. D'après de Humboldt, à Caracas, dans les plaines de Calabozo, sur les bords du Rio-Apure, l'un des affluents de l'Orénoque, c'est-à-dire sur une étendue de 1300 myriamètres carrés, on entendit une effroyable détonation au moment où un torrent de lave sortait du volcan Saint-Vincent, situé dans les Antilles, à une distance de 120 myriamètres. Par rapport à la distance, c'est à peu près comme si les bruits souterrains du Vésuve se faisaient entendre à Paris. Pendant la grande éruption du Cotopaxi, en 1744, le bruit des détonations souterraines se transmit jusqu'à Houda, distant du Cotopaxi de 81 myriamètres; ces deux points présentent pourtant une différence de niveau de 5500 mètres, et sont séparés l'un de l'autre par des montagnes colossales. Pendant le tremblement de terre de la Nouvelle-Grenade, en février 1835, des bruits souterrains se firent entendre dans le Caracas, à Haïti, à la Jamaïque et sur les bords du lac de Nicaragua.

Ces fracas souterrains éclatent parfois sans accompagner ou

suivre aucun tremblement de terre. Le 9 janvier 1784, des mugissements et tonnerres souterrains (*bramido y truenos subterraneos*) se firent entendre à Guanaxato, capitale de la province du même nom, au Mexique, et durèrent plus d'un mois, coupés de temps en temps par de violentes détonations. Du 13 au 16 janvier, ils ressemblaient à un orage souterrain; des éclats brefs et saccadés comme ceux de la foudre alternaient avec les longs roulements d'un tonnerre éloigné. Bien que Guanaxato ne fût pas située dans la région des volcans du Mexique, les habitants de cette ville furent frappés d'épouvante et désertèrent en masse la ville. De grandes quantités d'argent en barres étaient alors rassemblées à Guanaxato. Quelques individus, que l'appât d'un riche butin faisait résister à la terreur générale, forcèrent les maisons et firent rapidement main basse sur ces trésors. Peu à peu néanmoins on osa rentrer dans la ville; une partie de la milice urbaine, revenue dans ses foyers, s'efforça de reconquérir ses biens sur la partie de la population que les circonstances avaient transformée en pillards et en brigands. Pour empêcher le retour de l'émigration, l'autorité frappa d'une forte amende toute famille riche qui tentait de quitter la ville, et condamna les pauvres à l'emprisonnement. Mais ce qui retint mieux encore la population, ce fut la fin graduelle du vacarme souterrain, qui cessa peu à peu, comme il avait commencé. Aucun tremblement n'avait accompagné ces bruits effrayants; on ne ressentit aucun mouvement, ni à la surface du sol, ni dans les mines jusqu'à 500 mètres de profondeur. Ce qui prouve que ces bruits provenaient bien de dessous terre, c'est qu'on les entendait avec beaucoup plus d'intensité dans les mines qu'à la surface du sol. Ajoutons que rien de semblable ne s'est renouvelé depuis ce moment à Guanaxato. Des bruits souterrains peuvent donc se produire sans amener de tremblement de terre.

Un fait semblable s'est présenté dans notre siècle. En 1822, l'île de Meleda, située dans l'Adriatique, sur les côtes de la Dalmatie, fut mise en émoi par des bruits souterrains qui se prolongèrent pendant quatre années entières. Ils se succédaient avec tant de fréquence, que l'on compta plus de cent explosions souterraines pendant la seule nuit du 2 au 3 septembre 1823. Les détonations ressemblaient si bien à des décharges d'artillerie, qu'on les attribua d'abord à quelque bataille navale; mais, le tapage durant toujours, on crut à l'imminence d'un tremblement de terre, qui toutefois ne se produisît jamais. On ressentit seulement une secousse qui ne causa aucun mal aux édifices; elle détacha un bloc de rocher d'une montagne voisine.

Les habitants de l'île, inquiets de cet accident et redoutant une éruption volcanique, demandèrent au gouvernement autrichien de les faire transférer en masse sur la terre ferme. Les autorités de Vienne commencèrent par envoyer sur les lieux deux naturalistes, MM. Franz Riepel et Paul Partsch, qui parvinrent à tranquilliser la population sur les chances de péril. Les bruits ne cessèrent toutefois entièrement qu'en 1826.

Un tremblement de terre n'étant autre chose qu'une oscillation, un mouvement de l'écorce terrestre, ne peut ébranler un point unique du globe, mais il doit s'étendre sur un assez grand espace. Quelquefois l'étendue de la région agitée est très-considérable; il nous sera facile d'en citer plusieurs exemples. Le tremblement de terre de Lisbonne se propagea sur un hémisphère presque tout entier. On a calculé que les secousses se firent sentir sur une étendue de pays quatre fois aussi grande que l'Europe. Le sol fut agité le même jour non-seulement en Portugal et en Espagne, mais dans presque toute l'Europe, dans le nord de l'Afrique et jusqu'en Amérique. La ville de Sétubal, située à 20 lieues au sud de Lisbonne, fut engloutie. Sur la côte d'Espagne, à Cadix, la mer s'éleva de 30 mètres. En Irlande, dans le port de Kinsale, plusieurs vaisseaux furent lancés sur la place du marché. En Angleterre et en Écosse, les lacs, les rivières et les sources furent extraordinairement agités. De légères oscillations se firent sentir en Suède, en Norvége, en Hollande, en France, en Allemagne, en Suisse, en Italie et en Corse. Les sources thermales de Tœplitz tarirent d'abord, puis elles revinrent, colorées par des sels ferrugineux, et inondèrent la ville. Une des sources minérales de Néris s'éleva de quatre pieds. L'oscillation de la terre fut très-violente dans le nord de l'Afrique. A Alger et à Fez, on compta environ 10 000 victimes humaines. A Tanger, la mer fut extraordinairement agitée; elle franchit dix fois de suite ses limites ordinaires. Dans l'île de Madère, la mer s'éleva de dix-huit mètres au-dessus de sa hauteur habituelle. Les villes du

Maroc, Fez et Mequinez, furent détruites. Enfin, dans les petites Antilles, où la marée ne dépasse pas 75 centimètres, les flots, colorés en noir comme de l'encre, s'élevèrent à 7 mètres de hauteur. Ainsi le tremblement de terre de Lisbonne se fit sentir depuis le Portugal jusqu'en Laponie, d'une part, et jusqu'aux Antilles, de l'autre, et en travers de cette direction, depuis le Groënland jusqu'à l'Afrique.

Les tremblements de terre de la Calabre, en 1783 et 1784, se propagèrent dans toutes les directions, à la distance d'environ 70 lieues à la ronde, tant sur terre que sur mer. Le secousses se propagaient suivant une ligne droite. Les effets de ce tremblement de terre semblaient se communiquer de proche en proche : les secousses avaient déjà cessé en Calabre, quand tombèrent les premières maisons en Sicile. Aussi les habitants de Messine purent-ils voir les *villas* construites sur les bords de la mer, renversées avant que les oscillations eussent atteint les maisons de la ville, qui ne s'écroulèrent que quelques secondes après.

Les tremblements de terre du Chili (juillet 1794), qui ébranlèrent 300 lieues de rivage, furent ressentis à 170 lieues en mer, ce qui donne à l'ébranlement une superficie de plus de 50 000 lieues carrées.

Le 8 septembre 1601, on ressentit à Lima une secousse de tremblement de terre qui s'étendit dans presque toute l'Europe et atteignit jusqu'en Asie.

La secousse qui renversa Caracas, le 12 mai 1812, se propagea jusqu'à 180 lieues de distance.

Le tremblement de terre de la Nouvelle-Grenade, du 17 juin 1826, exerça son action sur plusieurs myriamètres carrés.

Les secousses du tremblement de terre de la Martinique se propagèrent sur toutes les Antilles, sur la Floride, sur les côtes du golfe du Mexique et sur une partie de l'Amérique du Sud, c'est-à-dire sur une étendue de 375 000 lieues carrées.

La comparaison des divers tremblements de terre connus jusqu'à ce jour met donc en évidence la propagation de l'ébranlement du sol sur des espaces souvent considérables. L'oscillation semble quelquefois s'être étendue suivant un grand cercle plus ou moins incliné sur l'équateur.

Nous n'avons pas besoin de dire que les tremblements de terre n'ont pas lieu uniquement sur les continents. Le fond de la mer peut osciller par suite de l'ébranlement de la terre, et un violent mouvement être ainsi imprimé à la masse des eaux. En pleine mer, les vaisseaux ont souvent ressenti des secousses de cette espèce. En 1660, le capitaine Oxmann voguait dans les mers du sud, lorsque tout à fait à l'improviste son vaisseau éprouva une agitation, qui causa à l'équipage une grande frayeur. On crut avoir touché le fond, mais on reconnut bien vite, après avoir jeté l'ancre, qu'on était éloigné de tout écueil. Le même accident arriva au navigateur Lemaire, dans le détroit qui porte son nom.

Toutes les secousses provenant de ces *tremblements de mer* ont quelquefois démâté des bâtiments, ou produit des voies d'eau. Cependant l'équilibre naturel à un navire rend ce genre d'accident peu dangereux. L'agitation des flots produite par les tremblements de terre n'est vraiment à redouter que sur les rivages; mais dans cette dernière circonstance, elle produit souvent de terribles catastrophes.

Pendant le désastre de Lisbonne, le soulèvement de la mer ajouta ses ravages à ceux de la chute des maisons et des édifices. Les flots s'élevèrent à la hauteur de 15 mètres au-dessus des plus hautes marées. Cette montagne d'eau se rua avec une puissance irrésistible sur la ville en ruine, renversant ce que le tremblement de terre avait épargné, et inondant toutes les côtes. Trois fois la mer revint à l'assaut, entraînant avec elle, dans son mouvement de retour, tout ce qu'avait rencontré son élan furieux.

Pendant le tremblement de terre de Lima, le 28 octobre 1746, la mer, s'élevant à la hauteur de 80 pieds, se rua sur la malheureuse ville de Callao, et l'engloutit tout entière. Une nouvelle irruption emporta même le terrain sur lequel la ville était bâtie. Tous les navires du port de Callao furent mis en pièces ou noyés. Les petits bâtiments furent submergés sur place; les grands eurent leurs câbles rompus et furent jetés à la côte. Quatre de ces navires furent transportés par les vagues à une lieue et demie au delà des murs de la ville. Tous ces bâtiments périrent corps et biens. Les équipages de ceux qui avaient été jetés à la côte furent écrasés, comme les navires, par cet effroyable choc. De toute la population de Callao, quinze personnes seulement parvinrent à se réfugier à Lima. Lorsque les habitants de cette dernière ville eurent repris assez de calme pour s'occuper du malheur d'autrui on ne retrouva plus, sous les amas de débris qui avaient naguère été des vaisseaux, que des cadavres en putréfaction, et quelques malheureux mutilés mourant d'inanition, faute de pouvoir se traîner jusqu'aux abondantes provisions de vivres qui gisaient à quelques pas de distance.

Pendant le tremblement de terre sur les côtes de la Jamaïque, en 1692, la mer se souleva à une prodigieuse hauteur. Une frégate anglaise fut lancée par les vagues au-dessus des maisons et des clochers de la ville de Port-Royal, et déposée, dit-on, sur un des édifices les plus éloignés, dont elle enfonça le toit, restant suspendue entre les murailles.

Tous ces faits prouvent la violence de l'action mécanique que peut exercer la mer quand elle est lancée contre ses rivages par un mouvement convulsif du sol.

La durée d'un tremblement de terre est éminemment variable. Il est des pays dans lesquels l'agitation du sol se prolonge pendant des semaines et des mois entiers; on a vu, au Pérou, la terre trembler pendant plusieurs années consécutives. En certaines contrées ces tremblements de terre sont en quelque sorte périodiques. A la Jamaïque, par exemple, il faut s'attendre, une fois par an, à une trépidation du sol. Il est des pays où les secousses se font sentir pendant six mois ou un an consécutifs; il s'écoule ensuite des siècles sans qu'ils se renouvellent. Il en est d'autres où le phénomène n'a duré qu'un jour, qu'une heure, ou qu'une seconde. Rien n'est donc plus variable que la durée d'un tremblement de terre.

Mais quels que soient le nombre et la fréquence des secousses dont la suite compose un tremblement de terre, la durée de la secousse est presque instantanée. Le tremblement de terre, comme l'orage, peut durer quelque temps, mais la secousse, comme l'éclair, ne dépasse jamais quelques secondes. Le tremblement de terre qui, en 1693, renversa la ville de Messine, et cinquante localités de la Sicile, en causant la mort de 60 000 individus, ne dura que cinq secondes. Celui qui, en 1812, détruisit Caracas, et changea cette ville en un monceau de ruines, dura moins encore : en trois secondes, l'œuvre de destruction fut accomplie. La première secousse mit en branle les cloches de toutes les églises, la deuxième effondra les toits des maisons; une seconde après, et avant que l'on eût pu se rendre compte de rien, une dernière secousse faisait de la ville un amas de décombres, sous lesquels les habitants restaient ensevelis.

Les secousses qui, du 2 avril au 17 mai 1808, c'est-à-dire pendant sept semaines, ne cessèrent d'ébranler la province de Pignerol, et qui se répétaient quatre ou cinq fois par jour, ne durèrent jamais plus de quelques secondes chacune.

La direction des mouvements du sol est assez difficile à préciser, car il est bien rare, au moment d'une catastrophe de ce genre, qu'il se trouve un observateur doué d'une fermeté assez stoïque pour noter exactement le sens et la direction des convulsions terrestres qui menacent de l'engloutir lui-même. Aristote, qui avait pu observer en Grèce et sur le littoral de l'Asie quelques tremblements de terre, a, le premier, établi trois catégories distinctes dans le sens et la direction des secousses. On peut dire avec le philosophe grec que les secousses sont tantôt *ondulatoires* ou *horizontales*, tantôt *verticales*, c'est-à-dire résultant d'une succession rapide de soulèvement et d'affaissement du sol ; tantôt enfin *tournoyantes*.

Les secousses verticales et horizontales sont souvent simultanées. D'après de Humboldt une secousse verticale dirigée de bas en haut, dans le tremblement de Río-Bamba, en 1797, produisit l'effet de l'explosion d'une mine : les cadavres d'un grand nombre d'individus furent lancés jusque sur une colline opposée, haute de plus de 150 mètres. Quand les trois genres d'ébranlement se réunissent, rien ne peut échapper à la dévastation. Tel fut sans doute le mode d'ébranlement du sol qui, en 1783, dévasta la Sicile et la Calabre. Les mouvements étaient si violents, si compliqués, que les cimes des arbres vinrent toucher la terre. D'après Dolomieu et Hamilton, observateurs consciencieux, des maisons furent enlevées du sol, puis reprirent leur première place, et l'on vit même le sommet des dernières montagnes des Apennins se balancer en l'air :

Insolitis tremuerunt montibus Alpes [1].

On a souvent prétendu que les chaînes de montagne, surtout quand elles sont granitiques, comme les Apennins, c'est-à-dire

---

1. Virgile.

composées de roches primitives, qui ont pour ainsi dire leurs
racines dans les plus grandes profondeurs de l'écorce terrestre,
arrêtent la propagation des tremblements de terre, qui semblent venir expirer à leur pied. Mais trop de faits ont contredit
cette assertion pour qu'on puisse la maintenir dans la science.

Les effets des tremblements de terre ne se bornent pas au
renversement des cités entières, le sol même subit alors des
modifications importantes. Il peut se soulever, comme il arriva
dans le terrible tremblement de terre du Chili, de 1822, où l'on
vit la côte de l'Amérique s'exhausser sur une étendue de
300 lieues. Des montagnes nouvelles peuvent ainsi apparaître,
et souvent, à l'inverse, des montagnes s'écroulent tout d'une
pièce, en comblant les vallées. Quelquefois le sol s'entr'ouvre,
laissant après la catastrophe d'énormes crevasses de plusieurs
lieues de longueur. En parlant, dans le chapitre suivant, des
tremblements de terre de la Calabre, nous donnerons les figures
de plusieurs de ces crevasses formées par le déchirement du
sol. Elles ne restent pas toujours permanentes; ouvertes au
moment de la secousse, elles se referment quelquefois subitement, en broyant entre leurs parois les maisons qu'elles
venaient d'engloutir. On a vu disparaître, dans l'espace béant
du sol entr'ouvert, des individus, dont le corps, quelques
instants après, était lancé, au milieu d'un déluge d'eau, du
même gouffre qui venait de les engloutir.

Un changement de niveau du sol, résultant de l'exhaussement
ou de l'affaissement d'une étendue plus ou moins considérable
de terrain, est un des effets les plus communs des tremblements
de terre. En 1819, dans l'Inde, une colline de 20 lieues de longueur sur 6 de large s'éleva au milieu d'un pays plat et uni.
Plus loin, au sud, et parallèlement à la même direction, le
pays s'affaissa, entraînant les villages et le fort de Sindré, qui
resta entouré d'eau. Ce qui s'est produit dans l'Inde sur cette
immense étendue, se manifeste constamment dans tout tremblement de terre, sur des espaces plus rétrécis. Le niveau primitif du sol est bouleversé, et le changement du cours des
rivières est le résultat de ce renversement du niveau primitif
du terrain.

Par les crevasses ouvertes dans le sol, on voit souvent s'élancer des éruptions de matières diverses: d'eau, de gaz et même de flammes. A Catane, en 1818, on vit jaillir des fentes de la terre, des jets d'eau chaude; en 1812, on vit près de New-Madrid, dans la vallée du Mississipi, des courants de vapeur d'eau; à Messine, en 1782, une boue et une fumée noires. Pendant le tremblement de terre de Lisbonne, en 1755, on vit des flammes et une colonne de fumée sortir près de la ville, d'une crevasse qui s'était formée dans les roches d'Alsidras : plus les détonations souterraines devenaient intenses et plus cette fumée prenait d'intensité. Pendant le tremblement de terre de la Nouvelle-Grenade, du 16 novembre 1827, d'immenses effluves de gaz acide carbonique, qui sortaient des crevasses du sol, asphyxièrent une multitude d'animaux, tels que serpents et rats, qui vivent dans les cavernes.

Les eaux qui s'échappent ainsi du sol sont souvent mêlées de sable, et il se produit même des éruptions de sable sec qui déterminent dans le sol de petites ouvertures circulaires, comme nous en verrons des exemples en parlant des tremblements de terre de la Calabre.

Les dégagements de gaz sont difficiles à reconnaître sur la terre, car les gaz se dissipent dans l'atmosphère, sans que rien puisse trahir leur passage ou leur présence. Ce dégagement n'est bien appréciable que lorsqu'il s'opère sous une couche liquide. Quelquefois, pendant les tremblements de terre, la mer bouillonne, et d'énormes bulles éclatent à sa surface, phénomène qui rend visible et manifeste l'émission souterraine de gaz. On a cru reconnaître une certaine coïncidence entre les dégagements de gaz qui s'élèvent du fond du lac de Genève et certains tremblements de terre qui se sont fait sentir dans la chaîne des Alpes.

Les récits des tremblements de terre observés dans tous les pays et consignés dans les annales de tous les peuples mettent sous nos yeux des traits épars du tableau d'ensemble que nous venons de tracer. Partout on nous parle de crevasses et de fractures du sol, de gouffres subitement formés, et dans lesquels s'engloutissent les parties superficielles du terrain, entraînant des groupes entiers de maisons. Partout on dit qu'à travers ces crevasses du sol se sont fait jour des masses énormes d'eau liquide ou en vapeur, quelquefois même des flammes, qui ne sont d'ailleurs autre chose que des gaz combustibles brûlant par l'oxygène de l'air. Tantôt ce sont des plaines au milieu desquelles s'élèvent subitement des collines, ou bien des bas-fonds qui surgissent au milieu des mers. Tantôt ce sont des montagnes qui se renversent de fond en comble, des terrains montueux aplanis, remplacés par des lacs. Des rivières disparaissent dans un gouffre ou dans des conduits souterrains subitement formés, et des lacs se dessèchent en renversant leurs digues naturelles. Par contre, d'abondantes sources jaillissent quelquefois dans les lieux jadis les plus secs, tandis que d'anciennes sources thermales tarissent, ou sont refroidies.

Les effets si variés des tremblements de terre tendent à donner toute probabilité à certains événements consignés par les anciens dans leurs annales. Qui oserait aujourd'hui donner un démenti à Pline le naturaliste, nous racontant que la Sicile, d'après les anciens historiens, fut séparée de l'Italie par un tremblement de terre? Cet événement n'a-t-il pas, au contraire, en sa faveur une grande probabilité? Qui pourrait contredire le même auteur, quand il ajoute que l'île de Chypre fut séparée de la Syrie par la même cause; et l'île d'Eubée (Négrepont) de la Béotie, etc.? Pourrait-on positivement nier l'existence de la fameuse Atlantide disparue sous les eaux, selon les traditions égyptiennes, quand nous aurons à citer des faits contemporains entièrement analogues? Ce qui se passe aujourd'hui sous nos yeux explique ce qui a pu se produire en des temps reculés.

Les relations contenues dans les ouvrages modernes ne font que reproduire les mêmes catastrophes dont l'antiquité nous a transmis le récit, et que les poëtes, ainsi que les chroniqueurs, ont célébrées. Si le vieil Homère, circonstance assez étrange, reste muet sur les tremblements de terre et les volcans, bien que des feux souterrains aient ravagé, de son temps, l'Asie Mineure et la Grèce, Virgile décrit longuement les paroxysmes de l'Etna; tandis qu'Ovide, Lucrèce, Lucain, Sénèque, Ammien Marcellin et tous les chroniqueurs nous racontent des événements qui sont la fidèle image et comme l'anticipation exacte des événements de nos jours. Lucain remarque que les tremblements de terre ont achevé de renverser les antiques colonnes de Palmyre et de Balbek, que le temps et la fureur des hommes avaient épargnées :

> Etiam perire ruinæ.

« Les ruines mêmes ont péri. »

Il est certain qu'aucune force destructive n'a plus de terrible puissance et ne peut faire périr autant d'hommes à la fois, dans un espace de temps aussi court, qu'un tremblement de terre. Les villes de la Syrie et les îles grecques furent presque anéanties avec leurs habitants dans les premiers siècles de notre ère. Sous Tibère et sous Justin, vers les années 19 et 526 avant Jésus-Christ, il périt dans l'Asie Mineure et la Syrie près de 200 000 personnes. Les chroniqueurs du moyen âge mentionnent des catastrophes tout aussi terribles dans les siècles suivants. 60 000 hommes périrent dans le tremblement de terre de la Sicile de 1693 ; et moins d'un siècle après, en 1783, 80 000 personnes périssaient presque dans les mêmes lieux. Le tremblement de terre de 1755, qui détruisit Lisbonne et ébranla les côtes d'Espagne et le nord de l'Afrique, fit 60 000 victimes ; 40 000 succombèrent en Amérique, en 1797, dans le tremblement de terre de Rio-Bamba. Il serait facile d'étendre de beaucoup la liste de ces funérailles.

Le lecteur ne sera donc pas surpris si nous ajoutons que rien n'épouvante l'homme, rien ne remplit son âme d'autant d'anxiété, de terreur et d'angoisses, que le phénomène naturel dont nous venons d'esquisser le tableau. M. de Humboldt a parfaitement expliqué l'impression profonde, l'effet tout particulier que produit sur l'homme un tremblement de terre :

« Cette impression, dit l'illustre savant, ne provient pas, à mon avis, de ce que les images des catastrophes dont l'histoire a conservé le souvenir, s'offrent alors en foule à notre imagination. Ce qui nous saisit, c'est que nous perdons tout à coup notre confiance innée dans la stabilité du sol. Dès notre enfance, nous étions habitués au contraste de la mobilité de l'eau avec l'immobilité de la terre. Tous les témoignages de nos sens avaient fortifié notre sécurité. Le sol vient-il à trembler, ce moment suffit pour détruire l'expérience de toute la vie. C'est une puissance inconnue qui se révèle tout à coup, le calme de la nature n'étant qu'une illusion, et nous nous sentons rejetés violemment dans un chaos de forces destructives. Alors chaque bruit, chaque souffle d'air excite l'attention ; on se défie surtout du sol sur lequel on marche. Les animaux, principalement les porcs et les chiens, éprouvent cette angoisse ; les crocodiles de l'Orénoque, d'ordinaire aussi muets que nos petits lézards, fuient le lit ébranlé du fleuve et courent en mugissant vers la forêt [1]. »

Nulle catastrophe, en effet, n'imprime à l'âme humaine autant de justes terreurs. Quand on dit que 30 000 ou 40 000 personnes ont péri dans un tremblement de terre, cette simple mention ne peut donner une idée exacte des malheurs directement et consécutivement provoqués par cette catastrophe [2]. Ceux qui ont échappé à un tel désastre peuvent seuls nous apprendre sous quelles formes terribles et diverses la mort s'est offerte à leurs regards; eux seuls peuvent nous dire quelles affreuses tortures ont dû éprouver les victimes humaines ensevelies vivantes, qui meurent de rage, de désespoir ou de faim, et dont on entend jusqu'à l'agonie les plaintes déchirantes, sans pouvoir leur porter secours, faute d'instruments ou de bras. C'est aux témoins oculaires à peindre la situation des malheureux qui, blessés, à demi morts, ont miraculeusement échappé au désastre, mais qui sont exposés à mourir de faim et de froid, car ils manquent de pain, de vivres et de vêtements, parce que tout gît sous des décombres amoncelés. C'est à eux qu'il appartient de parler des fortunes détruites en un clin d'œil, du riche réduit à la mendicité, des familles entières privées de leurs biens; comme aussi des États à demi ruinés par ces pertes immenses; des progrès de la civilisation et du bien-être national retardés par des catastrophes qui renversent les villes, détrui-

---

1. *Cosmos*, tome I, p. 243.
2. Sénèque a tracé une comparaison pleine de vérité entre les dangers des tremblements de terre et ceux dont nous menacent les autres fléaux :

« A tempestate nos vindicant portus; nimborum vim effusam et sine fine cadentes aquas, tectus propellunt : fugientes non sequitur incendium; adversus tonitrua et minas cœli, subterraneæ domus, et defossi in altum specus, remedia sunt. In pestilentia mutare sedes licet. Nullum malum sine effugio est. Hoc malum latissime patet, inevitabile, avidum, publice noxium. Non enim domos solum, aut familias, aut urbes singulas hausit, sed gentes totas, regionesque subvertit. » (*Quest. nat.*)

« Les ports nous abritent contre les tempêtes, les toits nous défendent de la violence des orages et des pluies continuelles; l'incendie ne poursuit pas les fugitifs; les caves et les cavernes profondément creusées sont un refuge contre le tonnerre et les traits du ciel; contre la peste on change de résidence. Aucun danger n'est sans remède. Mais le fléau du tremblement de terre s'étend à une distance considérable; il est immense et inévitable. C'est une calamité universelle. Ce n'est pas seulement, en effet, les maisons, les quartiers ou les villes qu'il dévore, il bouleverse aussi toutes les nations et tous les pays. »

sent les ports, bouleversent les cultures, rendent les chemins impraticables, transforment en lacs de fertiles vallées, ou les remplissent des décombres amoncelés des collines environnantes.

Il ne faut donc pas être surpris d'entendre dire que l'homme qui a été témoin d'un tremblement de terre est celui qui en appréhende le plus le retour. C'est que rien n'est imaginaire dans une telle crainte : on se sent entre les mains d'une puissance supérieure à tout. Le premier choc est souvent le plus terrible : c'est dans deux ou trois secondes que ces cages à hommes qu'on appelle des villes, s'écroulent tout d'une pièce. Et rien ne peut annoncer à l'avance l'imminence du péril : le calme de la nuit, la tranquillité du jour ne peuvent rassurer contre cette horrible éventualité ; nulle précaution humaine ne saurait en garantir. Quand une fois la secousse est produite, il n'est ni prudence, ni courage, ni adresse qui puissent assurer une vie. On s'élance hors des rues, on fuit vers les grandes places ou dans la campagne, pour éviter la chute des débris, et la terre s'entr'ouvre, pour vous engloutir dans une fente subitement formée. Se défiant de la terre, on se réfugie sur les eaux, on monte dans une barque ou dans un navire, et le fond de la mer peut subitement disparaître dans une crevasse, ou le remous des flots lancer et écraser contre le rivage cet asile trompeur !

Ainsi, dans un tremblement de terre, un juste et insurmontable sentiment de crainte doit s'ajouter à toutes les autres causes néfastes, et accroître ainsi le nombre des victimes. C'est ici que le conte oriental du derviche trouve sa triste justification. Un derviche des environs du Caire voit un fantôme se diriger vers la ville : « Qui es-tu? dit-il au fantôme. — La peste. — Où vas-tu? — Au Caire, pour y tuer quinze mille hommes. — N'est-il aucun moyen de t'arrêter? — Non, c'est écrit! — Va donc, mais n'en tue pas un seul de plus. »

Quelques jours après, le derviche rencontre le même fantôme sortant de la ville : « Tu viens du Caire, dit le derviche ; qu'y as-tu fait? — J'y ai tué quinze mille hommes. — Tu mens, car il en est mort trente mille ! — J'en ai tué quinze mille, répond le spectre ; les autres sont morts de peur. »

Fig. 74. Tremblement de terre de Lisbonne le 1er novembre 1775.

VII

Le tremblement de terre de Lisbonne (1755). — Les tremblements de terre de la Calabre (1783).

Le 1er novembre 1755, à dix heures moins un quart du matin, par le ciel le plus serein, le thermomètre marquant 18° centigrades, un bruit semblable à celui du tonnerre retentit inopinément sous Lisbonne. Ce bruit affreux fut suivi de trois secousses. La première fut peu sensible; mais, une demi-minute après, le sol éprouva une oscillation qui dura 30 à 40 secondes, et qui fut si violente que la plupart des maisons commencèrent à crouler. La poussière que soulevait la chute des maisons était si épaisse, que le soleil en fut totalement obscurci. Au bout de deux minutes, la poussière commençait à tomber et à rendre assez de lumière pour que l'on pût s'envisager et se reconnaître, lorsqu'une troisième secousse vint de nouveau tout ébranler. Les maisons qui avaient résisté au premier choc tombèrent avec fracas, le ciel fut obscurci : ce fut l'image du chaos. Les oscillations de la terre, qui continuait de s'agiter, l'obscurité du jour, les gémissements des mourants et des blessés, les cris d'épouvante de ceux qui avaient échappé au désastre, et les hurlements des animaux, ajoutaient à l'horreur, à la confusion de la catastrophe. Après 10 à 12 minutes, les mouvements du sol s'arrêtèrent.

Quarante mille personnes au moins étaient ensevelies, mortes ou vivantes, sous les ruines. A la première secousse, la mer s'était retirée; elle revint à la seconde, et s'élevant jusqu'à 15 mètres au-dessus de son niveau ordinaire, elle se précipita avec furie sur la ville renversée. Peu d'instants après, cet épouvantable flot se retirait; sans cela, la ville entière eût été submergée. Les montagnes d'Arrabida, d'Estrella, de Julio, de Marvan et de Cintra, qui sont au nombre des points les plus élevés du Portugal, furent violemment ébranlées; quelques-unes s'ouvrirent à leur cime, qui fut fendue et brisée d'une manière étrange; des masses énormes de rochers s'en détachèrent et tombèrent dans les vallées : on vit même, dit-on, sortir de ces montagnes de la fumée et des flammes, sillonnées de traits de foudre.

Il faut renoncer à peindre le spectacle de cette ville anéantie, les cadavres amoncelés sous les ruines, et les mourants à demi ensevelis sous des montagnes de décombres. La consternation était si grande que les personnes les plus résolues n'osèrent s'arrêter un moment, pour écarter quelques pierres qui étouffaient à demi l'être qu'elles aimaient le plus, et que ce faible secours eût suffi à sauver: le sentiment de sa propre conservation survivait seul en ce moment funeste. Le moyen de salut paraissait être de gagner les places découvertes, et l'on s'y rendait en foule, ou de se diriger vers la campagne.

Ceux qui habitaient les étages supérieurs des maisons furent moins atteints que ceux qui purent s'élancer dans les rues par les portes. Les gens à pied furent plus maltraités que ceux qui passaient en équipage. Mais le nombre des morts ne fut nulle part aussi grand que sous les ruines des églises. Comme c'était un jour de grande fête et l'heure de la grand'messe, les églises et les couvents regorgeaient de monde; en outre, au moment de la première secousse, un grand nombre de personnes, obéissant à une piété instinctive, avaient couru s'y réfugier, et augmenter ainsi le nombre des fidèles qu'avait appelés dans le même lieu la fête religieuse du jour. Elles périrent toutes, écrasées par la chute des hauts clochers et par les pierres énormes des voûtes.

Environ deux heures après l'écroulement des maisons, l'incendie éclatait sur trois points de la ville; il était provoqué par les feux des cuisines, que le bouleversement avait rapprochés de matières combustibles de toute espèce. Pour comble de malheur, un vent très-fort, qui succéda au calme de la matinée, activa tellement l'incendie, que l'embrasement devint général.

L'eau, la terre et le feu semblaient donc se réunir pour consommer la perte de cette cité malheureuse, qui éprouvait tous les ravages que peuvent produire les éléments conjurés. Du milieu des ruines, par toutes les issues des places ou des rues restées debout, on voit sortir, comme des spectres, des hommes et des femmes, pâles, défigurés, à demi morts de terreur, qui courent vers la campagne, les uns emportant avec eux l'objet le plus cher de leur tendresse, les autres pouvant à peine se traîner eux-mêmes; presque tous appelant, d'une voix étranglée par le désespoir et la terreur, les êtres qu'ils aiment et qu'ils ne trouvent plus à leurs côtés. Un père, une mère, des enfants, des époux s'appellent et se cherchent inutilement. Les vieillards, les malades sont étouffés dans leur lit, ou consumés par les flammes; quelques-uns, égarés par le désespoir et ne se rendant

Fig. 75. Ruines de la cathédrale de Lisbonne.

compte de rien, se couchent sur la terre, comme pour lui demander un tombeau. Tous implorent la miséricorde d'un Dieu irrité.

Dès la première secousse, quelques personnes, croyant trouver sur les eaux un asile certain, avaient couru vers le port, pour se précipiter dans des barques ou des navires; mais la grande vague dont nous avons parlé lançait contre le rivage vaisseaux, barques et bateaux, qui s'écrasaient les uns contre les autres. Le flux et le reflux dura toute la nuit avec violence ; il se faisait sentir plus fortement de cinq en cinq minutes.

Le long du port régnait un quai de marbre, construit tout récemment et à grands frais : une multitude de personnes s'y étaient réfugiées, espérant s'y trouver à l'abri de la chute des décombres. Mais le quai s'enfonça tout d'une pièce ; il disparut sous l'eau, et l'on ne vit pas un seul cadavre des victimes venir flotter à la surface. Un grand nombre de bateaux et quelques

Fig. 76. Ruines de l'église Saint-Paul.

petits bâtiments amarrés au quai et chargés de monde, disparurent dans le même gouffre, et l'on n'en revit jamais aucun débris. Il faut admettre, pour expliquer cet événement extraordinaire, qu'une certaine étendue de terrain s'enfonça dans un abîme qui s'ouvrit subitement et se referma presque aussitôt. Ce fait a été attesté par un témoin oculaire échappé au désastre[1].

1. Lyell, *Principes de géologie*, troisième partie, p. 379.

Bien qu'universel, l'ébranlement du sol se fit sentir dans certains quartiers plus que dans d'autres. Toute l'ancienne ville, la *ville des Maures*, fut complétement renversée, et dans la ville nouvelle, environ soixante-dix des rues principales. Le tremblement et le feu détruisirent l'église patriarcale, dix-huit paroisses, presque tous les couvents, le bâtiment de l'Inquisition et les plus beaux palais, tels que le palais du roi, qui tomba le premier, celui de Bragance, le Trésor; les hôtels des ducs de Cadoval, de

Fig. 77. Ruines de l'Opéra.

Lafoens, etc., etc. On a fait monter à plusieurs millions sterling les pertes que le commerce anglais essuya dans ce désastre. Le chantier, toutes les douanes pleines de marchandises, les magasins publics de blé, furent consumés.

Le feu qui dévorait ces ruines dura quatre jours, et ne s'éteignit que faute d'aliments. Il évita peut-être le fléau d'une infection générale, en brûlant les quarante mille cadavres dont les émanations délétères auraient empesté l'air.

Les figures (fig. 75, 76, 77 et 78), empruntées à des gravures de l'époque, représentent les ruines de la cathédrale, celles des églises Saint-Paul et Saint-Nicolas, et les ruines de l'Opéra.

Les habitants, errants autour de ces ruines, étaient menacés de mourir de faim, car toutes les provisions de grains étaient détruites; et les sacs de blé qui s'étaient conservés ne pouvaient servir à faire du pain, faute des instruments indispensables. Disons enfin qu'un grand nombre de scélérats à qui cet événe-

Fig. 78. Ruines de l'église Saint-Nicolas.

ment avait ouvert les prisons, parcouraient ces ruines fumantes, fouillant les décombres, forçant les maisons restées debout, pour piller, voler et tuer.

Au moment du désastre, la cour ne se trouvait pas à Lisbonne; elle habitait le château de Belem, aux environs de la ville. Le château n'éprouva aucun accident, mais le roi jugea prudent de passer dans un carrosse la nuit du 1er au 2 novembre. Il demeura vingt-quatre heures sans aucun officier, et presque sans nourriture. Mais dès le lendemain, il put se rendre dans la ville pour y organiser les premiers secours.

Le nombre des blessés était immense. Le roi les fit soigner sous ses yeux. La reine, les infantes et les dames de la cour travaillèrent de leurs mains à préparer du linge et à faire de la charpie. Dans les cuisines du palais resté en partie debout, on distribua des aliments à ceux qui en manquaient. On voyait parmi ces infortunés, des personnes de qualité, opulentes la veille, et tombées en un clin d'œil dans le plus affreux dénûment. Dans les premiers jours de la catastrophe, une livre de pain se payait une once d'or. Tout le blé qui se trouvait aux environs de Lisbonne fut acheté pour le compte du gouvernement, qui le fit vendre à ceux qui pouvaient le payer, et distribuer gratuitement aux gens sans ressources.

Il fallait songer aussi à loger ce peuple nombreux qui n'avait plus d'asile et qui n'osait chercher une retraite dans les maisons ébranlées. On construisit à la hâte des baraques de bois. On alla prendre des tentes militaires dans les arsenaux des places voisines, et on fit porter de la paille et du foin, pour les distribuer dans ces tentes, ainsi que dans des baraques, afin que les malheureux habitants n'en fussent pas réduits à coucher sur le sol.

On put enfin songer à secourir quelques malheureux ensevelis sous les décombres. On réussit à sauver ainsi un assez grand nombre de personnes, qui, malgré plusieurs jours passés dans cette affreuse situation, revinrent à la vie. On a évalué à quarante mille le nombre des personnes qui périrent sous le coup de l'événement, et à vingt mille celles qui succombèrent à leurs blessures ou aux effets du dénûment : ce qui donne un total de soixante mille victimes. Douze cents personnes avaient péri dans l'hôpital général, huit cents dans la prison civile. Dans un grand nombre de couvents qui contenaient chacun quatre cents personnes, pas une seule n'échappa.

Cet affreux tremblement de terre fut suivi de plusieurs autres. Dans l'espace d'un mois, on sentit plus de trente secousses, dont quelques-unes furent très-violentes.

Au bout de quelques mois, quand on se crut certain de n'avoir plus à redouter le retour de cet épouvantable fléau, le gouvernement songea à rebâtir ou à réparer les maisons, les églises et les palais. Mais cette ville infortunée ne fut longtemps qu'un monceau de ruines, présentant seulement quelques passages ou chemins, que l'on avait pratiqués en relevant de chaque côté les décombres d'après l'ancienne direction des rues. Comme on n'osait plus bâtir d'édifices solides, les premières constructions ne furent que des baraques de bois. On les faisait préparer en Hollande ; des bâtiments transportaient les différentes pièces, qu'on n'avait plus qu'à assembler et à consolider par un enduit de plâtre.

Au bout d'une dizaine d'années pourtant, la ville était entièrement rebâtie, et c'est aujourd'hui une des plus belles capitales de l'Europe. Depuis cette époque, elle n'a éprouvé aucun autre tremblement de terre.

Dans les considérations générales contenues dans le chapitre précédent, nous avons fait remarquer que le désastre de Lisbonne fut loin d'être un événement local, et que l'ébranlement du sol se propagea, au contraire, sur une énorme étendue. Sans revenir sur ce qui a été dit à ce sujet, nous donnerons quelques détails sur les ébranlements les plus violents du sol à peu de distance de Lisbonne.

C'est en Espagne, en Portugal et dans la partie septentrionale de l'Afrique que se fit sentir avec le plus d'énergie la secousse du 1er novembre 1755, qui s'étendit dans presque toute l'Europe et alla jusqu'aux Antilles. Le port de Sétubal (Saint-Ubes), situé à sept lieues au sud de Lisbonne, fut entièrement englouti, toutes les maisons furent submergées.

A Alger et à Fez, l'agitation du sol fut terrible. Une oasis, composée de plusieurs villages et située à 8 lieues de Moroco, s'abîma tout entière avec ses habitants, dans un gouffre qui s'ouvrit et se referma bientôt après. Huit à dix mille Arabes furent ainsi engloutis avec tout leur bétail.

L'ondulation du sol, le long des côtes d'Espagne, provoqua la retraite de la mer, suivie presque immédiatement d'une vague énorme qui atteignit, à Cadix, la hauteur de 18 mètres. Cette crue immense fit craindre un moment que Cadix n'éprouvât la fatale submersion du port de Sétubal. Les eaux emportèrent un long pan de murailles, qu'elles jetèrent dans l'intérieur de la ville, et pénétrèrent ainsi dans son enceinte. Heureusement elles étaient entrées par le côté le plus bas de la ville, et quelques maisons seulement furent inondées. Mais les désastres furent plus grands aux portes de Cadix. La grande vague, traversant avec impétuosité la langue de terre qui conduit de Cadix à l'Isle, enleva deux cents personnes qui passaient à pied ou en voiture; elles périrent toutes, à l'exception de deux ou trois, échappées par miracle.

Parmi les victimes de cette inondation imprévue, se trouvait le petit-fils de Racine, fils de l'auteur du poëme de *la Religion*.

Le jeune héritier d'un si grand nom avait embrassé la carrière du commerce et habitait Cadix. Le 1er novembre 1755, il partit en chaise de poste, avec un jeune homme de ses amis, pour aller passer les jours de fête chez son associé, à l'Isle, à trois lieues de Cadix. Les deux jeunes gens étaient dans une chaise, qu'ils conduisaient eux-mêmes; le domestique était placé derrière eux. Ils se trouvaient au milieu de la route que bordent les deux mers, et se hâtaient, effrayés par la secousse qui, peu d'instants auparavant, venait d'ébranler Cadix, lorsque la mer s'élevant tout d'un coup, vint s'abattre sur le chemin, couvrit et renversa la voiture. Le domestique, emporté par le flot, put se retenir aux branches d'une haie et laisser passer la vague. Il vit les deux jeunes gens périr sous ses yeux, et rentra à Cadix pour annoncer ce malheur. Quand on accourut, le corps du jeune Racine était déjà dépouillé par des malfaiteurs. On ne retrouva que quelques jours après le corps de son ami. Racine fut enterré dans l'église principale de Cadix, au milieu d'un grand concours de ses compatriotes. Il n'était âgé que de vingt et un ans[1].

---

1. Les documents historiques à consulter sur le désastre de Lisbonne sont peu nombreux et laconiques. Ils se réduisent aux suivants :

1° *Réflexions sur le désastre de Lisbonne*, par Rondet, in-18, 1757, *imprimé en Europe*. Ce n'est qu'une longue homélie d'un membre de la Compagnie de Jésus. Dans un supplément se trouve un *Journal des phénomènes depuis le 1er novembre 1755*, qui contient 8 pages de descriptions sur le désastre de Lisbonne, suivies d'une énumération intéressante des phénomènes du même genre qui se sont passés le même jour et les jours suivants en Espagne, en France, en Afrique et en Amérique. Le tout se termine, dans le ton de la première partie, par des *Remarques sur la pluie de sauterelles décrite par saint Jean dans l'Apocalypse, pour servir d'éclaircissement et de preuve à ce qui en est dit dans les Réflexions sur le désastre de Lisbonne*.

2° *Relation historique du tremblement de terre survenu à Lisbonne le 1er novembre 1755, avec un détail contenant la perte en hommes, églises, couvents, palais, maisons, diamants, meubles, marchandises, etc., précédée d'un discours politique sur les avantages que le Portugal pourrait retirer de son malheur*, par Goudard, in-18, la Haye, 1776. Ce n'est qu'un opuscule politique qui a surtout en vue d'atténuer dans le public l'idée des pertes essuyées par le Portugal. La relation historique du tremblement de terre ne contient que quelques pages, sui-

276 LA TERRE ET LES MERS.

La Calabre est cette contrée justement célèbre dans l'histoire ancienne, cette *Grande Grèce* où Pythagore, entouré de ses disciples, fit fleurir les sciences et les arts, et qui, plus tard, servant de champ de bataille à Spartacus, vit tomber, sous l'effort de Crassus, l'insurrection des esclaves qui, en 71, menaça si gravement l'avenir de la République romaine.

La Calabre est trop peu distante du volcan de l'Etna pour n'a-

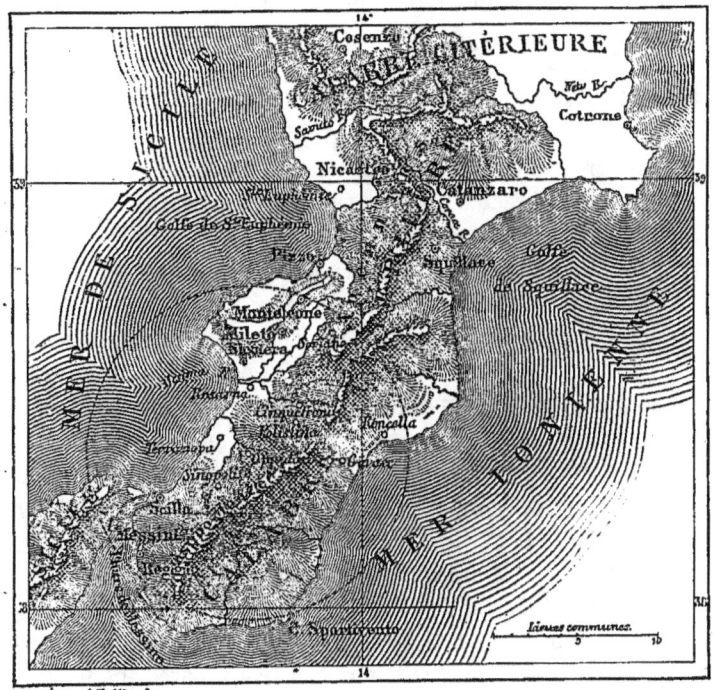

Fig. 79. Carte de la Calabre.

voir pas été exposée, dans tous les temps, à l'assaut des tremblements de terre. En 1693, d'affreuses secousses ravagèrent son

vies du dénombrement exact des édifices, palais et maisons renversés, avec l'évaluation des pertes que le tremblement de terre a fait éprouver à Lisbonne et au commerce européen.

3° *Lettre sur le tremblement de terre de Lisbonne, adressée le* 18 novembre 1755 *à la Société royale de Londres, par M. Wolfall, chirurgien* (Abrégé des transactions philosophiques de la Société royale de Londres), traduit de l'anglais par Court de Gébelin. *Histoire naturelle*, tome I, p. 92.

4° Lyell, *Principes de géologie*, in-18, 1846, tome III, p. 377-386.

territoire. D'après une médaille d'argent frappée en souvenir de cet événement, le nombre des victimes de ce désastre n'aurait pas été de moins de cent mille.

Les tremblements de terre qui, moins d'un siècle après, en 1783, ébranlèrent la Calabre et la partie orientale de la Sicile, occasionnèrent des désastres presque tout aussi grands, puisque sur 365 ou 375 villes ou villages contenus dans la *Calabre ultérieure*, 320 furent entièrement ruinés et les autres plus ou moins endommagés[1].

L'espace bouleversé par le tremblement de terre embrassa environ soixante lieues carrées. Il eut pour théâtre la région située entre le 38º et le 39º degré de latitude.

Si, prenant pour centre la ville d'Oppido, dans la Calabre ultérieure, on trace autour de ce centre un cercle de 32 kilomètres de rayon, cet espace comprendra la surface du pays où toutes les villes et villages furent détruits. La secousse du 5 février 1783 renversa en quelques minutes la plus grande partie des maisons, des villes et des villages compris entre les Apennins et Messine en Sicile, en révolutionnant tout le pays, changeant le niveau et produisant comme un froissement universel de la superficie du terrain. Un second tremblement de terre, arrivé le 28 mars, fut tout aussi violent que le premier; il ébranla et fit bondir la chaîne des Apennins, et s'il ne renversa ni villes ni villages, c'est qu'il n'y avait plus rien à renverser, les secousses du 5 février ayant mis presque tout à ras du sol.

Le tremblement de terre de la Calabre est le plus terrible et en même temps le plus facile à décrire de tous les événements de ce genre arrivés dans les temps modernes, parce que les lieux ont été visités avec soin par des savants et des géologues de mérite. Le naturaliste français Déodat de Dolomieu, qui voyageait en ce moment dans le midi de l'Italie, accourut en Calabre à la première nouvelle du désastre, et il a écrit une relation des phénomènes, accompagnée d'une excellente explication géologique. L'Académie de Naples envoya en Calabre une commission

---

1. *Description historique et géographique de la ville de Messine, et détails météorologiques du désastre que cette ville vient d'éprouver* (le 5 février 1783) *par le tremblement de terre, avec des notes curieuses et intéressantes sur la Calabre intérieure, la Sicile et les îles de Lipari*, brochure in-4º, de 25 pages. Paris, 1783, p. 18.

scientifique, qui s'attacha à décrire les modifications diverses occasionnées dans le sol, à compter et à mesurer les dépressions, les soulèvements, les fissures et les crevasses. L'ambassadeur d'Angleterre Hamilton, à qui l'on doit des descriptions du Vésuve, restées célèbres, parcourut tout le pays, longeant les côtes sur un *speronare* et une felouque frétés dans ce but, et prenant pied de temps en temps, pour s'engager, non sans quelque péril, dans l'intérieur des terres, encore agitées par des convulsions. C'est avec ces éléments divers que nous pourrons donner un tableau des principaux effets de ce triste et grand phénomène.

Plus de trois cents villes ou villages furent renversés, avons-nous dit, dans la Calabre ultérieure et la Sicile par le tremblement de terre du 5 février 1783. Ne pouvant entrer ici dans de longs détails, nous jetterons un coup d'œil rapide sur les effets les plus remarquables que l'ébranlement produisit dans un certain nombre de ces localités.

Cet événement désastreux arriva le 5 février, à midi et demi. La secousse ne dura que deux minutes, et ce court espace de temps suffit pour tout renverser et tout détruire dans la Calabre. Le sol s'agitait dans tous les sens; il ondulait comme les vagues de la mer, à tel point que quelques personnes éprouvèrent comme les effets du mal de mer. Dolomieu, dont le témoignage réfléchi mérite toute croyance, assure, d'après des témoins oculaires, que les cimes des arbres venaient toucher le sol. Il y avait en même temps de violents mouvements verticaux, des projections de haut en bas. Enfin la terre semblait tournoyer.

« Je ne puis mieux rendre compte de ces effets, dit Dolomieu, qu'en supposant sur une table plusieurs cubes formés de sable humecté et tassé avec la main, placés à peu de distance les uns des autres. Alors, en frappant à coups redoublés sous la table et la secouant en même temps horizontalement et avec violence par un de ses angles, on aura une idée des mouvements violents et différents dont la terre fut pour lors agitée. »

Rien de ce qui était édifié à la surface de la terre ne pouvait résister à des mouvements si compliqués. Les villes, les bourgs, les maisons isolées dans la campagne, tout fut rasé dans le même instant. Les fondements des maisons semblaient vomis par la terre. Les pierres étaient broyées, triturées avec violence les unes contre les autres.

Fig. 80. Tremblement de terre de Messine en 1783.

Dans la description rapide que nous allons donner, nous arrêterons d'abord nos regards sur Messine. Deux minutes suffirent pour faire un monceau de ruines de cette brillante capitale de la Sicile, siége et centre du commerce de toute l'Italie méridionale. Nous n'entreprendrons pas de dépeindre ce moment terrible, ni d'exprimer la terreur et l'épouvante des habitants auxquels le fracas de la chute des édifices et la poussière ne permettaient de rien voir, de rien entendre, ni même de réfléchir.

Les dommages causés par le tremblement de terre auraient été beaucoup moindres à Messine, qui ne fut point, après tout, la ville la plus maltraitée, sans l'incendie qui suivit la chute des maisons, et qui fut provoqué par le feu des cheminées, allumées partout à l'heure du repas. Les magasins d'huile, si nombreux dans les entrepôts de Messine, contribuèrent beaucoup à alimenter le feu. Nous donnerons un tableau sommaire du désastre de la capitale de la Sicile en rapportant la relation qui fut adressée le 8 février, au roi de Naples, par le Sénat de la ville de Messine. Voici cette pièce, qui mérite d'être conservée :

« Sire, la situation affreuse où se trouve Messine par les effets du tremblement de terre qui a commencé le 5 de ce mois, à midi et demi, et qui dure encore, a fait croire au Sénat que vous lui pardonneriez de vous adresser directement la relation de ce désastre, au lieu de la faire passer, suivant l'usage, à Votre Majesté par les mains de S. Ex. le vice-roi. Nous ne doutons point que le cœur sensible de Votre Majesté n'éprouve la douleur la plus profonde au spectacle déchirant d'une cité superbe, transformée tout à coup en un monceau de ruines par un événement terrible, et jusqu'à présent sans exemple. Les secousses de la terre, qui se sont succédé de quart d'heure en quart d'heure avec une violence inconcevable, ont renversé de fond en comble tous les édifices quelconques. Le palais royal, celui de l'archevêque, le théâtre maritime dans son entier; les monts-de-piété, le grand hôpital, la cathédrale, les monastères des deux sexes, rien n'a échappé à la destruction. C'est alors qu'on a vu les religieuses éperdues, parcourir la ville pour y chercher, s'il était possible, un lieu de refuge et de sûreté, avec le petit nombre de personnes échappées comme elles, par miracle, à ce renversement. Ce spectacle est affreux sans doute, mais il en est encore un plus terrible, c'est celui de la plus grande partie des citoyens morts et mourants, ensevelis sous les ruines de leurs habitations, sans qu'il soit possible de retirer de ces décombres les malheureux qui respirent encore, faute d'ouvriers pour donner du secours dans des circonstances semblables. Les hurlements, les cris, les gémissements, les soupirs, tous les accents de la douleur se font entendre partout, et l'impuissance de dérober à la mort ces déplorables victimes rend encore plus déchirante l'expression du désespoir qui réclame en vain l'assistance de l'humanité. Un nouveau fléau se joint à toutes ces calamités et en augmente l'horreur. Des ruines des édifices renversés, on voit tout à coup s'élever un incendie. Malheureusement, le premier tremblement ayant commencé vers l'heure du dîner, le feu alors allumé dans les cuisines s'était communiqué aux différentes matières combustibles qui se trouvaient dans les débris des maisons écroulées. Le lieutenant de roi se rendit aussitôt sur les lieux avec sa troupe; mais le manque absolu d'ouvriers et d'instruments nécessaires rendit tous les secours inutiles, et il fut impossible non-seulement d'éteindre l'incendie, mais même de s'opposer au progrès des flammes qui continuent de dévorer les tristes débris d'une ville, jadis la gloire de ses souverains et la plus florissante du royaume. A tant de désastres réunis à la fois, il en faut ajouter mille autres dont l'horreur est au-dessus de toute description. Les magasins où était le blé s'étant écroulés, le pain, cet aliment de première nécessité, manqua. Le Sénat s'efforça aussitôt de remédier à ce malheur, en retenant dans le port des bâtiments qui étaient chargés de cette denrée; mais comment eût-il été possible de faire du pain, puisque les boutiques et les ustensiles propres à ce travail étaient ensevelis sous les ruines, et que les boulangers avaient ou péri ou pris la fuite? Le cours des eaux ayant été détourné, les fontaines publiques étaient taries, et les moulins ne pouvaient plus moudre les grains. Ce surcroît de désastres a presque réduit au désespoir les habitants qui ont survécu; ils demandent à hauts cris du pain pour se sustenter. Les uns pleurent leurs biens, leurs effets; les autres leurs parents. Malgré le zèle et l'activité que les magistrats ont fait paraître pour empêcher les vols, il s'est encore trouvé des gens sans humanité et sans religion, qui, ne redoutant point cette colère divine que tout retraçait à leurs yeux, ont pillé non-seulement les maisons des particuliers, mais aussi les édifices publics et les monts-de-piété. Il n'y a donc que la puissante protection de Votre Majesté qui puisse remédier à tant de malheurs qui se sont succédé si rapidement et donner une nouvelle existence à cette ville, qui est en état d'être rétablie. Le Sénat supplie Votre Majesté de faire passer promptement les secours nécessaires d'hommes et d'argent, afin qu'on puisse rendre praticables les chemins qui sont couverts de ruines et de cadavres. Le Sénat supplie également Votre Majesté d'envoyer en cette ville des vivres de toutes espèces, pour la subsistance des habitants dispersés dans les plaines, et qui, faute d'aliments, seraient réduits à prendre la fuite au détriment considérable de votre trésor royal[1]. »

Passons en revue les principales localités de la Calabre qui reçurent, en même temps que Messine, ces épouvantables assauts, en nous attachant spécialement à signaler les modifications physiques survenues dans la surface et la continuité du sol.

1. *Nouveaux détails historiques et météorologiques des tremblements de terre arrivés depuis le 5 février 1783, dans la Sicile et la Calabre ultérieure, etc.; avec une idée générale de la ville de Messine, de son administration, de son commerce et de ce qui s'y voyait de plus remarquable avant sa destruction; suivis d'une description curieuse et historique de l'*ETNA *ou* MONT-GIBEL *et du* VÉSUVE.

Le bourg de Rosarno, situé sur une colline sablonneuse, à peu de distance du fleuve Metramo, fut presque entièrement rasé.

Fig. 81. Cavités circulaires produites à Rosarno.

Le château du prince, les églises et les maisons ne firent qu'un monceau de ruines. Le Metramo suspendit un moment son cours.

Un phénomène étrange, qui se produisit dans plusieurs par-

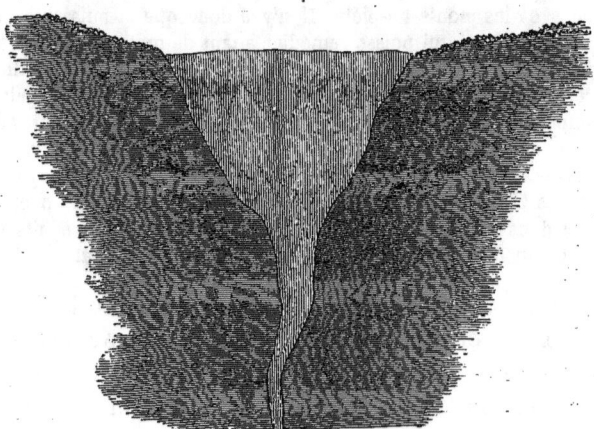

Fig. 82. Coupe intérieure d'une cavité circulaire.

ties de la Calabre, se manifesta surtout, d'après le rapport de l'Académie de Naples, autour du bourg de Rosarno. Dans toute cette plaine s'ouvrirent des cavités circulaires à peu près de la grandeur d'une roue de voiture. Ces cavités, semblables à des puits, étaient pleines d'eau jusqu'à 3 à 6 mètres de leur surface ; mais le plus souvent elles étaient remplies de sable sec. Plus tard, quand on creusa autour de ces cavités, on reconnut qu'elles avaient la forme d'un entonnoir. La partie supérieure évasée aboutissait à un canal par où l'eau avait jailli.

La ville de Polistena, assez grande, riche et peuplée, bâtie sur deux coteaux séparés par une rivière, fut entièrement rasée. Pas une maison, pas un pan de mur ne restèrent debout. Le sol manqua sur le bord de la rivière, entraînant les maisons ; la moitié des habitants de la ville périrent sous les ruines, le reste s'empressa de se réfugier sous des baraques de bois construites autour des murs de la ville. Dolomieu décrit ainsi l'impression douloureuse qu'il ressentit à la vue des ruines de Polistena :

« J'avais vu, dit le géologue français, Messine et Regio ; j'avais gémi sur le sort de ces deux villes ; je n'y avais pas trouvé une maison qui fût habitable et qui n'eût besoin d'être reprise par les fondements ; mais enfin le squelette de ces deux villes subsiste encore : la plupart des murs est en l'air. On voit ce que ces villes ont été. Messine présente encore à une certaine distance une image imparfaite de son ancienne splendeur. Chacun reconnaît ou sa maison ou le sol sur lequel elle reposait. J'avais vu Tropea et Nicotera, dans lesquelles il y a peu de maisons qui n'aient reçu de très-grands dommages, et dont plusieurs même se sont entièrement écroulées. Mon imagination n'allait pas au delà des malheurs de ces villes. Mais lorsque, placé sur une hauteur, je vis les ruines de Polistena, la première ville de la plaine qui se présenta à moi ; lorsque je contemplai des monceaux de pierres, qui n'ont plus aucune forme et qui ne peuvent pas même donner l'idée de ce qu'était la ville ; lorsque je vis que rien n'était échappé à la destruction et que tout avait été mis au niveau du sol, j'éprouvai un sentiment de terreur, de pitié, d'effroi, qui suspendit pendant quelques moments toutes mes facultés. Ce spectacle n'était cependant que le prélude de celui qui allait se présenter à moi dans le reste de mon voyage. »

Les fissures qui se produisent souvent dans le sol, au moment d'un tremblement de terre, ne furent nulle part plus nombreuses qu'autour de la ville de Polistena. La figure 83 représente une fissure profonde, qui resta béante après le tremblement de terre.

Comme exemple de fissure analogue produite dans le sol, nous représenterons ici une grande crevasse, en forme de croissant, qui se produisit sur une longueur d'un demi-kilomètre, et avec une largeur de plus d'un mètre, dans la colline de Saint-

Angelo, située près de Soriano, non loin de la petite rivière de Messima (fig. 84).

Fig. 83. Fissure près de Polistena.

Fig. 84. Crevasse près de Soriano.

A Jerocarne, les fissures du sol présentèrent une disposition singulière; elles s'étendirent dans tous les sens, comme les fentes d'un carreau de vitre cassé (fig. 85).

Cinque-Frondi, joli bourg situé à une demi-lieue de Polistena, fut rasé. Au milieu de ce bourg s'élevait une tour carrée, servant de château au seigneur. C'était un vieux monument qui remontait aux Sarrasins et paraissait offrir une solidité inébranlable, tant par la grande épaisseur des murs, que par la nature du mortier qui avait lié le tout en une masse aussi solide qu'un rocher. Cette tour fut renversée, et en tombant, se brisa en plusieurs gros blocs qui étonnaient par leur volume et leur dureté : l'un de ces blocs contenait un escalier tout entier.

Fig. 85. Fissure près de Jerocarne.

Casalnovo était un joli bourg situé au pied d'une montagne, dans une agréable plaine. Avec ses rues alignées, ses maisons basses, décorées chacune d'un arbre et d'un cep de vigne qui donnaient de l'ombrage et transformaient les rues en allées de jardin, son aspect était charmant. Dans l'appréhension d'un tremblement de terre, on avait, de longue date, pris toutes les précautions possibles : les maisons étaient très-basses et les rues très-larges. Tout fut renversé, tout fut mis au niveau du sol. La marquise de Gerace, riche et noble Calabraise, révérée dans toute l'Italie méridionale, fut écrasée, avec tous les siens, sous les ruines de sa *villa*. Tout le sol de la plaine qui entoure Casalnovo s'affaissa; tous les terrains inclinés appuyés contre la montagne glissèrent plus bas, laissant, entre le terrain mouvant et la partie demeurée immobile, des fentes larges d'un mètre sur 15 à 16 kilomètres de longueur. En glissant de cette manière, des portions de terrain arrivèrent de la montagne dans la plaine, et vinrent couvrir des terrains plus éloignés. C'est ce que représente la figure 86.

De Casalnovo à Santa-Cristina, sur un espace de six lieues, le terrain fut si extraordinairement bouleversé qu'on ne pouvait y faire un pas sans trouver des fentes dans le sol ou des éboule-

Fig. 86. Glissements de terrains à Casalnovo.

ments produisant toute une suite de gorges, de ravins et de petites vallées.

Jamais ville n'a éprouvé de bouleversement plus complet que la malheureuse Terranova; jamais destruction ne s'est accomplie avec des circonstances plus singulières et plus variées. Terranova était bâtie au-dessus de trois gorges profondes, à l'extrémité d'une plaine, dominée par une montagne. Cette position explique les circonstances de sa destruction. Dans le tremblement de terre du 5 février, une partie du sol de la ville s'ébranla, et, glissant sur la pente de l'une des trois gorges, entraîna les maisons qu'elle supportait; les débris de pierres et de charpentes, mêlés au terrain déplacé, comblèrent une partie de la vallée. Dans une autre partie de la ville, le sol fut partagé dans toute sa hauteur par une fente perpendiculaire; une portion du terrain ainsi divisé se détacha, et tomba comme une masse dans la gorge qui s'ouvrait au-dessous. Les maisons furent précipitées perpendiculairement dans un gouffre de 100 mètres de profondeur, que leurs débris comblèrent en partie. Sur deux mille habitants de Terranova, quatorze cents furent écrasés ou enterrés sous les ruines. Ils ne périrent pas tous; car, en raison de la différence du poids, les matériaux tombant avant les hommes, ces derniers ne furent précipités que sur des débris; quelques-uns tombèrent sur leurs pieds, et purent aussitôt marcher sur ces monceaux de ruines; quelques autres, enterrés seulement jusqu'aux cuisses ou à la poitrine, purent se dégager avec un peu de secours.

Telles sont les circonstances étranges de la ruine de Terranova, qui fut mise littéralement sens dessus dessous. Dans les trois vallées à demi comblées par le renversement du sol et les débris des matériaux placés par-dessus, tout était bouleversé; il était impossible de reconnaître la position d'aucune maison: ce qui était haut s'était abaissé; ce qui était bas semblait s'être élevé par suite de l'affaissement des parties environnantes. La maçonnerie d'un puits qui existait dans un couvent ressemblait, par suite de l'abaissement du sol, à une tour de 20 à 30 mètres de haut et un peu inclinée.

Les éboulements de la ville et des coteaux, fermant le passage aux eaux d'une petite rivière et à celles d'une source abondante qui coulait au fond de la gorge, formèrent deux lacs, dont les eaux stagnantes, chargées de cadavres et de débris organiques de toute espèce, répandirent l'infection dans tout le pays, et firent périr, par des fièvres putrides, le reste de la population échappée au désastre. Des éboulements considérables s'étaient produits dans tous les environs, sur le bord des vallées; toute la plaine située en avant de la ville était creusée de fentes et de crevasses; en certaines parties, il n'y avait pas un pouce de terrain que l'on pût regarder comme ferme et solide.

Le village de Moluquello, situé en face de Terranova et au même niveau, sur une petite plate-forme resserrée entre deux rivières qui coulaient dans les deux vallons, eut à peu près le sort de Terranova. Une partie de ce village tomba dans le vallon de droite, l'autre dans le vallon de gauche; de sorte qu'il ne resta du sol où était située Moluquello qu'une arête en dos d'âne, tellement étroite qu'on ne pouvait y marcher.

Oppido, ville considérable, était placée sur une montagne isolée, au sommet de pentes rapides et d'escarpements difficiles. La ville fut entièrement détruite par le tremblement de terre; il ne resta pas debout un seul pan de mur. Cependant le terrain de la montagne ne s'éboula point: une espèce de citadelle ou château fort, qui dominait la vallée, tomba seul dans la gorge inférieure.

Si le sol de la montagne sur lequel est bâtie Oppido résista à la

Fig. 87. Gouffre près d'Oppido.

violence des secousses, il n'en fut pas de même des coteaux opposés. Il se fit là d'immenses éboulements; la chute des terres et de portions considérables de coteaux remplit les vallées, et arrêtant l'écoulement des sources, forma des lacs à l'entour de la ville. Les mêmes effets se produisirent dans les autres vallées des environs d'Oppido.

Un vaste gouffre s'ouvrit sur la pente d'une colline voisine de cette ville; cette immense cavité fut en partie comblée par une grande quantité de terres et un nombre considérable d'oliviers et de vignes, qui y furent précipités. Bien que comblé en partie, ce gouffre, que représente la figure 87, avait encore 60 mètres de profondeur sur 150 mètres de large.

A une lieue au-dessous d'Oppido était le petit village de Castellace, bâti au bord d'un escarpement, qui se détacha, pour se précipiter dans le fond de la vallée; les ruines de quelques maisons restées sur le haut de la montagne sont les seuls indices de sa position et de son existence. Le village de Corsoletto éprouva un sort presque semblable.

La ville de Santa-Cristina, située presque au pied de la grande montagne d'Aspromonte, et placée sur une élévation sablonneuse, escarpée, environnée de gorges et de vallées profondes, se trouva dans des circonstances presque pareilles à celles de Terranova, et éprouva le même genre de destruction : les maisons, avec une partie de la montagne, furent précipitées du haut en bas; un grand nombre de fentes et de crevasses traversa le corps de la montagne dans toute son épaisseur, de manière à faire craindre que le reste ne s'abîmât encore; toute la surface du terrain changea de forme. Le territoire de Santa-Cristina, coupé également par un grand nombre de gorges et de vallées accompagnées d'escarpements, éprouva les mêmes accidents que celui d'Oppido.

Les territoires de Terranova, d'Oppido et de Santa-Cristina, sont ceux où les tremblements de terre exercèrent leurs plus grands ravages et produisirent les effets les plus extraordinaires; ce qui fit croire que le foyer des secousses du 5 février était sous cette partie de la plaine.

Le fameux rocher de Scylla, situé le long de la côte du détroit de Messine, et si célèbre dans l'antiquité, fut le théâtre d'un grand désastre. D'énormes blocs, se détachant des hautes falaises qui bordent ce rivage, engloutirent plusieurs *villas* et jardins.

Après la secousse du 5 février, arrivée vers une heure de l'après-midi, le prince de Scylla avait persuadé à une grande partie de ses vassaux de quitter le rivage, et de se réfugier sur des bateaux de pêche, pour éviter un nouveau désastre. Le prince s'était rendu lui-même dans un de ces bateaux. Vers minuit, pendant qu'une partie des habitants dormaient au fond des barques une nouvelle secousse, ébranlant le sol, détacha une falaise de la montagne voisine. Immédiatement après, la mer, s'élevant de 6 mètres, se précipita sur le rivage et emporta tout ce qui se trouvait devant elle. Elle se retira ensuite, pour revenir bientôt avec plus de violence encore (fig. 88). Tous les bateaux coulèrent à fond ou furent brisés contre le rivage ; plusieurs furent emportés dans l'intérieur des terres. Le vieux prince de Scylla périt avec quatorze cent trente Calabrais.

Nous n'étendrons pas plus loin cette triste nomenclature. Contentons-nous de dire que, dans un espace de dix lieues de long sur six de large compris entre le fleuve Metramo, la mer et les Apennins, il ne resta pas un seul édifice entier, il n'y eut pas un arpent de terre qui ne changeât de forme ou de position, ou ne souffrît des dommages considérables.

Après les secousses du 5 février, quelques autres plus faibles furent ressenties. Le 28 mars, un tremblement épouvantable

Fig. 83. Désastre de Scylla.

vint ébranler de nouveau la malheureuse Calabre. Le centre de ce dernier ébranlement était remonté vers le nord ; il se trouvait dans les Apennins. La Calabre ultérieure et les provinces du royaume de Naples en eurent le contre-coup. Des deux côtés des Apennins, tout le territoire fut ébranlé. Ce tremblement de terre fut annoncé par un bruit souterrain semblable à un coup de tonnerre et qui se renouvelait à chaque secousse. Les mouvements du sol furent très-compliqués ; il y avait, comme au 5 février, des tournoiements et des ondulations du sol, interrompus par des soubresauts de haut en bas.

Nous ne donnerons pas la nomenclature de toutes les villes et bourgs qui furent renversés ou rendus inhabitables par ce nouveau tremblement de terre. Les effets destructeurs furent moindres d'ailleurs qu'au 5 février. Les villes qui souffrirent le plus, telles que Nicotera, Tropea, Monteleone, Squilace, Nicastro, Catanzaro, San-Severino et Cotrone, ne furent point totalement renversées. Les secousses du 28 mars augmentèrent les désordres de Messine, et accrurent les dommages de Reggio.

Les tremblements de terre continuèrent pendant toute l'année 1783. On en ressentit même plusieurs dans les mois de février et mars 1784. Mais aucune de ces dernières secousses ne peut être comparée à celles des 5 février et 28 mars.

Hamilton, l'ambassadeur anglais qui parcourut tous ces pays peu de temps après leurs désastres, évalue à environ quarante mille le nombre des personnes qui périrent par les tremblements de terre en Sicile et dans les deux Calabres; vingt mille autres succombèrent à la suite des fièvres contagieuses et des épidémies occasionnées par l'infection cadavérique, l'insuffisance des aliments et le défaut d'abri contre les intempéries de l'air.

Le plus grand nombre des victimes furent ensevelies sous les ruines des maisons et des édifices. Un certain nombre, surtout les paysans qui fuyaient à travers la campagne, furent engloutis dans les fissures qui s'ouvraient sous leurs pas. Il est probable que leurs squelettes sont encore enterrés à plusieurs centaines de mètres, dans ces fissures refermées.

Beaucoup de personnes périrent consumées dans les incendies qui suivaient la chute des maisons. Ces incendies sévirent avec fureur dans les villes qui, comme Oppido, renfermaient d'immenses magasins d'huiles.

Un grand nombre de victimes auraient pu être sauvées, si les secours ne leur avaient manqué. Malheureusement, dans ces affreuses et subites calamités, chacun, occupé de ses propres malheurs ou de ceux de sa famille, songe bien rarement à porter des secours. D'ailleurs, le petit nombre des survivants empêche de tenter des secours efficaces. On cite quelques traits de dévouement inspirés par l'amour maternel, la tendresse conjugale ou l'amitié; mais, à côté de ces traits isolés de dévouement, de combien d'actes atroces l'humanité n'eut-elle pas alors à gémir!

Au moment du tremblement de terre de Messine, la marquise de Spadara, française, fille d'un gentilhomme provençal, s'était évanouie, et avait été emportée par son mari, qui l'avait entraînée jusqu'au port. Ayant repris ses sens, elle s'aperçoit que son fils n'est point avec elle. Elle profite, pour s'échapper, d'un moment où son mari est trop occupé pour veiller sur elle; elle court à sa maison encore restée debout, et s'empare de son fils au berceau. Mais l'escalier croule au devant de ses pas, et lui ferme la retraite. Elle fuit de chambre en chambre, toujours suivie par les éboulements successifs, et arrive sur le balcon, son dernier asile. Montrant son fils dans ses bras, elle implore les secours des rares témoins de cette triste scène. Mais dans ce désastre public il fallait peu compter sur la pitié d'autrui. L'incendie ne tarda pas à s'attacher aux ruines de la maison; la malheureuse marquise de Spadara tombe écrasée, et périt dans les flammes, tenant encore dans ses bras l'objet de sa tendresse et la cause de sa mort.

Le bas peuple de la Calabre manifesta, au milieu des horreurs du tremblement de terre de Messine, une affreuse dépravation. Sur les murs chancelants, parmi les ruines fumantes, on voyait des hommes bravant un imminent danger, fouler aux pieds des victimes à moitié ensevelies, qui réclamaient en vain leurs secours, pour aller fouiller de riches décombres, forcer et piller les maisons restées debout. Ils dépouillaient encore vivants des malheureux qui leur auraient donné les plus fortes récompenses, s'ils avaient voulu les dégager. A Polistena, un homme de qualité avait été enterré, la tête en bas, sous les ruines de sa maison: on ne voyait que ses jambes, qui dépassaient en l'air. Son domestique accourut, mais ce fut pour lui enlever les boucles d'argent de ses souliers, et il se sauva aussitôt sans vouloir porter secours à son maître, qui parvint pourtant à se délivrer seul. La plupart des paysans de la Calabre qui se trouvaient en rase campagne le 5 février, se précipitèrent dans les villes encore fumantes de la poussière : « Ils y vinrent, dit Dolomieu, non pour y porter des secours, aucun sentiment d'humanité ne se fit entendre chez eux dans cette affreuse circonstance, mais pour y piller[1]. »

Le petit nombre de survivants empêchait souvent, avons-nous dit, que l'on pût songer à porter secours aux personnes ensevelies. Une mère échevelée, couverte de sang, un père à demi fou

---

[1]. *Mémoire sur les tremblements de terre de la Calabre pendant l'année* 1783, par Déodat de Dolomieu, in-4°, p. 12.

de douleur, entendaient partir de dessous terre les gémissements des êtres qui leur étaient chers; ils reconnaissaient leurs voix, et, certains de la place exacte où ils se trouvaient enterrés, ils ne pouvaient pourtant leur fournir aucune aide. Le manque de bras, la masse énorme de décombres qu'il aurait fallu déplacer, rendaient inutiles tous les efforts de ceux qui cherchaient à les délivrer, et qui se voyaient réduits à écouter avec désespoir les plaintes des victimes, et jusqu'aux gémissements de leur agonie. Ces cris souterrains se sont fait quelquefois entendre plusieurs jours de suite.

Dans la ville de Terranova, quatre moines de l'ordre de Saint-Augustin, qui s'étaient réfugiés dans la sacristie, n'avaient point péri, grâce à la voûte qui avait soutenu le poids des décombres. Mais comment leur aurait-on porté secours? Sur plus de cent moines que renfermait le couvent, un seul avait pu se sauver, parce que sa vigueur extraordinaire lui avait permis de soulever la masse de débris qui avaient englouti ses compagnons. Errant, seul et désespéré, il entendit, pendant quatre jours, les cris des quatre malheureux enfermés sous la voûte de la sacristie; leurs voix s'éteignirent peu à peu, et plus tard, quand toutes ces ruines furent déblayées, on retrouva leurs corps les bras entrelacés.

« J'ai parlé, dit Dolomieu, à un très-grand nombre de personnes qui ont été retirées des ruines dans les différentes villes que j'ai visitées, elles m'ont toutes dit qu'elles croyaient que leurs maisons seules avaient été renversées, qu'elles ne pouvaient penser que la destruction fût aussi générale, et qu'elles ne concevaient pas comment on tardait autant à venir leur porter des secours. Une femme, dans le bourg de *Cinque-Frondi*, fut retrouvée vive le septième jour. Deux enfants qu'elle avait auprès d'elle y étaient morts de faim et étaient en putréfaction. L'un d'eux, appuyé sur la cuisse de sa mère, y avait occasionné une putréfaction semblable. Beaucoup d'autres personnes sont restées trois, quatre et cinq jours ensevelies ; je les ai vues, je leur ai parlé et je leur ai fait exprimer ce qu'elles pensaient dans ces affreux moments. De tous les maux physiques, celui dont elles souffraient le plus était la soif. Le premier besoin que témoignèrent aussi les animaux retirés du milieu des ruines, après un jeûne qui est allé quelquefois jusqu'à plus de cinquante jours, fut de boire ; ils ne pouvaient s'en rassasier. Plusieurs personnes, enterrées vives, supportèrent leur malheur avec une fermeté dont il n'y a pas d'exemple. Je ne crois même pas que la nature humaine en soit capable, sans un engourdissement presque total dans les facultés intellectuelles. Une femme d'Oppido, âgée de dix-neuf ans, et jolie, était pour lors au terme de sa grossesse; elle resta plus de trente heures sous les ruines; elle en fut retirée par son mari, et accoucha peu d'heures après, aussi heureusement que si elle n'eût éprouvé aucun malheur. Je fus accueilli dans sa baraque, et parmi beaucoup de questions, je lui demandai ce qu'elle pensait pour lors. « J'attendais, » me répondit-elle.

Nous terminerons ce triste tableau par une remarque d'un autre ordre et qui a son intérêt. Le pressentiment des animaux à l'approche des tremblements de terre est un fait qui a été partout remarqué. Alors que rien n'annonce aux hommes l'imminence de ce phénomène subit, les animaux le signalent par leur agitation et leurs cris. Tous les animaux sans exception ont cet étrange pressentiment, mais on l'a plus particulièrement noté chez les oies, les canards et les animaux de basse-cour. « Pendant les tremblements de terre du 5 février, les hurlements des chiens étaient si forts, dit Dolomieu, qu'on ordonna de les tuer. » Les bœufs, les chevaux répandus dans la campagne, manifestaient la même agitation. De Humboldt rapporte que, dans les tremblements de terre si fréquents dans l'Amérique méridionale, les bœufs et autres animaux domestiques tiennent leurs quatre jambes fortement écartées, comme s'ils espéraient diminuer ainsi le danger d'être précipités dans une crevasse, qui viendrait subitement à s'ouvrir sous leurs pas. C'est ainsi que, dans les mêmes contrées, on recommande aux hommes, au moment des secousses d'un tremblement de terre, de tenir les bras écartés du corps, en forme de croix. C'est là une précaution que l'expérience et la tradition ont enseignée à l'habitant du Nouveau Monde. Mais qui a donné au bœuf, à l'oiseau de basse-cour, ce pressentiment extraordinaire? Bel argument à opposer, entre mille, à ceux qui ne craignent pas de refuser l'intelligence aux animaux.

VIII

Les volcans. — Volcans centraux et volcans en séries.
Distribution géographique des volcans.

L'apparition d'un volcan est liée de la manière la plus intime au phénomène des tremblements de terre. A la suite de ces grands ébranlements du sol, il arrive souvent qu'une fissure verticale, ou plus ou moins sinueuse, s'établit dans l'épaisseur de l'écorce terrestre. Quand cette fissure reste permanente, elle établit une communication directe entre l'intérieur et la surface de la terre, et il se forme ainsi un *volcan actif*.

Nous n'avons pas, d'après le titre et le but de ce livre, à nous étendre sur les phénomènes divers des actions volcaniques. Cette étude est du ressort de la géologie, et nous renvoyons au premier volume de cette collection, *La terre avant le déluge*, pour le tableau sommaire des phénomènes volcaniques. Nous devons nous borner à étudier ici les volcans au point de vue géographique, c'est-à-dire à considérer leur distribution sur le globe.

Léopold de Buch, dans l'appendice de sa célèbre *Description des îles Canaries*, a établi que l'on peut ranger en deux classes, essentiellement différentes, tous les volcans de la surface de la terre : les *volcans centraux* et les *chaînes volcaniques* ou *volcans en séries*.

On appelle *volcan central*, celui qui ne peut se rattacher à d'autres volcans, et *chaînes volcaniques*, une suite de volcans qui se succèdent en série longitudinale dans une même direction, et dont les cratères forment comme des cheminées communiquant avec une même fente du globe.

On trouve quelquefois vingt ou trente volcans ainsi disposés en séries linéaires et se rattachant évidemment à une même fente.

Fig. 89. L'Etna.

VOLCANS CENTRAUX.

Etna. — Le mont Gibel, en Sicile (fig. 89), est le plus remarquable des volcans de l'Europe. Ses éruptions sont de toute antiquité; les historiens et les poëtes grecs et latins ont décrit longuement ses paroxysmes.

Une des plus célèbres éruptions de l'Etna est celle de 1669. Un tremblement de terre venait de renverser la ville de Nicolosi, lorsque deux gouffres s'ouvrirent près de cette ville. Il en sortit une telle quantité de matières volcaniques que les monts Rossi prirent naissance par l'accumulation de ces matières.

On voit par la figure 96 que le mont Gibel n'offre pas cette apparence conique qui se remarque dans beaucoup de volcans. L'Etna s'étend, en effet, sur une circonférence de près de trente lieues; sa pente s'élève tout à fait insensiblement des ondulations de la plaine. Aussi voit-on se succéder, sur les flancs de l'Etna, les différentes régions botaniques.

Aux assises inférieures de la montagne, est une zone de jardins magnifiques; plus haut, vient une zone de forêts; enfin, vient la région des roches nues. Le sommet de l'Etna est situé à 3315 mètres; il dépasse la limite des neiges perpétuelles; aussi est-il presque toujours couvert de neiges ou perdu dans les nues.

L'aspect du cratère de l'Etna est d'un effet saisissant. Il n'est pas impossible d'arriver jusqu'au bord même de ce cratère et de plonger ses regards dans ses profondeurs. Un mélange de scories noirâtres, de fragments de lave, de basalte et de soufre jaunâtre, s'offre alors à la vue : la lave bouillonne au fond de ces conduits ténébreux. En 1834, M. Élie de Beaumont, accompagné de Léopold de Buch et de quelques autres savants, visita un petit cratère actif qui forme le point culminant de la montagne.

« Ce fut pour nous tous un moment de surprise assez difficile à dépeindre, dit M. Élie de Beaumont, quand nous nous trouvâmes à l'improviste non au bord du grand cratère, mais au bord d'un gouffre presque circulaire d'environ 80 à 100 mètres de diamètre, qui ne touche au grand cratère que par une petite partie de sa circonférence. Nos regards plongeaient avidement dans cet entonnoir presque cylindrique, mais c'était en vain qu'ils y cherchaient le secret de la volcanicité! Les assises à peu près horizontales qui se dessinaient dans les escarpements presque verticaux, ne nous révélaient que la structure du cône supérieur. En cherchant à les compter les unes au-dessous des autres, on les voyait se perdre peu à peu dans l'obscurité complète du fond. Aucun bruit ne sortait de ce fond ténébreux; il ne s'en exhalait que des vapeurs blanchâtres, légèrement sulfureuses, formées principalement de vapeur d'eau. L'aspect lugubre de ce gouffre noir et silencieux, dans lequel nos regards se perdaient; ses flancs obscurs et humides, le long desquels serpentaient, d'une manière languissante et monotone, de longs flocons de vapeur d'une teinte grise

Fig. 90. Cratère de l'Etna.

et mélancolique; le grand cratère auquel se rattache le gouffre étroit, et dans lequel l'entassement confus de matières diversement colorées en jaune, en gris, en rouge, semblait l'image du chaos, tout présentait autour de nous un aspect funèbre et sépulcral. Le froid du matin, secondé par un vent léger du N. E., augmentait encore pour nous cette impression triste et sauvage. »

Du sommet de l'Etna, on voit avec admiration se dérouler, étagés selon les hauteurs, tous les produits de la flore européenne. On aperçoit nettement la région des neiges, la région boisée et la zone cultivée, qui surmontent l'immense tapis des verdoyantes plaines de la Sicile.

Vésuve. — Le Vésuve est, pour l'Européen, le volcan classique. Son origine est moins ancienne que celle de l'Etna, mais ses éruptions sont plus fréquentes ; elles ne sont pas séparées par un intervalle de plus de cinq ou six ans.

Ce qui prouve le peu d'ancienneté du Vésuve, c'est que les écrits des anciens naturalistes romains n'en font aucune mention.

Fig. 91. La Somma avant le premier siècle.

Jusqu'au premier siècle de notre ère, on ne connaissait que la montagne à laquelle on donnait le nom de *Somma* (fig. 91), dont la cime était couverte de bosquets, de buissons et de petits lacs. On sait, par la description que Strabon en a donnée, que la Somma était cultivée sur toute sa hauteur, à cause de sa fertilité. Rien n'avait fait présager l'éruption effroyable qui, au premier siècle de notre ère, bouleversa la Somma, jeta dans la mer la plus grande partie de cette montagne, et fit naître dans la concavité résultant de sa chute, le cône volcanique qui prit le nom de Vésuve.

Tout le monde sait que, pendant l'éruption de l'an 79, qui coûta la vie au naturaliste Pline, les villes d'Herculanum et de Pompéi furent ensevelies sous une immense quantité de matières pulvérulentes, lancées par le nouveau cratère.

Pompéi fut ensevelie sous des matières assez meubles; Herculanum fut couvert d'une espèce de tuf, ou boue épaisse, qui l'enterre aujourd'hui sous une couche dure et compacte. Pompéi a pu être de nos jours déblayée en grande partie. Les fouilles, qui sont poussées avec beaucoup plus d'activité depuis quelques années, grâce à la sollicitude du nouveau gouvernement d'Italie, ont fini par mettre au jour la ville presque entière.

Fig. 92. Le Vésuve après l'éruption de l'an 79.

La figure 93 représente, d'après une photographie, la *rue des Tombeaux à Pompéi*.

Les premières éruptions du Vésuve ne produisirent aucune coulée de lave; elles ne donnèrent que des matières pulvérulentes. Les premières laves n'ont apparu que dans l'éruption de 1036. En 1500 se manifesta une grande éruption qui lança des matières pulvérulentes en abondance. Le cratère resta dans un repos absolu jusqu'au 16 décembre 1631, époque à laquelle il se ralluma tout à coup. La montagne avait eu le temps de se couvrir de bois et de taillis dans lesquels paissait le bétail. Tout cela fut soudainement lancé en l'air ou consumé. Sept torrents de lave coulant du cratère couvrirent plusieurs villages. Sur ces laves mêmes

Fig. 93. rue des Tombeaux à Pompéi.

furent reconstruits les villages qui portent les noms de Torre dell' Annunziata, Torre del Greco, Resina, Portici, etc.

Depuis cette époque, il se passa rarement plus de dix années sans que le Vésuve donnât signe de vie. Le 27 février 1730, le cratère s'était peu à peu élevé, par l'abondance des matières, de telle sorte que son sommet formait une plaine. Le 15 mai 1737, nouvelle éruption, avec courant de lave. Le 2 décembre 1754, le cratère lance des blocs de lave de 4 mètres de diamètre. L'éruption de 1766 dura neuf mois, et la lave forma un grand lac de matières fondues. L'aspect du cratère était alors remarquable; il formait un cône, et de cette sorte de cheminée s'échappaient des gaz, des flammes et des scories. De la base sortaient des matières laviques en fusion. L'ambassadeur d'Angleterre, Hamilton, a publié de très-curieuses planches représentant l'état du Vésuve pendant l'éruption de 1766[1]. L'éruption de 1767, qui a été aussi figurée et décrite par Hamilton, fut remarquable par la grande quantité de lave qui sortit du volcan. Le Vésuve, loin de diminuer de hauteur, s'éleva, pendant cette éruption, de 185 pieds. Le 20 octobre, la lave s'ouvrit une issue à cent pas au-dessous de l'ancien cratère. Dans l'éruption du 29 juillet 1779, les colonnes de feu lancées par le Vésuve s'élevèrent à une hauteur prodigieuse.

D'autres éruptions remarquables ont eu lieu en 1790, 1794, 1804, 1810, 1817, 1820, 1822, 1831, 1834, 1839, 1858 et 1861.

Iles Lipari. — Les îles Lipari, situées en face de la Sicile, renferment deux centres d'action volcanique: le Stromboli et le Volcano. Mais le Stromboli est le plus actif, et on peut le considérer comme le volcan central de ce groupe.

Le Stromboli, qui s'élève au bord de la petite île volcanique de ce nom, est sans doute en communication avec les vastes foyers souterrains qui ont fait surgir le Vésuve et l'Etna. C'est le volcan le plus remarquable de l'Europe, par sa continuité. Connu de toute antiquité, signalé par Homère, le Stromboli n'a pas cessé un moment ses resplendissantes éruptions, qui lui ont fait donner le nom de *Phare de la Méditerranée*, ou *de la mer Tyrrhénienne*. Depuis deux mille ans, on n'a jamais vu s'éteindre son panache de flammes; aujourd'hui, comme au temps d'Homère, la gerbe

---

1. *Campi phlægræi. Observations sur les volcanos des Deux-Siciles*, texte anglais et français, avec 95 planches, in-folio, Naples, 1776.

enflammée qui sort de son cratère sert aux pilotes des environs pour se diriger pendant la nuit.

Toute l'île de Stromboli a été formée par les déjections volcaniques, par des scories et de la lave. Elle forme une sorte de cône, fendu du haut en bas par une large crevasse. Le cratère est placé à 200 mètres au-dessous de la montagne, la lave s'écoule par le haut de l'énorme fissure qui la divise.

Il n'est pas difficile d'arriver au sommet de la montagne, et

Fig. 94. Le Stromboli.

comme les précipices qui descendent vers le cratère sont presque verticaux, on peut plonger ses regards dans le sombre orifice sans être incommodé par les vapeurs sulfureuses ou les roches lancées en l'air, car on domine les bouches d'éruption d'une assez grande hauteur. Toutefois, comme le sommet de la montagne est formé de matériaux mouvants, il y a quelque danger à s'approcher des bords du précipice.

La perspective de ce danger n'a pas arrêté les observateurs. On possède plusieurs descriptions du cratère du Stromboli. La plus exacte est celle qui a été donnée par le géologue prussien Frédéric Hofmann. En 1828, Hofmann s'étant couché sur le bord du précipice, se fit tenir par ses compagnons, de manière à pouvoir avancer la tête au delà des bords, et voici comment il décrit ses impressions :

« Trois bouches actives se voyaient au fond du cratère. La moyenne principale avait 200 pieds de diamètre ; elle ne montrait rien de particu-

Fig. 95. Cratère du Stromboli.

lier ; elle umait légèrement et de nombreuses croûtes jaunes de soufre couvraient les parois de sa cheminée. A côté de cette bouche on en trouvait, plus près du précipice, une autre large seulement de 20 pieds, dans laquelle je pouvais observer le jeu de la colonne liquide de lave, dont le niveau se balançait par intervalles.

« La lave ne se montrait point comme une imagination ardente se la dépeint quelquefois, sous forme d'une masse brûlante, vomissant des flammes ; mais elle paraissait luisante comme du métal fondu, comme le fer sortant du haut fourneau, comme l'argent au fond du creuset.

« Cette masse fondue oscillait en montant et en descendant. Elle était poussée évidemment par la tension terriblement élevée de vapeurs élastiques renfermées dans son intérieur, et on pouvait facilement voir l'effet du balancement entre le poids des masses fondues et la pression des vapeurs d'eau qui les soulevaient. La surface montait et descendait régulièrement par intervalles rhythmiques. On entendait un bruit particulier, semblable aux décrépitations de l'air entrant par un soufflet par la porte d'un fourneau de mines. Un ballon de vapeurs blanches sortait à chaque décrépitation, en soulevant la lave, qui retombait après sa sortie. Ces ballons de vapeur arrachaient à la surface de la lave des scories chauffées au rouge, et ces morceaux dansaient comme ballottés par des mains invisibles, dans un jeu rhythmique, par-dessus le bord de l'ouverture. Ce jeu si régulier et si attrayant était interrompu de quart d'heure en quart d'heure par des mouvements plus tumultueux. La masse des vapeurs tourbillonnantes resta alors immobile pendant un moment en faisant même un mouvement saccadé de retour, comme si elle était aspirée par le cratère, du fond duquel s'élevait plus fortement la lave comme pour aller à sa rencontre. Le sol tremblait alors, les parois du cratère tressaillaient en s'inclinant. C'était un tremblement de terre manifeste. La bouche du cratère faisait entendre un mugissement sourd et roulant, et à la fin un ballon immense de vapeur crevait à la surface de la lave, soulevée avec des craquements sonores et tonnants. Toute la surface de la lave réduite en esquilles incandescentes était alors lancée en l'air.

« La chaleur frappait vivement nos visages, une gerbe enflammée montait toute droite en l'air et retombait en pluie de feu sur les environs. Quelques bombes s'élevaient jusqu'à 1200 pieds de haut et décrivaient, en passant par-dessus nos têtes, des paraboles de feu. Immédiatement après une éruption pareille, la lave se retirait dans le fond de la cheminée, qui s'ouvrait noire et béante ; mais bientôt on voyait remonter le miroir luisant de la surface de lave qui recommençait alors le jeu rhythmique des dégagements ordinaires moins violents. »

Islande. — Bien que les anciens traités de géographie ne signalent en Islande que le mont Hékla comme montagne volcanique, il existe dans cette île plus de 20 volcans, dont 8 sont en activité. L'Hékla n'est ni le plus grand ni le plus formidable de ces volcans. Si on le cite de préférence, c'est qu'il est situé près de la côte méridionale de l'île, partie le plus souvent visitée par les voyageurs. L'Islande elle-même, comme le montrent les cartes géologiques, est tout entière un terrain d'éruption ; les volcans doivent donc y être nombreux.

Les principales bouches volcaniques sont, au nord, celles de Krabla, Leirhnukur, Trolladyngur, Skapta-Jockül ; au sud, l'Hékla, Eyafiall et Kottigia ; à l'est, Orofa-Jockül. En 1783, le Krabla et le Skapta-Jockül vomirent une pluie de cendres, ou plutôt de matières pulvérulentes, qui, lancées sans interruption

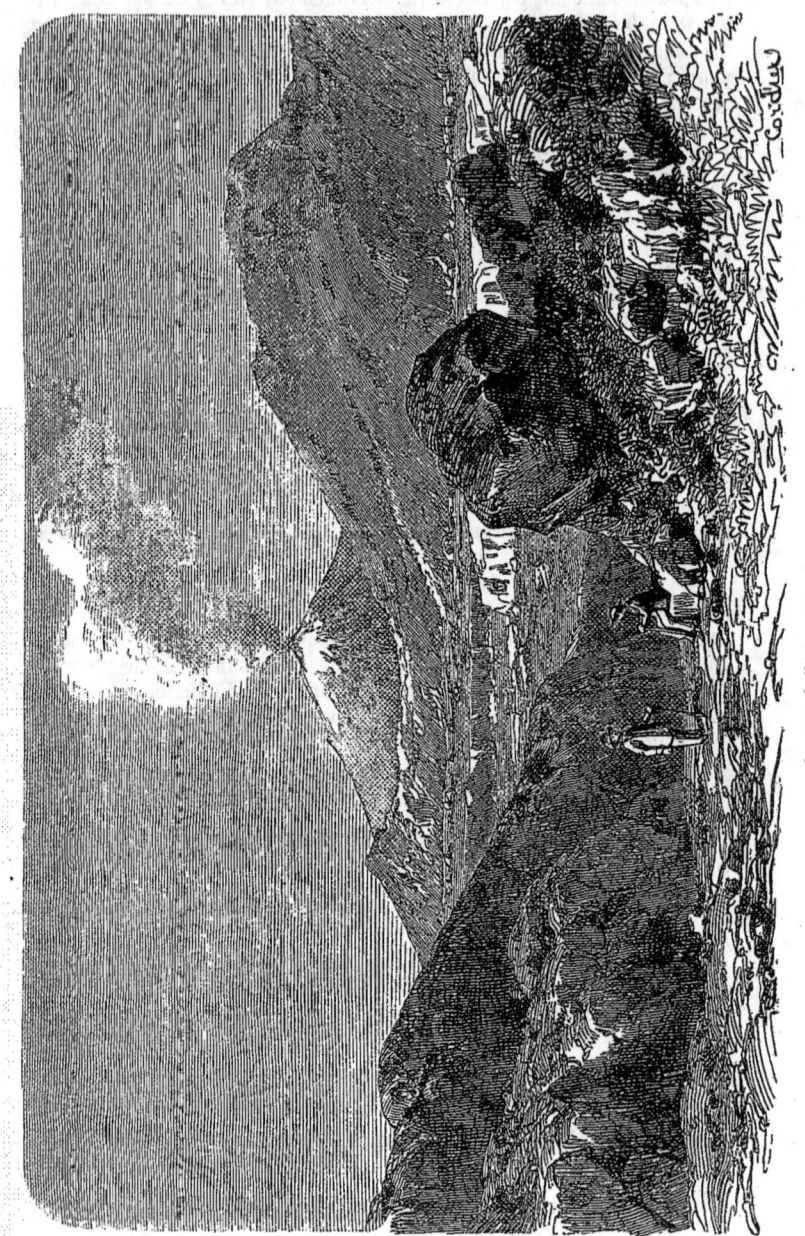

Fig. 96. L'Hékla en Islande.

pendant six mois, et chassées par les vents sur toute l'Europe, produisirent une coloration anomale de l'atmosphère et obscurcirent momentanément le soleil.

Presque tous les volcans de l'Islande sont situés sur une large bande de trachyte qui traverse l'île du sud-ouest au nord-est; elle est sillonnée par d'immenses crevasses et recouverte par des masses de laves d'une si grande étendue en longueur et en largeur qu'on n'en trouve de semblables dans aucune contrée volcanique. Les actions volcaniques ont une telle énergie dans ce pays, que certains paroxysmes de l'Hékla ont duré six ans sans interruption.

On ne peut parler des volcans de l'Islande sans citer le célèbre volcan d'eau, connu sous le nom de *Geyser* (fig. 97). On donne ce nom à d'immenses jets d'eaux bouillantes, chargées de silice, qui s'élancent du sol à des hauteurs considérables, en déposant sur leurs parcours d'énormes quantités de silice qui forment des sédiments et des terrains nouveaux.

Iles Açores, Canaries, et îles du Cap-Vert. — Ce groupe d'îles situées à l'ouest de l'Afrique est tout aussi volcanique que l'Islande.

Le principal volcan des îles Açores est le *Pico*, remarquable par son cône d'éruption parfaitement régulier et formé de trachyte.

Nous avons déjà parlé du pic de Ténériffe à propos des montagnes de l'Afrique[1]. C'était jadis un volcan terrible; mais ses éruptions ont cessé depuis le commencement de notre siècle. Le cône d'éruption du pic de Ténériffe s'aperçoit à 50 lieues en mer. Le célèbre géologue allemand, Léopold de Buch, est descendu jusqu'à plus de 2000 mètres de profondeur dans le cratère éteint, pour étudier la structure de cette masse éruptive et la succession des terrains que cette fissure met à nu.

Les îles du Cap-Vert ne contiennent qu'un seul volcan en activité: le Fuelgo.

Iles Gallapagos. — Ces îles renferment 12 volcans en activité.

Iles Sandwich. — Le volcan principal de ces îles se trouve dans l'île d'Owaihi: le Mowna-Woraway.

1. Page 150.

Iles Marquises. — Quelques volcans existent dans ces îles, dont le terrain est trachytique.

Ile de la Société. — La montagne de Tobreonn, aussi haute que l'Etna, est le volcan central de ce groupe.

Iles des Amis. — Le volcan de Tofua, qui appartient à ces îles, est, dit-on, continuellement en éruption.

Ile Bourbon. — Le volcan qui s'élève dans cette île est un des plus importants du globe. Il a deux éruptions par an. Sa hauteur dépasse 2000 mètres.

CHAÎNES VOLCANIQUES.

On possède peu de renseignements précis sur la plupart des chaînes volcaniques, ou *volcans en séries*. Les volcans du Chili et du Mexique, étudiés par de Humboldt au commencement de notre siècle, sont les seuls qu'on ait observés scientifiquement. Aussi nous bornerons-nous à donner, d'après le mémoire de Léopold Buch, l'énumération des principaux volcans centraux du globe, en insistant un peu plus sur les derniers, c'est-à-dire sur ceux de la chaîne du Chili, de la Bolivie et du haut Pérou, de Quito et du Mexique.

Iles de la Grèce. — Ces îles sont les seules en Europe qu'on puisse classer avec certitude dans les chaînes volcaniques ; l'île de Santaura est la plus remarquable, parce que l'action volcanique n'y subit aucune interruption. En l'an 480 de notre ère, son cratère apparut, et produisit l'île d'Hierara. En 1427, cette île s'accrut considérablement ; la petite Kaméni se forma, en 1573, au milieu du cratère, et sa production fut accompagnée d'une grande éruption de vapeurs et de pierres ponces. De 1707 à 1709, apparut la Nouvelle-Kaméni, qui dégage constamment des vapeurs sulfureuses. Le phénomène volcanique est permanent dans ce groupe, et peut-être une île nouvelle apparaîtra-t-elle bientôt.

Chaîne située à l'ouest de l'Australie; chaînes des îles de la Sonde, chaînes des Moluques et des Philippines. — On peut grouper ensemble ces chaînes, qui forment un ensemble entourant la Nouvelle-Hollande et le continent de l'Asie. Les innombrables volcans des îles de la Sonde s'étendent jusqu'aux îles les plus éloignées de Sumatra et de Java, et se perdent dans le golfe de

Fig. 97. Le Geyser de l'Islande.

Bengale. La chaîne des îles Moluques et des îles Philippines s'élève de même vers le Japon, et entoure le continent de l'Asie.

Chaîne du Japon et des Kurilles. — Les volcans du Japon sont distribués sur toute la surface de ce pays. Le *Fusi*, situé dans la province de Suraga, est la montagne la plus élevée et le volcan le plus considérable de tous ceux du Japon. Son sommet, constamment couvert de neige, exhale sans cesse des vapeurs volcaniques.

Volcans du Kamtschatka. — Cette chaîne est traversée dans toute sa longueur par deux chaînes différentes; celle qui regarde l'Amérique est formée presque entièrement de cônes et de pics gigantesques qui, presque tous, sont des volcans actifs. Le principal de ces volcans, celui de Klutschew, s'élève sur une des plus hautes montagnes du globe.

Chaîne des îles Aleutiennes. — Ces îles renferment plusieurs volcans actifs.

Chaîne des îles Mariannes. — Il existe 7 volcans dans ce groupe; celui de l'île de l'Assomption est seul en activité.

Passons à différents groupes des volcans de l'Amérique, qui se rattachent aux Cordillères.

Volcans des Antilles. — Les volcans qui composent cette chaîne sont peu élevés. Les cratères de la Guadeloupe, de Saint-Christophe, de la Martinique et de Saint-Vincent semblent se remplacer alternativement pour l'émission de produits volcaniques. Le dernier de ces volcans eut une éruption considérable le 27 avril 1812.

Volcans de Guatimala. — Ces volcans sont très-peu connus; mais comme ils sont placés le long du rivage, ils attirent toujours les yeux des navigateurs. Ces pics, qui semblent partir du fond de la mer, pour s'élancer dans les nues, servent de phare aux pilotes. Le volcan de Fuego, situé à l'ouest de l'ancienne ville de Guatimala, est resté ignivome depuis 1580 jusqu'au commencement de notre siècle. Les affreux tremblements de terre qu'il a occasionnés ont forcé de déplacer la ville de San-Yago ou Nouvelle-Guatimala, qui a été rebâtie dans la plaine, 7 lieues plus à l'est.

Volcans de la Bolivie et du haut Pérou. — Le plateau des Andes, dans cette partie de l'Amérique, est bordé par deux chaînes élevées, dont l'une, celle qui s'étend à l'ouest, présente une série non interrompue de volcans en activité, située à une altitude supérieure à celles des montagnes les plus hautes de l'Europe. Les pics volcaniques les plus importants de cette chaîne sont le Chipicana, l'Arequipa et le Pichu-Pichu.

Volcans de Quito. — Un immense dôme volcanique d'environ 500 kilomètres carrés, et qui s'étend du nord au sud, forme la plus grande partie de la haute contrée de Quito. Le Cotopaxi, le Pichincha, le Tunguragua et l'Antisana sont les volcans actifs les plus importants de cette chaîne.

Le *Cotopaxi* (fig. 98) est le plus beau sommet de la Cordillère des Andes. Sa forme a tant de régularité que les Espagnols disent

Fig. 98. Le Cotopaxi.

qu'il a été façonné au tour. La limite des neiges perpétuelles y est accusée par une ligne tranchée de la manière la plus nette. En 1471, la Condamine et Bouguer, pendant qu'ils procédaient à leurs mesures trigonométriques dans ces régions équatoriales, contemplèrent une des plus belles éruptions du Cotopaxi, qui lançait des colonnes de feu de 5000 pieds de hauteur. Cette éruption dura trois ans et noya sous des flots de lave d'immenses étendues de plaines.

Le Pichincha servit de demeure à la Condamine et Bouguer en 1742. Ils y passèrent trois semaines à une altitude égale à celle du Mont-Blanc. C'est au terrible voisinage de ce volcan que la ville de Quito doit ses tremblements de terre.

Le Pichincha a quatre sommets principaux. C'est dans le sommet placé au sud, et qui porte le nom de *Ruas* Pichincha (Pere) qu'est placé le cratère d'éruption. Cette disposition fait que le Pichincha (fig. 99) ressemble plutôt à une chaîne de montagnes qu'à un volcan.

M. de Humboldt fit l'ascension du Pichincha. Il s'approcha jusqu'aux bords du cratère, et vit les bouillonnements de la lave dans les noires profondeurs de l'abîme. Mal dirigé par ses guides, il s'était avancé, au milieu d'un épais brouillard, à quelques pieds de la pente rapide qui descend dans le cratère, et il faillit tomber dans le gouffre enflammé.

L'Antisana, qui se dresse en face du Pichincha, est un volcan éteint depuis trois siècles.

Fig. 99. Volcan du Pichincha.

Volcans du Mexique. — Ces volcans sont tous distribués selon une même ligne, de l'est à l'ouest, qui coupe obliquement le continent américain. La plupart sont aussi actifs que ceux de Quito, et leur altitude est considérable. Le Popocatepetl, le Jorullo, le Colima et le Larzaba sont les plus importants de ce groupe.

Le Popocatepetl, qui se dresse non loin de Mexico, a plus de 3000 mètres de hauteur. Il avait autrefois de fréquentes et de terribles éruptions, mais depuis plusieurs siècles il ne lance guère que des vapeurs, non accompagnées de flammes. Ce volcan a été assez souvent exploré dans notre siècle; M. de Humboldt est le premier qui ait mesuré sa hauteur.

Le Colima, haut de 4000 mètres, est en état d'éruption constante, mais il ne lance que de la fumée et des cendres.

Le Jorullo, qui fait suite au Colima, a cela de remarquable que sa formation est pour ainsi dire contemporaine. Au mois de juin 1759, une plaine fertile de l'État de Valladolid, entièrement cultivée et couverte de plantations, située à six journées de marche de Mexico, éprouva une commotion subite. Un affreux tremblement de terre se manifesta, et se prolongea deux mois entiers. Au bout de ce temps, les inquiétudes des habitants du pays commençaient à se calmer, lorsque dans la nuit du 28 au 29 septembre, la terre s'agita de nouveau, et un terrain de plusieurs lieues d'étendue se souleva lentement, en forme de masse arrondie et boursouflée. Du sommet de la montagne ainsi formée s'exhalaient des émanations volcaniques. Tout le terrain qui s'étendait au pied de ce vaste mamelon ondulait comme les vagues de la mer agitée par la tempête. Des milliers de monticules de 3 à 6 mètres de hauteur, très-rapprochés les uns des autres, s'ouvraient et se fermaient alternativement. Enfin la montagne creva, et par ce gouffre de près de 3 lieues carrées s'élancèrent des flammes, des scories et des roches en fusion.

L'éruption dura près d'une année. Elle diminua graduellement, mais elle n'a jamais entièrement cessé, et le Jorullo lance encore aujourd'hui des tourbillons de feu. Tout autour de la montagne, des milliers de bouches, de forme conique, nommées *hanitos*, émettent constamment de la fumée et des gaz. Deux rivières, qui coulaient autrefois dans la plaine, s'engloutissent dans un gouffre profond, et reparaissent à l'ouest, à un point très-éloigné de leur ancien lit. Il est probable qu'elles traversent le conduit volcanique, car elles reviennent au jour avec une température de 53 degrés. La figure 100 représente l'état actuel du Jorullo.

Fig. 100. Le Jorullo, volcan du Mexique.

LES EAUX DOUCES.

I

Sources et fontaines naturelles.

Quand l'air humide, poussé par le vent, monte le long des flancs d'une montagne, il se refroidit, et à une certaine hauteur il devient nuage ou brouillard. En s'élevant davantage, ce nuage se résout en pluie. Si cette pluie vient à tomber sur de très-grandes hauteurs, elle se congèle, et couvre d'une couche de neige le sommet de la montagne. Le refroidissement de l'air parvenu dans ces hautes régions est dû à la raréfaction qu'il subit nécessairement dans les parties supérieures de l'atmosphère. Quelques centaines de mètres suffisent, à cette élévation, pour produire un abaissement de température d'un ou de plusieurs degrés. On comprend dès lors la masse énorme de neige qui doit résulter de la condensation des vapeurs contenues dans ces grands volumes d'air, chargés d'exhalations marines, que les vents portent aux sommets des Alpes, des Cordillères ou de l'Himalaya. C'est pour cette raison que les chaînes de montagnes sont le berceau des plus grands fleuves. Le Rhône et le Rhin, par exemple, doivent leur origine au vent humide du sud-ouest qui passe sur les Alpes; le bassin du Pô s'alimente de la même manière par les vents du sud, et le Danube par les vents d'est, qui déposent leur humidité sur la grande chaîne centrale de l'Europe.

Ainsi tombée sur les hauteurs, l'eau s'infiltre dans le sol; elle reparaît plus loin et plus bas, sous la forme de *sources* qui descendent dans les vallées. En même temps, la fonte annuelle des neiges qui couronnent les hautes cimes alimente abondamment les petites rivières qui descendent des montagnes ; de sorte qu'après les crues d'hiver qui résultent des pluies de cette saison, arrivent les crues d'été provenant de la fonte des neiges. Ainsi des masses énormes d'eau sont toujours en circulation entre l'atmosphère et la terre ; elles tombent sans cesse en pluie et en neige, pour remonter sans cesse en vapeur ; cet éternel échange produit l'*arrosement du globe*, phénomène capital et agent essentiel de sa fertilité.

Ce rôle fondamental des pluies dans l'économie de la nature est exprimé par Lucrèce dans les beaux vers où il nous montre les produits de la nature, les fruits, les blés et les forêts verdoyantes, naître à la suite des pluies, être pour ainsi dire engendrés par les pluies, par une sorte de fécondation dans le sein maternel de la terre.

> Postremo pereunt imbres; ubi eos pater aether
> In gremium matris terraï præcipitavit?
> At nitidæ surgunt fruges, ramique virescunt
> Arboribus : crescunt ipsæ, fœtuque gravantur.
> Hinc alitur porro nostrum genus atque ferarum,
> Hinc lætas urbes pueris florere videmus,
> Frondiferasque novis avibus canere undique silvas [1]....

Les eaux qui se sont condensées au sein de l'atmosphère, et qui retombent en pluie sur la terre, sont chimiquement presque pures : on les nomme *eaux douces*, par opposition aux *eaux salées* de l'Océan. Une partie de cette eau qui tombe sous forme de rosée, de pluie ou de neige, s'évapore de nouveau, par la chaleur terrestre ou solaire ; une autre portion glisse à la surface du terrain, et ruisselle le long de ses pentes. Ce sont les *eaux sauvages*, que l'on voit couler sur le sol après une pluie abondante. Une dernière partie s'infiltre dans la terre, y pénètre à des profondeurs variables, et s'y réunit en masses souterraines, qui cheminent entre les couches de terrain superposées. Telle est l'origine de la couche d'eau qui existe à peu de profondeur dans tous les terrains perméables, et qui alimente les puits des maisons

---

1. (Lib. I.) Enfin les pluies disparaissent ; où l'éther les a-t-il précipitées dans le sein maternel de la terre ? Ce qui est certain, c'est que l'on voit alors surgir les blés, les arbres se revêtir de verdure, croître et se charger de fruits. C'est de là que notre espèce et tous les animaux tirent leur nourriture ; c'est de là que les villes se remplissent d'une florissante progéniture et que les forêts verdoyantes résonnent du chant des jeunes oiseaux.

dans beaucoup de pays. La couche d'eau est très-voisine du sol. A Paris, par exemple, on ne peut creuser à 5 ou 6 mètres sans la rencontrer ; l'établissement des égouts sous les rues de la capitale exige, comme première opération, l'épuisement de la nappe aquifère du terrain.

Telle est aussi l'origine des *sources* ou *fontaines naturelles*. Elles ne sont autre chose que les eaux pluviales réunies dans des cours souterrains, et se faisant jour à un point situé plus bas. L'eau fournie par les sources s'ajoutant aux *eaux sauvages*, donne naissance aux *ruisseaux*, qui, réunis, forment les *rivières* et les *fleuves*.

Ces deux dernières dénominations servent à désigner des cours d'eau d'un volume plus ou moins considérable. Les bords d'une eau courante s'appellent *ses rives*. La *rive droite* et la *rive gauche* se distinguent en supposant que l'on se place à la source et que l'on regarde couler l'eau. Des rives escarpées se nomment *berges* ; lorsqu'elles s'abaissent en pente douce, on les nomme quelquefois *talus*. Le *lit* d'une rivière est l'espace que couvrent ordinairement ses eaux. Les cours d'eau qui se précipitent impétueusement des montagnes, dans des ravins accidentés, se nomment *torrents*.

L'eau qui ne trouve pas d'issue s'épanche en *marais*. Ces accumulations d'eaux stagnantes résultent le plus souvent de cours d'eau qui rencontrent un terrain horizontal ; d'autres fois ils se forment sur place, par la stagnation de l'eau des sources qui s'échappent du sol. Si le terrain offre des dépressions dans lesquelles l'eau puisse s'accumuler, on aura les *lacs des montagnes* ou les *étangs des plaines*, réservoirs naturels qui se forment à toutes les hauteurs. Il n'est pas rare qu'une rivière traverse ces bassins ; ses flots rafraîchissent et renouvellent constamment celles du lac ou de l'étang.

D'après cette division des eaux douces, nous aurons à considérer successivement : les *sources*, les *rivières* ou *fleuves* et les *lacs*. Commençons par l'examen des *sources*, ou *fontaines naturelles*.

Ces filets d'eau qui s'échappent avec plus ou moins d'abondance des fentes d'un rocher solitaire, ou du sol d'une verte prairie, forment dans un paysage les points de repos les plus poétiques. Par la limpidité de leurs flots sortis des profondeurs mystérieuses de la terre, par le gai murmure de leurs eaux, qui saluent pour la première fois la lumière du jour, enfin par la végétation qui les entoure et se baigne dans l'onde vivifiante, les sources exercent sur l'âme humaine un charme tout particulier. La douce impression morale qu'éveille en nous la vue d'une belle fontaine naturelle, avait rendu certaines sources célèbres dans l'antiquité. Qui ne connaît la source de l'*Hippocrène*, située au pied du mont Hélicon, et la *fontaine de Castalie*, dans le vallon du Parnasse, consacrées l'une et l'autre aux muses du paganisme? Un pauvre et triste village marque aujourd'hui la place où s'élevaient jadis la fière Delphes, et ce mystérieux temple d'Apollon où la Pythonisse allait puiser ses inspirations dans les eaux Castaliennes. Cette source, immortalisée par les souvenirs de la Grèce, est aujourd'hui dédiée à saint Jean ; une petite chapelle s'élève près de ses bords; un figuier entouré de lierre et de broussailles, ombrage son bassin. La fraîcheur de cette source est telle qu'on est saisi de frisson lorsqu'on y plonge les mains. La Pythonisse ne prenait-elle point pour l'obsession divine la fièvre que devait lui donner le contact glacial de cette onde?

Une autre source célèbre est celle d'*Aréthuse*, dans l'île d'Ithaque, où les troupeaux d'Ulysse allaient se désaltérer. « Va, dit la déesse à Ulysse, quand il retourne dans son royaume ; va trouver d'abord celui qui garde les troupeaux auprès de la roche Coracienne, où coule l'eau de l'*Aréthuse aux flots noirs*. »

La fontaine d'Aréthuse est située dans l'intérieur de l'île d'Ithaque, à trois lieues de la mer. C'est un bassin étroit, placé au sommet d'un haut ravin, et alimenté par les eaux qui suintent des rochers qui le surplombent. Lorsqu'on s'assied près des ruines d'une route qui recouvrait autrefois ce bassin, on voit les pentes de la vallée toutes tapissées de plantes à larges feuilles et de broussailles odoriférantes; plus loin, à travers une éclaircie, le regard découvre un coin de la surface bleue de la mer. Du sommet du rocher, se déroule un horizon étendu, qui embrasse les îles et les montagnes de la Grèce. C'est dans cette solitude enchanteresse que le héros de l'Odyssée vint, il y a trois mille ans, se reposer et boire à la source qui abreuve aujourd'hui les chevriers Théakiens. Le physicien Dodwell, qui a visité ce lieu célèbre, loue cette eau claire, fraîche, agréable au goût, et qui sort d'une roche couverte de mousse. Le bassin a une profondeur de plus d'un mètre; on l'a entouré d'un mur, pour empêcher le débordement des eaux. En sortant d'un orifice percé dans le mur, l'eau tombe dans une auge où s'abreuve le bétail. En 1798, les Français ont eu cette île en leur possession, et ils ont laissé les traces de leur court passage dans ces inscriptions qui se lisent encore sur le rocher d'Aréthuse et qui portent le cachet de l'époque : *Liberté, égalité, fraternité*.

Partout bienfaisantes, les sources acquièrent une importance particulière dans les arides déserts de l'Afrique; dans ces lieux solitaires, elles donnent la vie aux îles de verdure qu'on appelle *oasis*. La Bible nous parle déjà des sources de Marah et d'Elim, dans le désert d'Arabie; on corrigeait déjà leurs eaux saumâtres, comme on le fait encore aujourd'hui pour celles du désert, en y exprimant le suc de certaines plantes.

Les sources se rencontrent dans tous les terrains et à des hauteurs très-variables; mais elles sont plus fréquentes dans les terrains stratifiés, qui permettent à l'eau de se rassembler et de se creuser un lit souterrain.

Les montagnes granitiques et schisteuses donnent naissance à de nombreuses sources, mais leur volume est généralement faible. Les roches anciennes, telles que les porphyres, les trachytes, etc., en produisent aussi un grand nombre. On en trouve beaucoup, par exemple, dans la chaîne du Mont-Dore, où elles forment souvent de belles cascades; nous ne citerons que celles du *Dorza*, à la base du pic de Sancy, et celle qui existe à peu de distance des bains

On rencontre des sources à la base et aux environs des volcans, mais rarement sur les montagnes volcaniques elles-mêmes, ce qu'il faut attribuer à la porosité des laves et des roches scorifiées, qui livrent à l'eau un passage facile, et les laissent s'échapper ainsi dans les terrains inférieurs.

La fréquence, mais le peu d'importance des sources qui sortent des granits, des gneiss et des micaschistes, s'explique facilement par les fissures et crevasses de ces terrains, qui divisant l'eau d'infiltration en une infinité de filets, la laissent suinter dans tous les sens. Néanmoins, comme les montagnes granitiques sont ordinairement d'une grande élévation, leurs sommets neigeux donnent naissance à des sources volumineuses, qui deviennent de véritables rivières. La Garonne, par exemple, se forme au moyen des sources qui descendent des Pyrénées; le Rhône, le Pô, le Rhin, le Danube ont leur origine dans les Hautes Alpes. Dans les montagnes calcaires, formées de roches tendres, à couches horizontales, l'eau pénètre facilement à travers les gerçures verticales, et se rassemble dans des réservoirs souterrains ou cavernes, qui se rencontrent en grand nombre dans les terrains calcaires. C'est pour cette raison que les sources y ont quelquefois un si grand volume, et qu'elles donnent immédiatement naissance à de puissants cours d'eau. Alimentées par une infinité de petits tributaires, elles forment des rivières dès leur émergence. Telle est, dans le Jura, la Loire, qui met en mouvement plusieurs usines dès qu'elle sort de terre; telle est encore la *fontaine de Vaucluse*, près d'Avignon, et la *fontaine de Nîmes*.

Immortalisée par les amours de Pétrarque et de Laure, la fontaine de Vaucluse (fig. 101) coule à cinq lieues de la ville d'Avignon. Quand on est arrivé au village de Vaucluse, on n'a plus qu'un kilomètre à parcourir pour arriver à la fontaine. On aperçoit au-dessus du village les ruines d'un ancien château qui porte le nom de *château de Pétrarque*. On entre alors dans un vallon étroit, bordé de rochers escarpés aboutissant à un mur taillé à pic, par lequel le vallon se ferme brusquement comme un cul-de-sac : c'est de là qu'est venu le nom de Vaucluse (*vallis clausa*). La source sort au pied de ce mur. On voit jaillir de ce point une vingtaine de torrents, de la grosseur du corps d'un homme; ils se précipitent avec fracas, et forment la rivière de la Sorgue. Au-dessous du mur qui ferme le vallon, est un bassin circulaire de 20 mètres de diamètre, entouré d'énormes blocs de rochers et creusé en entonnoir, dans lequel les eaux de la fontaine se maintiennent à des hauteurs variables. On n'a jamais trouvé le fond de cet abîme. L'excavation du bassin s'étend sous les rochers, et de vastes canaux souterrains y amènent les eaux abondantes qui proviennent de la fonte des neiges. Les blocs entassés en avant du bassin sont couverts d'une mousse d'un vert noirâtre, qui croît sur une terre calcaire blanche et poudreuse déposée par les eaux. Sur le bord du bassin on a érigé, en 1809, une colonne portant cette inscription : *A Pétrarque*.

La *fontaine de Nîmes* (fig. 102) sort du pied d'une colline de 70 mètres de hauteur, au haut de laquelle se dresse le phare antique et délabré connu sous le nom de *Tour-Magne*. La *fon-*

Fig. 101. Fontaine de Vaucluse.

taine de Nîmes était utilisée, par les Romains, pour des bains publics, dont les constructions anciennes se voient encore au-

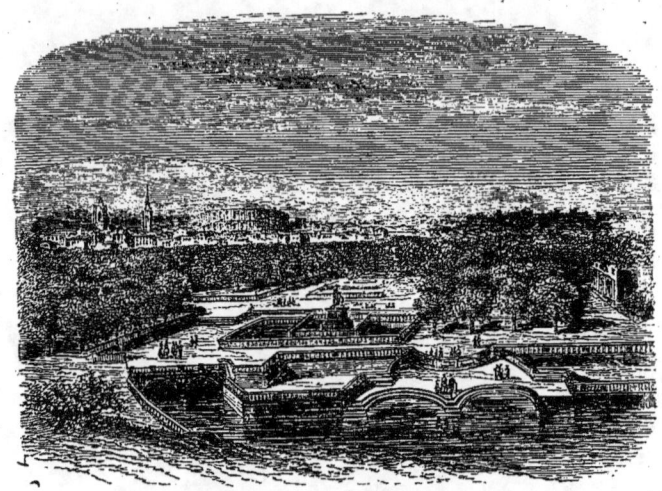

Fig. 102. Fontaine de Nîmes.

Fig. 103. Temple de Diane.

dessous des bassins réguliers qui ont été construits sous Louis XIV pour transformer les rives de la source en une magnifique proménade décorative. A gauche du grand bassin, se voient les ruines du *temple de Diane* (fig. 103). La colline qui surmonte la fontaine de Nîmes a été de nos jours plantée d'arbres verts, formant des allées sinueuses qui s'élèvent, en pente douce, jusqu'à la Tour-Magne. Tout cet ensemble, où l'art se mêle si heureusement à la nature, fait de la fontaine de Nîmes une des promenades les plus pittoresques du monde entier.

Parmi les fontaines qui ne tarissent jamais, une des plus belles est la source de Sainte-Winifrède, à Holywell, en Flintshire (Angleterre). La quantité d'eau qu'elle fournit est estimée à 21 000 litres par minute. Cette eau se rend à la mer, éloignée seulement d'une demi-lieue, et sur son parcours elle met en mouvement onze moulins. Au-dessus du bassin qui reçoit les eaux de cette source, et qui est de forme polygonale, la famille des comtes Stanley a fait élever une chapelle. Les peintures des vitres représentent la vie de sainte Winifrède, dont le sang, versé sur cette place, a donné naissance, selon la légende, à cette source, autrefois en grande vénération, et qui était le but de fréquents pèlerinages.

Dans le sud du Mexique, au bord de la rivière Zuni, ou *Rio-del-Pescado*, est une autre source de grande réputation : elle porte le nom de *Fontaine sacrée* (fig. 104). Le bassin qui reçoit ses eaux a 8 mètres de diamètre et 4 de profondeur.

Quand l'eau, venant d'une certaine hauteur, s'infiltre dans une couche poreuse, contenue elle-même entre *deux couches imperméables* qui se relèvent et se redressent peu à peu, elle tend à monter suivant les lois de l'hydrostatique ; et si elle trouve une ouverture dans la couche supérieure, elle s'en échappe avec force, et produit ce qu'on nomme une fontaine jaillissante. On en trouve des exemples dans les sources du Loiret et de la Rouvre, qui sortent en bouillonnant de gouffres profonds que les gens du pays regardent comme des abîmes sans fond. Ces sources fournissent assez d'eau pour porter des bateaux à leur sortie de terre.

Au château de Sozay, près Clamecy, est une fontaine de ce genre, que l'on nomme l'*Abîme*, et qui sort d'un puits très-profond, de 4 mètres de diamètre.

On voit sur la plage d'Alvarado, dans le golfe du Mexique, une éminence de sable de 30 mètres de hauteur, dont le sommet donne issue à une belle source jaillissante d'eau potable, où les vaisseaux du port viennent prendre leur eau douce.

La presqu'île de Morée offre un grand nombre de fontaines de ce genre; nous ne citerons que celles de Skala, de Lerne, etc.

Les eaux jaillissantes se font jour quelquefois au-dessus de

Fig. 104. Source sacrée de Zuni, au Mexique.

la surface de la mer, comme dans la baie de Jagua, sur la côte méridionale de Cuba.

« A deux ou trois lieues de la terre, dit de Humboldt, des sources d'eau douce sortent du milieu de l'eau salée.... Leur éruption se fait avec tant de force, que l'approche de ces lieux fameux est dangereux pour les petites embarcations, à cause des lames qui sont très-larges et se croisent en clapotant. Les navires côtiers approchent quelquefois de ces sources pour y puiser de l'eau qui est d'autant plus douce qu'on la puise à une plus grande profondeur. »

Un des plus beaux exemples de fontaine jaillissante au milieu de la mer, est celle du golfe de la Spezzia. L'eau s'élance au-dessus de la mer, en formant un mamelon de plus de 20 mètres de diamètre sur 3 à 4 décimètres de hauteur; on voit, à son centre, un grand nombre de jets verticaux tellement impétueux qu'un bateau ne s'arrête que difficilement au milieu de cette proéminence liquide, distante de 50 mètres de la terre. Spallanzani put en sonder la profondeur : le plomb toucha le fond à 15 mètres.

Quelques sources, surtout les fontaines jaillissantes, offrent des intermittences périodiques. On attribue ce phénomène à la présence de cavités souterraines, dans lesquelles l'eau s'accumule et revient par des canaux récourbés en forme de siphons. Si la quantité d'eau qui s'écoule est plus grande que celle qui descend des régions supérieures, il arrive un moment où le niveau dans le réservoir s'abaisse au-dessous du sommet du siphon, alors la source cesse de couler jusqu'à ce que le réservoir soit empli de nouveau.

Ces interruptions et retours suivent quelquefois des périodes aussi régulières que les marées de l'Océan. Pline a décrit la fontaine périodique de Côme, dans le Milanais actuel, dont les intermittences sont d'une heure. Il existe à Colmar, en Provence, une fontaine qui s'élève huit fois par heure. Celle de l'abbaye de Haute-Combe, en Savoie, paraît toutes les vingt minutes, dans l'intérieur du mont de la Dent-du-Chat, par un canal vertical qu'elle a tapissé de concrétions calcaires. Elle est située à 127 mètres au-dessus du lac du Bourget.

On cite encore, à peu de distance de Chambéry, la source du *Puits-Gros*, qui coule au lever et au coucher du soleil, à midi et à minuit, c'est-à-dire par intervalles de six heures.

La *fontaine de Boulaigne*, près Fressinet, dans les monts Coyrons, reste quelquefois vingt ans sans couler; puis elle donne de l'eau pendant plusieurs mois, s'arrête ou reprend d'heure en heure, et finit par disparaître encore pour un temps assez long.

La *mare de Siloam* est un bassin situé au pied du mont Zion, dans la célèbre vallée de Josaphat, et alimenté par les eaux de la *fontaine de la Vierge*, qui y descendent par un canal souterrain percé dans la roche. Le bassin est entouré d'une maçonnerie ayant 17 mètres de long sur 6 de large. Les eaux qui en sortent vont arroser les jardins fruitiers situés le long de la vallée. Cette fontaine tarit et reprend à des intervalles irréguliers. Les gens du pays disent qu'elle est habitée par un dragon, et qu'elle ne coule que pendant le sommeil du dragon. On peut désirer une théorie moins orientale.

Nous pourrions encore signaler la source de *Fontestorbe*; celle de Belesta, dans les Pyrénées; le Bullerborn, en Westphalie, qui tarit deux fois par jour; la source de *Fonzanches*, dans le Languedoc; celles de *Madame* et du *Boulidou* (36 accès en 24 heures), sur les bords du Gardon; celles de *Phalsbourg*, d'*Engstler*, dans le canton de Berne; de *Torbay*, de *Buxton*, de *Giggleswick*, en Angleterre; de *Disconspring* et de *Northwill*, en Amérique, qui dégagent des bulles d'air, etc., etc.

On pourrait aussi ranger dans cette catégorie les puits naturels qui débordent à certaines époques; tel est le *Frais-Puits*, près Vesoul. En 1557, la ville de Vesoul, assiégée, fut délivrée grâce à un débordement de cette source, qui, en six heures, inonda toute la campagne et emporta les travaux des assiégeants.

Il existe près de Brest, à 25 mètres de la mer, un puits dont le niveau s'élève lorsque la mer baisse, et tombe lorsque la mer monte. Dans les îles Bermudes, au contraire, les sources douces, aussi bien que les sources salées, s'élèvent et s'abaissent avec la marée.

Ce dernier fait semble indiquer que les sources sont quelquefois dues aux infiltrations capillaires des eaux de la mer. Les anciens et même quelques modernes, tels que Descartes, croyaient que toutes les sources tiraient leur origine de la mer, dont les eaux pénétraient dans des cavités souterraines. Arrivées à ce point, elles s'échauffaient par l'action du feu central et se réduisaient en vapeur, lesquelles, parvenues dans les couches supérieures, s'y condensaient, pour s'écouler au dehors sous forme de sources. C'était une théorie finement raisonnée, comme tout ce qu'a produit l'imagination de Descartes, mais une hypothèse superflue, car les quantités de pluie qui tombent annuellement sur la terre suffisent, et au delà, pour nous rendre compte de l'origine des cours d'eau.

Bernard Palissy est un des premiers observateurs qui aient soupçonné la véritable origine des eaux de sources.

« La cause, dit l'immortel potier de terre dans son livre sur les *Eaux et fontaines*, pourquoi il y a plus de rivières et fontaines procédantes des montagnes, que non pas du surplus de la terre, n'est autre chose sinon que les roches ès montagnes retiennent les eaux des pluies comme ferait un vaisseau d'airain; et lesdites eaux tombant sur lesdites montagnes, au

Fig. 105. Source du Rhône dans les Alpes.

travers des terres et fentes, descendent toujours et n'ont aucun arrêt, jusqu'à ce qu'elles aient trouvé quelque lieu formé de pierres ou roches, bien contigu et bien condensé; et lors elles se reposent sur un fond tel, et ayant trouvé quelque canal ou autre ouverture, elles sortent en fontaines ou en ruisseaux et fleuves, selon que l'ouverture et les réceptacles sont grands. »

Les eaux souterraines qui reparaissent au jour en suivant les couches du terrain superposé, sont dues, comme nous l'avons dit au début, à la condensation des vapeurs sur les montagnes, aux pluies et à la fonte des neiges. On voit quelquefois sortir une rivière directement de dessous un glacier, ainsi que cela a lieu, par exemple, pour l'Arve, dont la source est, comme nous l'avons déjà dit, au pied du glacier des Bois. Le Rhône a également sa source à la base d'un glacier des Alpes (fig. 105).

Les cours d'eau souterrains qui glissent entre deux couches imperméables peuvent être amenés à la surface, par de profonds et étroits orifices que l'on creuse dans le sol, non sans d'extrêmes difficultés. Les *puits forés*, ou *puits artésiens*, tirent leur nom de la province d'Artois, où ils ont été, de temps immémorial, en usage. La force ascensionnelle de l'eau dans ces puits est d'autant plus grande que le réservoir souterrain est plus élevé; leur abondance dans certaines contrées prouve l'existence de véritables rivières souterraines.

Les terrains formés de lits alternativement poreux et imperméables, sont ceux dans lesquels on a le plus de chances de succès lorsqu'on y pratique des forages. Il existe souvent dans ces couches profondes plusieurs nappes d'eau à des hauteurs différentes et douées de forces ascensionnelles très-inégales.

L'art empirique de découvrir les sources a donné lieu aux étranges pratiques des *sourciers*, fort en faveur pendant les derniers siècles. Nous n'avons pas à raconter ici la longue histoire des chercheurs de sources, que nous avons exposée, au point de vue historique et critique, dans un de nos ouvrages[1]. Disons seulement que l'art de découvrir les sources est aujourd'hui une simple application de la géologie et de l'hydraulique. Il faut toutefois, pour pratiquer cet art avec succès, une habileté spéciale, une sorte de coup d'œil, comme celui que possède un bon médecin pour l'exercice de son art. De nos jours, l'abbé Paramelle fait de l'hygroscopie une véritable profession. En examinant la direction et la nature des couches superficielles, la végétation qui les couvre, l'emplacement des puits ou cours d'eau naturels, il arrive souvent à deviner le trajet des eaux souterraines, et bien des fois les forages pratiqués sur ses indications ont satisfait les consultants. Un émule de l'abbé Paramelle, c'est l'abbé Richard, qui, depuis quelques années, est entré dans la même carrière,

---

1. *Histoire du merveilleux dans les temps modernes*, 2ᵉ édition, 1860, tome II.

et qui a déjà porté en plusieurs pays étrangers son talent d'*hydroscope*.

On appelle *eaux minérales naturelles* les eaux qui tiennent en dissolution de notables quantités de substances minérales dont elles se sont chargées pendant leur trajet souterrain. On les divise en quatre classes : 1° *eaux salines* (Carlsbad, Kissingen, etc.); 2° *eaux alcalines* (Vichy, Tœplitz, etc.); 3° *eaux ferrugineuses* (Spa, Pyrmont, etc.); 4° *eaux sulfureuses* (Baréges, Aix-la-Chapelle, etc.). Les propriétés médicales de ces diverses catégories d'eaux minérales sont connues de tout le monde.

Quand les eaux minérales naturelles sont au-dessus de la température ambiante, on les nomme *eaux thermales*. Leur degré de chaleur est quelquefois très-élevé. Celles de Vichy, en France, marquent 40 degrés; celles du Mont-Dore, 44 degrés; celles de Bourbonne, au delà de 50 degrés; les eaux de Dax (Landes), 60 degrés; celles de Chaudes-Aigues, 88 degrés; celles de Carlsbad, en Bohême, vont jusqu'à 73 degrés; celles de Bath, en Angleterre, jusqu'à 47 degrés. De Humboldt a trouvé près de Valence, en Amérique, une source marquant 90 degrés. M. Boussingault a observé en Amérique trois sources étagées à des hauteurs différentes : celle de Frincheras, près Puerto-Cabello, presque au niveau de la mer, était à 97 degrés; celle de Mariana, qui émerge à 676 mètres de hauteur, avait 64 degrés; celle d'Onoto, à 702 mètres d'altitude, 45 degrés seulement.

Les eaux thermales sortent de tous les terrains; on en voit surgir du milieu des fleuves et même de la mer. Le golfe de Naples et le Rhône (près de Saint-Maurice) présentent des exemples de ces émersions d'eaux thermales.

La chaleur des eaux thermales provient de ce que ces eaux ont pénétré fort bas dans l'intérieur de la terre, et se sont échauffées au contact des roches rendues brûlantes par le voisinage du feu central. A la profondeur de 1 kilomètre, avons-nous dit dans un autre chapitre, les roches ont une température de 100 degrés; dès lors, si, par une fissure d'une longueur suffisante, les eaux pluviales pénètrent jusqu'à cette profondeur, elles s'échauffent jusqu'à 100 degrés; devenues ainsi légères, elles s'élèvent à la partie supérieure de la colonne d'eau, et si elles trouvent sur leur passage un libre écoulement au dehors, elles apparaissent au jour avec une température plus ou moins élevée. Voilà comment il faut s'expliquer la thermalité des eaux minérales.

Les eaux thermales sont abondantes dans les terrains volcaniques, parce que les éruptions de matières ignées, venues de l'intérieur du globe, ont laissé à demi libres des trajets verticaux ou sinueux, par lesquels les eaux pénètrent à de grandes profondeurs, s'échauffent en ces points, et ressortent dans une autre partie du sol, avec la température élevée qu'elles ont empruntée aux couches profondes, et les composés sulfureux qu'elles ont dissous, pendant leur contact avec les produits volcaniques. C'est dans les Pyrénées, dans l'Auvergne et dans les Alpes, en France; aux environs de Naples et dans la Sicile, en Italie, qu'existent surtout les eaux thermales sulfureuses.

Le capitaine Burton, dans un voyage fait aux grands lacs de l'Afrique orientale, a rencontré des sources thermales dans le district du Zoungoméro, pays insalubre, humide et sulfureux, que l'on traverse avant d'arriver à la chaîne de l'Ousagara. A quelques kilomètres sur la gauche de la route, s'élèvent des éminences du sol disposées irrégulièrement; du pied de l'un de ces mamelons, jaillit la *Fontaine qui bout*. Le bassin de cette fontaine thermale n'a pas moins de 60 mètres de diamètre. La chaleur et la mobilité du sol empêchent d'approcher du point où l'eau semble bouillir, et s'élance parfois en jets d'une grande hauteur.

Le même voyageur a visité en 1860, en Amérique, les *Hot-Springs* ou *sources chaudes* (fig. 106), eaux thermales sulfureuses, situées à 5 kilomètres environ de la ville des Saints, capitale du pays des Mormons, dans l'Utah-Youtah (Amérique du Nord). Ces eaux sortent du versant occidental des montagnes voisines. Une nappe abondante s'échappe du roc et tombe dans un bassin, d'où elle s'écoule et va former un petit lac, dont la circonférence est de 2 à 6 kilomètres, suivant la saison. Au point d'émersion, l'eau est assez chaude pour cuire un œuf; elle marque, un peu plus bas, 50 degrés. A une grande distance de la source, elle conserve encore une certaine chaleur. Elle est fréquentée, en hiver, par des bandes d'oiseaux, qui viennent s'y réchauffer, et par les enfants des Indiens, qui s'accroupissent sur ses bords pour se dégourdir. Les Mormons prétendent que cette eau surpasse en vertus purifiantes les rivières de l'ancienne Judée.

Quelques eaux minérales ont la propriété de déposer sur les corps un sédiment calcaire provenant du carbonate de chaux qu'elles tiennent en dissolution. On les appelle *eaux incrustantes*. C'est à la faveur du gaz acide carbonique libre qu'elles renferment, et par l'effet de la pression à laquelle elles sont soumises à l'intérieur de la terre, que le carbonate de chaux est dissous dans ces eaux. Mais quand elles arrivent à la surface du sol, cet excès d'acide carbonique se dégage, par suite de la diminution de pression; dès lors, le carbonate de chaux se dépose à l'état de sédiments terreux, qui forment des incrustations. C'est par ce

Fig. 100. Sources chaudes du pays des Mormons (Amérique du Nord).

mécanisme chimico-physique que les eaux de Saint-Allyre, à Clermont-Ferrand (Auvergne), *pétrifient*, c'est-à-dire recouvrent d'une croûte de carbonate de chaux les corps étrangers que l'on dépose dans leur bassin, et qu'elles ont produit jadis le pont sous lequel elles coulent aujourd'hui. Les eaux de Carlsbad, qui déposent aussi beaucoup de carbonate de chaux, se sont construit leur propre bassin. On cite encore les eaux incrustantes de Saint-Vignone, en Toscane, les cascatelles de Tivoli, les eaux de Saint-Nectaire (Puy-de-Dôme), etc. Les vapeurs de la source chaude du Mont-Dore déposent un enduit siliceux sur la voûte qui couvre le bassin.

Il existe au Pérou une *source incrustante* calcaire, qui dépose une telle masse de carbonate de chaux, qu'elle forme de véritables moellons dont on se sert pour la bâtisse.

Une des plus belles sources incrustantes du monde entier est

Fig. 107. Cascade de Pamboukalise.

celle d'Hiérapolis, célèbre dans l'antiquité. Ses eaux chaudes produisent, en sortant du sol et coulant le long de la montagne, une série de cascades pétrifiantes. La figure 107 représente les rochers calcaires formés par le dépôt de ces eaux qui descendent dans la vallée de Pamboukalise (Asie Mineure).

II

Les grottes et les cavernes.

Nous pouvons placer à la suite des eaux souterraines les grottes et les cavernes. Les cours d'eau souterrains jouent en effet un grand rôle, non dans la formation primitive de ces cavités, mais dans leur agrandissement, résultant de l'érosion de leurs parois par des rivières souterraines.

Les cavernes se composent ordinairement de plusieurs salles, quelquefois d'une incroyable étendue. Les ramifications tortueuses qu'elles forment ne sont pas toujours parallèles au sol. Il en est qui descendent, comme par des gradins, ou qui s'enfoncent verticalement, comme des puits.

On donne le nom de *grottes* aux petites cavernes.

Il n'est pas rare de rencontrer dans les cavernes, de vastes réservoirs d'eau, et même des rivières, qui les traversent dans une partie de leur étendue. Les parois des cavernes sont tantôt lisses et unies, tantôt creusées, fracturées et parsemées d'aspérités, selon la nature de la roche qui les compose.

Le silence de mort qui règne dans ces vastes et ténébreuses solitudes; leur architecture étrange; leurs murailles tapissées de quartz (cristal de roche), qui brillent à la lueur incertaine des torches; les colonnes immenses, qui se dressent de loin en loin, et semblent les piliers destinés à supporter ces fantastiques édifices; leurs couloirs sans issues; leurs salles spacieuses qui répercutent et renforcent le son de la voix; l'air pesant et peu respirable qui les remplit; tout dans ces sombres lieux est une cause de superstitieuse terreur. Aussi, bien des légendes sinistres se rattachent-elles à ces antres mystérieux. Dans l'antiquité, les prêtres païens y célébraient leurs rites sanguinaires; c'est ce que la tradition rapporte, par exemple, de la caverne du dieu *Thor*. Dans l'Inde, à Ellora, à Éléphanta, à Salsette, les cavernes sont encore aujourd'hui consacrées à la célébration des mystères religieux. En

France, pour ne pas sortir de notre pays, les cavernes et les grottes qui s'étendent sous le massif des montagnes des Cévennes, donnèrent asile, aux temps de la persécution protestante (1670-1700), aux religionnaires proscrits. Sous Louis XIV, un fanatisme farouche condamnait à l'exil ou à la mort les protestants qui voulaient rester fidèles à leur foi. Pendant la guerre de paysans qu'amena cette inique persécution, les nombreuses cavernes qui existent sous diverses montagnes de la chaîne des Cévennes servirent aux insurgés pour cacher leurs blessés, leurs munitions, leurs armes et leurs greniers de réserve. Dans ces antres ignorés, on célébrait en commun les cérémonies du culte proscrit; la terre cachait dans son sein les simples rites qu'un fanatisme impitoyable empêchait, sous peine de mort, de se produire à la clarté du jour.

Quelle est l'origine, le mode de formation géologique des cavernes et des grottes? Ces grandes excavations souterraines sont le résultat des fractures ou fissures du globe occasionnées par son refroidissement. Les grands vides qui demeuraient béants par suite des fissures du globe ont été pour la plupart remplis par des éruptions de matières granitiques, basaltiques ou autres; et c'est ainsi que se sont formés les *amas* et les *filons*. Mais toutes ces cavités ne se sont pas remplies : ces dernières ont formé des cavernes. Leurs dimensions, souvent médiocres dans l'origine, se sont plus tard considérablement agrandies par le courant des eaux et rivières souterraines qui ont érodé leurs parois. Les dimensions de beaucoup de cavernes ont été encore accrues par les eaux du déluge à l'époque quaternaire. C'est ce dont témoignent leurs contours arrondis, les surfaces lisses que présente leur intérieur, et surtout les dépôts de limon, mêlé d'ossements fossiles et de cailloux roulés, que l'on y découvre au-dessous d'une croûte de stalagmites.

Les os d'animaux antédiluviens qui remplissent tant de cavernes ont été, selon toute probabilité, introduits dans ces cavités par des orifices verticaux, par des puits, dans lesquels s'engouffraient les flots du déluge.

Dans les *cavernes à ossements*, le sol est ordinairement couvert d'une croûte épaisse de stalagmites (amas de carbonate de chaux formés par les eaux d'infiltration). Si l'on enlève à la pioche cette couche, on arrive à l'assise d'argile et de cailloux roulés qui renferme les os fossiles. Là où cette croûte de stalagmites n'existe pas, les ossements font défaut, peut-être parce que ce sont précisément les stalagmites qui ont préservé les os de la décomposition. Au-dessus de ces stalagmites, dont l'origine paraît remonter à une époque fort reculée, on rencontre généralement des dépôts d'alluvion beaucoup plus modernes, qui se composent d'une argile grise ou noirâtre, mêlée de débris organiques. Toutes ces couches de sédiment, qui dans les cavernes à ossements recouvrent les débris organiques, ont empêché longtemps de soupçonner les richesses fossiles de certaines cavernes, pourtant bien connues.

Les plus renommées parmi les cavernes à ossements sont celles de Gailenreuth, en Bavière; de Baumann, dans les montagnes du Harz; d'Adelsberg, en Carniole (Illyrie); du pic de Derbyshire, de Kirkdale, en Angleterre, etc.; de Lunel-Viel (Hérault), d'Echenoz et de Fouvent (Haute-Saône), etc., en France; Mammoth's Cave, dans le Kentucky (Amérique), etc.

La caverne de Gailenreuth, qui a fourni un nombre immense d'ossements fossiles, est située près du village de ce nom. Son entrée n'a que 2 mètres et demi de hauteur et 4 de largeur. Une première salle, d'une étendue de 27 mètres, communique, par un couloir de 60 centimètres seulement, à une seconde salle, qui a 43 mètres de long sur 13 de large. Haute d'abord de 6 mètres, cette salle s'abaisse de plus en plus, jusqu'à n'avoir plus que 2 mètres de haut. Un passage étroit et plusieurs petits couloirs conduisent à une troisième chambre, large d'environ 10 mètres et haute de 2. A l'entrée de cette grotte, une cavité de 5 à 6 mètres, où l'on descend à l'aide d'une échelle, débouche dans une voûte de 5 mètres de diamètre sur 10 de hauteur. Tout près de cette voûte est une grotte dont le sol est jonché d'ossements d'*Ursus spelæus*. Un peu plus bas, un nouveau corridor conduit à une autre salle de 13 mètres de longueur, et qui se termine par un puits profond de 6 mètres, par lequel on arrive encore à une grotte d'environ 14 mètres de hauteur. Deux couloirs mènent à deux nouvelles chambres, assez spacieuses. On arrive à une grande salle qui a 27 mètres de large sur 4 de haut. Il faut encore traverser une septième et dernière salle pour être au bout de ce dédale[1].

1. Voir dans *la Terre avant le déluge*, 3ᵉ édition, p. 382, une coupe verticale de la caverne à ossements de Gailenreuth.

Deux autres cavernes de la même nature existent dans le voisinage de Gailenreuth.

La *caverne de Baumann* (fig. 108), dans le Harz, est composée de cinq salles situées à des niveaux très-différents. De la première à la seconde, on descend 10 mètres; pour arriver à la troisième, il faut se hisser à une certaine hauteur; puis l'on

Fig. 108. Caverne de Baumann.

descend et l'on monte alternativement jusqu'à ce qu'on arrive à un couloir plein d'eau, où l'on trouve des ossements d'ours, d'hyènes et de tigres en grande quantité. La caverne de Baumann porte le nom d'un infortuné mineur qui s'y égara en 1670, et après avoir erré trois jours et trois nuits dans ce labyrinthe obscur, en sortit dans un état d'épuisement tel, qu'il mourut presque immédiatement après.

La caverne d'Adelsberg, à trois lieues de Trieste, se compose de trois immenses salles situées au-dessus l'une de l'autre. La rivière de la Poyk s'y perd et reparaît à plusieurs reprises. Un naturaliste l'a parcourue sur une étendue de trois lieues, mais il rencontra un grand lac qui l'empêcha de pénétrer plus loin dans cette énorme excavation.

Le géologue Buckland a étudié avec le plus grand soin la grotte qui fut découverte en 1821, à Kirkdale, dans le Yorkshire. L'orifice de cette caverne était, de temps immémorial, caché par les buissons et les herbes : des ouvriers terrassiers en découvrirent l'entrée par un heureux hasard. Elle a 82 mètres de longueur, mais elle est si basse, que ce n'est guère qu'en deux ou trois endroits qu'un homme peut s'y tenir debout. Quand la grotte fut ouverte pour la première fois, on y trouva un dépôt de sédiment à surface presque unie et horizontale, composée d'un limon argileux micacé mêlé de calcaire. Sous cette couche on découvrit un véritable cimetière d'animaux antédiluviens. On trouva les débris d'environ trois cents hyènes[1].

Une autre caverne zoolithique est celle de Kent, près de Torquay, creusée dans le calcaire du Devonshire. On lui attribue une longueur de 200 mètres ; sa largeur varie de 1 à 23 mètres, sa hauteur de 1 à 6 mètres. On y trouve sous une couche de stalagmites des ossements d'espèces éteintes. Cette grotte fut autrefois un repaire de brigands.

On cite encore les cavernes à ossements de Hutton, de Balleye, de Wirksworth, de Clifton, d'Oreston, de Paviland. Dans cette dernière localité, un rocher très-élevé, qui fait face à la mer sur la côte de Glamorganshire, présente deux orifices que les vagues atteignent quelquefois quand elles sont agitées par l'orage.

Les cavernes dont nous venons de parler intéressent le géologue, en raison des quantités considérables d'ossements fossiles qu'elles ont fournis, et des difficultés que soulève l'explication rigoureuse de la présence de tant d'ossements dissemblables accumulés dans le même lieu. Mais il en est qui, pour ne renfermer aucun débris des animaux de l'ancien monde, n'en présentent pas moins un intérêt très-vif pour le géographe ou

---

1. Buckland, *Reliquiæ diluvianæ*.

le simple touriste. Nous allons passer rapidement en revue quelques-unes des cavernes les plus renommées du globe, en nous attachant seulement au côté pittoresque de ces régions souterraines que l'on a si rarement l'occasion d'explorer.

On compte parmi les plus grandes cavernes, celle de Guacharo, située dans la vallée de Caripe, en Colombie, qui fut visitée par M. de Humboldt. On y entre par une voûte de 24 mètres de hauteur, sur 27 de largeur. La roche escarpée qui la domine est couverte d'une végétation luxuriante, composée d'arbres gigantesques, de buissons en fleur et de lianes qui pendent de la voûte en guirlandes et festons, sans cesse agités et balancés par les courants d'air. En suivant le lit d'un large ruisseau qui sort de la grotte, M. de Humboldt trouva encore, 40 mètres après, le même ruisseau bordé de Bananiers aux larges feuilles, qui atteignaient une élévation de 6 mètres. Jusqu'à une distance de 140 mètres de l'orifice, la lumière du jour pénétrait encore assez pour qu'on pût se dispenser d'allumer des torches, car la grotte conserve, sur une grande longueur, la même direction. En poussant plus loin, on entendit les cris des oiseaux de nuit, appelés *Guacharos*, qui font leur séjour au fond de cet antre. Ils nichent dans les innombrables crevasses dont la roche est percée, à 20 mètres environ au-dessus du sol. Leurs cris, répercutés par les parois de la voûte, produisaient une indescriptible clameur.

Jusqu'à une distance de 485 mètres de l'orifice, la grotte conserve les dimensions de l'entrée. L'ombre festonnée des stalactites se projetait en noir sur le fond lumineux d'une belle colline que le soleil éclairait de ses rayons, et qui faisait face à l'entrée de la grotte. Il fallut ensuite se hisser sur une élévation abrupte où le ruisseau forme une cascade. A partir de ce point, la hauteur de la voûte se réduit à 13 mètres environ, et le sol est couvert d'un terrain noir, sur lequel poussent quelques herbes rabougries. Mais à mesure que le corridor se rétrécissait, les cris des oiseaux devenaient plus assourdissants. Ces clameurs firent tant d'impression sur l'esprit des guides indiens, qu'ils refusèrent de s'avancer plus loin, ce qui mit un terme à l'exploration de M. de Humboldt. Il avait pénétré jusqu'à 820 mètres de l'orifice quand il fut contraint de revenir sur ses pas.

Au pied des coteaux calcaires qui bordent la rivière Verte,

dans le Kentucky [(Amérique du Nord), à plus de 100 kilomètres au sud de Louisville, se cache, sous les broussailles d'une végétation exubérante, l'entrée de la plus vaste des cavernes connues jusqu'à ce jour : la *caverne du Mammouth* (fig. 109). On a

Fig. 109. Grotte du Mammouth dans le Kentucky (Amérique du Nord).

déjà exploré une dizaine de lieues dans ce dédale sans en bien connaître tous les replis, qui se noient dans d'épaisses ténèbres. Un voyageur, M. L. Deville, en a donné récemment une intéressante description.

Accompagné de l'un des nombreux guides qui se trouvent à l'entrée de la caverne pour diriger les touristes, et muni d'une lampe de mineur, notre voyageur descendit d'abord 60 marches. Il se trouva alors dans une galerie haute et large d'une vingtaine de mètres et longue d'un kilomètre, à laquelle on a donné le nom de *Salle d'Audubon*. Elle aboutit à la *Rotonde*, vaste salle d'où rayonnent de nombreux couloirs. Un de ces couloirs conduit à un carrefour dont la voûte forme une nef immense, décorée d'immenses stalactites, et que l'on appelle l'*Église*. Des concrétions de stalactites calcaires y forment des colonnades, des stalles, et y dessinent même une sorte de chaire où plus d'un ministre protestant est venu prêcher. En sortant de ce temple naturel, on arrive, par une série de corridors, à la *Chambre des revenants*, où l'on a découvert autrefois une immense quantité de momies indiennes. Ce vaste cimetière d'une race disparue sert aujourd'hui de buvette ; les femmes des guides y tiennent des rafraîchissements et même des journaux. Quelques malades qui habitent ces souterrains, pour profiter de leur atmosphère salpêtrée, se réunissent dans cette partie de l'immense catacombe.

Si l'on descend le long de plusieurs échelles, et que l'on franchisse un vieux pont de bois, dont l'apparence de vétusté est peu rassurante, on arrive à un sentier étroit, dont la voûte finit par s'abaisser tellement, qu'il faut marcher en rampant ; ce couloir a reçu le nom expressif de *Chemin de l'humilité*. Il aboutit à la *Chaire du Diable*, sorte de balcon au-dessous d'une ouverture taillée dans le rocher, et conduit à l'*Abîme sans fond*. C'est un noir précipice, dont la profondeur surpasse toute imagination. Des cornets de papier huilé que l'on y jette enflammés s'éteignent avant d'arriver au fond. On raconte que deux nègres fugitifs, poursuivis à outrance dans ce sombre labyrinthe, par leurs persécuteurs, se sont précipités dans le gouffre effrayant. Une corde de 300 mètres n'atteint pas le fond de cet abîme[1]. En montant et descendant toujours, on arrive sous l'immense *dôme du Mammouth*, dont la coupole, qui a 130 mètres d'élévation, se

---

1. On dit qu'à Frederickstall, en Suède, il existe une fente dans une roche granitique, dont la profondeur est telle que la chute d'une pierre ne s'y fait entendre qu'au bout d'une minute et demie ou deux minutes, ce qui donnerait, par un calcul facile à faire, 12 ou 18 kilomètres, deux fois la hauteur des plus hautes montagnes du globe !

perd dans les ténèbres. Un sentier qui s'élève en tournoyant mène presque au sommet de ce dôme, qui consiste en une voûte noire parsemée de cristaux brillants : c'est la *Chambre étoilée*. Éclairée par une lampe, cette coupole, tout incrustée de

Fig. 110. Rivière du Styx dans la grotte du Mammouth.

brillants stalactites, scintille comme le ciel d'une nuit d'été. Par une adroite gradation de la lumière, les guides savent imiter le lever de l'aurore ou l'arrivée de la nuit.

Après avoir traversé, à quelque distance de là, un bassin de

8 à 10 mètres, que l'on appelle *Dead sea* (mer morte), on arrive à un large cours d'eau qui porte le nom de *Styx* et qu'il faut traverser en canot.

« Je monte, dit M. Deville, dans la grossière barque de Caron. Mon noir nautonier pousse quelques cris et les voûtes résonnent au loin; on dirait les gémissements des âmes en peine condamnées à ces ténèbres éternelles. Nos lumières répandent des teintes rougeâtres sur les roches qu'elles profilent d'une façon étrange, pendant que sur l'eau du Styx tout émaillée de brillants reflets, tranche vigoureusement la silhouette du nègre. Ce spectacle étrange me jetait dans des réflexions singulières, lorsqu'un bruit épouvantable retentit soudain dans la caverne. On eût dit un immense éboulement. Ce n'était toutefois qu'une surprise de mon guide qui montrait ses dents blanches en riant aux éclats. Tandis qu'absorbé dans mes rêveries, j'oubliais sa présence, il était descendu à terre, et frappant à coups redoublés sur une pièce d'étoffe, il avait éveillé ce fracas d'échos qui venait interrompre en sursaut le cours de mes réflexions. »

Au bout d'une demi-heure de navigation, on met pied à terre sur un sable fin. A quelque distance on aperçoit une petite source sulfureuse, puis l'*Avenue de Cleveland* qui mène au *Salon de neige*, dont les murailles sont d'une éclatante blancheur. Des sentiers très-accidentés conduisent de là aux *montagnes Rocheuses*, amas de rochers détachés de la voûte, à travers lesquels on parvient à la *grotte des Fées*, où les stalactites forment des colonnades, des arceaux et des arbres d'un aspect magique. Le bruit des gouttes d'eau qui tombent de toutes parts donne d'étranges sonorités à ce sombre labyrinthe. Au fond de la salle, est un groupe gracieux qui imite un Palmier d'albâtre, au sommet duquel jaillit une source.

Quand on est parvenu à la *grotte des Fées*, on a parcouru 4 lieues. Il faut dix heures pour l'aller et le retour. Aussi, quand on revient de cette longue excursion souterraine, on salue avec une satisfaction facile à comprendre la lumière du jour.

Les grandes cavernes de la vallée de Castletan, en Angleterre, dont l'une a une longueur totale de plus d'un kilomètre, rappellent, sauf leur moindre étendue, les magnifiques grottes souterraines de l'Amérique du Nord, que nous venons de décrire. Elles offrent aussi une suite d'évasements successifs et d'étranglements, des gouffres sans fond, des lacs souterrains qu'il faut traverser en bateau, des piliers immenses, formés de brillantes stalactites, qui supportent la voûte, et étincellent par la réflexion de la clarté des torches ; elles réunissent enfin tout le merveilleux spectacle que présentent les grottes souterraines.

Une autre grotte à stalactites célèbre est celle de l'île Antiparos, située dans l'Archipel grec. On y descend par un puits, au moyen d'une échelle de corde, et l'on arrive ainsi à une très-belle grotte de 70 mètres de haut sur 80 de large. Au fond de la grotte, on aperçoit une pyramide isolée, haute de 15 mètres, semblable à une tiare relevée de plusieurs chapiteaux cannelés ; M. de Nointel y fit célébrer la messe en 1673, devant une nombreuse assistance.

En France, la *grotte de Miremont*, qu'on appelle aussi le *Trou de Granville*, et qui est à peu de distance de Bagne, se compose d'une longue suite de chambres très-régulières, dont les plafonds offrent des incrustations siliceuses.

Une grotte très-remarquable par l'élégance de ses colonnes et ses piliers de stalactites, est celle de Ganges (Hérault), connue sous le nom de *grotte des Demoiselles*. Elle est creusée dans le terrain silurien, tandis que la plupart des cavernes du globe sont creusées dans le calcaire jurassique.

La *grotte des Demoiselles* occupe l'intérieur de la colline du Taurat, à quelques centaines de mètres du village de Saint-Bauzille et à une lieue de la ville de Ganges (Hérault). L'ouverture de la grotte est placée sur le plateau de la colline du Taurat. De ce plateau, recouvert de chênes verts, on domine le vallon, un frais vallon cévenol, encadré de montagnes et traversé par l'Hérault.

M. Ernest Hamelin a publié, en 1861, dans le journal le *Messager du Midi* de Montpellier, le récit d'une excursion à la *grotte des Demoiselles*. Nous rapporterons ici une partie de cette intéressante description de l'une des merveilles naturelles de la France, qui n'a que le tort d'être peu connue :

« Vers l'extrémité nord du plateau de la colline du Taurat, dit M. Ernest Hamelin, le rocher paraît s'être effondré sur une superficie de quelques mètres et présente une excavation circulaire assez profonde : c'est l'entrée de la grotte. Une rampe de fer, et plus bas, une échelle, sont disposées pour en faciliter l'accès. Au bout de quelques minutes, nous nous trouvions tous réunis au fond de cette sorte de puits. Les bougies et les torches s'allument, et, disant pour quelques heures adieu au soleil, nous disparaissons avec nos guides par une fissure qui forme l'entrée du *Vestibule*.

« Nous avons à peine fait quelques pas, et déjà nous pouvons nous faire une idée de la puissance des dépôts calcaires accumulés dans la caverne. Des stalactites énormes dressent leurs blanches et capricieuses silhouettes ;

les parois du rocher semblent tapissées d'une neige pétrifiée, mouchetée çà et là de cristaux transparents comme des glaçons, s'irisant de toutes les couleurs du spectre sous les rayons de nos lumières.

« Ce n'est pourtant que le prélude de merveilles bien plus étranges. Nous sommes descendus au fond du *Vestibule*, qu'une porte isole des autres parties : c'est une précaution prise contre les indiscrets qu'une curiosité imprudente porterait à s'aventurer, sans guides, dans l'inextricable dédale dans lequel nous pénétrons. Nous cessons de descendre quelques instants, pour monter vers la salle du *Manteau royal*. Là, nous trouvons une bizarre et magnifique surprise : une immense draperie de pierre, artistement jetée sur un portemanteau de rocher, pend d'une saillie de la voûte et étale ses plis harmonieux et ondulants comme le velours ou le satin. Rien n'est curieux et étonnant comme cette singulière œuvre de la nature : certains détails sont réellement modelés avec un art féerique.

« Nous nous arrachons à ce spectacle et descendons vers la *Grande-Salle*, ou *salle de la Vierge*. Jusqu'ici notre pérégrination souterraine s'était effectuée sans trop d'encombre : quelques fissures un peu étroites, quelques escarpements un peu brutaux à franchir, à cela s'étaient à peu près bornés nos efforts de gymnastique. Mais maintenant chacun doit déployer toutes les ressources de son agilité et de sa vigueur musculaire; il doit prendre les positions les moins usitées dans la vie habituelle, ramper sur le ventre ou se traîner sur le dos, marcher courbé à tous les degrés possibles et impossibles, se glisser le long des parois sur une saillie large comme deux travers de main, descendre des rochers presque à pic et aussi élevés que des maisons, se cramponner, la bougie aux dents, à toutes les aspérités, et le plus souvent ne faire un pas qu'après avoir soigneusement éclairé la place où il mettra le pied. Ne nous posons pas en héros, cependant : il n'y a plus aujourd'hui de danger sérieux. Les endroits vraiment périlleux, le fameux *pas du Diable*, par exemple, par où l'on entre dans la *Grande-Salle*, ont été garnis de rampes de fer, et une échelle de même matière y remplace l'aventureuse échelle de corde d'autrefois. Les guides sont là, d'ailleurs. Aucun accident n'est jamais survenu, bien que d'élégantes dames aient à plusieurs reprises courageusement exploré la grotte dans ses moindres détails.

« De magnifiques compensations sont d'ailleurs réservées à nos fatigues. La *salle de la Vierge*, où nous venons de pénétrer, regorge, à la lettre, des plus étranges et des plus surprenantes formations; nulle part au monde, assurément, la nature n'a accumulé avec plus de profusion des œuvres plus merveilleuses. Citons seulement le *Manteau impérial*, admirable draperie du même genre que celle que nous avons vue au sortir du *Vestibule;* citons surtout les *Grandes-Orgues*, la plus imposante de ces bizarres et gigantesques créations du hasard. A la vue de ces piliers d'albâtre hauts comme des clochers de cathédrale, de ces buffets énormes se détachant de la paroi circulaire avec un relief effrayant, de cette coupole tapissée d'aiguilles blanches, dentelée, fouillée comme par le patient ciseau d'un sculpteur du moyen âge, on se sent un moment comme anéanti. Chaque feu de Bengale qui s'allume, éclairant d'une lumière différente cette scène émouvante et grandiose, arrache à toutes les poitrines des cris d'admiration.

« Mais nous voici près de la pièce légendaire de la caverne, de celle qui a donné son nom à la vaste salle où nous nous trouvons. Aussi notre chef des guides ne néglige-t-il aucun moyen de la produire sous son plus magique aspect, et tire-t-il de la mise en scène naturelle le plus habile parti. C'est un vrai coup de théâtre, plus le gigantesque des proportions. Nous arrivons à un point où notre marche est subitement arrêtée par un précipice, que le rocher embrasse dans une courbe semi-circulaire. Sur l'invitation de notre guide, toutes les lumières s'éteignent. Pendant ce

Fig. 111. Grotte des Demoiselles, à Ganges (Hérault). — Salle de la Vierge.

temps, il se glisse le long de la paroi, au-dessus du gouffre, et place un feu de Bengale sur une corniche. Tout à coup la flamme jaillit et vient frapper en plein une statue de femme drapée et couronnée, surgissant du milieu de l'abîme et détachant, sur le noir absolu du fond, la bizarre et merveilleuse ébauche de ses formes colossales. C'est la *Vierge*. La première impression est vraiment saisissante et explique facilement les naïfs et miraculeux récits auxquels ce singulier phénomène a donné naissance dans la contrée.

« La *Vierge* est le dernier tableau de cette longue et fantastique galerie;

mais nous tenions à descendre jusqu'au fond de la grotte. C'était un peu vanité de touristes, mais surtout désir de nous assurer de la hauteur exacte de la voûte, que Marsollier en 1782, et tous les explorateurs après lui, ont évaluée à 100 mètres.

« Bientôt nous aspirons à pleins poumons le grand air sur le plateau du Taurat. Nous quittons enfin nos braves guides, le souvenir plein de ces impressions qui ne s'effacent plus, et notre voiture nous emporte bientôt vers la charmante petite ville de Ganges. »

Dans le désert de la Thébaïde, en Égypte, on peut visiter les

Fig. 112. Entrée des grottes de Samoun.

célèbres grottes de Samoun, ou *grottes des Crocodiles* (fig. 112), dont l'entrée est une crevasse irrégulière, à fleur de terre, large de 1 mètre et profonde de 3, au milieu d'un terrain granitique couvert d'une interminable chaîne de monticules ou de mamelons sablonneux. Ces sombres cavernes, aux parois noires, que recouvre un enduit pâteux, renferment d'innombrables momies de toutes sortes, et surtout des Crocodiles embaumés. Des nuées de Chauves-souris les infestent et se heurtent contre le visage du visiteur.

La décomposition, l'altération des basaltes par l'action de l'air

Fig. 113. Grotte de Fingal.

ou des eaux, a formé plusieurs grottes naturelles qui revêtent un aspect tout particulier d'élégance par leurs hautes colonnes prismatiques. La plus célèbre de ces grottes basaltiques est celle de l'îlot de Staffa : on la connaît sous le nom de *grotte de Fingal* (fig. 113). On trouve dans la même île la grotte de *Boat*, de *Cormorant*, etc.

Staffa n'est qu'un bloc de basaltique, resté debout au milieu d'une masse éruptive qui forme l'île de Mull, sur la côte occidentale de l'Écosse. La *grotte de Fingal*, que les vagues ont creusée dans le basalte, s'ouvre sur la mer par une entrée de 20 mètres de hauteur sur 12 de large, formée de deux rangées de colonnes verticales parfaitement régulières, et surmontées d'un cintre naturel. L'intérieur est une longue voûte de proportions si élégantes qu'elle semble avoir été taillée et ciselée par d'habiles artistes. Chaque pilier, et même chaque fragment de pierre, est exactement prismatique et taillé à faces régulières. La mer passe d'un bout à l'autre de la grotte. La lumière du jour devient très-faible à son extrémité; grâce à ce demi-jour, les petites colonnes prismatiques groupées semblent figurer le chœur d'une église, avec ses orgues noircies par le temps. Quand la mer est tranquille, on distingue sous les eaux, profondes de 5 mètres, le fond de la grotte, semblable à un beau parquet de marbre noir. Mais ordinairement la mer est agitée; ses vagues se brisent et se divisent en écume, en frappant avec fracas contre le fond et les parois de la caverne.

Si l'on pénètre jusqu'à l'extrémité de la grotte, on aperçoit, un peu au-dessus de la surface de l'eau, une espèce d'antre d'où sortent des sons harmonieux, ou du moins agréables, chaque fois que l'eau tombe au fond du gouffre. C'est cette circonstance qui a valu à cette grotte le nom qu'on lui donne dans le pays de Galles, et qui signifie *cave de Musique (Llaimh binn)*.

L'eau qui existe dans toutes les cavernes passe quelquefois à l'état de glace. Parmi ces *glacières naturelles*, les plus célèbres sont celles de Fondeurle, où l'on exploite la nappe de glace pour les villes voisines; celle de la Chaux, à six lieues de Besançon; celle de Saint-Georges, dans le Jura; enfin celle du Mont-Vergi. Le sol de ces curieuses cavités est une nappe de glace limpide, et de leurs voûtes pendent d'énormes glaçons, semblables à de brillantes stalactites. Lorsqu'on y pénètre avec des torches allumées, la lumière, se reflétant sur les innombrables cristaux de glace, produit des magnificences dignes des *contes des Mille et une Nuits*.

Produite par le froid d'un hiver rigoureux, la glace de ces

cavernes s'y maintient, une fois formée, en raison de la mauvaise conductibilité de l'air pour le calorique.

De quelques cavernes, et quelquefois de simples fentes, s'échappent quelquefois des courants d'air froid, dont l'explication a beaucoup occupé les naturalistes. Horace de Saussure cite les caves d'air froid du mont Testaceo, à Rome, de l'île d'Ischia, de Saint-Marin, de Cesi, de Chiavenne, de Caprino, de Mendrisio, d'Hergisweil, près de Lucerne, etc. On en trouve aussi en Catalogne, au pied du volcan du Batet, où le peuple lui donne le nom de *bufadors*, et où ils sont un véritable bienfait. En hiver, le courant s'affaiblit et cesse complétement, ou même se renverse alors. Les caves du village de Roquefort, dans le Languedoc, doivent leurs qualités spéciales pour la préparation du fromage de *Roquefort*, à un courant froid continu qui traverse les grottes souterraines de la montagne.

Tous ces phénomènes s'expliquent aisément par l'existence d'orifices correspondants, situés à des niveaux plus élevés que ceux que l'on connaît, et qui donnent naissance à des courants d'air quand l'air extérieur et l'air intérieur ne sont pas en équilibre de température, ainsi que nous l'avons déjà expliqué à propos des courants d'air qui sortent de dessous les glaciers.

Quand un accident local a emporté la voûte des cavernes ou des grottes, ces cavités, ordinairement closes, deviennent alors de véritables *gouffres*.

Dans la plupart des gouffres viennent se perdre d'abondants cours d'eau. Ils ne sont pas rares dans le Jura, et, selon toute apparence, ils communiquent avec des cavernes étendues. La Grèce présente un grand nombre de ces gouffres. Dans chaque bassin fermé de cette contrée, il existe une ou plusieurs cavités profondes dans lesquelles se dégorgent les lacs et les eaux sauvages qui nuiraient singulièrement aux récoltes si elles séjournaient sur le sol argileux. Ces trous, qui absorbent le trop-plein des eaux superficielles, s'appelaient chez les anciens *chasma*; on les nomme aujourd'hui *katavothra*[1]. Ils sont situés, en général, au pied des montagnes qui entourent le bassin.

1. P. de Boblaye, *Expédition scientifique de Morée*, tome II, deuxième partie.

III

Les rivières et les fleuves. — Cours supérieur des fleuves et rivières.
Torrents, chutes d'eau, cataractes et rapides.

Les fleuves et les montagnes forment les divisions les plus naturelles du sol : ce sont des *lignes de partage* qui deviennent souvent les frontières des empires ou des pays, et qui limitent les nationalités. Les bassins des fleuves appartiennent plus particulièrement aux terrains inclinés qui s'élèvent par degrés et forment une sorte d'intermédiaire entre les plateaux et les plaines basses. Leur pente plus ou moins rapide, leur situation relative par rapport aux grandes plaines et à l'océan, enfin leur orientation, sont autant de caractères distinctifs qui donnent leur individualité propre à chacun de ces grands échelons du globe qu'on nomme les *bassins géographiques* ou *orographiques*. Leur importance dépend du nombre des rivières et des fleuves qu'ils produisent; et quant aux fleuves, ou cours d'eau, leur importance tient à leur débit et à la longueur de leurs cours.

Le débit d'un fleuve dépend de la largeur et de la profondeur du lit, ainsi que de sa pente, qui est en corrélation avec la rapidité de son cours. Son *développement* résulte de la distance entre la source et l'embouchure d'une part, et d'autre part du nombre de tributaires et des ramifications que présente le cours d'eau. Une rivière, insignifiante en apparence, peut acquérir une importance considérable par les circonstances du terrain. Pour ne citer qu'un exemple, l'Isar, petite rivière bavaroise, reçoit sur son parcours 860 courants d'eau sur la rive gauche et 433 sur la droite; elle est donc alimentée par 1293 sources, auxquelles s'ajoutent 136 lacs : toutes ces eaux arrivent à l'Isar par 103 tributaires. On comprendra quelle doit être l'utilité d'une pareille rivière pour le pays qu'elle arrose. L'Isar n'est pourtant elle-même qu'un des 34 tributaires du Danube, lequel ne compte point parmi les plus grands fleuves de la terre.

La règle du langage qui consiste à appeler du nom de *fleuve* tout cours d'eau qui se rend à la mer, et *rivière* les affluents des fleuves, n'a rien de fixe, et vu ses nombreuses exceptions, elle ne peut être acceptée que d'une manière très-générale. Malte-Brun, le grand maître en géographie, pose ainsi les qualifications à donner aux cours d'eau, selon leur origine et leurs affluents :

« Les épanchements des sources et les écoulements des glaciers en fonte, forment de petits courants plus ou moins tranquilles : ce sont les *ruisseaux*. Les eaux des grandes pluies se précipitent avec plus de rapidité, et sillonnent les flancs des montagnes par des *torrents* impétueux et vagabonds. La réunion de ces courants forme des *rivières*, qui, en suivant la pente du terrain, se réunissent le plus souvent dans un plus grand canal, qui prend le nom de *fleuve* et qui porte à l'océan le tribut de la terre. »

Mais le tributaire principal d'un bassin ne porte pas toujours le nom de *fleuve*. D'un autre côté, il est des rivières qui se perdent dans un marais, dans le sable ou dans un gouffre ; d'autres dont le débit est sujet à des variations excessives. Tout cela prouve qu'en matière de géographie on ne peut pas toujours définir les mots avec rigueur, et établir des distinctions parfaitement nettes. Quand on vise trop à systématiser une science naturelle, on établit des règles qui souffrent autant d'exceptions qu'elles reçoivent de confirmations.

L'ensemble des pentes et des vallées d'où découlent les ruisseaux qui viennent alimenter une grande rivière, s'appelle son *bassin* ou sa *région hydrographique*. Le *lit* d'un fleuve n'est autre chose que le canal où coulent ses eaux ; il suit toujours le *talweg* de la vallée principale, et reçoit les tributaires que lui envoient les vallées transversales ou secondaires.

Les groupes de montagnes, qui sont le berceau des sources et pour ainsi dire les *pépinières des fleuves*, forment des *lignes de partage* entre les eaux qui descendent de leurs versants opposés ; les Allemands leur ont donné le nom de *wasser-scheiden* (partage des eaux). L'étude de ces masses saillantes de notre globe est du plus haut intérêt pour tous ceux qui ont à diriger des travaux hydrauliques, et qui par conséquent doivent connaître l'époque des crues et des débordements des rivières, la rapidité, le volume et la profondeur des eaux, ainsi que leurs qualités physiques, lesquelles dépendent nécessairement de la nature des terrains traversés.

Les habitants de la Mongolie regardent les lignes de partage des eaux comme des lieux sacrés ; ils y rassemblent des tas de pierres, surmontés de drapeaux, devant lesquels le passant s'arrête pour prier. Les Tunguses ne passent jamais devant ces monceaux sans se faire un devoir d'y ajouter au moins une branche de cèdre, pour que les *faîtes sacrés* ne viennent pas à diminuer.

Les *lignes de partage*, à l'intérieur des montagnes, rapprochent quelquefois deux cours d'eau que l'on n'est point habitué à associer par la pensée. Semblables à deux frères de lait destinés à se perdre de vue lorsqu'ils auront grandi, le Rhône et le Rhin naissent dans les Hautes-Alpes, à peu de distance l'un de l'autre ; ils s'écartent ensuite pour aller se jeter, l'un dans la mer du Nord, l'autre dans la Méditerranée. Les sources du Missouri et de la rivière Colombia existent, dans les montagnes Rocheuses, en deux points à peine distants d'un quart de lieue ; cependant les embouchures de ces fleuves, situées l'une dans l'océan Atlantique, l'autre dans le Pacifique, sont éloignées, en ligne droite, d'environ mille lieues. On peut faire la même remarque pour la Dwina, le Niemen et le Volga, qui divergent suivant trois directions différentes. Leurs sources se confondent pour ainsi dire au milieu d'un vaste marais ; ce qui prouve d'ailleurs que le sol ne présente pas toujours une élévation marquée au point de séparation de deux bassins opposés. Cette élévation est pourtant la règle la plus générale ; les montagnes servent ordinairement de frontières naturelles à deux bassins hydrographiques.

Deux grands fleuves ou bassins, en apparence complétement étrangers l'un à l'autre, peuvent se rapprocher entre eux par l'intermédiaire de tributaires ayant leur source sur un même massif. Quand les sources sont très-voisines et situées sur des plateaux accessibles, de sorte qu'on puisse établir entre les deux versants une communication facile au moyen d'un canal, on appelle ces points de rapprochement des *portages*. On en trouve un exemple dans les monts Karpathes, où le Donajec et le Poprad, tributaires de la Vistule, prennent naissance non loin des sources du Gran, du Hernath, de la Waag, etc., qui se rendent au Theiss, affluent principal du Danube : on a même proposé d'y construire un canal, qui offrirait ainsi le moyen d'établir une communication entre la Baltique et la mer Noire.

Le cours des fleuves et des rivières se divise en trois parties, que l'on désigne sous les noms de *cours supérieur*, *moyen* et *inférieur*, et qui offrent chacun des caractères propres assez marqués. Dans la partie supérieure, l'eau souvent se précipite plutôt qu'elle ne coule, entre des berges escarpées et en général rapprochées. C'est alors un torrent qui tombe de roche en roche avec impétuosité, se frayant un passage à travers les gorges et les anfractuosités qui resserrent ses flots écumeux, et formant des *chutes* ou des *cascades*. L'eau s'épanche ensuite dans les vallées plus larges et à pentes moins rapides ; là elle se calme et prend un mouvement plus doux. Dans les montagnes des Pyrénées, ces torrents se nomment *gaves;* les Espagnols les appellent *quebradas;* en Suède, ils portent le nom d'*elfs*. Ces eaux indomptées se chargent d'air dans leurs chutes multipliées, ce qui leur donne une couleur argentée : ce n'est que plus tard, dans la partie moyenne de leur cours, qu'elles deviennent limpides et prennent une teinte foncée, bleue ou verdâtre. Certaines rivières gardent le caractère torrentiel pendant la plus grande partie de leur trajet : c'est ce qu'on observe sur les cours d'eau de la Scandinavie, de l'Écosse, des Pyrénées, etc. La Doire et la Sezia, qui roulent dans des vallées profondes, sont de frappants exemples de ce genre de rivières.

Les *cascades* sont à coup sûr un des plus charmants spectacles que la nature offre à notre admiration. Les eaux s'élancent dans l'espace du haut d'un précipice ; c'est d'abord un ruban argenté qui se déploie sur les flancs de la montagne, qui diminue bientôt et finit par se réduire en brouillard. Si le soleil frappe de ses rayons ces nuages d'eau divisée et flottants, il en fait des diamants étincelants, il les décore d'arcs-en-ciel ondoyants et mobiles.

Nous allons passer en revue les cascades les plus pittoresques, celles qui justifient le mieux les excursions des touristes.

La cascade de Gavarni ou de Marboré, dans les Pyrénées françaises, mérite d'être citée la première à ce point de vue. On la considère comme la source du Gave de Pau. Quand on remonte cette rivière on arrive sur le faîte du Piméné, qui sépare les vallées d'Estaubé et de Gavarni, et l'on aperçoit au sud le mont Perdu, la Maladetta et les autres grandes cimes qui couronnent le massif central des Pyrénées. Le Gave traverse une suite de défilés toujours plus courts et de bassins toujours plus resserrés, à mesure que l'on approche de sa source. Tous ces bassins étaient autrefois des lacs d'où les eaux tombaient, d'étage en étage, en terribles cascades, avant d'avoir creusé le lit qu'elles parcourent actuellement.

L'entrée de la vallée de Gavarni, du côté du nord, est couverte d'ombrages touffus. Au hameau de Scia, dont les maisons sont éparses entre d'énormes blocs de rochers, le sentier aboutit à un pont d'une seule arche, élevé de 30 mètres au-dessus du torrent. De ce pont, on voit le Gave, encaissé entre deux murailles perpendiculaires, former une longue cataracte, s'élancer en bouillonnant sous la vieille arcade, et fuir comme l'éclair, sans flots ni écume, dans un tortueux défilé, caché sous une voûte d'épaisse verdure. Le pont de Scia, antique et dégradé, est revêtu de lierre qui pend de sa voûte en festons élégants.

Au détour d'un autre pont, on entre dans la campagne de Gèdres, et l'on marche entre des vergers et des haies de noisetiers. Au delà, les montagnes se resserrent, et le torrent s'aperçoit au fond de noirs précipices. Un éboulement immense de blocs de granit, irrégulièrement amoncelés, descend du haut des monts jusqu'au fond de la vallée. Ces blocs en ruine sont les monuments et les restes de la chute d'un contre-fort du Piméné. « Le Gave, comprimé, repoussé, divisé par ces ruines que toute sa furie ne peut écarter, leur échappe en mugissant et ajoute à l'horreur de ce chaos le tumulte de ses cataractes et le tonnerre de ses flots[1]. » Les touristes appellent ce grand tableau le *Chaos* (fig. 114); les gens du pays le nomment la *Peyrada*.

C'est par le *Chaos* qu'on arrive au célèbre *Cirque de Gavarni*[2] (fig. 115), petit village de quelques centaines d'habitants.

« Que l'on s'imagine une aire demi-circulaire, dit l'auteur que nous venons de citer, dont le sol se creuse en entonnoir et dont l'enceinte est un mur vertical de 400 mètres de haut, surmonté par les vastes gradins d'un amphithéâtre blanchi de neiges éternelles, et couronné lui-même par des rochers en forme de tours ayant des glaciers pour créneaux. Dix ou douze torrents tombent de cet amphithéâtre. Le plus considérable de tous, que l'on considère comme la source du Gave de Pau, se précipite d'une roche surplombée, en frappe une saillie vers les deux cinquièmes de sa chute, et se brise plus bas sur une projection plus saillante de la même roche. »

1. De Lanoye, *Les grandes scènes de la nature*, p. 107.
2. Les montagnards appellent les cirques *oule*, mot qui signifie *marmite*.

L'eau de la cascade de Gavarni tombe lentement, comme un nuage qui descend vers la terre; elle glisse le long du rocher, et semble flotter longtemps, comme un voile de transpa-

Fig. 114. Le Chaos.

rente vapeur. Un silence profond règne dans cette solitude, troublé seulement par le murmure monotone des cascades. C'est un des sublimes spectacles que la nature nous présente.

Fig. 115. Cascade de Gavarni.

Une autre belle cascade de la France est celle de la Druise, dans le Dauphiné. Elle est formée par la Gervanne, qui, peu de temps après être sortie des gorges d'Omblèze, parvient sur le bord d'un escarpement de 40 mètres de hauteur environ, et s'élance d'un bond dans l'abîme, où ses eaux, tout à l'heure si calmes sous un épais berceau de saules, se brisent en écume avec un bruit de tonnerre.

La magnifique *Cascata del Marmore*, que forme le Velino près Terni, paraît avoir été créée, en partie du moins, par la main des hommes. Le consul romain Curius Dentatus avait déjà fait amener les eaux de la rivière à ce précipice en l'an 274 avant Jésus-Christ; mais le lit qu'on leur avait préparé s'était rempli de sédiments calcaires qui le comblaient, et le pape Paul IV (ou, d'après d'autres, Clément VIII) fut obligé de le faire creuser à nouveau. Cette cascade est réputée l'une des plus belles de l'Europe.

Dans les Alpes suisses, la chute d'eau la plus élevée est celle du *Staubach* (fig. 117). Cette cascade, qui n'a pas moins de 330 mètres de hauteur, est produite par le Hetschbach, dans la vallée de Lauterbrunnen. C'est une énorme masse d'eau qui, avant d'arriver à terre, se disperse en une pluie fine, comme l'indique son nom, qui signifie *torrent de poussière*.

Citons encore la cascade de *Reichenbach*, dans l'Oberland bernois; celles de *Pissevache*, dans le Valais; le *Nant-d'Arpenas*, dans la vallée de Chamonix; les chutes de la *Linth*, dans le canton de Glarus; celle de l'Aar (la Handeck); de la *Reuss*, au Pont-du-Diable; de la Tosa, dans la vallée de Formazza; celle des gorges du Taurus, etc., etc.

La plus haute chute qui existe dans les Alpes serait, dit-on, celle de l'Orco, qui se précipite du Mont-Rose, versant italien de cette chaîne, de 800 mètres de hauteur.

La Suède et la Norvége sont riches en magnifiques cascades. La plus considérable est celle de Trollhetta, où la *Gotha-Elf*, issue de l'immense lac Wénersée, qu'alimentent vingt-quatre rivières, se précipite dans un abîme de plus de 40 mètres sur des blocs de rochers qui la résolvent en une mer d'écume. C'est pour éviter cette chute d'eau que l'on a construit le canal de Trollhetta.

On peut encore citer, en Suède, la cascade d'Elfkaerleby; en

Norvége, la chute de Rjukandfoss, formée par la Maanelf dans la province de Tellemasken et haute de 310 mètres ; celle de Feinmfossem; celles du Glommen, de Pussoronka et d'Ittähannä, et celle d'*Opthun*, dans le Sogne-field.

Sur les confins de la Laponie, l'Angermanna-Elf, belle rivière, large comme le Danube et bordée de forêts séculaires, forme une admirable cascade près de Liden; ses eaux s'y précipitent sur un archipel de petits îlots qu'elles semblent vouloir emporter dans leur blanche écume (fig. 116).

Fig. 116. Une chute de l'Angermanna.

Citons encore la cascade de la rivière de la Savane, à l'île Maurice (Ile-de-France), qui a cela d'intéressant qu'elle tombe sur une muraille de basaltique formée de prismes parfaitement réguliers et formant ce que l'on nomme une *chaussée* de géant (fig. 118).

Il y a de nombreuses cascades dans l'Himalaya (où nous avons déjà mentionné celle du Satledge). Dans les Andes, les *quebradas* coulent parfois à une prodigieuse profondeur, entre des murs élevés de plus de 1000 mètres. On cite aussi le Falling-Spring, de l'État de Virginie, arc d'eau magnifique qui s'élance

Fig. 117. Cascade du Staubbach, en Suisse.

Fig. 118. Cascade de la Savane, à l'île Maurice.

en avant d'une muraille de rocher et sous lequel on peut passer à pied sec.

Si le terrain d'où tombe une cascade est étagé, l'eau s'élance de terrasse en terrasse, offrant tantôt une nappe, tantôt une muraille liquide, jusqu'à ce qu'elle arrive sur un plan qui lui rende son cours tranquille. Ce sont ces chutes successives que l'on désigne plus spécialement sous le nom de *cataractes* : elles abondent en Amérique.

Lorsque le sol ne présente pas une brusque solution de continuité, mais seulement une déclivité très-sensible, et lorsqu'en même temps, le lit de la rivière est rétréci par des rochers saillants, il se forme un *rapide*, c'est-à-dire un courant doué d'une telle impétuosité qu'il est impossible aux bateaux de le remonter.

Cependant les rapides ne s'opposent pas toujours à la navigation; dans certains cas, on peut les descendre et les franchir : c'est ce que l'on voit faire assez souvent aux sauvages de l'Amérique dans leurs canots d'écorce, aux créoles hardis qui, dans une barque élégante et légère, bravent les tourbillons et la force effrayante du courant. La figure 119 montre un *rapide* de la *rivière de Montmorency*, dans le Canada, à 14 kilomètres de Québec. L'une des rives de ce torrent forme une suite d'assises ou de marches régulières, que l'on nomme *l'escalier des géants*. La cascade de Montmorency elle-même tombe d'une hauteur de 80 mètres, dans un large entonnoir bordé de sombres rochers à pic, dont les pointes se trahissent par les frémissements de l'eau. Un nuage de vapeurs blanchâtres s'élève dans l'air et s'irise aux rayons du soleil. Une fraîche végétation couvre le sommet des rochers, et des filets d'argent serpentent à côté de la chute principale.

On connaît les rapides de la rivière des Amazones, au Ponyo de Manserichi, où elle est encaissée dans un défilé étroit, et ceux de la rivière du Connecticut. Mais, sans aller aussi loin, on peut citer comme remarquables, en Europe, les rapides du Rhône, à Pierre Encise; du Rhin, à Bingen, du Danube, à Orsova, etc.

Parmi les *cataractes*, celles de Maypures, sur l'Orénoque, ont acquis une grande célébrité; elles sont formées d'une infinité de petites cascades successives. On peut les voir très-bien de la

372   LA TERRE ET LES MERS.

petite montagne de Manimi, d'où Humboldt les a souvent contemplées.

« Arrivé à la cime des rochers, dit le célèbre voyageur, les yeux mesurent soudainement une nappe d'écume d'un mille d'étendue, d'énormes

Fig. 119. Rapide de la rivière Montmorency au Canada.

masses de roches, noires comme le fer, sortent de son sein ; les unes sont des mamelons groupés deux à deux, semblables à des collines basaltiques ; les autres ressemblent à des tours, à des châteaux forts, à des édifices en ruine ; leur couleur sombre contraste avec l'éclat argenté de l'écume des eaux ; chaque roche, chaque îlot est couvert d'arbres vigoureux et réunis par bouquet. Du pied de ces mamelons, aussi loin que porte la vue, une fumée épaisse est suspendue au-dessus du fleuve ; à travers le brouillard blanchâtre s'élance le sommet des hauts palmiers. »

Les autres grandes cataractes de l'Amérique sont celles du Potomac, du James-River, du Niagara, du Tequendama, non loin de Santa-Fé de Bogota ; celle de Yosemity (Californie), qui a 800 mètres de hauteur. Le Rio San-Francisco, au Brésil, cesse d'être navigable sur une longueur de 100 kilomètres, à cause d'une suite de cataractes qui se terminent par la Cachoeira-Grande, et qui sont constamment enveloppées d'un nuage de vapeurs.

Le *Niagara* (fig. 120) est cette immense chute qui déverse les eaux du lac Érié dans le lac Ontario. Vers le milieu de sa longueur, il est traversé par un barrage naturel de rochers, hauts de 50 mètres, d'où les eaux s'élancent en formant cette immense cascade que l'on appelle le *saut du Niagara*. Ce nom, qui vient de l'Iroquois, signifie *l'eau qui tonne*.

« Depuis le lac Érié, dit Chateaubriand, jusqu'au saut, le fleuve arrive toujours en déclinant par une pente rapide, et, au moment de la chute, c'est moins un fleuve qu'une mer, dont les torrents se pressent sur la bouche béante d'un gouffre. La cataracte se divise en deux branches, et se courbe en fer à cheval. Entre les chutes s'avance une île, creusée en dessous, qui pend, avec tous ses arbres, sur le chaos des ondes. La masse du fleuve qui se précipite au midi, s'arrondit en un vaste cylindre, puis se déroule en nappe de neige, et brille au soleil de toutes ses couleurs ; celle qui tombe au levant, descend dans une ombre effrayante ; on dirait une colonne d'eau du déluge. Mille arcs-en-ciel se courbent et se croisent dans l'abîme. L'onde, frappant le roc ébranlé, rejaillit en tourbillons d'écume qui s'élèvent au-dessus des forêts, comme les fumées d'un vaste embrasement. Des pins, des noyers sauvages, des rochers taillés en forme de fantômes, décorent la scène. Des aigles, entraînés par le courant d'air, descendent en tournoyant au fond du gouffre, et des carcajoux se suspendent par leurs longues queues au bout d'une branche abaissée pour saisir dans l'abîme les cadavres brisés des élans et des ours. »

Les deux sections de la cataracte appartiennent, l'une aux États-Unis, l'autre au Canada ; elles ont respectivement 330 et 550 mètres de développement. La quantité d'eau qu'elles déversent, a été évaluée à 250 000 hectolitres par seconde. L'île boisée qui se trouve au milieu, porte le nom de *l'île des Chèvres*. On y a percé des allées, qui dessinent une promenade ; un pont récemment construit, réunit l'île à l'une des rives. Dans *l'île des Chèvres*,

---

1. A. de Humboldt, *Voyage aux régions équinoxiales*, t. VII, p. 170.

un escalier adossé à la roche, conduit au pied de la cataracte; des gradins glissants permettent même de pénétrer sous l'immense voute liquide de la cataracte, qui a 6 à 8 mètres d'épaisseur, et ressemble à une masse de cristal verdâtre. Ce dangereux escalier conduit à une petite grotte creusée dans le roc, où l'on peut respirer et se reposer; on la nomme la *grotte des Vents*, parce que l'air y est sans cesse dans un grand état d'agitation. Cette descente sous la voûte liquide est dangereuse, à cause des éboulements de la rive, dont on est toujours menacé. Aussi le guide délivre-t-il un certificat au touriste qui a eu le courage de descendre dans ces ténèbres. Les bords de l'île et les rivages du Niagara ne sont pas, du reste, plus rassurants; chaque jour, des blocs de roches minés par les tourbillons, s'écroulent et entraînent d'imprudents visiteurs.

Le recul lent, mais continu, de la cataracte du Niagara, produit par l'action des eaux qui dégradent et abaissent insensiblement son lit, est un fait connu, et d'ailleurs plus général qu'on ne le croirait au premier abord. Cette excavation de leur lit par les eaux mêmes qui le remplissent, fournit la clef de beaucoup de phénomènes dans l'histoire d'un grand nombre de fleuves.

Le plateau sur lequel s'étend le lac Érié, s'élève au-dessus d'une plaine d'alluvion qui renferme des roches diluviennes et des blocs de très-grandes dimensions; ce plateau s'étend jusqu'au lac Ontario, dont le niveau est de 100 mètres plus bas que celui de l'Érié. Mais cette plaine n'a pas toujours existé. Le plateau de l'Érié a dû, au contraire, s'étendre jadis jusqu'au lac Ontario, dans lequel les eaux du premier lac se déversaient alors sans aucune chute. Cette conclusion résulte de ce qui s'observe encore aujourd'hui. Il y a plusieurs siècles, la cataracte était située en face de l'emplacement de Lewistown; mais l'action érosive des eaux l'avait déjà fait reculer de 12000 mètres, en 1818. Depuis, elle a encore sensiblement rétrogradé, surtout par l'éboulement qui eut lieu en 1828. Cette puissante érosion s'explique d'ailleurs facilement par la nature du terrain qui forme le lit du Niagara. Ce terrain se compose de couches de calcaire reposant sur du schiste. Les tourbillons de la cataracte creusent le schiste, et le calcaire qui le surmonte, ainsi miné, finit par s'écrouler sous le poids des eaux Tout annonce que, dans un avenir plus ou moins éloigné, la chute du Niagara disparaîtra complétement, et qu'il n'y aura plus entre l'Érié et l'Ontario qu'une suite de rapides

Fig. 120. Chute du Niagara.

'est ainsi que, suivant Karl Ritter, se sont formés les rapides du Rhin et d'autres fleuves européens. Les géologues ont constaté que beaucoup d'entre les vallées que ces fleuves arrosent, ont été jadis d'immenses lacs, aujourd'hui desséchés. Telles sont les vallées du Rhin, entre Bâle et Strasbourg, et entre Ladenbourg et Bingen; celles du Danube, entre Ulm et Passau, et depuis Pesth jusqu'aux rapides d'Orsova. On peut faire la même remarque sur le cours moyen du Volga, du Gange, de l'Euphrate, etc. Autrefois ces divers fleuves s'évasaient en lacs qui alternaient avec des étranglements, comme cela se voit de nos jours dans le fleuve de Saint-Laurent, dont le Niagara n'est qu'une partie, et qui relie entre eux les cinq grands lacs du Canada. Tel a été sans doute aussi l'état primitif de nos fleuves, qui ont déjà atteint un degré de développement supérieur, grâce à un nivellement général, qui a remplacé les sauts et les cataractes par de simples rapides. Le fleuve Saint-Laurent arrivera probablement au même état, mais dans un avenir éloigné.

On connaît, en Afrique, les cataractes du Nil, du Zambèse, du Zaïre au Congo, du Sénégal; en Sibérie, celles de Toungouska; dans l'Inde, celles du Gange et de Garispe; dans la Nouvelle-Zélande, celle de la rivière Waïtangi; enfin en Europe, les cataractes du Wyg, qui se jette dans la mer Blanche, et les treize *porogs* ou chutes que forme le Dnieper au-dessous de Katherineslav; la célèbre chute du Rhin, près Schaffhouse, celle de l'Achen, près Salzbourg, etc., etc.

Les chutes de Félou, sur le fleuve Sénégal, sont situées à 150 kilomètres en amont de son confluent avec le Falémé. On y arrive du village de Médina, en gravissant une pente douce, qui conduit à un plateau très-étendu, à surface polie comme l'asphalte de nos boulevards. Après une marche de quarante minutes, on se trouve en face du fleuve et sous la cataracte (fig. 121). La différence des niveaux n'est alors que de 30 mètres; le plan vertical sur lequel les eaux se répandent en tombant, est parsemé de blocs de grès que l'eau attaque et façonne sans cesse en formes bizarres. On y voit des trous assez profonds, qui ont été creusés par les infiltrations et par de petits fragments de quartz, qui ont fait l'office de ciseau. Les eaux ont miné la roche en dessous, et ce sont les parties déjà affaissées qui ont découpé des écluses ou trouées dans le mur de grès qui barre le fleuve du sud au nord.

Les formes singulières que présentent, par suite de leur altération par les eaux, les roches qui entourent la chute de Félou, ont donné lieu, parmi les Nègres, à une foule de légendes.

M Livingstone a découvert les chutes du Zambèse, que les indigènes appellent (fig. 122) *Mosi-oa-Tounya* (la fumée tonne). Elles produisent, en effet, cinq colonnes de vapeur que l'on aperçoit à plus de 10 kilomètres, et qui, blanches à la base, prennent une teinte plus sombre en haut, ce qui augmente leur ressemblance avec de la fumée. D'énormes Boababs et de gracieux bouquets de

Fig. 121. Chute de Félou (Sénégal).

Palmiers, couvrent les rives du fleuve et les îles qui le parsèment. On peut atteindre, en canot, l'une de ces îles située tout près de l'abîme. On voit alors le Zambèze, large ici de 1600 à 1700 mètres, s'engouffrant dans une fissure béante de la chaussée de basalte qui vient croiser son lit. Cette fente, qui a 100 mètres de profondeur, se prolonge ensuite du côté du nord, sur une longueur de 6 à 7 myriamètres. L'eau du fleuve, tombant d'un seul jet dans ce gouffre, est rejetée d'une anfractuosité à l'autre, tourbillonne, rebondit, et lance des nuages épais d'écume et de vapeur qui retombent sur les bords de la crevasse. Les feuilles des arbres mouillées, produisent un grand nombre de petits filets d'eau, qui vont se jeter dans l'abîme ; mais le jet de vapeur les fait remonter : ils sont ballottés sans cesse sans pouvoir atteindre le fond.

Fig. 122. Cataracte du Zambèse.

La masse écumante du fleuve se dirige ensuite vers la gauche, et on peut voir couler ses eaux au fond de la crevasse effrayante où elles se sont précipitées.

IV

Cours moyen des fleuves et rivières. — Inondations.

Les cataractes, rapides, etc., se produisent surtout aux confins du *cours supérieur* et du *cours moyen* des fleuves. Dans le cours moyen la pente s'adoucit notablement. Le Volga ne présente plus, dans son cours inférieur, qu'une déclivité de 1 mètre sur 7500 mètres; cette déclivité est encore moindre dans d'autres rivières. Les eaux coulent alors en cédant à leur propre pression. Elles corrodent leurs rivages du côté où elles éprouvent le moins de résistance, et changent de cours suivant la nature des rives opposées, en dessinant de capricieux méandres. Les sinuosités du cours moyen des fleuves suivent, en général, la direction des massifs hydrographiques. C'est dans cette partie de leur cours que les rivières aiment à former des îles, comme on en voit tant sur le Rhin. Dans le Saint-Laurent (Amérique), à l'entrée du lac Ontario, les îles forment un véritable archipel : on les appelle les *Mille îles*, mais en réalité leur nombre est de 1692.

Quelquefois le lit d'un fleuve coupe transversalement une chaîne de montagnes, qui s'ouvre devant lui comme par enchantement, et ménage au voyageur les plus charmantes surprises, en déroulant subitement de magnifiques points de vue. Ces trouées, qui donnent lieu aux effets les plus pittoresques, se rencontrent en grand nombre dans le cours du fleuve Hudson (Amérique).

Une autre cause qui peut contribuer à ralentir l'écoulement des eaux, c'est la marée océanique, dont les flots refoulent les fleuves vers leur origine, ou du moins, les arrêtent momentanément dans leur cours. Cette stagnation augmente la pression latérale que les eaux exercent sur leurs rives; aussi l'industrie humaine est-elle souvent forcée d'opposer des digues au débordement des fleuves et de les maintenir dans leur lit par des moyens artificiels. Une conséquence naturelle de cette grande pression latérale, aussi bien que de la mobilité des terrains dans les plaines, c'est le déplacement fréquent du cours inférieur que l'on observe sur le Pô, le Gange, le Nil, le Rhin, et d'autres fleuves importants. Les bifurcations et les embouchures, ou bouches multiples de quelques fleuves, doivent également leur origine à la tendance d'épanchement des eaux, engorgées dans leurs cours inférieurs.

L'engorgement des fleuves se fait surtout sentir à l'époque des *crues*, auxquelles beaucoup de rivières sont soumises, et qui proviennent, soit de la fonte des neiges et des glaces, soit de pluies torrentielles. Dans quelques rivières, ces crues ne sont qu'accidentelles, et se produisent à la suite d'un orage ou d'une pluie abondante. L'Arve, en Savoie, est sujette à des crues subites. On a vu cette rivière s'enfler à tel point que, ne pouvant plus s'écouler assez promptement entre les collines qui la resserrent au-dessous de sa jonction avec le Rhône, les eaux du torrent refluent dans le lit du fleuve, le forcent à remonter avec elles, et font tourner à contre-sens les roues des moulins construits sur le Rhône. Ces crues accidentelles et imprévues peuvent causer des débordements et des inondations désastreuses.

Dans les rivières où elles ont moins d'importance, les crues se reconnaissent encore par la modification qu'elles produisent sur la couleur de l'eau. De là une observation intéressante que l'on peut faire sur la Seine. Les eaux de la Marne et de la Seine, qui se réunissent à la hauteur de Charenton, possèdent des nuances différentes, que l'on peut encore distinguer sous le Pont-Neuf, à la pointe de l'île de la Cité. S'il a plu en Bourgogne, et qu'il n'ait pas plu en Champagne, les eaux jaunâtres de la Seine laissent voir une ligne de démarcation sensible avec celles de la Marne.

Les hautes eaux de la Seine et de la Loire s'élèvent de 6 à 7 mètres vers le milieu de leur cours. Le Rhin s'élève beaucoup moins; ces différences tiennent à la nature des affluents qui alimentent ces rivières.

Les crues du Rhône, quelquefois si désastreuses, sont causées principalement par les eaux pluviales qui descendent des deux vallées de la Côte-d'Or et du Jura, qui forment le bassin de la Saône. La fonte rapide des glaciers de la Suisse produit quelquefois, au printemps, de redoutables inondations dans le bassin du Rhône. La terrible inondation qui désola Morayshire (Écosse), en 1829, était due à une longue humidité qui avait imbibé et saturé d'eau de grandes surfaces de terrains poreux et spongieux, de sorte que les eaux des orages n'étant plus absorbées, se déversèrent dans les ruisseaux et les grossirent d'une manière extraordinaire.

La fonte annuelle des glaciers donne aussi lieu à des crues régulières dans les ruisseaux ou les rivières qu'ils alimentent.

Beaucoup de nos rivières, qui ne sont pas très-rapides, se congèlent pendant l'hiver et se couvrent d'une nappe de glace, qui acquiert parfois une grande épaisseur. A l'époque de la débâcle, au printemps, la glace se rompt dans les points où elle offre la moindre résistance; les eaux charrient alors d'immenses glaçons qui peuvent, lorsqu'ils rencontrent un obstacle, s'accumuler et s'entasser, barrant le chemin aux flots, qu'ils forcent à se répandre dans les campagnes, en causant de terribles ravages. Telle est la cause des inondations que la Vistule produit de temps en temps, malgré les digues entre lesquelles on a enfermé son lit.

Les cours d'eau situés sous la zone torride, sont soumis à des crues périodiques pendant la saison des pluies, et produisent alors des inondations extraordinaires. L'Égypte doit sa fertilité au débordement périodique du Nil, qui répand sur les campagnes une masse incroyable de fange et de limon gras. Des jaugeages exécutés à Syout, ont donné 680 à 10 250 mètres cubes d'eau par seconde, pour débit minimum et maximum du Nil, différence énorme qui montre bien toute l'importance des crues, puisqu'elles peuvent donner à ce fleuve un volume quinze fois plus grand qu'à l'époque des sécheresses. Le Nil monte alors de 10 à 12 mètres dans la Haute-Égypte, de 8 mètres au Caire, et de plus de 1 mètre dans le nord du Delta. L'inondation du Nil, du mois d'octobre 1863, a pris des proportions désastreuses.

Le Sénégal et le Niger sont sujets à des crues semblables. En Asie, le Brahmapoutre et le Gange, qui descendent des hauteurs neigeuses de l'Himalaya, et en baignent le pied, l'un au nord, l'autre au sud, pour se jeter ensuite tous deux dans le golfe du Bengale, sont célèbres par les inondations qu'ils produisent à des époques déterminées, ces débordements, réunissant les deux fleuves par d'innombrables canaux, mettent sous l'eau toute la contrée basse. Le Brahmapoutre inonde encore à lui seul tout le haut Hassam, depuis la mi-juin jusqu'à la mi-septembre. Les débordements du Hoang-Ho et du Yan-tse-Kiang, en Chine, sont presque aussi considérables.

Les fleuves d'Amérique sont sujets à produire des inondations diluviennes qui, selon l'expression d'Ovide, « font de tout une mer. »

>   Exspatiata ruunt per apertos flumina campos,
>   Cumque satis arbusta simul, pecudesque virosque
>   Tectaque, cumque suis rapiunt penetralia sacris.
>   Jamque mare et tellus nullum discrimen habebant,
>   Omnia pontus erat, deerantque littora ponto [1].

Les pluies tropicales font grossir le Paraguay, le Parana, l'Orénoque, etc., et leurs eaux s'épandent dans les pampas qu'elles changent en d'immenses marais, où périt alors beaucoup de bétail. L'accroissement de ces fleuves est proportionnel à la quantité d'eau tombée, et l'on peut, pour cette raison, les considérer comme de véritables *imbromètres*. On peut admettre qu'il tombe plus de 2 mètres et demi d'eau par an, au centre des forêts de l'Amérique méridionale.

1. « Les fleuves débordés se précipitent à travers les champs qu'ils recouvrent. Ils entraînent à la fois les arbres et les grains, les troupeaux et les hommes, les maisons et les temples avec leurs tabernacles. Déjà la terre et la mer se confondent; tout est devenu une mer, et une mer sans rivages. » (*Métamorphoses*, I, v. 285.)

V

Cours inférieur des fleuves et rivières. — Atterrissements. — Deltas. Estuaires. — Marées des fleuves. — Mascarets et barres.

Les débris que les fleuves détachent des terrains qu'ils traversent, sont entraînés dans les plaines, là où commence leur cours inférieur. On reconnaît ce dernier point à ce que la pente devient de moins en moins sensible. Le fleuve Sénégal n'a plus, à son embouchure, que 3 millimètres de pente par kilomètre. Il en résulte que le mouvement des eaux d'un fleuve, se ralentit à mesure qu'elles se rapprochent de l'Océan ; elles abandonnent alors le sable et les fanges qu'elles charrient, leur lit s'exhausse, et c'est ainsi que se produisent les *atterrissements*, les *deltas*, les *barres de sable*, etc.

Les dépôts qui se forment à l'embouchure des fleuves, donnent quelquefois naissance à de vastes contrées, qui augmentent l'étendue des continents. Le sol de la Hollande a été formé, en partie, par les dépôts du Rhin, de l'Escaut et de la Meuse. Ces mêmes fleuves laissent encore déposer tous les jours, pendant les calmes qui accompagnent la marée montante, des sédiments terreux considérables, qui exhaussent peu à peu leurs rivages. En les protégeant par des digues contre les marées, les habitants assurent la conservation des terres nouvelles qui se forment ainsi. Ces terres sont d'une grande fertilité : on leur donne, en Hollande, le nom de *polders*.

Les atterrissements riverains finissent par séparer, par diviser les eaux au sein desquelles ils ont pris naissance, et la terre prend entre les deux courants, une forme triangulaire ; de là le nom de *delta* (Δ), qu'on donne aux terrains ainsi divisés. Le plus célèbre est le *delta du Nil*, qui s'accroît encore tous les jours. Toute la vallée du Nil (fig. 123) s'exhausse de 9 centimètres par siècle, ainsi que l'on a pu le constater par l'enfoncement progressif des monuments. Des forages exécutés par M. Horner, sous la statue de Rhamsès à Memphis, ont montré que le sédiment du Nil a 9 mètres d'épaisseur sous les fondations du monument, qui, elles-mêmes, sont à 3 mètres au-dessous de la surface actuelle du sol. Il semble résulter de là que le Nil aurait commencé d'inonder l'Égypte 10 000 ans avant l'ère de Rhamsès, c'est-à-dire, il y a 13 500 ans. On a découvert à une profondeur de près de 12 mètres un tesson de poterie. Faudra-t-il conclure de cette trouvaille, que l'existence de l'homme remonte à plus de 140 siècles?

Le Pô forme, à son embouchure, un *delta* analogue à celui du Nil, mais beaucoup plus variable que ce dernier. Aux deux côtés de cette embouchure s'étendent les lagunes de Venise et de Comacchio.

Le *delta du Rhône*, en France, est bien connu. C'est là qu'existent ces plaines entrecoupées de marais, ici fertiles par suite de l'abondant dépôt limoneux du fleuve, là submergées par

Fig. 123. Le Nil.

les eaux stagnantes, et bonnes seulement, comme aux environs d'Aigues-Mortes, à produire des roseaux de marais.

En Asie, l'Euphrate et le Tigre ont formé une grande terre d'alluvion. Le Hoang-Ho, ou fleuve Jaune, charrie dans la mer de Péking, une quantité de limon qui suffirait à combler cette mer dans un intervalle de 24 000 ans.

Le Gange et le Brahmapoutre réunissent leurs deltas de manière à produire la forme d'un W, dont les pointes regardent la terre. La surface de ce double delta est entrecoupée d'un véritable labyrinthe de canaux et de criques d'eau salée. Malgré leur terrible insalubrité, ces régions sont habitées par l'homme, mais une grande partie de leur étendue, connue sous le nom des *Sunderbunds*, n'est qu'un désert abandonné aux alligators et aux tigres. C'est un véritable foyer de pestilence. De ces marais funestes partit, il y a un demi-siècle, le choléra-morbus qui s'étendit rapidement sur l'Asie, et de là dans tout notre hémisphère. Il ne faut pas oublier, en effet, que les *deltas* formant un mélange des eaux douces et des eaux salées, le tout en présence d'une grande quantité de matières organiques (représentées par les détritus végétaux que les fleuves amassent à leur embouchure), réunissent toutes les conditions capables de vicier l'air, et de le rendre insalubre. La réaction entre les matières organiques et les sulfates dissous dans l'eau de la mer, ramène ces sels à l'état de sulfures; ces sulfures sont décomposés par l'acide carbonique de l'air, et l'hydrogène sulfuré provenant de cette décomposition, se répand dans l'atmosphère et lui communique des propriétés méphitiques. Des fièvres intermittentes, plus ou moins graves, sévissent toujours sur les côtes qui présentent réunies les conditions que nous venons d'énumérer; et quand ces conditions sont poussées très-loin, comme dans le delta du Gange, elles peuvent donner naissance aux épidémies les plus graves. La génération du choléra-morbus dans cette contrée pestilentielle, a fourni la triste démonstration de cette vérité.

L'Orénoque a aussi un delta, et l'on en trouve plusieurs autres dans l'Amérique du Nord. Le plus curieux est celui du Mississipi. L'ouverture de ce delta est de 320 kilomètres. Il est souvent inondé par les hautes eaux, de sorte que l'entrée du Mississipi n'est qu'une suite de marécages où la fièvre jaune a élu domicile. Pendant les crues du printemps, ce fleuve gigantesque se change en une mer boueuse, qui dépose du limon sur ses rives et sur tous le pays adjacents. On a calculé que les alluvions du Mississipi s'avancent de 100 mètres par an.

Tous ces atterrissements qui se forment sous nos yeux, nous donnent une idée de la manière dont se sont produits, dans les temps géologiques, les terrains d'eau douce au moyen des sédiments des fleuves.

On pourrait appeler les *estuaires* des deltas négatifs. Les estuaires sont des lacs d'eau douce et d'eau salée que forment les embouchures de quelques fleuves, quand ils s'élargissent tout à coup, avant d'atteindre la mer. Le *Rio de la Plata* est un véritable golfe, large de 200 kilomètres, dans lequel débouchent l'Uruguay et le Paraña. On connaît encore les *estuaires* que forme la Gironde, à partir de Blaye ; ceux du Dnieper, de l'Ob, du Jéniseï, du Saint-Laurent, de la rivière Columbia, etc. Ils permettent aux grands navires de pénétrer au cœur des continents. Les Chinois appellent ces vastes élargissements des fleuves, les *fils de l'Océan*. L'embouchure du fleuve des Amazones (Orellana) qui a 40 kilomètres de large, peut aussi être regardée comme un estuaire. Dans la saison des pluies, le fleuve s'élance dans l'Atlantique avec une telle force que, sur une distance de 200 lieues en ligne droite, ses eaux ne se mélangent pas avec celles de l'Océan. On les reconnaît à leur teinte verdâtre et au courant rapide qui continue de les entraîner. Un phénomène semblable s'observe aux bouches du Danube, et à l'embouchure de la rivière Syre, en Norvége.

Malgré l'énorme impulsion donnée à ces grandes masses d'eau, elles ne peuvent pas toujours s'écouler librement dans l'Océan ; la marée montante les refoule, et il se livre alors une lutte gigantesque entre les flots d'eau douce qui descendent du continent et les ondes salées que soulève le flux de la mer. A l'entrée du fleuve des Amazones, la marée pénètre jusqu'à plus de 200 lieues à l'intérieur ; elle met plusieurs jours à parcourir cette énorme distance. Aux époques des plus fortes marées, c'est-à-dire à la nouvelle et à la pleine lune, la mer atteint en deux minutes la hauteur qu'elle n'atteint ordinairement qu'en six heures. On voit alors une vague de 4 à 5 mètres s'avancer avec une incroyable vitesse ; elle est bientôt suivie d'une seconde, puis d'une troisième et d'une quatrième *montagne humide*, pour parler comme Racine, qui se répandent sur toute la surface du fleuve. Le choc de ces masses d'eau douce et d'eau salée fait trembler les îles d'alentour ; les navires s'éloignent avec effroi du lieu de ce conflit terrible, dont le bruit se fait entendre jusqu'à 2 lieues de distance.

« Les eaux de l'Orellana et celles de l'Océan, dit Malte-Brun, se précipitent au combat comme deux armées ; les rivages sont inondés de leurs flots écumeux ; les rochers, entraînés comme des galets légers, se heurtent sur le dos de l'onde qui les porte ; de longs mugissements roulent d'île en île ; on dirait que le génie du fleuve et le dieu de l'Océan se disputent l'un à l'autre l'empire des flots. »

Dans l'Orénoque, les marées se font sentir, en avril, jusqu'à plus de 75 lieues de l'entrée du fleuve; leur hauteur est d'un mètre à l'embouchure, elle décroît lentement vers l'intérieur. On observe des phénomènes analogues sur le Saint-Laurent, sur la rivière Colombia, etc. Dans l'Indus et dans l'Ougly, l'un des bras du Gange, les flots remontent à plus de 25 lieues, avec une vitesse de 30 kilomètres à l'heure.

Dans les rivières de l'Europe, ce reflux de l'Océan à l'embouchure des fleuves est moins violent. On l'appelle *mascaret* dans la Seine et dans la Dordogne. Dans cette dernière rivière, le phé-

Fig. 124. Effet du mascaret de la Seine.

nomène consiste seulement en trois ou quatre lames très-élevées et très-rapides, qui se suivent, occupant toute la largeur de la rivière. Ces lames remontent le cours du fleuve avec une vitesse de 4 à 5 mètres par seconde, en bouillonnant à leurs sommets et renversant tout ce qu'elles rencontrent.

La Seine présente, à l'équinoxe de septembre, le phénomène du *mascaret*; et il existe aussi dans deux petites rivières de France, la Vire et l'Aure. La figure 124 représente le phénomène du mascaret de la Seine, à la Bouille.

Les eaux de la Tamise sont aussi arrêtées dans leurs cours par la marée montante; on voit alors pénétrer dans Londres un courant d'eau salée, au-dessous duquel on peut puiser de l'eau douce.

Les fleuves de la Chine s'élèvent quelquefois de 10 à 15 mètres par l'effet des marées qui les font rouler en arrière, surtout lorsque le vent souffle de la mer. Dans le fleuve Zaïre, en Afrique, les eaux du milieu continuent de rouler dans la mer, pendant qu'il s'établit sur ses deux rives deux courants contraires qui remontent en ondulant vers sa source. On remarque, en général, que l'action de la *barre* est plus énergique aux bords qu'au milieu des rivières.

Les trois fleuves qui se jettent dans des mers intérieures, le Nil, le Danube et le Volga, n'offrent point le phénomène de la *barre*, parce que la Méditerranée, la mer Noire et la mer Caspienne n'ont pas de marées sensibles. On pourait les appeler des fleuves essentiellement continentaux.

Certaines rivières n'ont pas d'embouchure. Elles vont se perdre dans de vastes marais, qui par leur évaporation abondante, peuvent recevoir sans déborder, de nouvelles eaux. Tel est le Zenderoud, en Perse, qui termine son cours dans un marécage. On rencontre beaucoup de ces marais absorbants en Afrique et au centre de l'Asie.

On connaît aussi des rivières qui se perdent dans des cavités souterraines, mais le plus souvent pour reparaître au delà de ce point. Le Rhône s'engouffre sous le fort de l'Écluse, à l'ouest de Genève, et reparaît à quelque distance de là. La rivière de la Lys, en Belgique, se précipite dans la grotte de Han, d'où elle sort à 500 mètres plus loin.

La Meuse disparaît près de Bazoilles, et renaît à Noncourt, après un cours souterrain d'un myriamètre. Des phénomènes analogues ont lieu pour la Rille, le Suzon, l'Eure, l'Aros, etc. La Venelle, dans la Côte-d'Or, et la Guadiana, en Espagne, s'absorbent dans des prés marécageux, d'où elles sortent plus abondantes. Voilà pourquoi les Espagnols parlent de leur grand pont « où peuvent paître cent mille bêtes à cornes. »

La Dromme, qui se réunit à l'Aure dans le Calvados, se jette, à quelque distance de la mer, dans un trou de 12 mètres de diamètre, qui est connu sous le nom de la *Fosse de Soucy*. Avant d'y arriver, elle perd une partie de ses eaux dans d'autres cavités qui existent dans son lit. On trouve, sur le bord de la mer, des sources que l'on attribue au cours souterrain de cette petite rivière.

Si les cavernes, dans lesquelles les eaux disparaissent, ont peu d'étendue et sont ouvertes des deux côtés, elles forment des *ponts naturels*. Ces sortes d'arcades se rencontrent d'ailleurs aussi en des endroits où il n'existe aucun cours d'eau. L'un des plus beaux *ponts naturels* est celui de la vallée d'Icononzo ou de Pandi, au Mexique (fig.125). Il réunit les bords d'une crevasse profonde

Fig. 125. Pont naturel de la vallée d'Icononzo, au Mexique.

de 100 mètres, au bas de laquelle coule un petit torrent, le *Rio de la Summa-Paz*, encaissé dans un lit presque inaccessible. Le pont principal a 15 mètres de longueur sur 12 de large, et une épaisseur de 12 mètres. A 20 mètres au-dessous de ce premier pont, il en existe un second formé de trois blocs qui se soutiennent mutuellement ; à son milieu, il est percé d'un trou qui permet de voir le fond de l'abîme.

TABLEAU DE LA LONGUEUR DES PRINCIPAUX FLEUVES DU MONDE.

(N°a) Les chiffres indiquent la longueur en kilomètres

EUROPE
- Seine 620 — Côte d'Or
- Loire 960 — Cévennes
- Rhône 1030 — M.t Furka
- Pô 630 — M.t Viso
- Douro 810 — Pic d'Urbian
- Ebre 750 — S.ra Sejos
- Rhin 1100 — M.t S.t Bernardin
- Elbe 1270 — Riesen Gebirge
- Oder 840 — M.t Sudètes
- Vistule 962 — M.t Skalza (Silésie)
- Don 1780 — L. Ivan Ozeros
- Dnieper 2000 — Vallée de Volkonski
- Danube 2750 — Montagnes de la Forêt Noire
- Volga 3340 — Plateau de Valdai

ASIE
- Obi 4300 — M.ts Altaï
- Lena 4240 — M.ts Vercholeniens
- Iénisei 5180 — M.ts Sayaniens
- Amour (Gihon) 2504 — Hindou Khou
- Amour 4380 — M.t Kentei
- Hoang-ho (Fl.Jaune) 4220 — M.ts Khoulkoun
- Yang-tsé Kiang 5330 — M.ts Kouen lun
- Cambodge (Mé-Kong) 3890 — M.gnes du Tibet
- Iraouaddi 4070 — M.t Langtan
- Brahmapoutre 3200 — M.t Gouria
- Gange 3110 — M.t Himalaya
- Sindh (Indus) 3630 — M.gnes du Tibet
- Euphrate 2760 — Dumly Daglà

AFRIQUE
- Nil 4200 — Fl.Bleu, Fl.Blanc, L.Nyanza, Lonit Nyge
- Gambie 1130 — M.t Tangué (Fouta Dialon)
- Sénégal 1550 — M.t Dalaba (id)
- Niger 3300 — M.t Loma

AMÉRIQUE
- Mac-Kenzie 3035 — M.gnes Rocheuses
- Columbia 280 — Lac de l'Esclave
- R. Colorado 1470 — M.t Sabine (M.gnes Rocheuses)
- R. Grande 3140 — S.ra Verde
- S.ra de S.t Juan
- Mississippi, S.t Laurent 1500, Missouri, Mississipi L.Supérieur
- Orénoque 2500
- Amazone 7700 — M.t Tapiraperu
- Araguay (Tocantins) 2070 — Plateau de Estreito
- R. S.t François 2500 — S.ra de Canastra
- Parana (La Plata) 3650 — S.ra de Parana piacuba
- Murray 1500 — Alpes Australiennes

OCÉANIE

Montagnes Rocheuses — Cordillères des Andes

Océan Atlantique — Océan Pacifique

Manche, G.fe Gascogne, Méditerranée, Adriatique, Océan Atl., Méditerranée, Mer du Nord, Mer Baltique, Mer Noire, Mer Caspienne, Océan Glacial, Mer du Japon, Mer Jaune, Mer de Chine, Golfe de Bengale, G.fe Persique, Méditerranée, Océan Atlantique, G.fe de Guinée, Mer des Indes, Océan Pacifique, G.fe de Californie, G.fe du Mexique

Gravé chez Erhard, r. Bonaparte 42 — Dressé par A. Vuillemin

Le *pont d'Arc*, sous lequel coule l'Ardèche, est une arche naturelle, haute de 30 mètres et large de 60. Le pont de Véja, près de Vérone, a 38 mètres d'élévation. Le magnifique *Rock bridge* (pont de rocher), en Virginie, réunit deux montagnes séparées par un ravin de 70 mètres de profondeur, dans lequel coule le Cedercreek. Ce pont a 30 mètres de longueur et une épaisseur de 13 : c'est une des merveilles du pays.

Dans le Liban, un torrent qui se jette dans la rivière de Beyrout, passe sous un arc naturel élevé de 66 mètres, et qui porte le nom de pont d'*Ain-el-Liban* (fig. 126).

Fig. 126. Pont naturel d'Ain-el-Liban.

Nous connaissons maintenant tous les phénomènes principaux auxquels donnent lieu les rivières et les fleuves. Il nous reste à mettre sous les yeux du lecteur le tableau comparatif de la longueur développée des principaux fleuves du globe. Ces éléments sont réunis dans la carte placée en regard de cette page. Nous groupons dans le tableau suivant la longueur de ces fleuves. Les chiffres qui figurent dans ce tableau sont calculés d'après ceux que sir John Herschel a adoptés dans sa *Géographie physique*.

EUROPE.

Nom du cours d'eau.	Embouchure.	Longueur en kilomètres.
Seine	La Manche	630
Loire	Golfe de Biscaie	960
Rhône	Méditerranée	1030
Pô	Golfe Adriatique	650

EUROPE (SUITE).

Nom du cours d'eau.	Embouchure.	Longueur en kilomètres.
Douro	Atlantique	810
Èbre	Méditerranée	780
Rhin	Mer d'Allemagne	1100
Elbe	Idem	1270
Oder	Baltique	890
Vistule	Idem	960
Don	Mer Noire	1780
Dnieper	Idem	2000
Danube	Idem	2750
Volga	Mer Caspienne	3340

ASIE.

Obi	Mer glaciale	4300
Jeniseï	Idem	5180
Léna	Idem	4440
Amou (Gihon)	Lac d'Aral	2600
Amour	Mer du Japon	4380
Hoang-ho (fleuve Jaune)	Mer Jaune	4220
Yan-tse-Kiang	Idem	5330
Cambodje (Mékan)	Mer de Chine	3890
Iraouaddi	Golfe du Bengale	4070
Brahmapoutre	Idem	3200
Gange	Idem	3110
Indus	Golfe d'Oman	3630
Euphrate	Golfe Persique	2760

AFRIQUE.

Nil	Méditerranée	4200
Gambie	Atlantique	1130
Sénégal	Idem	1150
Niger	Golfe de Guinée	3300

AMÉRIQUE.

Mackenzie	Mer glaciale	3930
Colombia	Pacifique	2400
Colorado	Golfe de Californie	1470
Rio-Grande	Golfe du Mexique	3440
Missouri-Mississipi	Idem	6590
Saint-Laurent	Atlantique	3300
Orénoque	Mer des Antilles	2500
Amazone	Atlantique	5660
Araguay (Tocantins)	Idem	2070
Saint-François	Idem	2500
Parana La Plata	Idem	3650

AUSTRALIE.

Murray	Pacifique	1500

VI

Les lacs et les étangs.

Il nous reste, avant de nous occuper des mers, à parler de ces réservoirs d'eau douce ou salée auxquels on donne le nom de *lacs*.

Une masse d'eau qui est alimentée d'une manière continue par une source quelconque, prend le nom de *lac*. Si l'eau s'épanche sur une large surface qu'elle recouvre à peine, si ses rives sont mal délimitées, on l'appelle *marais*. Ces amas d'eau tranquille se rencontrent avec plus ou moins de fréquence, à toutes les hauteurs, dans les plaines basses, comme dans les plus hautes montagnes.

Les véritables lacs ne sont le plus souvent que des évasements du bassin d'une rivière qui les traverse. C'est ainsi qu'en Europe, le lac de Genève est formé par le développement du Rhône; le lac de Constance par le Rhin; le lac Majeur et les lacs de Côme et de Garde par les affluents du Pô. La rivière d'Orbe traverse d'abord le lac de Joux (dans le haut Jura), situé à 600 mètres au-dessus du lac de Genève, puis elle s'engouffre dans de vastes entonnoirs, creusés dans le calcaire; après un cours souterrain de 4 kilomètres, elle ressort dans une vallée inférieure, à 230 mètres au-dessous du lieu où elle disparaît, et traverse encore les lacs de Neuchâtel et de Bienne. Le lac Baïkal, dans la Sibérie orientale, est traversé par l'Angara; le lac Tzana, en Éthiopie, par l'Abbay ou *fleuve Bleu*.

On observe quelquefois plusieurs étranglements successifs de la vallée, et le lac se divise ainsi en plusieurs bassins, comme celui de Lucerne, traversé par la Reuss, qui remplit trois bassins, sans compter deux autres lacs latéraux avec lesquels il communique encore. En Amérique, les cinq grands lacs du Canada semblent n'être que les bassins successifs de la large étendue du fleuve Saint-Laurent. En Russie, les lacs Ladoga, Onéga, Saïma, Biélo, Ilmen, communiquent par des rivières, tous entre eux et avec le lac de Finlande.

Les lacs d'où sortent des rivières, ne sont souvent alimentés que par des sources souterraines. Tels sont le lac Seligher, qui donne naissance au Volga; le Koukou-Noor, au pied de la chaîne du Thian-Chan, d'où sort le fleuve jaune; le Rawana-Hvada, sur le versant boréal de l'Himalaya, source d'un affluent de l'Indus. Ces lacs sont ordinairement petits et situés à un niveau très-élevé, comme celui du Monte-Rotondo, en Corse, et le Ceider-Idris, dans le comté de Galles. Le contraire arrive lorsqu'un lac reçoit une rivière sans qu'il en sorte aucun cours d'eau. Alors de deux choses l'une : ou bien les eaux se perdent par des conduits souterrains, ou bien l'évaporation compense la quantité d'eau qui afflue. Quelquefois, ces deux causes peuvent agir ensemble.

Fig. 127. Lac Pavin.

Ces sortes de lacs sont ordinairement salés, on peut les considérer comme des mers intérieures; telles sont la mer Caspienne, celle d'Aral, la mer Morte, etc. Les lacs Balkach, le lac Tchad, le grand lac Titicaca, le lac de Celano (Fucino), ne sont pas salés.

Il existe, enfin, des lacs où il n'entre et d'où il ne sort aucune rivière. Ils occupent généralement des cratères de volcans éteints et proviennent de l'accumulation des eaux pluviales. L'évaporation de l'eau étant compensée par les pluies, le niveau de ces lacs ne varie pas sensiblement. Le plus curieux des lacs de ce genre, c'est-à-dire qui, formés par les eaux pluviales, ont pour bassin le cratère d'un volcan éteint, c'est le lac Pavin, en Auvergne, dont nous donnons ici la figure (fig. 127). Les lacs d'Albano et d'Averne, en Italie, et plusieurs lacs de l'Eifel, ont la même origine géologique que le lac Pavin.

D'autres lacs sont en communication directe avec la mer et semblent n'être que des golfes. On leur donne le nom de *lagunes*. Ils sont formés tantôt par la mer, tantôt par l'embouchure d'un cours d'eau. Nous citerons, comme exemples, les lagunes de Venise et de Comacchio ; les trois Haffs de la Baltique ; le lac Maelar, en Suède ; les étangs de Berre, près de Marseille (fig. 128), et de Thau, près de Cette, sur la côte française de la Méditerranée ; la *grande lagune*, dans le golfe du Mexique. On

Fig. 128. Etang de Berre, près de Marseille.

peut encore ranger dans cette catégorie les *lagons* des récifs de corails dans l'Océanie.

Les lacs présentent quelquefois un fait très-curieux : c'est le mélange de plusieurs réservoirs d'eau douce avec des réservoirs d'eau salée. Au nord de la mer Caspienne, on voit, dans une plaine, une foule de petits lacs qui contiennent, les uns de l'eau douce, les autres de l'eau chargée de sel marin ou de sulfate de magnésie, en quantités qui varient selon la saison. Il existe, au Thibet, des lacs tenant en dissolution de l'acide borique qui ne se retrouve guère au même état que dans certains lacs ou *lagoni* de la Toscane. C'est de cette source que l'on retire l'acide borique, qui est livré au commerce pour les besoins des arts et de la pharmacie.

La salure et la densité des eaux des grands lacs salés sont souvent supérieures à celles de l'Océan ; c'est ce qu'on observe dans la mer Morte, le lac d'Ormiah, etc.

Le phénomène des marées (très-faible, il est vrai) a été constaté dans le lac Michigan et dans d'autres grands lacs.

Les marées accidentelles désignées sous le nom de *seiches*, qui font varier les niveaux du lac de Genève, du lac Wettern en Suède, et de beaucoup d'autres, sont plus connues et plus sensibles. Ce sont des débordements subits et de courte durée, dus probablement aux différences de pression barométrique à la surface, très-étendue, des eaux. Les *seiches* sont de toutes les saisons, mais généralement elles sont plus fréquentes au printemps et en automne.

En Afrique et en Amérique on rencontre des lacs qui se dessè-

Fig. 129. Lac de Joannina, en Grèce.

chent de temps en temps, comme les lacs de sel du Sahara et les lacs de Xarayes et de Parià. D'autres offrent un phénomène analogue au jeu des fontaines intermittentes. Tel est le lac de Zirknitz, en Illyrie. Il est entouré de montagnes calcaires. Sa circonférence varie de 20 à 40 kilomètres ; il reçoit huit ruisseaux, et présente quatre ou cinq îles, dont la plus grande est occupée par le village de Vomeck. A certaines époques, les eaux s'écoulent par un grand nombre de conduits souterrains, dont l'orifice s'ouvre au fond du lac, si bien que l'on peut prendre à la main les poissons qui ne sont pas entraînés sous terre. Le lac demeure alors quelque temps à sec; il se couvre d'une riche végétation et peut être ensemencé. Mais il ne faut pas se fier à ce calme trompeur. Les eaux reviennent à l'improviste par où elles étaient parties, et

Fig. 130. Extrémité supérieure du lac de Genève.

le lac, avec un bruit formidable, se remplit de nouveau, engloutissant les récoltes qui recouvraient son ancien lit.

Le lac de Joannina, en Grèce, célèbre par les aventures d'Ali-

Pacha, communique par un canal souterrain avec la rivière Kalama, et se réduit à peu de chose en été; on sème alors du maïs dans son lit desséché (fig. 129).

Nous terminerons ce chapitre par l'énumération des lacs les plus remarquables du globe.

Europe. Les lacs de la Suisse sont célèbres par leur situation pittoresque. Nous avons déjà parlé de ceux de Genève (fig. 130), de Lucerne, Constance, etc. Mais ces lacs ne sont peut-être pas ceux qui attirent le plus vivement les regards ou la pensée. Les petits lacs des montagnes, situés dans la solitude des hautes régions alpestres, aux bords desquels viennent s'abreuver les Chamois ou se

Fig. 131. Lac d'Œchi, près de Kandersteg, en Suisse.

reposer les Aigles, offrent un genre de beauté sauvage que n'ont jamais les grandes nappes d'eau dont les rives sont fréquentées par les hommes. On peut citer comme particulièrement pittoresque le petit lac d'Œchi, près de Kandersteg, dans le canton de Berne, qui donne naissance à la rivière de Kandal (fig. 131). De beaux lacs de ce genre sont encore celui de Flaa ou Flatdal, en Norvége, et le lac d'Échanda dans le Dauphiné.

Dans la Russie septentrionale et dans la péninsule scandinave, on admire un grand nombre de lacs, quelquefois très-étendus. Le lac Ladoga, que la Néva met en communication avec le golfe de Finlande, a une superficie de 16 000 kilomètres carrés; le lac

Onéga a 8500 kilomètres carrés, le lac Wener, 5500. A côté de ces mers d'eau douce, on peut placer le lac de Genève dont l'étendue ne dépasse pas 850 kilomètres carrés.

Le Wettersee, en Suède, est cité pour la limpidité de ses eaux ; on y voit une pièce de monnaie à 35 mètres de profondeur. Le lac de Wettersee, en Suède, et celui de Lomond, en Écosse, éprouvent souvent, par le plus beau temps, de violentes agitations dont la cause est inconnue. Un phénomène mystérieux de ce genre s'observe encore sur le lac très-profond de Boleslaw, en Bohême, qui est souvent pris d'un mouvement inexpliqué. Quand cette agitation se produit en hiver, le lac projette en l'air de lourds morceaux de glace [1].

Un lac situé près de Beja, dans le Portugal, annonce, par ses mugissements, l'approche d'un orage. Le lac Baïkal, près d'Irkoustk, le lac sacré des Russes, prédit aussi aux pêcheurs l'approche d'une brise ou d'un orage une heure d'avance, par des ondulations violentes (les *zyle*) qui semblent venir de la direction d'où soufflera le vent. Seulement, ces ondulations sont moins fortes avant un orage qu'avant une brise modérée. Le lac Baïkal a une longueur de 630 kilomètres sur 40 à 80 de large ; il est situé au milieu des montagnes et reçoit un grand nombre de ruisseaux qui descendent de leurs flancs. Il se décharge dans la rivière Angara, par une étroite fissure des rochers au nord-ouest.

Asie. Les Hindous ont aussi leurs lacs sacrés : le Mano-Sarowar et le Ravana-Hyada, situés au centre du plateau qui s'étend au nord de l'Himalaya. Autour de ces lacs se groupent les sources de l'Indus, du Gange, du Brahmapoutre, de la Djumna, etc. En parlant de l'Himalaya, nous avons déjà cité les lacs situés à de grandes hauteurs dans cette chaîne colossale. Nous donnons ici une vue du lac Kink-Kiol, d'après MM. Schlagintweit (fig. 132).

---

1. Dans le lac Huron, il existe une baie où s'accumulent constamment des nuages électriques ; on ne peut la traverser sans entendre gronder le tonnerre. Sir Alexandre Mackenzie raconte un phénomène inexplicable qu'il a observé sur le lac Rose (Amérique du Nord). « Au portage de Martres, [dit-il, l'eau n'a pas beaucoup plus d'un mètre de profondeur et le fond est fangeux ; on peut y enfoncer des perches de 4 mètres avec la même facilité que dans l'eau. Mais cette fange exerce une attraction magique sur les bateaux, de telle sorte que les rameurs ont une peine extrême à les faire avancer. Des bateaux chargés courent le risque de couler à fond là où l'eau est peu profonde ; cet effet cesse d'être sensible dans la partie sud où la profondeur est plus grande. » Quelque chose d'analogue se voit, d'après le même auteur, dans un certain point du lac Saginaga.

Les grands lacs de Van et d'Ormiah, situés à la frontière de

Fig. 132. Lac de Kink-Kiol (Tibet).

Perse et d'Arménie, sont excessivement salés. Ils reçoivent

beaucoup de tributaires, sans offrir aucun écoulement, mais leur volume diminue plutôt qu'il n'augmente. Une diminu-

Fig. 133. Vue de la mer Morte.

tion semblable s'observe sur la mer Caspienne et sur le lac d'Aral.

Le niveau de la mer Caspienne est situé à 25 mètres au-dessous de celui de l'Océan, et à 35 au-dessous du lac d'Aral ; sa profondeur dépasse en quelques points 800 mètres.

La mer Morte (fig. 133), qui reçoit les eaux du Jourdain, s'étend aussi dans une dépression considérable du sol. Le niveau de ses eaux est à 400 mètres au-dessous de la mer Rouge. Le lac de Tibériade, immortalisé par les prédications de N. S. Jésus-Christ, est situé à peu de distance ; il est à 200 mètres au-dessous du niveau de l'Océan. La profondeur moyenne de la mer Morte est de 400 à 600 mètres ; son fond est donc de 1000 mètres au-dessous du niveau des mers, et de 1800 mètres au-dessous de Jérusalem. Il y a, du reste, dans la mer Morte, deux bassins différents, l'un très-profond au nord, et l'autre plus petit, au sud, qui a très-peu de profondeur ; ils sont séparés par une péninsule sablonneuse, nommée El-Mesraa. Les rives arides, mornes, nues et lugubres de cette nappe d'eau lourde et salée, sont en quelques points, couvertes de roseaux grands comme des arbustes ; mais en général, les environs sont dénués de végétation. On n'y trouve que les Osher des Arabes, fruits qui ressemblent à une pomme, mais qui sont creux et ne contiennent qu'une substance pulvérulente. D'après M. Rochet d'Héricourt, il existe un autre lac salé dans le désert de Tadjoura, le Bahr-Assal, dont le niveau est inférieur de 170 mètres à celui de la mer Rouge, dont il est séparé par un isthme large de 10 kilomètres. Le thermomètre marque souvent 52 degrés sur son rivage aride.

Afrique. — Citons d'abord, pour l'Afrique, le lac Tchad, qui a été exploré par le docteur Barth, en 1851 (fig. 134). C'est une immense lagune, marécageuse et peu profonde, dont les rives peu accusées, changent avec la saison, suivant les pluies et les sécheresses qui leur succèdent. Son eau est douce ; elle reçoit le tribut de plusieurs grandes rivières. Quelques îles verdoyantes surgissent au milieu de cette vaste nappe d'eau ; ses bords sont fertiles et bien cultivés. On y trouve des prairies, des champs de fèves, de coton, de céréales. Les Hippopotames, Crocodiles, Éléphants, etc., abondent sur ses bords.

Le lac Tanganyika, qui est situé par 27 degrés de longitude entre le 3ᵉ et le 8ᵉ degré de latitude sud, a été découvert, en 1858, par le capitaine Burton. Il est de forme ovale, et mesure environ 400 kilomètres du nord au sud. C'est un cratère volca-

Fig. 134. Vue du lac Tchad.

nique, formé dans le granit, qui reçoit des rivières sans avoir d'écoulement. Ses eaux sont douces, et les poissons y foisonnent. Au sud du Tanganyika, M. Livingstone a découvert trois lacs moins considérables: le Shirwa, le Nyassi ou Nyinyesi (*lac des étoiles*) et le Nyami. Au nord, juste sous l'équateur, le capitaine Speke a découvert, en 1859, le Nyanza d'Oukéréwé, élevé de 1140 mètres au-dessus de l'Océan. Ce lac donne issue, au nord, à un torrent que M. Speke a suivi en 1862, et qu'il suppose être le cours supérieur du Nil. Plus au nord, où il s'élargit, ce fleuve porte quelquefois des *îles flottantes*, formées d'un terrain tourbeux qui est retenu par d'immenses tissus de roseaux et de racines d'arbres. Ces îles se détachent du rivage lorsqu'elles sont minées par les flots, et nagent alors à la surface des eaux. On voit aussi de ces îles flottantes sur le lac Lomond, en Écosse; sur un petit lac près de Saint-Omer; dans les lagunes de Comacchio, et sur les lacs de Gerdauen (Prusse) et de Kolk (pays d'Osnabruk). Il en est même qui se montrent et disparaissent tour à tour. Sur le lac Ralang, en Suède, un semblable flot flottant parut à la surface dix fois depuis 1696 jusqu'en 1766. Il avait 90 mètres de long et 70 mètres de large [1].

Amérique. Dans le nord de l'Amérique, dans l'Utah-Utah, il existe aussi un grand lac salé, dont l'eau est fatale à la vie organique. C'est dans son voisinage qu'a été bâtie, par les Mormons, la *Cité des saints*. La nouvelle ville se déploie sur la rive droite du Jourdain, rivière qui tombe dans cette mer Morte du Far-West. Le capitaine Burton, qui s'est baigné dans le *Lac salé*, dit que ses cheveux, en sortant de l'eau, étaient poudrés à frimas, par un enduit gluant, et que sa peau était revêtue d'une couche de sel. Le lac salé (fig. 135) est situé à 1260 mètres au-dessous de l'Océan.

Le nord de l'Amérique offre un grand nombre de lacs d'une

---

[1]. Un voyageur a parlé en 1816, d'un îlot flottant qui s'était fixé depuis quatre-vingt-trois ans, à peu de distance de l'embouchure du Mississipi, et qui offrait une longueur de 15 kilomètres sur une largeur de 200 mètres et une épaisseur de 2 mètres et demi. On l'appelait le *Grand-Radeau*, parce qu'il était composé d'un amas d'arbres tombés successivement dans le fleuve et charriés par ses flots. Ce conglomérat végétal qui s'était peu à peu couvert de sable, d'herbes et de broussailles, présentait l'aspect d'une île véritable.

Pline, dans une lettre adressée à Gallus, a décrit les îles flottantes du lac Vadimon, aujourd'hui *Lago di Bassanelle*.

immense étendue. Le Canada renferme cinq énormes lacs ; on en jugera par les chiffres suivants :

	SUPERFICIE. kilomètres carrés.	ALTITUDE. mètres.	PROFONDEUR MOYENNE. mètres.
Lac Supérieur	110 000	192	275
Lac Michigan	76 600	183	300
Lac Huron	70 000	183	300
Lac Érié	32 800	170	37
Lac Ontario	21 500	70	160

Fig. 135. Lac Salé.

Il faut ajouter à ces cinq lacs, ceux de Winnipeg, Wollaston, Athabasca ; les grands lacs de l'Ours et de l'Esclave, etc.

Le plus remarquable des lacs de l'Amérique du Sud, est celui de Titicaca entre deux chaînes des Cordillères de Bolivie qui communique avec le lac voisin d'Ullagas par une rivière qui n'est au fond qu'un véritable déversoir (*desaguadero*).

Le lac Wyn, en Écosse, est toujours couvert en partie d'épaisses glaces. Dans la Nouvelle-Zélande, au contraire, il existe un lac d'eaux bouillantes, le *Roto-Mahana* (fig. 136), d'où s'élèvent continuellement des colonnes de vapeur d'eau. Ses eaux jaillissent d'un grand nombre d'orifices ; la source principale domine le lac de 35 mètres et remplit d'un seul jet un bassin ovale de 80 mètres de tour, bordé d'un revêtement de stalactites d'une parfaite blancheur, dépôt formé par les eaux. Alentour sont échelonnées les autres sources thermales qui alimentent le grand bassin. M. Ferdinand de Hochstetter, qui faisait partie de l'expédition scientifique de la frégate autrichienne *la Novara*, a passé quelques jours sur un îlot situé au milieu de ce lac. On y entend sans cesse le bruissement de la surface liquide, et le sol a une température très-élevée. Quand on enfonce une canne dans le sable, il en sort des jets de vapeur brûlante. A quelque distance

Fig. 136. Lac d'eaux bouillantes du Roto-Mahana.

de ce lac, on trouve de petits bassins remplis d'une eau bleue, limpide et tiède, qui forment comme des baignoires naturelles.

Nous terminerons ce chapitre en réunissant dans un tableau

les mesures en superficie et altitude de quelques lacs célèbres, pour faire suite aux mesures semblables que nous avons données des grands lacs du Canada

	SUPERFICIE. kilomètres carrés.	ALTITUDE. mètres.
Mer Caspienne	410 000	25
Mer d'Aral	120 000	10
Lac Tchad	74 000	275
Lac Baïkal	45 000	470
Lac Winnipeg	30 000	»
Lac de l'Esclave	28 000	»
Lac Ladoga	16 000	»
Lac Balkhach	16 000	»
Lac Tanganyika	16 000	600
Lac Titicaca	14 000	3900
Lac Onéga	8 500	»
Lac Tzana	8 300	1880
Lac Wener	5 500	44
Lac de Van	6 000	2270
Lac d'Ormia	5 800	1200
Mer Morte	1 300	400
Lac de Genève	850	375
Lac de Celano	110	650

La profondeur moyenne n'est pas connue pour tous ces lacs. Donnons seulement celles de la mer Caspienne : 200 mètres ; — de la mer d'Aral : 50 mètres ; — du lac Baïkal : 200 mètres ; — de la mer Morte : 500 mètres. La profondeur moyenne du lac de Genève ne saurait être précisée, car en certaines parties on n'a pas trouvé le fond. Près du château de Chillon sa profondeur est de 162 mètres ; près de Meillerie, de 300 à 350 mètres ; de Genève à Nyon elle ne dépasse pas 97 mètres.

LES MERS.

I

Les mers. — Leur étendue. — Couleur de la mer. — Sa phosphorescence. — Composition de l'eau de la mer. — Les *atolls*, ou îles à coraux. — Origine géologique de la salure des mers.

L'Océan, cette immense nappe d'eau qui recouvre à peu près les trois quarts de la surface du globe, et dont le nom réveille tant de souvenirs et de pensées, joue un rôle très-important dans l'économie de la nature. Balayée par les vents, sa vaste surface aspire sans cesse les gaz nuisibles qui chargent l'atmosphère; elle engloutit dans son énorme masse, les débris que lui apportent les eaux courantes qui ont lavé les continents, et elle rend à l'atmosphère ces eaux purifiées, sous forme de vapeurs, qui retombent sur la terre, en pluie, en neige ou en rosée. Ces eaux retournent à l'Océan par le canal des rivières et des fleuves; et ainsi s'établit ce cercle éternel, ce voyage sans fin, qui fait servir les mêmes eaux à l'entretien et au renouvellement de la vie organique sur le globe.

« L'Océan, dit Malte-Brun, par ses exhalaisons qui rafraîchissent et humectent l'air, entretient la vie végétale, et fournit des aliments nécessaires à ces admirables canaux d'eau courante qui, en coulant toujours, ne se vident jamais. Sans l'influence bienfaisante de ces vapeurs qui, à chaque instant, s'échappent de la surface des mers, toute la terre languirait déserte et inanimée ; le dessèchement de l'Océan, lent ou subit, suffirait probablement pour plonger dans le néant toute la nature organisée. »

L'immensité et la profondeur des mers ne sont pas, toutefois, des obstacles au commerce des peuples, qu'elles ne séparent qu'en apparence : les routes maritimes parcourues aujourd'hui par tant de navires, sont plus libres et plus larges que nos routes de terre ; la nature se charge de les entretenir et elles ne coûtent rien aux États.

Un des traits les plus caractéristiques de la mer, c'est sa continuité. A l'exception de quelques réservoirs intérieurs qu'elle a abandonnés au milieu des continents, tels que la mer Caspienne, la mer Morte, etc., la mer est une et indivisible. Comme le dit le poëte, « elle embrasse la terre entière d'un flot non interrompu ».

Περὶ πᾶσαν εἱλισσόμενος χθόν' ἀκοιμήτῳ ῥεύματι.

La profondeur moyenne de la mer ne nous est pas exactement connue. On ne pourrait expliquer certains phénomènes qu'on observe dans le mouvement des marées, sans admettre une profondeur moyenne d'au moins 7 kilomètres. Il est vrai qu'un grand nombre de sondages, exécutés en pleine mer, ont donné des résultats inférieurs à cette limite ; mais en revanche, d'autres l'ont de beaucoup dépassée, et l'on connaît des cas où 12 à 15 kilomètres de fil de sonde ont été dévidés sans toucher le fond. En admettant que 6 kilomètres 1/2 représentent la profondeur moyenne de l'Océan, sir John Herschel a trouvé que le volume de ses eaux dépasse 3 millions de myriamètres cubes (3 milliards de kilomètres cubes) et leur poids total 3 millions de trillions de tonneaux[1] ; pour écrire ce dernier chiffre, il faut 18 zéros à la suite du 3. Ce poids total représente $\frac{1}{2000}$ de la masse de la terre.

Nous reviendrons plus loin sur les sondages par lesquels on a cherché à connaître la profondeur des eaux et la configuration du fond de l'Océan ; avant de nous en occuper, nous parlerons de la couleur de la mer et de la composition de ses eaux.

La couleur de la mer varie beaucoup, du moins en apparence. D'après le témoignage d'un grand nombre d'observateurs, l'Océan vu par une réflexion, présente une teinte bleue d'outremer, ou bleu d'azur vif. Quand l'air est pur, la surface tranquille des eaux paraît d'un azur plus brillant que celui du ciel. Par un

---

1. Un *tonneau* pèse 1000 kilogrammes.

temps couvert, cette teinte passe au vert sombre; elle se rembrunit également si la mer est agitée. Au coucher du soleil, la surface des eaux s'illumine de teintes pourpre et émeraude.

Une foule de circonstances locales influent encore sur la couleur des eaux de la mer, et leur donnent quelquefois une certaine nuance constante et prononcée. Un fond de sable blanc communique à l'eau de la mer, si elle est peu profonde, une teinte grisâtre, ou vert pomme; quand le sable est jaune, le vert paraît plus sombre. La présence des écueils est souvent annoncée par la couleur foncée que la mer prend dans leur voisinage. Dans la baie de Loango, les eaux semblent fortement rougeâtres, parce que le fond y est naturellement rouge.

D'autres fois, ce sont des animalcules colorés qui donnent à l'eau une teinte particulière. La mer Rouge doit sa coloration particulière à une algue microscopique, le *Trychodesmium erythraeum*; la *mer Vermeille*, près de la Californie, paraît devoir sa teinte à une grande quantité de Chevrettes. Les eaux de la mer concentrées par l'action spontanée des rayons solaires, dans les marais salants du midi de la France, prennent, quand elles sont arrivées à un certain degré de concentration, une belle couleur rouge, qui est due à des animalcules, à carapace rougeâtre, qui vivent dans l'eau de mer à ce degré de concentration, et qui, circonstance bien étrange, meurent dès que l'eau atteint une densité plus forte par la concentration, ou plus faible par l'effet des pluies.

Les navigateurs traversent souvent de longues bandes vertes, rouges, blanches ou jaunes, dont les teintes sont dues à des Crustacés microscopiques, des Méduses, des Zoophytes, et à des plantes marines. C'est ce que l'on observe dans la *mer de Sargasses* ou *de Varechs*, sur la côte d'Afrique, etc.

C'est à une cause du même genre qu'il faut rapporter le magnifique phénomène de la *phosphorescence de la mer*, qui se voit fréquemment dans l'océan Indien, dans le golfe de Suède, le golfe d'Arabie, etc. Dans la mer des Indes, le capitaine Kingman traversa une zone de 40 kilomètres de largeur, tellement remplie d'animalcules phosphorescents qu'elle présentait, pendant la nuit, l'aspect d'un immense champ de neige. Ces animaux, longs de près de 15 centimètres, étaient formés d'une matière gélatineuse et translucide. La réflexion de la lumière solaire sur cette substance visqueuse, donnait à la surface de l'eau une apparence laiteuse.

La phosphorescence de la mer est un spectacle imposant et magnifique. Le navire, en sillonnant les ondes, semble s'avancer au milieu de flammes rouges et bleues, qui jaillissent de la quille comme autant d'éclairs. On croit voir des myriades d'étoiles qui

Fig. 137 Mer phosphorescente.

flottent et se jouent à la surface des flots; elles se multiplient, se réunissent et finissent par former un vaste champ de feu. Quand le temps est orageux, les vagues qui s'élèvent sont lumineuses, elles roulent et se brisent en une écume argentée. Des corps étincelants qu'on prendrait pour des poissons de feu, semblent se poursuivre, s'atteindre, se perdre et s'élancer de nouveau.

Connu de temps immémorial, le phénomène de la phosphorescence de la mer a été observé par tous les navigateurs. Il est assez fréquent dans certaines régions de l'Océan, en particulier sous les tropiques et dans la mer des Indes. L'apparence lumineuse se montre aux crêtes des vagues qui, en retombant, éparpillent la lueur en tous les sens; elle s'attache aussi au gouvernail et semble s'échapper des lames coupées par la proue du navire (fig. 137); elle se joue encore autour des récifs et des rochers battus par les flots. Ce phénomène naturel produit de magiques effets dans les nuits silencieuses des tropiques.

La phosphorescence de la mer est due à la présence d'une multitude de Mollusques et de Zoophytes qui brillent d'une lumière propre. Ces animaux émettent un fluide tellement susceptible d'expansion, qu'en nageant en zigzag, ils laissent sur l'eau des traînées brillantes qui s'étendent avec rapidité. L'un des plus remarquables de ces animalcules est une espèce de *Pyrosoma*, sorte de poche muqueuse d'un pouce de long, qui, jetée sur le pont d'un navire, émet autant de lueur qu'un fer chauffé à blanc. Sir John Herschel a observé à la surface d'eaux tranquilles, une forme très-curieuse de cette phosphorescence : c'étaient des polygones à contours rectilignes, de plusieurs pieds carrés de surface, s'illuminant par moments d'une vive lumière qui les parcourait avec rapidité.

La phosphorescence de la mer peut résulter aussi d'une autre cause. Quand les matières animales se putréfient, elles deviennent quelquefois phosphorescentes. Le corps de certains poissons, quand il est en proie à la putréfaction, émet une lueur assez intense. MM. Becquerel et Breschet ont observé de beaux effets de phosphorescence produite par cette cause, dans les eaux de la Brenta, à Venise.

La matière animale en décomposition, provenant de poissons morts et qui surnagent à la surface des étangs, y produit quelquefois de larges taches huileuses qui, s'étalant sur le liquide, lui communiquent, jusqu'à une assez grande étendue, l'aspect phosphorescent.

Quelle qu'en soit d'ailleurs la cause locale, la coloration des eaux se retrouve dans certains fleuves, et a valu à ces cours d'eau des noms tirés de cette circonstance même. Le *Guainia* au *Rio-Negro* est d'un brun foncé, qui ne nuit en rien à la limpidité de ses eaux. L'Orénoque et le Cassiquiare ont aussi une couleur brune; le Gange est d'un brun trouble, tandis que la Djumna, qu'il reçoit, est verte ou bleue. La couleur blanchâtre appartient au Rio-Blanco, au *fleuve Blanc* et à une foule d'autres rivières. L'Ohio, en Amérique, le Torjédale, le Goetha et la plupart des rivières norvégiennes, la Traun à Ischl, etc., sont d'un beau vert limpide. Le *fleuve Jaune* et le *fleuve Bleu*, en Chine, se distinguent par la teinte caractéristique de leurs eaux. L'Arkansas, le Red river, le Liobregat en Catalogne, sont remarquables par la couleur rouge qu'ils doivent à l'argile dont leurs eaux sont imprégnées.

L'eau de la mer est essentiellement *salée*, c'est-à-dire qu'elle renferme un grand nombre de sels minéraux et quelques autres composés qui lui donnent un goût désagréable et la rendent impropre aux usages économiques. On y trouve presque toutes les matières solubles qui existent sur le globe, mais principalement le chlorure de sodium, ou sel marin, les sulfates de magnésie, de potasse et de chaux. L'eau de mer contient plus de 3 0/0 de son poids de matières dissoutes. Voici d'ailleurs des analyses exactes de cette eau.

J'ai fait, en 1847, l'analyse chimique de l'eau de la mer, prise au Havre, à quelques lieues de la côte. Cette analyse a donné le résultat suivant, pour 1 litre d'eau.

Chlorure de sodium..........	25,704 grammes
— de magnésium.....	2,905 —
Sulfate de magnésie........	2,462 —
— de chaux...........	1,210 —
— de potasse.........	0,094 —
Carbonate de chaux.........	0,132 —
Silicate de soude...........	0,017 —
Bromure de sodium.........	0,103 —
— de magnésium.......	0,030 —
Oxyde de fer, carbonate et phosphate de magnésie, Oxyde de manganèse......	traces.
Total............	32,657 grammes [1].

L'eau de la Méditerranée est plus chargée de sels que celle

---

[1]. *Examen comparatif des principales eaux minérales salines de France et d'Allemagne*, par MM. L. Figuier et Mialhe; mémoire lu à l'Académie de médecine, le 23 mai 1848, in-8, p. 7.

de l'Océan. Voici, d'après M. Usiglio, chimiste attaché à l'exploitation des eaux mères des salines du midi de la France, la composition d'un litre de l'eau de la Méditerranée

Chlorure de sodium.......	29,524	grammes
— de potassium.....	0,405	—
— de magnésium....	3,219	—
Sulfate de magnésie.......	2,477	—
Chlorure de calcium........	6,080	—
Sulfate de chaux..........	1,557	—
Carbonate de chaux........	0,114	—
Bromure de sodium.......	0,356	—
Peroxyde de fer..........	0,003	—
Total................	43,735	grammes

On peut conclure de la quantité de sel marin contenue dans un litre d'eau de l'Océan, que la quantité de sel marin existant dans toutes les mers formerait, si on la supposait étalée sur le globe, une couche de plus de 10 mètres de hauteur.

La salure de l'eau de mer lui donne une densité plus grande que celle de l'eau douce; son poids spécifique, est, en moyenne, 1,027. La densité de l'eau de la Méditerranée est, selon M. Usiglio, de 1,025 à la température de $+21°$. Mais la salure de la mer varie beaucoup sous l'influence d'une foule de circonstances locales, parmi lesquelles il faut compter surtout les courants, les vents qui favorisent l'évaporation, les fleuves qui arrivent des continents, etc.

On a remarqué que la salure de la mer est moindre vers les pôles que sous l'équateur; — qu'elle augmente, en général, avec l'éloignement de la terre et avec la profondeur de l'eau; — que les mers intérieures, telles que la Baltique, la mer Noire, la mer Blanche, la mer de Marmara, la mer Jaune, sont moins salées que l'Océan. La Méditerranée fait exception à cette dernière règle : elle est, comme on vient de le voir, plus salée que l'Océan. On explique cette différence en admettant que la quantité d'eau douce que lui apportent les rivières, est inférieure à celle qu'elle perd par l'évaporation. La Méditerranée doit donc augmenter de salure avec le temps, à moins qu'elle ne se décharge dans l'Océan par un contre-courant dirigé de l'est à l'ouest, qui régnerait sous le courant qui vient de l'Atlantique par le détroit de Gibraltar.

La mer Noire, dont les eaux n'ont qu'une densité de 1,013, reçoit au contraire, par les rivières, plus d'eau douce qu'elle n'en abandonne sous forme de vapeurs. La salure de cette mer intérieure n'est que la moitié de celle de l'Océan.

La mer d'Azow et la mer Caspienne sont encore moins salées que la mer Noire.

Nous réunissons dans le tableau suivant, la composition de l'eau de ces trois mers intérieures.

POUR UN LITRE D'EAU.	MER NOIRE Densité = 1,013.	MER D'AZOW Densité = 1,009.	MER CASPIENNE Densité = 1,005.
Chlorure de sodium........	14,0195	9,6583	3,6731
Chlorure de potassium......	9,1892	0,1279	0,0761
Chlorure de magnésium....	1,3045	0,8870	0,6324
Sulfate de magnésie........	1,4700	0,7642	1,2389
Sulfate de chaux...........	0,1047	0,2879	0,4903
Bicarbonate de magnésie...	0,2086	0,1286	0,0129
Bicarbonate de chaux......	0,3646	0,0221	0,1705
Bromure de magnésium....	0,0052	0,0035	traces.
	17,6663	11,8795	6,2942

Dans les lacs fermés qui n'ont aucune issue, comme la mer Morte, le lac d'Aral, etc., le degré de la salure a considérablement augmenté. De nombreuses expériences ont établi que les eaux de la mer Morte sont six fois plus salées que celles de l'Océan. MM. Boutron et O. Henry ont analysé l'eau de la mer Morte, puisée après la saison des pluies, au mois d'avril 1850, à deux lieues environ de l'embouchure du Jourdain; sa densité était alors de 1,10. Un kilogramme de cette eau renfermait :

Chlorure de sodium........	110,03	grammes
— de potassium......	1,06	—
— de magnésium......	16,96	—
— de calcium........	6,80	—
Sulfates de soude, de magnésie et de chaux anhydre...	2,33	—
Carbonates terreux.........	9,53	—
Silice et matière organique..	2,00	—
Bromure, azotate, oxyde de fer.....................	traces	
Total.............	149,31	grammes

« Des échantillons de la même eau, ajoutent MM. Boutron et O. Henry, ont donné à l'analyse des nombres beaucoup plus considérables pour le poids du résidu salin laissé par l'évaporation. Ainsi Klaproth trouva, pour 100 parties, un résidu de 426 parties ; A. Marcet obtint 245,8 ; Lavoisier,

Macquer et Sage, 433,75; Gay-Lussac, 462,4; le capitaine Lynch, 264, 187. Ces résultats s'expliquent facilement en remarquant que la salure de la mer Morte doit nécessairement diminuer après la saison des pluies, pendant laquelle elle reçoit une grande quantité d'eau douce du Jourdain, et de plusieurs autres cours d'eau. »

De nouvelles analyses de l'eau de la mer Morte, puisée en avril 1862 près de l'embouchure du Jourdain, et analysée, en 1863, par M. Roux, ont donné 200 grammes de sels par litre. Aucune eau minérale n'est aussi chargée de substances salines. La quantité de bromure de magnésium est de C^{gr},35 par litre ; l'eau de la mer Morte serait d'après cela le plus riche gisement naturel de bromures, elle pourrait fournir une source abondante de ces sels dont la médecine fait usage.

Les eaux du grand lac d'Utah et celles du lac Ourmia en Perse, offrent également une salure extraordinaire. Dans le lac Ourmia, comme dans la mer Morte, la proportion des sels est six fois plus forte que celle de l'Océan ; un homme y surnage sans faire le plus léger mouvement.

Beaucoup de nos lacs d'eau douce étaient probablement salés à l'origine ; ils ont peu à peu perdu leur salure par le mélange de leurs eaux avec celles des rivières qui les traversent. Parmi les lacs aujourd'hui complétement dessalés, on peut citer le lac de Genève, et celui de Constance, les grands lacs du Canada et la mer de Baïkal, où vivent encore aujourd'hui des Phoques et d'autres animaux marins, qui se sont acclimatés dans l'eau, devenue graduellement douce. La mer elle-même est toujours peu salée à l'embouchure des grands fleuves et dans le voisinage des glaces polaires, dont la fonte fournit beaucoup d'eau douce.

La salure rend l'eau de mer plus propre à porter des vaisseaux puisque sa densité s'accroît par les sels qu'elle tient en dissolution. En outre, ces sels doivent contribuer à empêcher ce que l'on nomme la *corruption de l'eau*, et qui n'est que la décomposition putride des matières organiques qu'elle peut renfermer.

D'après le tableau qui représente la composition de l'eau de l'Océan et de la Méditerranée, on voit que les sels de chaux, de potasse, l'iode et la silice n'y figurent qu'en proportions infinitésimales. Cependant la chaux et la silice contenues dans l'eau de la mer, y jouent un rôle d'une très-grande importance, car ces quantités qui nous paraissent si faibles dans le tableau d'une analyse chimique, rapportée à 1 litre d'eau, deviennent énormes dans la masse entière des Océans. Les plantes marines s'emparent de la chaux, de la silice, de la potasse et des iodures dissous dans l'eau de la mer; elles font entrer ces matières minérales dans leur texture. Les animaux marins ne forment qu'aux dépens du carbonate de chaux et de la silice dissous dans les eaux de la mer, leur test solide, leur coquille ou leur carapace. Les Infusoires s'emparent, pour le même résultat, de la chaux, de la silice et de la potasse de ces eaux. C'est par suite de la vie des Polypiers que s'édifient, au sein des mers, ces *îles à coraux*, qui ont toujours été un sujet d'étonnement pour l'observateur, et dont l'étude doit trouver place dans ce chapitre.

L'océan Pacifique et la mer des Indes sont parsemés d'îles en voie de formation, qui doivent leur origine aux Polypiers et aux Coraux. Ces Zoophytes retirent des eaux de la mer la chaux et la silice qui s'y trouvent à l'état de sels solubles. Pour s'accroître et se développer, ils ont besoin d'être constamment baignés par les flots. Ils produisent sans cesse des dépôts calcaires ; ces dépôts s'entassent rapidement, et finissent par élever jusqu'à fleur d'eau le niveau de ces roches. C'est alors que les épaves et les débris de toute espèce que la mer charrie, arrêtés par ces masses émergées, retenues sur ces îlots naissants, s'y déposent, et les recouvrent d'une couche de terreau fertile, sur lequel la végétation ne tarde pas à se développer, grâce aux semences que la mer et les oiseaux y transportent plus tard. C'est ainsi que se forment, dans l'océan Pacifique, les *îles à coraux*.

Ces îles sont ordinairement très-boisées. Il arrive presque toujours que les sommets des îlots de corail qui émergent simultanément, se réunissent et forment un circuit annulaire, dont le centre est un petit lac, et dans lequel on trouve en grand nombre les coquillages qui produisent la perle et la nacre. Tels sont les îles d'Oeno (fig. 138) et de Witsunday (fig. 139) dans l'archipel de Pomotou, dont nous donnons deux vues, d'après le capitaine Beechey. Avec le temps, cette ceinture s'élargit latéralement; les ouvertures qui donnaient accès aux lagunes intérieures, se ferment, et quand le petit lac intérieur a été comblé ou s'est desséché, l'île prend peu à peu l'aspect des îles ordinaires. Les archipels des Maldives, des Chagos et des Laquedives, au sud de l'Inde, sont d'origine *madréporique*. Parmi ces îlots, il en est de si récents que nos pères les ont vus naître.

Ces agrégations forment dans l'Océanie d'innombrables récifs, que l'on désigne sous le nom d'*atolls*. Ces îles s'entourent, par le travail lent des Polypiers, d'une barrière de récifs, qui s'élève à une certaine distance de la côte, et en rend l'abord très-dangereux. La côte orientale de la Nouvelle-Hollande est garnie, entre 9° et 25° de latitude Sud, d'une ceinture de cette espèce. Le banc de corail, qu'on appelle la *Grande-Barrière*, a une longueur de 1770 kilomètres et une largeur moyenne de 50 kilomètres, ce qui donne une surface de 88 000 kilomètres carrés.

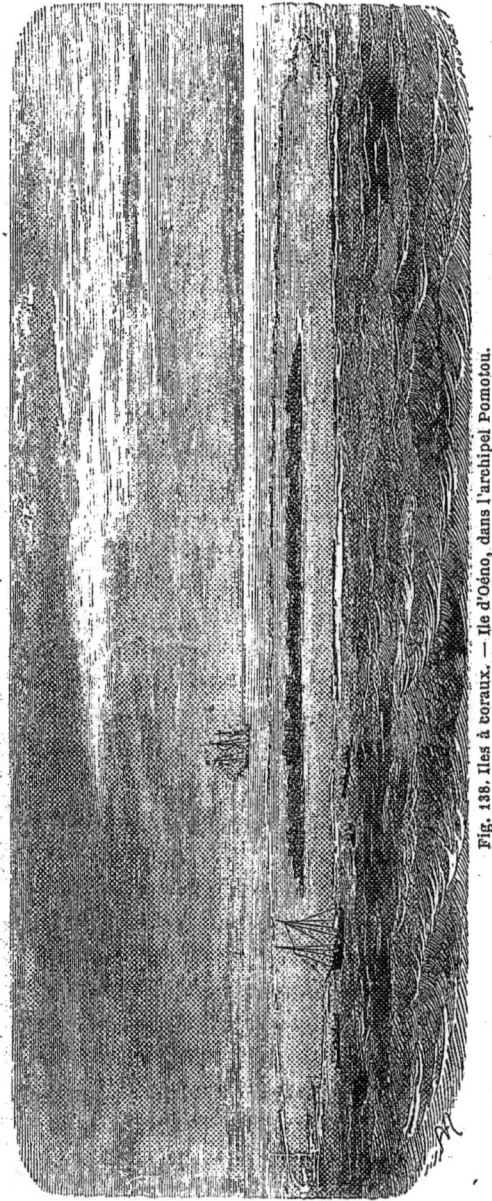

Fig. 138. Iles à coraux. — Ile d'Oéno, dans l'archipel Pomotou.

Les murs construits par les Polypiers sont toujours taillés

420 LA TERRE ET LES MERS.

à pic, et la mer offre souvent une grande profondeur au voi-

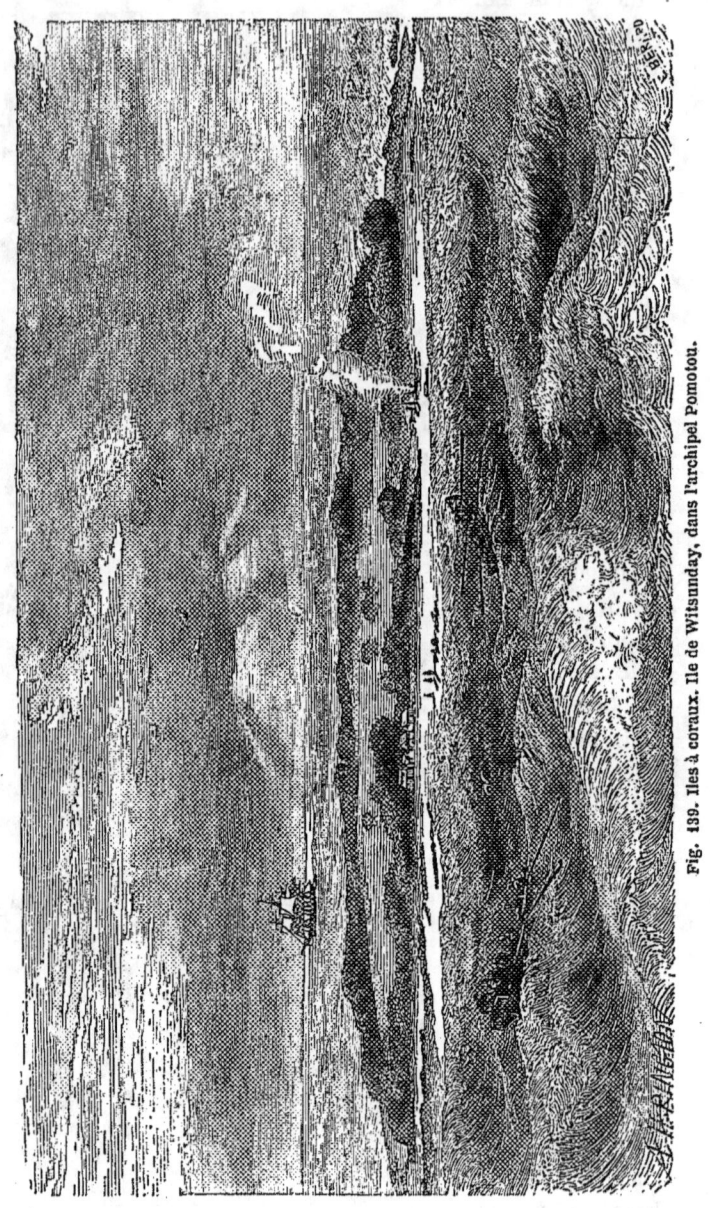

Fig. 139. Iles à coraux. Ile de Witsunday, dans l'archipel Pomotou.

sinage de ces flots. Quelquefois, le premier plateau est détruit et abaissé par l'action des eaux; les Polypiers recommencent alors leur édifice sur cette nouvelle base. L'île de Taïti repose sur un noyau volcanique dont le sommet s'élève à 2 kilomètres au-dessus de la mer.

M. Darwin a donné une description très-intéressante des *attolls* de la Sonde; nous emprunterons au récit de ce voyageur quelques détails sur ces formations extraordinaires.

On croyait autrefois que la structure circulaire des récifs de corail était déterminée par d'anciens cratères volcaniques, sous lesquels les Polypiers élevaient leurs édifices. Mais cette théorie est en désaccord avec les faits, et il semble, en général, difficile de croire à l'existence d'un soulèvement volcanique du sol comme base des formations madréporiques; car les Polypiers ne peuvent vivre au-dessous d'une faible profondeur d'eau, et l'on ne saurait admettre que le fond de la mer ait pu s'exhausser partout jusqu'à ce niveau, partout uniforme. Il est donc plus probable que les fondations des îles à coraux ne sont que des élévations naturelles du fond de la mer, des montagnes submergées et peu distantes du niveau de l'eau; les Polypiers en prennent possession, pour y bâtir leurs édifices.

Ce qu'il y a de bien singulier, c'est que les barrières de corail qui bordent les côtes, sont toujours séparées par un large canal, analogue aux lagunes des *attolls*, et large de 1 à 20 kilomètres. Un de ces récifs enclôt à la fois une douzaine d'îlots rocheux. A l'île de Borabora, la barrière s'est transformée en terre; mais la ligne blanche d'énormes brisants, semés çà et là de petits îlots bas, couronnés de Cocotiers, sépare le sombre Océan de la placide surface du canal intérieur, dont les eaux limpides baignent des terres d'alluvion parées d'une végétation tropicale. Ce ruban diapré s'étend au pied des sauvages et abruptes montagnes du centre.

M. Darwin a exploré particulièrement en 1858 l'île Keeling, ou *île des Cocos*, au sud de Sumatra. C'est un cercle de récifs, couronné d'une guirlande d'îlots très-étroits, qui laissent, au nord, un passage aux vaisseaux. Dans l'intérieur du mouillage, l'eau est calme, transparente, et laisse voir son fond blanc et uni; la lagune a plusieurs milles de largeur. M. Darwin accompagna le capitaine Fitz-Roy sur un îlot, au fond de la lagune, pour voir, du côté du vent, la mer se briser sur les récifs. Les Cocotiers formaient des festons d'émeraudes se détachant sur la voûte azurée du ciel; la marge plate de calcaire, semée de blocs épars, était baignée par les vagues écumantes.

On rencontre encore dans l'eau de mer, à doses infinitésimales, il est vrai, des métaux, tels que le fer, le cuivre, le plomb et l'argent. Le vieux cuivre provenant du doublage des navires, renferme quelquefois assez d'argent pour qu'on ait songé à l'en extraire. Un calcul assez curieux basé sur l'âge des navires et sur le chemin qu'ils ont parcouru pendant tous leurs voyages, a montré que la totalité des eaux de la mer doit tenir en dissolution deux millions de tonnes d'argent.

Il est une question que le vulgaire s'adresse, sans pouvoir y trouver de réponse satisfaisante, et d'ailleurs, bien des savants ne sont pas plus heureux dans cette recherche. D'où provient le sel dissous en si grandes quantités, dans l'eau de l'Océan? Quelle est, en d'autres termes, la cause de la salure de la mer?

On s'amuse quelquefois, et à grand tort, à satisfaire par de sottes réponses, la curiosité de l'enfance. Né près des bords de la Méditerranée, ayant sans cesse sous les yeux son spectacle admirable, j'avais adressé, tout enfant, cette question à mon entourage. Des personnes, prétendues raisonnables, trouvèrent plaisant de me dire que la mer était salée parce que des navires se chargeaient d'y jeter régulièrement de grandes pyramides de sel, semblables à celles que l'on voit entassées au bord de nos salines. Il n'y a aucune irrévérence à dire que les théories que quelques savants ont présentées pour expliquer la salure des mers, ne valent pas mieux que la naïve explication dont on avait berné mon enfance. Pour quelques savants, en effet, le sel s'engendrerait spontanément au sein des mers; pour d'autres, les tributs des fleuves suffiraient à le fournir, etc. Si nos lecteurs veulent bien se reporter aux premières pages de *la Terre avant le déluge*, ils comprendront la très-simple explication géologique que nous allons donner, de l'origine des substances diverses dissoutes dans les eaux de la mer.

Aux premiers temps de notre globe, avant que les vapeurs d'eau contenues dans l'atmosphère primitive se fussent condensées et eussent commencé de tomber en pluies bouillantes, l'écorce terrestre contenait une variété infinie de matières minérales hétérogènes, les unes solubles dans l'eau, les autres insolubles. Quand les pluies tombèrent pour la première fois sur la brûlante surface de notre planète, ces eaux se chargèrent de toutes les substances solubles; puis elles se réunirent et s'accumulèrent dans les grandes dépressions du sol. Voilà comment prirent naissance les mers du globe primitif, qui ne furent autre chose que les eaux pluviales rassemblées dans un vaste bassin et tenant en dissolution tout ce que le globe terrestre, lavé par ces pluies, avait pu leur céder. Le sel marin, les sulfates de soude, de magnésie, de potasse, de chaux; de la silice à l'état de silicate soluble, en un mot toutes les matières solubles que notre globe peut fournir, formaient le contingent minéral de ces eaux. Si l'on réfléchit maintenant que depuis les temps géologiques jusqu'à nos jours, rien n'a changé dans les lois générales de la nature; si l'on considère que les substances solubles contenues dans les eaux des mers primitives y sont restées parce qu'elles ne sont pas volatiles, et que l'eau douce des fleuves remplace constamment l'eau qui disparaît en vapeurs du sein des océans, on aura l'explication de la salure de la mer. Théorie fort simple, on le voit, mais que nous n'avons trouvée formulée nulle part, et dont nous réclamons dès lors la responsabilité. Le chlorure de sodium n'est pas, en effet, la seule substance dissoute dans les eaux de la mer. Il y a dans l'eau de la mer, en même temps que le chlorure de sodium, une foule de substances minérales; il y a tout ce qui est soluble dans l'écorce minérale de notre planète, et la salure de la mer ne doit pas s'entendre du *sel de cuisine* seul, mais de tous les *sels solubles* du globe. Nous avons déjà dit que l'on trouve dans les eaux de la mer, outre les sels, les métaux les plus divers à dose infinitésimale. C'est ce qui doit être nécessairement si l'on considère les substances salines de la mer comme le produit de la lixiviation générale du globe opérée dans les temps primitifs du globe. Si le pédagogue Jacotot a pu dire : « Tout est dans tout; » nous pouvons dire, d'une façon plus concrète : « Tout ce qui est soluble est dans la mer. »

II

Profondeur des mers et configuration du fond de l'Océan. Température de la mer.

La configuration du fond de la mer nous est encore bien peu connue ; mais on peut supposer avec beaucoup de vraisemblance, qu'elle ne diffère pas essentiellement de celle des continents. La mer n'est qu'un vaste continent submergé ; son bassin doit donc présenter des vallées, des plateaux et de hautes montagnes dont les sommets forment les îles. Si les eaux de la mer venaient à se retirer, on verrait d'abord augmenter le nombre des îles, et leurs contours s'élargir de plus en plus ; puis des langues de terre joindraient ces îles entre elles ; on verrait peu à peu apparaître des continents, dont les parties les plus basses retiendraient une partie des eaux sous forme de lacs. Tout l'hémisphère boréal, avec ses innombrables lacs, aujourd'hui dessalés, produit l'effet d'une terre abandonnée par les eaux, qui se seraient retirées vers le sud. Cette hypothèse est confirmée par l'énorme profondeur des mers australes : c'est dans l'hémisphère sud qu'est accumulée la grande masse des eaux du globe.

Les sondages exécutés jusqu'ici n'étant pas encore assez nombreux pour donner une idée exacte de la profondeur des océans, M. Adhémar a essayé d'y parvenir par voie d'induction, en partant de cette hypothèse, assez plausible, qu'une nappe d'eau est en général d'autant plus profonde qu'elle est plus large. En prenant pour unité la longueur des différents parallèles, M. Adhémar a cherché quelle est la fraction de ces cercles qui correspondent à la surface liquide. Ce calcul donne les résultats suivants :

Latitude nord.	Fraction liquide.	Latitude sud.	Fraction liquide.
60°	0,353	0°	0,771
50°	0,407	10°	0,786
40°	0,527	20°	0,
30°	0,536	30°	0,791
20°	0,677	40°	0,951
10°	0,710	50°	0,972
0°	0,771	60°	1,000

Les termes extrêmes, depuis 60 degrés jusqu'à 50, sont douteux à cause des glaces voisines du pôle ; mais le tableau ci-dessus met en évidence l'accroissement régulier de la surface liquide en allant du nord vers le sud. Si donc la profondeur des eaux croissait avec leur étendue, elle augmenterait très-sensiblement vers le pôle austral. Il doit y avoir, en outre, un *thalweg* ou ligne de plus grande dépression, dans le bassin de chacun des trois grands golfes formés par l'océan Atlantique, le Pacifique et la mer des Indes, et ces trois lignes que M. Adhémar suppose à distance égale des deux rives de chaque océan, viennent se réunir en un point situé dans la grande glacière australe.

Tout porte donc à croire que la mer a une profondeur prodigieuse dans les parages voisins du pôle sud. Quelques sondages isolés confirmeraient cette opinion, si l'on pouvait les considérer comme exacts. Le capitaine Ross a fait descendre le plomb, par 68 degrés de latitude sud, jusqu'à 4000 brasses (7300 mètres) sans atteindre le fond. Le capitaine Denham, du navire anglais *le Herald*, a annoncé le fond à 14000 dans l'océan Atlantique méridional ; enfin, le lieutenant Parker, de la frégate américaine *le Congress*, ayant jeté la sonde dans les mêmes parages, fit filer 50000 pieds anglais (15140 mètres) de ligne, sans que rien lui indiquât que le fond eût été atteint.

Ces tentatives ont été faites avec des sondes adoptées uniformément dans la marine américaine. Chaque navire des États-Unis recevait, sur sa demande, une quantité de lignes longues de 10000 brasses, et marquées toutes les cent brasses (183 mètres). On y attachait, en guise de plomb, des boulets de 32 ou de 68 livres, que l'on jetait d'un canot, en laissant la corde se dérouler d'elle-même ; le dévidoir tournait avec facilité. Les expériences conduites de cette manière avaient rencontré beaucoup de difficultés, qu'il avait fallu vaincre, avant qu'on pût obtenir les grandes sondes dont il vient d'être question. Malgré les précautions prises par les capitaines Denham et Parker, il n'est guère permis d'accepter leurs résultats, car on a reconnu que la sonde continue de filer sous l'action des courants sous-marins lorsque le boulet a déjà atteint le fond.

On pourrait employer aujourd'hui avec quelque succès la sonde ordinaire, en corrigeant ses indications par la loi des vitesses de descente. De 400 à 500 brasses, la sonde met à descendre en moyenne 2' 21"; de 1000 à 1100, 3' 26"; de 1800 à 1900 brasses, 4' 29", etc. Sa vitesse décroît par conséquent d'une manière assez régulière tant qu'elle est entraînée par le plomb. Quand sa vitesse devient tout d'un coup uniforme, on peut en conclure que le plomb a touché le fond et que la ligne file par l'effet d'un courant. On ne peut pas compter sur le choc du boulet contre le fond de la mer, car ce choc ne se transmet plus dans les grandes profondeurs. Le mouvement uniforme de la sonde est donc le seul indice certain que le fond des eaux est atteint; et de plus la sonde ordinaire ne peut pas être ramenée d'une profondeur considérable.

Mais nous avons mieux aujourd'hui que la sonde à boulet simple, dont les résultats étaient si peu satisfaisants. Le lieutenant américain Brooke a inventé un ingénieux appareil de sondage, qui permet de rapporter à la surface des spécimens du fond de la mer. La ligne de sonde est fixée à une tige pesante, dont l'extrémité est enduite de suif, afin de retenir et de rapporter les échantillons du sol du fond de la mer. La tige traverse un boulet de canon percé, de part en part, d'un trou qui laisse aisément passer cette tige. Aussitôt que le boulet touche le fond, il se dégage par un déclic, et la sonde peut être retirée avec facilité.

La sonde Brooke pour les grands fonds a déjà donné de remarquables résultats. C'est son emploi qui a permis au lieutenant Maury, le célèbre directeur de l'observatoire de Washington, de construire sa belle carte orographique du bassin de l'océan Atlantique, dont l'exactitude est probablement égale à celle des cartes qui représentent le relief de l'Afrique ou de l'Australie.

M. Maury a publié plusieurs cartes de la profondeur de l'Atlantique. Nous représentons dans le tableau placé en regard de cette page, la configuration de l'Atlantique jusqu'à 10 degrés de latitude sud, non au moyen de chiffres, comme l'a fait M. Maury sur ses cartes, et comme on l'a fait à son imitation, mais par des teintes représentant des profondeurs de mer croissantes. La teinte *jaune*, le long des rivages, indique les profondeurs moindres que 1000 brasses (830 mètres); la teinte *verte*, les fonds de 1000 à 2000 brasses (3650 mètres); la teinte *bleu clair*, les fonds de 2000 à 3000 brasses (5480 mètres); la teinte *bleu foncé*,

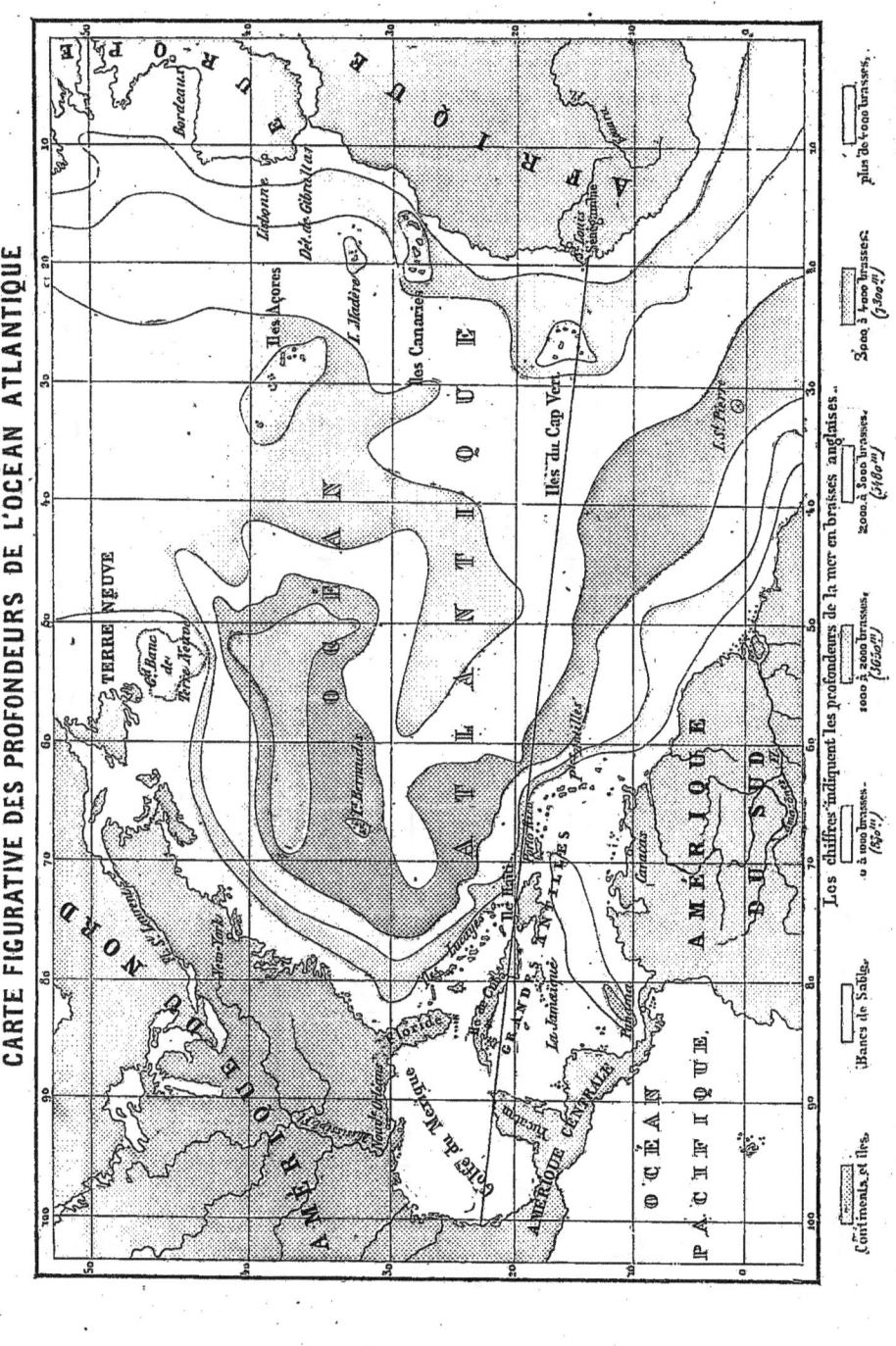

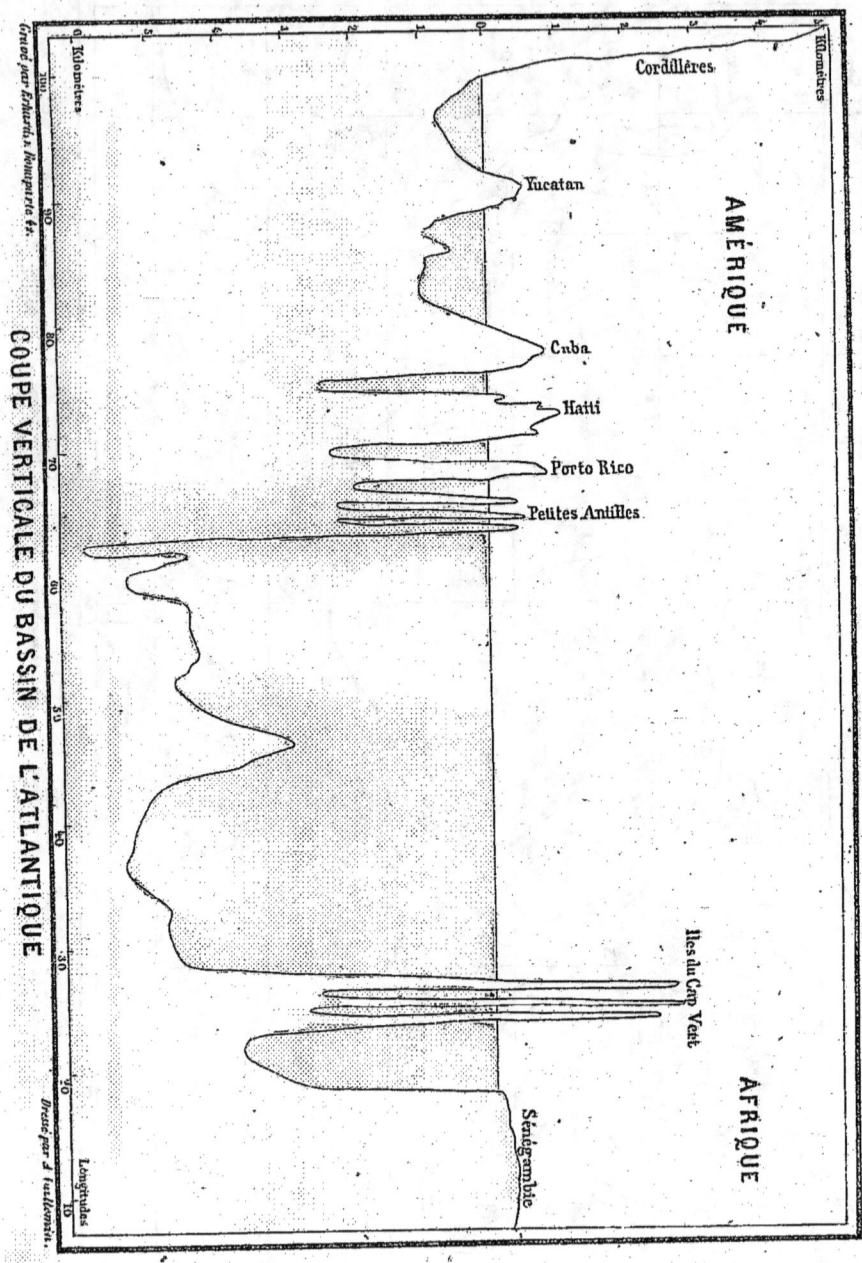

les fonds de 3000 à 4000 brasses (7300 mètres); enfin la teinte *violet*, les fonds supérieurs à 4000 brasses.

Dans le sens de sa longueur, le bassin de l'Atlantique est, comme on le voit sur cette carte, une sorte de fossé, ou vaste sillon, qui sépare l'ancien monde du nouveau. Du sommet du Chimborazo, au fond de cette immense vallée, la distance verticale est d'environ 13 à 14 kilomètres; le point le plus bas est probablement entre les Bermudes et le banc de Terre-Neuve, mais sa profondeur est encore à déterminer.

Nous représentons dans une seconde carte, par une coupe verticale, les mêmes profondeurs de l'Océan, vues en profil. Le plan de cette coupe de l'Océan depuis l'Amérique jusqu'au continent africain, va du 4e au 5e degré de latitude. On a eu soin d'indiquer ce trajet par une ligne noire sur la carte coloriée qui précède celle-ci.

« Si les eaux se retiraient de cette entaille profonde qui sépare les continents, dit M. Maury dans sa *Géographie physique de la mer*, le squelette de la terre ferme serait en quelque sorte mis à nu, et parmi les lignes tourmentées du fond de la mer on découvrirait peut-être les restes d'innombrables naufrages. Alors apparaîtrait ce terrible mélange d'ossements humains, de débris de toutes sortes, d'ancres pesantes, de perles précieuses, dont l'image fantastique a troublé bien des songes. »

On demande quelquefois à quoi servent les sondages des grandes profondeurs? A cette question, on pourrait répondre, comme Franklin, à propos de la découverte des aérostats : « A quoi peut servir l'enfant qui vient de naître? » Chaque fait physique est intéressant par lui-même; il forme un jalon destiné à se réunir tôt ou tard à d'autres, pour nous conduire à quelque vérité utile. L'importance des grands sondages a déjà été justifiée par les indications qu'ils ont fournies pour la pose des câbles sous-marins, et notamment quand on a tenté, en 1858, l'immersion du câble transatlantique.

Au fond de l'Atlantique, il existe un plateau remarquable qui s'étend depuis le cap Race, à Terre-Neuve, jusqu'au cap Clear, en Irlande, sur une distance de 3000 kilomètres et une largeur de 700 kilomètres. Sa profondeur, tout le long de la route, est évaluée, en moyenne, à 3 ou 4 kilomètres. C'est sur ce *plateau télégraphique*, comme on l'a appelé, que le grand câble transatlantique fut déposé, en 1858. La surface de ce plateau avait été explorée à différentes reprises, avec la *sonde de Brooke*. On a constaté ainsi que le fond de la mer s'y compose principalement de coquilles microscopiques calcaires (*Foraminifères*) et d'un petit nombre de coquilles siliceuses (*Diatomacea*). Ces coquilles délicates et fragiles qui, en couches épaisses, jonchent le fond de la mer, furent ramenées par la sonde dans un état de conservation parfaite, ce qui prouve que l'eau est remarquablement tranquille à ces profondeurs. L'échec que l'on éprouva, en 1858, dans la pose du câble sous-marin transatlantique, n'est donc pas imputable à l'agitation des flots, mais seulement aux courants d'induction auxquels donnait naissance le rapprochement de l'armature métallique du câble composé de fils de fer et de fils de cuivre intérieurs, destinés à livrer passage au courant. Aussi a-t-on conseillé, quand on voudra renouveler le même essai, d'employer des câbles légers et sans armature métallique.

La première exploration du plateau télégraphique fut entreprise, en 1853, par le brick américain, *le Dolphin*, qui jeta des sondes de 100 en 100 milles jusqu'à la côte d'Écosse. Il se dirigea ensuite vers les Açores, au nord desquelles on trouva le fond (calcaire et sable jaune) à 2000 mètres; au sud de Terre-Neuve, on trouva plus de 5 kilomètres de profondeur. En 1856, le lieutenant Berryman, du vapeur américain *Arctic*, compléta une ligne de sondages entre Saint-Jean (Terre-Neuve) et Valentia (Irlande), et en 1857, le lieutenant Dayman, du vapeur anglais *le Cyclope*, répéta les mêmes opérations. La carte placée en regard de cette page présente les résultats du sondage exécuté en 1857, par le lieutenant Dayman, sur une ligne de route qui diffère un peu de celle qu'avait suivie le lieutenant Berryman l'année précédente. Les lignes verticales indiquent la profondeur de l'Océan entre l'Irlande (Valentia) et l'Amérique (Terre-Neuve).

Dans le golfe du Mexique, la profondeur ne semble pas atteindre 2 kilomètres. La mer Baltique est une des moins profondes du globe : son maximum ne dépasse pas 340 mètres. La profondeur de la Méditerranée est très-variable. A Nice, d'après Horace de Saussure, le fond est à 1 kilomètre. Entre la Dalmatie et l'embouchure du Pô on l'a trouvé à 44 mètres. Le capitaine Smyth a trouvé de 300 à 900 mètres dans le détroit de Gibraltar et 1800 mètres entre Gibraltar et Ceuta, où sa largeur ne dépasse pas 22 kilomètres. Entre Rhodes et Alexandrie, la

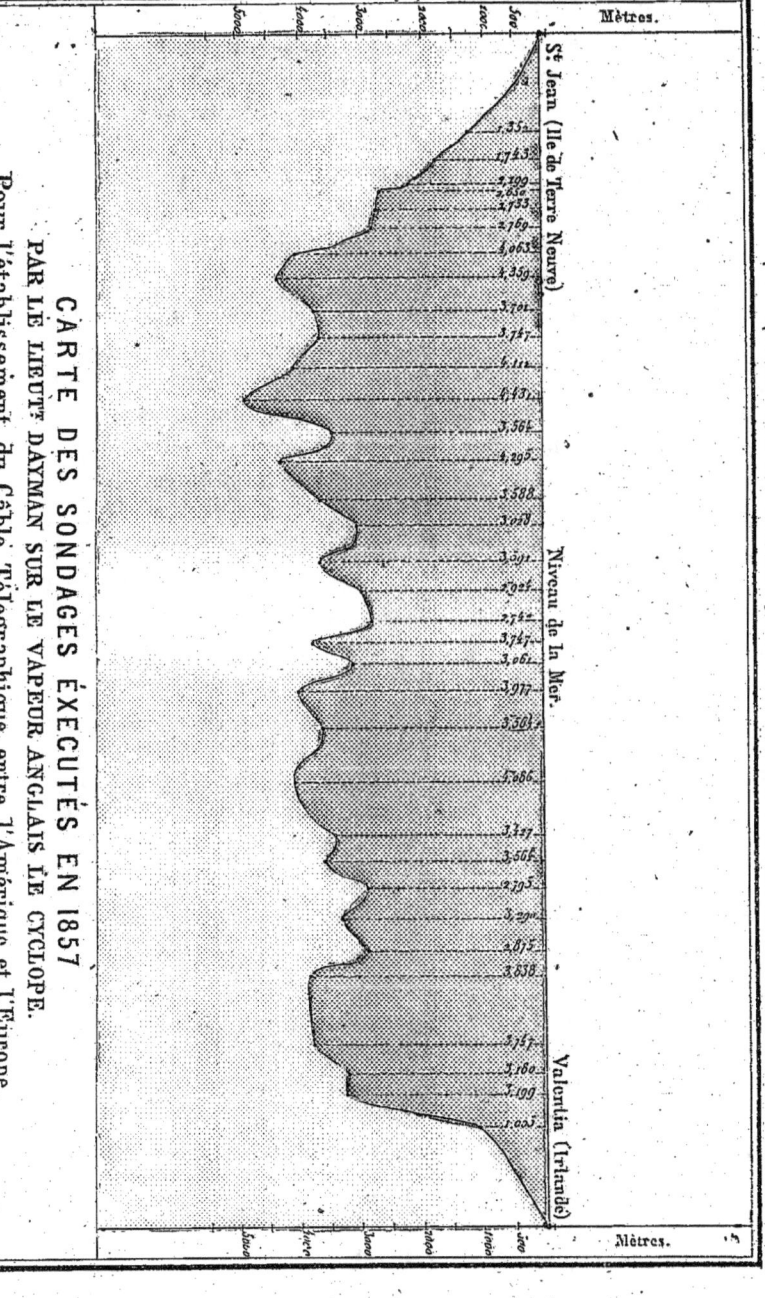

(TABLEAU DE LA NATURE PAR LOUIS FIGUIER)

CARTE DES SONDAGES EXÉCUTÉS EN 1857
PAR LE LIEUT^T DAYMAN SUR LE VAPEUR ANGLAIS LE CYCLOPE.
Pour l'établissement du Câble Télégraphique entre l'Amérique et l'Europe.

profondeur est de 3000 mètres; entre Alexandrie et Candie, de 3100; à 165 kilomètres à l'est de Malte, de 4600 mètres. La Méditerranée forme donc comme un immense entonnoir.

L'océan Arctique n'a probablement pas une grande profondeur. D'après le baron Wrangel, le fond de la mer glaciale, au nord de la Sibérie, s'abaisse en pente douce, et à une distance de 280 kilomètres on n'a encore trouvé que 25 à 30 mètres de fond. Mais dans l'axe de la baie de Baffin, M. Kane a fait un sondage de 3500 mètres.

Le relief du bassin de l'océan Pacifique nous est très-peu connu. Le plus grand fond observé dans cette mer par M. Brooke, est de 2700 brasses anglaises (4940 mètres); il se trouve par 59 degrés de latitude nord et 166 degrés de longitude est. En appliquant la théorie des ondes aux vagues propagées de la côte du Japon à celle de Californie, pendant le tremblement de terre du 25 décembre 1854, le professeur Bache a calculé que la profondeur moyenne de cette partie du Pacifique est de 4330 mètres.

Dans la *mer de Corail* (13 degrés latitude sud, 160 degrés longitude est) le lieutenant Brooke a ramené une sonde de près de 4 kilomètres. Une autre sonde de 7040 brasses (13 kilomètres), jetée dans la mer des Indes, n'a pu être ramenée avec des échantillons du fond. Dans les débris recueillis par la sonde dans la mer de Corail, on a remarqué l'absence des coquilles calcaires, tandis que les pointes siliceuses des éponges s'y trouvaient en grand nombre. D'autres sondes retirées de profondeurs variant entre 5 et 6 kilomètres, dans l'océan Pacifique, ont été analysées au microscope par M. Ehrenberg, qui y a découvert 135 formes différentes, parmi lesquelles 22 nouvelles. En général, la composition des Infusoires, au fond de l'Atlantique, est plutôt calcaire; au fond du Pacifique, elle est siliceuse. Ces animalcules tirent des eaux de la mer les matières minérales, c'est-à-dire la chaux et la silice qui forment leur test. L'accumulation de ces coquilles après la mort de ces animaux, finit par combler le fond de la mer. Ils construisent leurs habitations à la surface; lorsqu'ils meurent, ils tombent dans les profondeurs de l'abîme, où ces atomes, accumulés par myriades, finissent par former des montagnes et par couvrir les plaines.

Le *niveau des mers* est, en général, le même partout. Il représente la surface sphérique de notre planète et sert de base aux évaluations de toutes les hauteurs terrestres. Cependant les golfes et les méditerranées ouvertes à l'est, font une exception à cette règle; l'accumulation des eaux poussées dans ces réceptacles par le mouvement général de la mer de l'est à l'ouest, peut déterminer une élévation plus grande de leur niveau.

On a longtemps admis, sur la foi de nivellements inexacts, que le niveau de la mer Rouge était plus élevé que celui de la Méditerranée. On a dit aussi que le niveau de l'océan Pacifique à Panama, est de 1 mètre plus haut que le niveau moyen de l'Atlantique à Chagres, et qu'au moment de la haute mer, cette différence s'élève à 4 mètres, tandis que pendant la basse mer, elle est de 2 mètres, et a lieu en sens inverse. L'erreur a été prouvée jusqu'à l'évidence en ce qui concerne la différence des niveaux de la mer Rouge et de la Méditerranée, et l'ouverture du canal de Suez, qui est assez prochaine, en fournira la preuve la plus convainquante. Il est probable qu'il y a eu aussi, en ce qui concerne les océans Pacifique et Atlantique, des erreurs de mesure.

La température moyenne, à la surface de la mer, est très-peu différente de celle de l'air, tant que des courants chauds ne viennent pas apporter leur influence perturbatrice. Dans les parages des tropiques, il paraît que la surface de l'eau est un peu plus chaude que l'air ambiant.

En déterminant la température de la mer de la surface au fond, une loi très-curieuse a été mise en évidence. Dans les eaux très-profondes on rencontre partout la température uniforme de $+4$ degrés, qui correspond, comme la physique l'a établi, au maximum de densité de l'eau. Cette température existe sous l'équateur à partir de 2200 mètres de profondeur. Dans les régions polaires, où l'eau est plus froide à la surface, on rencontre cette même température de 4 degrés depuis la profondeur de 1400 mètres. Les lignes isothermes de 4 degrés forment la démarcation entre les zones où la surface de l'eau de la mer est plus froide, et celle où elle est plus chaude que la couche qui possède 4 degrés. C'est ce que rendra plus évident la figure suivante (fig. 140), qui représente une coupe méridienne de l'Océan. La courbe qui touche deux fois la surface indique les profondeurs où commence la température invariable.

Nous avons déjà expliqué pourquoi la température de l'Océan est beaucoup moins variable que celle de l'atmosphère.

Une particularité digne d'être rappelée, c'est le fait que l'eau est plus froide sur les hauts-fonds (ou *bas-fonds*, comme on dit aussi) et près des côtes, qu'en pleine mer; observation dont on peut tirer parti pour rendre la navigation plus sûre. Alexandre de Humboldt explique ce phénomène en supposant que les eaux profondes remontent les pentes des bas-fonds, et vont se mêler

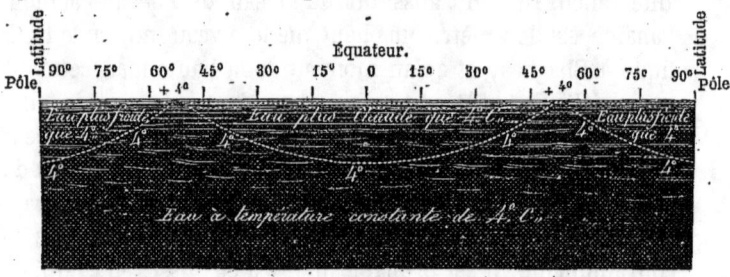

Fig. 140.

Profondeur à laquelle se trouve dans l'Océan la température invariable de + 4°.

aux couches supérieures. Des brouillards se forment fréquemment au-dessus de ces bancs de sable, parce que l'eau froide qui les couvre détermine une précipitation locale des vapeurs atmosphériques. Les contours de ces brouillards sont nets; vus de loin, ils reproduisent la forme des bas-fonds et les accidents du sol sous-marin. De plus, on voit souvent des nuages s'arrêter au-dessus de ces points, que l'on peut alors relever de loin comme des pics de montagnes.

III

Les courants de la mer.

Les courants océaniques dépendent du concours d'un grand nombre de causes, plus ou moins énergiques. Il faut citer, parmi ces causes : la durée et la force des vents ; la propagation successive de la marée autour du globe ; les variations de la densité des eaux suivant la température ; la profondeur et le degré de salure ; enfin les variations de la pression barométrique.

Les courants qui sillonnent la mer offrent un contraste frappant avec l'immobilité des eaux voisines ; ce sont des fleuves d'une largeur déterminée, dont les rives sont formées par les eaux en repos, et dont le cours est souvent très-visible, grâce à de longues bandes de Varechs et autres plantes aquatiques qu'ils entraînent dans leur marche.

Pour bien comprendre l'origine de ces *fleuves pélagiques*, il est indispensable de considérer le régime des courants de l'atmosphère, en particulier celui des vents alizés. La différence de température entre les contrées équinoxiales et les contrées polaires, engendre deux courants opposés, l'un supérieur, allant de l'équateur aux pôles, l'autre inférieur, dirigé des pôles vers l'équateur. Parvenu à l'équateur, l'air froid du pôle s'échauffe et remonte dans les couches supérieures de l'atmosphère, d'où il est ramené vers son point de départ ; là, il se refroidit de nouveau et retourne, avec le courant inférieur, vers les régions tropicales, et ainsi de suite. Mais le mouvement de rotation de la terre modifie la direction de ces courants atmosphériques. La vitesse avec laquelle l'air est emporté de l'ouest à l'est, étant presque nulle aux pôles, mais très-grande sous l'équateur, il s'ensuit que l'air froid, à mesure qu'il s'avance vers les tropiques, doit rester à chaque pas un peu plus en arrière à l'ouest, ou, ce qui revient au même, tourner dans cette direction. Le courant froid qui vient du pôle s'infléchit donc vers l'occident, et c'est ainsi que prennent naissance le vent *alizé nord-est*, qui domine dans l'hémisphère boréal, et le vent *alizé sud-est*, qui règne dans l'hémisphère opposé. De même, les courants supérieurs qui vont aux pôles avec des vitesses équatoriales, doivent devancer de plus en plus les couches atmosphériques douées d'une vitesse de rotation moindre, qu'ils rencontrent vers les pôles, et par suite, se tourner vers l'est ; ce sont les vents *contre-alizés sud-ouest* et *nord-ouest*, qui règnent au-dessus des deux *alizés nord-est* et *sud-est*, et qui s'abattent souvent sur la mer aux latitudes des zones tempérées. Les deux *alizés* sont séparés l'un de l'autre par une bande plus ou moins large, où le frottement qu'ils éprouvent à la surface de la mer, finit par neutraliser leur impulsion vers l'ouest ; en général, le courant d'air n'y est dirigé que de bas en haut. Cette bande, qui ne coïncide pas exactement avec l'équateur, s'appelle la *zone des calmes* ; on y observe souvent des tempêtes aériennes et des coups de vent dont la direction fait le tour du compas, ce qui leur a fait donner le nom de *tornados*.

Les vents alizés, dont le mouvement vers l'ouest est retardé par la résistance de frottement que leur opposent les vagues de l'Océan, communiquent à celles-ci, par réaction, une tendance qui les pousse vers l'ouest, ou plus exactement, vers le sud-ouest dans l'hémisphère boréal, et vers le nord-ouest dans l'autre hémisphère. Les courants qui en résultent à la surface de l'eau, se réunissent sous l'équateur, pour former le *grand courant équinoxial* qui entraîne les eaux de l'orient à l'occident. Le mouvement est plus fort sur les bords qu'au milieu du courant, parce que la cause qui le produit y agit avec plus d'énergie ; il en résulte que le courant se bifurque facilement lorsqu'il rencontre un obstacle à son mouvement. Dans l'océan Atlantique, la bifurcation a lieu un peu au sud de l'équateur ; la branche sud descend le long de la côte du Brésil, et revient probablement en remontant la côte ouest de l'Afrique. La branche nord suit les côtes du Brésil et de la Guyane, entre dans la mer des Antilles, et se dirige, renforcée par le courant qui arrive du nord-est, dans la baie de Honduras, traverse le canal de Yucatan, et entre dans le golfe du Mexique, d'où elle débouche par le canal de la Floride, sous le nom de *Gulfstream*, qui signifie courant du golfe.

« Il est un fleuve au sein de l'Océan. Dans les plus grandes sécheresses, jamais il ne tarit ; dans les plus grandes crues, jamais il ne déborde. Ses rives et son lit sont des couches d'eaux froides entre lesquelles coulent à flots pressés des eaux tièdes et bleues. C'est le *Gulfstream !* Nulle part dans le monde il n'existe un courant aussi majestueux. Il est plus rapide que l'Amazone, plus impétueux que le Mississipi, et la masse de ces deux fleuves ne représente pas la millième partie du volume d'eau qu'il déplace. »

Telle est la description sommaire que le lieutenant Maury donne du puissant courant chaud qui parcourt certaines parties de l'océan Atlantique.

Le *Gulfstream*, à sa sortie du canal de la Floride, a une longueur de 55 kilomètres, une profondeur de 670 mètres, et une vitesse de 7 kilomètres 1/2 par heure; la température de ses eaux vers nos côtes est de 30 degrés. De nos rivages, le courant se dirige au nord-est, vers le Spitzberg ; sa vitesse et son épaisseur diminuent en même temps qu'il s'étend en largeur. Vers 43 degrés de latitude, il se divise en deux bras dont l'un va frapper les côtes d'Irlande et de Norvége, où il porte souvent des graines végétales venues des régions des tropiques : il échauffe les eaux glacées de la mer boréale. L'autre bras s'infléchit non loin des Açores, vers le sud, et va rejoindre la côte d'Afrique, d'où il revient dans la mer des Antilles. Au milieu de ce vaste circuit on voit se réunir les plantes, les bois de dérive, les épaves de toute espèce, charriés par l'Océan. C'est là que se trouve la *mer de Sargasses* ou *de Varechs*, cet immense banc de plantes marines (*Fucus natans*) dont l'imagination de Colomb fut si vivement frappée. Ces masses toujours verdoyantes servent d'asile à une multitude de Mollusques et de Crustacés. Les eaux mettent trois ans à parcourir le circuit océanique qui embrasse la *mer de Varechs*.

Sur la mappemonde placée en regard de cette page, on voit tracées la marche du *Gulfstream* et celle des autres courants dont nous allons donner la description.

Le *Gulfstream* joue un grand rôle dans le régime de l'Atlantique. Il porte les eaux chaudes des régions équinoxiales dans les hautes latitudes ; au delà du 40ᵉ parallèle, il possède une température de 26 degrés. Poussées par les vents du sud-ouest, qui règnent dans cette zone, ses eaux tièdes vont se mêler à celles de la mer du Nord, et adoucir, dans ces parages, la rigueur du climat. Au sud du banc de Terre-Neuve, il se rencontre avec les courants froids qui descendent du pôle arctique

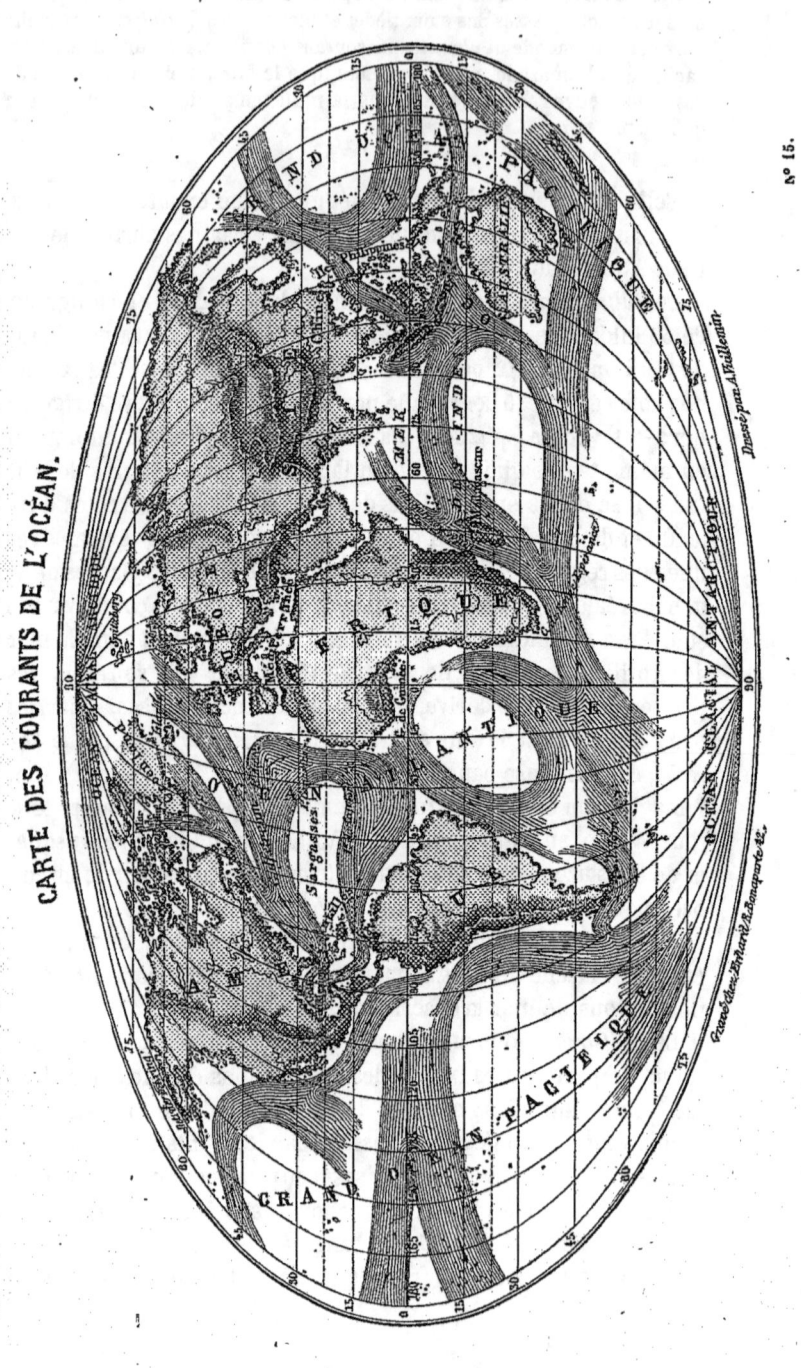

Fig. 141. L'ouragan des Antilles en 1780.

par la baie de Baffin et la mer du Groënland ; là, une fraction de ses eaux remonte vers le pôle, le long de la côte occidentale du Groënland. C'est au conflit des eaux polaires et des eaux équatoriales que l'on attribue la formation du banc de Terre-Neuve. Les unes et les autres ayant déposé sans cesse, dans cette partie de la mer, les débris qu'elles charrient, ce banc de terre s'est ainsi formé peu à peu avec le concours des siècles.

La différence de température entre le *Gulfstream* et les eaux qu'il traverse, engendre inévitablement des tempêtes et des *cyclônes*. Les découvertes modernes, qui ont fait si bien connaître la marche de ce courant d'eaux chaudes au sein de la mer, ont permis d'abréger énormément les routes de navigation et d'éviter beaucoup de dangers qui, autrefois, menaçaient et anéantissaient les navires.

En 1780, un ouragan terrible (fig. 141) ravagea les Antilles, et coûta la vie à 20 000 personnes ; l'Océan quitta son lit et inonda les villes ; l'écorce des arbres, mêlée de débris sanglants, tourbillonnait dans l'air. Ce sont les trop nombreuses catastrophes de ce genre qui ont valu au *Gulfstream* le nom de *Roi de la tempête*. Mais, grâce aux nombreux documents nautiques qui ont été, de nos jours, réunis à l'*Observatoire national* de Washington par M. Redfield et le lieutenant Maury, on est parvenu à assigner la direction et la marche de ces épouvantables cyclônes que le *Gulfstream* engendre, qu'il porte dans ses flancs, ou qu'il attire et entraîne avec lui, par une irrésistible puissance. L'exemple que nous allons citer fournira la meilleure preuve de l'utilité des travaux auxquels s'est livré le lieutenant Maury pour fixer la direction des tempêtes sur le trajet du *Gulfstream*.

Au mois de décembre 1853, le paquebot américain *le San-Francisco*, chargé d'un régiment à destination de la Californie, fut assailli, dans le *Gulfstream*, par un coup de vent qui le mit dans le plus lamentable état. Une seule lame qui balaya le pont, arracha sa mâture, anéantit la machine et emporta 129 personnes, officiers et soldats. Dès lors, le malheureux steamer flotta sur les eaux, triste épave abandonnée à la fureur des vents. Le lendemain du désastre, *le San-Francisco* fut vu dans cette situation désespérée par un bâtiment qui se rendait à New-York ; un autre navire le rencontra quelques jours après ; mais ni l'un ni l'autre ne purent lui porter assistance, car ils avaient assez à faire de pourvoir à leur propre salut.

Dès que la nouvelle de cet événement fut parvenue à New-York, on disposa immédiatement deux *avisos*, pour voler au secours du *San-Francisco*. Mais où devaient-ils se diriger, quelle partie de la mer devaient-ils explorer ? On fit alors appel aux lumières de l'*Observatoire national* de Washington, pour obtenir des instructions sur la route à suivre. L'espoir qu'on fondait sur la science de M. Maury ne devait pas être trompé. Après avoir examiné tous les renseignements qu'il possédait sur la direction et sur les limites du *Gulfstream* à ce moment de l'année, le célèbre hydrographe traça une carte sur laquelle il parvint à circonscrire la région dans laquelle le steamer désemparé avait dû être entraîné par le courant, et il précisa la ligne de route à faire suivre par les deux *avisos* envoyés à sa recherche.

L'équipage du *San-Francisco* fut sauvé avant l'arrivée des deux navires envoyés de New-York (fig. 142). Trois bâtiments qui les avaient aperçus en pleine mer, se portèrent à leurs secours. Les *avisos* envoyés de New-York n'arrivèrent donc que pour être témoins du sauvetage des passagers. Mais le point où l'on vit sombrer le *steamer*, peu après le sauvetage, était précisément celui que M. Maury avait assigné. Si un *aviso* était parti à temps de New-York, le triomphe de M. Maury eût été complet. On peut noter, du reste, que le *Kilby*, qui avait vu les naufragés le jour, et les avait perdus de vue pendant la nuit, sut les retrouver par un raisonnement analogue à celui de M. Maury, et arriver ainsi à temps pour sauver l'équipage.

Continuons l'examen des courants de la mer, dont l'ensemble est représenté sur la carte de la page 435.

Le courant équinoxial de l'océan Pacifique traverse le Grand océan dans toute sa longueur ; puis il se bifurque devant la côte d'Asie. Sa plus faible branche tourne au nord, où elle rencontre le courant polaire qui descend par le détroit de Behring, puis revient le long de la côte du Mexique. Sa branche la plus considérable s'infléchit vers le sud et contourne l'Australie. Mais ici, on rencontre un ou plusieurs contre-courants venant de la mer des Indes ; ce sont ces courants si compliqués et si dangereux dont parlent Cook et la Peyrouse.

Les eaux froides du pôle antarctique sont portées vers l'équateur par trois grands fleuves océaniques. Le premier se bifurque par 45° ; une partie va doubler le cap Horn, l'autre (*le courant de*

Fig. 142. Sauvetage du *San-Francisco* par le *Kilby* (1853).

Humboldt) remonte le long de la côte de Chili jusqu'à l'équateur; il tempère le climat du Chili et du Pérou. Un deuxième grand courant se dirige vers le cap de Bonne-Espérance, où il se divise, pour remonter le long des côtes orientales et occidentales de l'Afrique.

Le courant polaire de l'océan Indien longe la côte d'Australie, tourne d'abord vers l'ouest, puis vers le sud, dans la direction de Madagascar; plus au sud, il est refoulé vers l'est par le courant polaire qui vient du côté du cap Horn. C'est ainsi que les eaux chaudes du golfe du Bengale, poussées par le courant polaire indien, circulent entre l'Afrique et la Nouvelle-Hollande. Une branche latérale de ce courant longe la côte sud de ce dernier continent.

Les *moussons* qui règnent dans la mer des Indes, compliquent encore ce régime de courants déjà assez embrouillé, en y ajoutant des courants périodiques, dont nous ne nous occuperons point ici.

Nous avons parlé, dans le chapitre précédent, d'un courant sous-marin qui doit porter les eaux de la Méditerranée dans l'Océan. Son existence résulte, en quelque sorte, d'un calcul par lequel on trouve que la quantité d'eau salée fournie par le courant supérieur du détroit de Gibraltar est de 12 myriamètres cubes par an, la quantité d'eau douce apportée par les fleuves de 1, et celle qui se perd en évaporation de 2 myriamètres cubes par an; de sorte qu'il y aurait un excès annuel de 11 myriamètres cubes si l'équilibre n'était pas rétabli par un écoulement sous-marin. Cette hypothèse paraît avoir été confirmée par un fait des plus curieux.

Vers la fin du dix-septième siècle, un brick hollandais, poursuivi et atteint, entre Tanger et Tarifa, par le corsaire français *le Phénix*, fut coulé par une seule bordée d'artillerie. Mais au lieu de sombrer sur place, le brick, grâce à son chargement d'huile et d'alcool, flotta entre deux eaux; il dériva vers l'ouest, et finit par s'échouer, après deux ou trois jours, dans les environs de Tanger, à plus de douze milles du point où il avait disparu sous les flots. Il avait donc franchi cette distance, entraîné par l'action d'un courant inférieur, dans une direction opposée à celle du courant qui règne à la surface. Ce fait historique, joint à quelques expériences récentes, vient à l'appui de l'opinion qui admet l'existence d'un courant de sortie dans le détroit de Gibraltar.

Le lieutenant Maury regarde encore comme certain qu'il y a un contre-courant sous-marin au sud du cap Horn, qui porte dans l'océan Pacifique le trop plein de l'Atlantique. En effet, l'Atlantique est sans cesse alimenté par de très-grands fleuves, tandis que le Pacifique, qui ne reçoit aucun fleuve important, doit, au contraire, subir une perte énorme par suite de l'évaporation qui a lieu à sa surface.

Les lieutenants Walsh et Lee, de la marine américaine, ont fait des expériences intéressantes sur les courants inférieurs. Ils lestèrent un morceau de bois, pour le faire couler, mais en le retenant par une ligne de pêche, de manière à le laisser descendre à plusieurs centaines de brasses, à la volonté de l'expérimentateur. A l'autre extrémité de la ligne on attacha un petit baril, assez fort pour soutenir l'appareil; puis on laissa tout aller du bord. Ce fut alors un spectacle vraiment extraordinaire de voir ce petit baril marcher contre le vent et la mer, à raison de 1 nœud et quelquefois davantage. Les hommes de l'équipage poussaient des exclamations de surprise en voyant tout cela fuir comme si un monstre marin s'en était emparé; plusieurs manifestèrent même une certaine frayeur. La vitesse du baril était évidemment égale à la différence de vitesse des courants supérieur et inférieur.

En 1773, le navire du capitaine Deslandes mouillait dans les eaux du golfe de Guinée; un fort courant qui se portait dans cette baie, l'empêchait d'aller plus au sud. Deslandes aperçut alors qu'il existait un contre-courant inférieur, à 15 brasses (24 mètres) de profondeur, il en tira parti d'une manière ingénieuse. Une machine, offrant beaucoup de surface, fut descendue à la profondeur du courant sous-marin, et cette machine fut entraînée avec assez de force pour remorquer le navire avec une vitesse de plus de deux kilomètres à l'heure.

Dans la mer des Antilles, un bâtiment peut quelquefois s'amarrer, par le même moyen, au milieu d'un courant.

Dans le Sund, un double courant supérieur et inférieur a été constaté depuis très-longtemps.

IV

Les marées.

Les *marées* sont des mouvements périodiques de la mer provoqués par l'action attractive de la lune et du soleil, action qui s'exerce sur toute la masse de la terre et se manifeste par le mouvement d'intumescence des eaux. La force de la lune est environ triple de celle du soleil, parce que la lune est infiniment plus rapprochée de la terre que l'astre radieux.

Pour donner la théorie des marées, nous considérons d'abord les *marées lunaires*, en laissant de côté l'action du soleil.

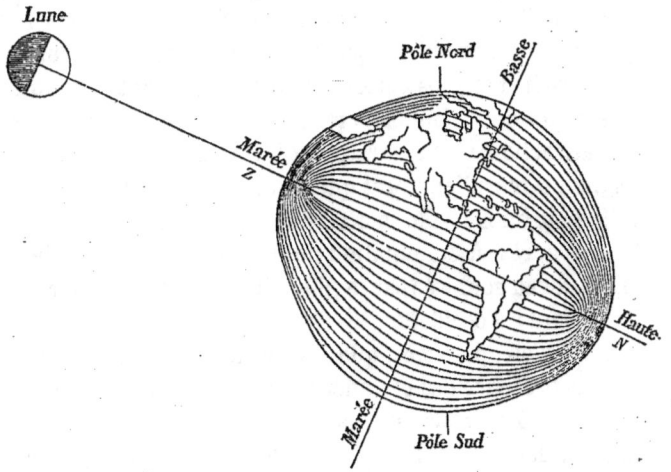

Fig. 143. Marée lunaire.

L'attraction que la lune exerce sur un point quelconque de la terre est en raison inverse du carré de sa distance. Si l'on tire une ligne droite de la lune passant par le centre de la terre, cette ligne rencontrera la surface des eaux en deux points diamétralement opposés Z et N; l'un de ces points de la terre aura la lune au *zénit*, l'autre au *nadir*. Les points de la mer qui ont la lune au *zénit*, c'est-à-dire ceux que la lune éclaire perpendiculairement, seront plus rapprochés de cet astre, et, par suite, plus fortement attirés que le centre du globe ; et les points diamétralement opposés, ceux qui ont la lune au *nadir*, seront moins rapprochés et moins fortement attirés que le centre du globe. Par conséquent, les eaux situées directement sous la lune devront s'élever vers cet astre et former un renflement à la surface de l'Océan ; les eaux situées aux Antipodes, étant moins fortement attirées vers la lune que le centre du globe, resteront en arrière et formeront ainsi un second promontoire à la surface de la mer. De là une double *marée haute*, sous la lune et dans le point opposé du globe. Sur tout le pourtour intermédiaire, là ou les eaux ne sont pas soumises à l'attraction directe de la lune, il y aura *marée basse*. C'est ce que représente la figure 143.

La terre, dans son mouvement de rotation, présente à la lune, dans l'espace de 24 heures, tous ses méridiens, qui se trouvent, conséquemment, tour à tour et dans un intervalle de 6 heures, tantôt sous la lune, tantôt à 90 degrés de cet astre. Il en résulte que dans l'espace d'un jour lunaire, c'est-à-dire dans le temps qui s'écoule entre deux passages consécutifs de la lune par un même méridien, les eaux de la mer s'élèveront deux fois et s'abaisseront deux fois dans tous les lieux de la terre. Mais l'effet de l'attraction ne s'exerce point instantanément, et la lune s'éloigne du méridien avant que l'élévation des eaux soit complète ; voilà pourquoi le flux n'arrive à son *maximum* qu'environ trois heures après la culmination de la lune. Le sommet de la montagne d'eau soulevée par le flot suit la lune tout autour du globe, de l'orient à l'occident.

Il est clair, pourtant, que les grandes inégalités du fond de la mer, la présence des continents, et la pente plus ou moins rapide de leurs côtes placées sous l'eau, la différente largeur des canaux et détroits, enfin les vents, les courants pélagiques et une foule d'autres circonstances locales, doivent profondément modifier la régularité de la marche des marées. En outre, la lune n'est pas le seul corps céleste qui agisse sur les eaux de la mer. Nous avons déjà dit que le soleil a aussi sa part dans ce phénomène, bien qu'elle ne soit que les 38 centièmes de celle de notre satellite, à cause de la grande distance du soleil à la terre. L'inégalité qui existe entre les jours solaires et lunaires (ces derniers surpassent les premiers de 54 minutes) est cause que les influences des deux astres s'ajoutent ou se contrarient alternativement. Quand le soleil et la lune sont en *conjonction* (fig. 144) ou en opposition, c'est-à-dire placés sur une même ligne droite, leurs attractions sur la mer se combinent et produisent une marée très-forte; c'est ce qui arrive aux époques des *syzygies* (de la nouvelle et de la pleine lune). Aux époques des *quadratures* (du premier et du dernier quartier), l'action solaire tend à produire une marée basse là où la lune veut élever les eaux, et réciproquement; le résultat est donc une marée lunaire sensiblement affaiblie.

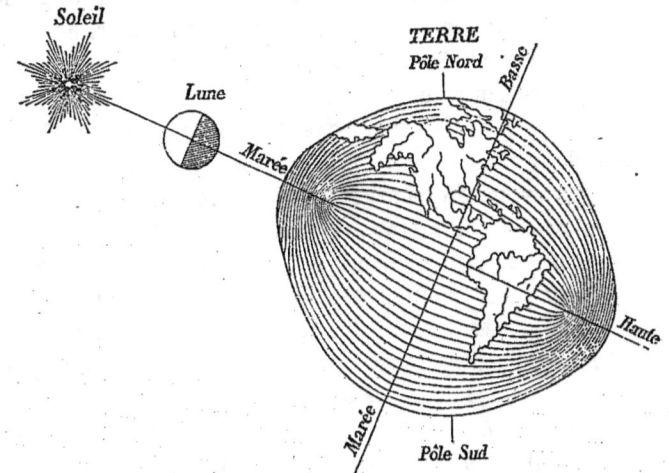

Fig. 144. Marée luni-solaire.

Tous ces effets ne se produisent pas instantanément, mais les impulsions données continuent d'agir et n'aboutissent qu'un ou deux jours après. La plus grande et la plus petite marée sont entre elles à peu près dans le rapport de 138 à 62, ou de 7 à 3. Les plus fortes marées arrivent aux équinoxes, quand la lune est périgée; les plus faibles aux solstices, quand elle est apogée. Et plus la mer s'élève quand elle est pleine, plus elle descend quand elle devient basse. Dans nos ports, la mer s'avance donc deux fois par jour; on dit alors que la mer est *haute* ou *pleine*, et le phénomène se nomme le *flot* ou le *flux*; elle recule deux fois, ou devient *basse*: c'est le *jusant* ou *reflux*.

La marée retarde chaque jour d'environ 50 minutes sur le temps des horloges, parce que le jour lunaire est de 24 heures 50 minutes de temps moyen. Si, par exemple, une marée arrive aujourd'hui à 2 heures du matin, celle de demain aura lieu à 2 heures 50 minutes. La basse mer intermédiaire ne tient pas le milieu entre ces deux pleines mers. On a observé que la mer n'emploie pas le même temps à monter et à descendre. Ainsi, au Havre et à Boulogne, elle met 2 heures et 8 minutes de plus à descendre; à Brest, la différence est seulement de 16 minutes.

Le retard de la pleine mer sur le passage de la lune au méridien, à l'époque des équinoxes, est une quantité constante pour une même localité, et qui doit être déterminée par l'observation directe : on l'appelle l'*établissement du port*. Ce nombre permet de calculer l'heure de la pleine mer pour tous les jours de l'année.

On trouve les *établissements des ports* français dans le recueil astronomique et nautique qui porte le nom de *Connaissance des temps*. L'*établissement* de Gibraltar est zéro ; celui de Rotterdam, 3 heures; celui de Lorient, 3 heures 32 minutes ; de Saint-Malo, 6 heures 10 minutes; de Cherbourg, 7 heures 58 minutes; de Dunkerque, 12 heures 13 minutes, etc. On peut dire aussi que l'*établissement* est l'heure de la pleine mer, les jours de la nouvelle et pleine lune, car alors la lune passe au méridien à midi ou à minuit. On voit que cette quantité change beaucoup d'un port à l'autre.

La hauteur des marées varie dans les différentes régions du globe, selon les circonstances locales. Les côtes orientales de l'Asie et les côtes occidentales de l'Europe sont exposées à des marées extrêmement fortes ; tandis que dans les îles de la mer du Sud, où elles sont très-régulières, elles ne dépassent guère la hauteur de 50 centimètres. Sur la côte occidentale de l'Amérique du Sud, les marées atteignent rarement 2 mètres; sur la côte occidentale de l'Inde, elles s'élèvent à 6 ou 7, et dans le golfe de Cambaye à plus de 10 mètres. Cette grande différence se fait encore sentir dans des contrées très-voisines; ainsi, une marée qui, à Cherbourg, atteint 6 ou 7 mètres, monte à 13 mètres au port de Saint-Malo ; quand elle s'élève de 9 mètres à l'embouchure du canal de Bristol (à Swansea), elle monte du double à Chepstow, plus avant dans le canal; et en général, la marée monte beaucoup plus haut dans le fond d'un golfe qu'à son entrée.

Nous représentons dans la figure 145 l'effet de la mer pendant une des grandes marées de nos côtes : celle du Havre qui se produit à l'époque des Équinoxes.

La plus haute marée que l'on connaisse s'observe dans la baie

Fig. 145. Grande marée d'équinoxe, au Havre.

de Fundy, qui s'ouvre au sud de l'isthme joignant la Nouvelle-Ecosse au Nouveau-Brunswick ; la pleine mer y monte à 20 et même à 30 mètres, tandis qu'elle n'atteint que 2 mètres et demi dans la baie Verte, au nord du même isthme. On raconte que dans la baie de Fundy un navire fut déposé par le flot pendant la nuit, sur un rocher assez élevé; si bien qu'à la pointe du jour, l'équipage se vit suspendu en l'air, au-dessus de l'eau..

Dans les méditerranées qui ne communiquent avec l'Océan que par un étroit canal, le phénomène des marées se fait très-peu sentir et voici pour quelle cause. La lune agit en même temps sur toutes les parties de ces mers, et leurs eaux ne sont pas assez abondantes pour venir grossir le promontoire formé par l'attraction de notre satellite ; l'intumescence reste donc peu prononcée. Voilà pourquoi la mer Blanche et la mer Noire ne présentent pas de marées, et la Méditerranée seulement des marées insignifiantes. Cependant, à Alexandrie, on observe des marées d'un demi-mètre; à Venise, elles atteignent quelquefois 2 mètres. Nous avons déjà dit que le lac Michigan offre une faible marée lunaire, et nous avons parlé avec détail de la propagation des marées dans les embouchures des fleuves, où elles produisent le phénomène du *mascaret* et de la *barre*.

M. Whewell a dressé des cartes qui indiquent la marche des marées dans les mers du globe. On y voit que la vague du flux parcourt l'Atlantique depuis 50 degrés de latitude sud jusqu'à 50 degrés de latitude nord, en 12 heures, avec une vitesse de plus de 900 kilomètres à l'heure. Mais la vitesse de propagation est moindre dans le point où la mer est peu profonde, comme aux environs de Sainte-Hélène. Dans la mer du Nord, la vitesse n'est plus que de 280 kilomètres par heure. La vague de haute mer qui contourne le nord de l'Écosse, traverse la mer d'Allemagne et se rencontre, dans le canal de Saint-Georges, entre l'Angleterre et l'Irlande, avec la vague de la marée suivante ; le conflit de ces deux flots opposés produit des phénomènes d'interférence assez compliqués, il y a même un point où la marée est entièrement annulée.

Les vents exercent une grande influence sur la hauteur des marées. Quand ils s'ajoutent à l'impulsion donnée par l'astre attirant, ils peuvent considérablement accroître l'élévation normale de la pleine mer ; s'ils sont contraires, ils peuvent entièrement anéantir le flux. C'est ce qui arrive dans le golfe de Vera-

Cruz, où l'on ne voit quelquefois qu'une marée en trois jours lorsque le vent souffle avec violence. On observe à la côte de Van-Diémen un phénomène analogue.

La marée montante frappe parfois sur le rivage d'une manière continue et avec une incroyable force. Ce choc violent s'appelle le *ressac*. La houle forme alors dans la mer des lames pressées qui s'étendent jusqu'à 1 kilomètre. Le *ressac* augmente à mesure qu'il avance vers la côte ; lorsqu'il atteint une hauteur de 6

Fig. 146. Effet du *ressac* à la pointe du Raz (Finistère).

ou 7 mètres, il forme une montagne d'eau qui surplombe et s'affaisse en roulant sur elle-même. Mais ce mouvement n'est pas, en réalité, progressif, il ne transporte pas les corps flottants. Le ressac est très-fort à l'île de Fogo (une des îles du cap Vert), et dans l'Inde et à Sumatra où on l'appelle *surf*. Il rend l'approche des côtes dangereuse et quelquefois impossible.

La figure 146 représente l'effet d'un ressac à la *Pointe du Raz*, sur la côte de Bretagne (département du Finistère).

Les coups de vent s'ajoutant à l'effet précédent, font naître à la surface de la mer, des ondes ou des flots qui grossissent rapidement, s'élèvent en montagnes écumantes, roulent, bondissent, et se brisent l'un contre l'autre.

« Dans un moment, dit Malte-Brun, les flots semblent porter les déesses de la mer, qui viennent s'égayer par des jeux et des danses; dans l'instant prochain, une tempête fond sur eux et les anime de sa fureur; ils semblent se gonfler de colère, on croit voir les monstres marins qui se livrent la guerre. Un vent fort, constant et égal, produit dans la mer des *lames* ou de longues rides d'eau qui s'élèvent comme sur le même front, marchent d'un mouvement uniforme, et l'une après l'autre, viennent se précipiter

Fig. 147. Hauteur d'une vague au cap de Bonne-Espérance.

sur le rivage. Quelquefois les lames suspendues par un coup de vent, ou arrêtées par un courant, forment comme une muraille liquide. Malheur au téméraire navigateur qui s'en approcherait! »

Les plus hautes vagues connues sont celles qui règnent à l'époque des grandes marées, au large du cap de Bonne-Espérance, sous l'influence d'un fort vent de nord-ouest, qui traverse l'Atlantique méridional et pousse l'eau vers le cap. Ces ondes atteignent 12 mètres de hauteur. Une pareille montagne placée entre deux navires dérobe à chacun de ces navires la vue de l'autre. La figure 147 représente un de ces effets de vague au cap de Bonne-Espérance.

Au large du cap Horn il se forme des vagues de 10 mètres ; dans nos mers elles atteignent rarement 3 mètres.

Fig. 148. Vue de Scylla (détroit de Messine).

Une vague née sous l'influence d'un vent violent exerce une pression de 30 000 kilogrammes par mètre carré. Quand la mer est agitée, on a vu les flots s'élancer au-dessus du phare d'Eddystone, à 46 mètres de hauteur, et retomber en cataracte sur son toit. Après l'ouragan de Barbados, en 1780, on trouva sur la plage de vieux canons que la puissance des vagues avait transportés du fond de la mer sur le rivage.

Si les vagues poussées par les reflux rencontrent des obstacles, il se forme des *tourbillons* et des *gouffres*, l'effroi des navigateurs. Tels sont les tourbillons du détroit de Messine qui sont placés sur les écueils de Charybde et de Scylla, célèbres dans l'antiquité, et qui ont été chantés par Homère, Ovide et Virgile :

Scylla latus dextrum, lævum irrequieta Charybdis
Infestat : vorat hæc raptas revomitque carinas.
.... Incidit in Scyllam, cupiens vitare Charybdim.

Ces écueils sont moins redoutés aujourd'hui. Il existe à Charybde ou Kalofaro, un gouffre bouillonnant; à Scylla, l'eau frappe et s'élance contre la paroi du rocher qui forme l'écueil (fig. 148).

Un autre tourbillon célèbre est celui d'Euripe, près de l'île d'Eubée. Les *tornados*, que l'on connaît dans les mers de Chine et du Japon, et qui sont assez violents pour engloutir des vaisseaux, appartiennent à la même catégorie. On en a observé aussi dans le golfe de Bothnie. Ces tournants submergent les navires et les brisent contre les rochers.

La côte de Norvége est découpée en *fiords*, ou petits golfes, et hérissée d'écueils, autour desquels il se forme souvent des tourbillons. Le plus célèbre de ces écueils est le *Mahlstroem*; les eaux ont en ce point un mouvement giratoire qui change de six en six heures. Ce tourbillon entraîne et engloutit des navires; son action s'étend jusqu'à 15 kilomètres.

C'est à l'effet combiné des marées et des tourbillons qu'il faut attribuer le terrible phénomène du *Raz de marée*, si redouté des navigateurs. Par le temps le plus calme, et sans un souffle d'air, on voit quelquefois sur les côtes, se propager une série de lames profondes et tourbillonnantes qui semblent pour ainsi dire déraciner les vaisseaux, car elles les saisissent par la quille, les font pirouetter sur leur axe et les renversent. La figure 149 représente un *Raz de marée* qui bouleversa, en 1846, les navires en rade de l'île Bourbon.

V

Les mers polaires.

Les colonnes d'Hercule du monde connu sont les monts Parry, situés à 8 degrés du pôle nord de la terre, et les monts Ross, à 12 degrés du pôle sud. Nos cartes de géographie sont muettes au delà de ces deux limites : un espace blanc y marque l'emplacement de chaque extrémité de l'axe terrestre. L'homme réussira-t-il à franchir ces barrières glacées ? Justifiera-t-il cette prédiction du poëte Lucius-Annœus Seneca :

> .... Venient annis
> Sæcula seris quibus Oceanus
> Vincula rerum laxet, et ingens
> Pateat tellus, Tiphisque novos
> Detegat orbes, nec sit terris
> Ultima Thule[1].......

Nul ne peut le dire. Chaque pas que nous avons fait pour nous rapprocher des pôles a été chèrement payé ; et ce n'est pas sans raison que les navigateurs ont donné à la pointe sud du Groënland le nom mélancolique de *cap des adieux* (*cap Farewell*).

On estime à cent trente le nombre des expéditions, pour la plupart anglaises, qui ont exploré les mers glaciales. Une vingtaine de ces expéditions avaient pour mission d'éclaircir le sort du navigateur Franklin ; elles ont coûté plus de vingt millions de francs.

Nous allons tracer rapidement le tableau des principales découvertes géographiques faites, à diverses époques, dans les régions glaciales des deux pôles.

Le premier navigateur qui ait pénétré dans les contrées polaires arctiques fut Sébastien Cabot, qui, en 1498, cherchait un pas-

---

[1] « L'époque viendra, dans un avenir éloigné, où l'Océan relâchera les liens du monde, où l'immense terre sera ouverte, où le pilote découvrira des orbes nouveaux et où il n'y aura plus aucunes bornes à la terre. » (*Tragiques* de Sénèque.)

Fig. 149. Raz de marée à l'Ile Bourbon, en 1846.

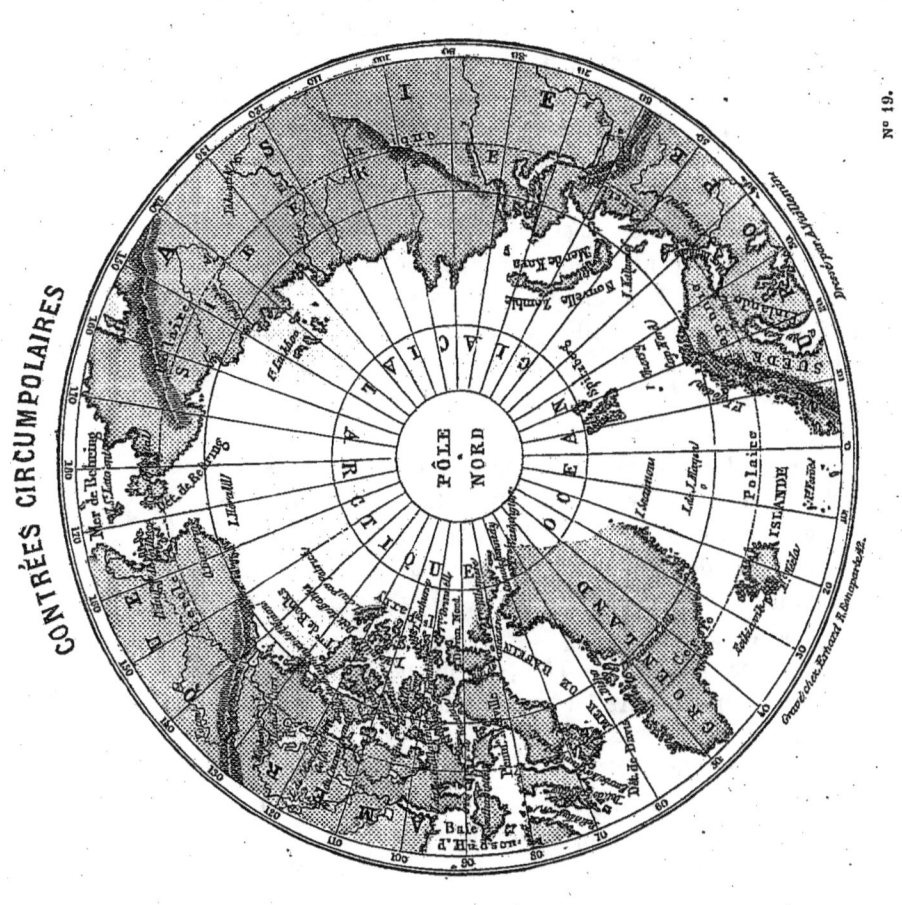

sage au nord-ouest, pour aller de l'Europe en Chine et aux Indes. Pour cette époque, et avec les moyens dont la navigation pouvait disposer, c'était là une tentative des plus hardies. La tradition scandinave attribue la même entreprise au fils du roi Rodian qui vivait au septième siècle, au Norvégien Other (873), aux princes Harold et Magnus (1150).

Sébastien Cabot parvint jusque dans la baie d'Hudson; mais la mutinerie de ses matelots le força à rebrousser chemin.

En 1500, Gaspard de Cortereal découvrit le Labrador; en 1553, sir Hugh Willoughby la Nouvelle-Zemble, et Chancellor la mer Blanche. Davis visita, en 1585, la côte occidentale du Groënland, et trouva, deux ans plus tard, le détroit qui porte son nom. Barentz découvrit, en 1596, le Spitzberg, que le capitaine Hendrich Hudson reconnut, en 1607, jusqu'au delà du 82º parallèle Hudson attacha, trois ans plus tard, son nom à la grande baie de Labrador, mais il n'alla pas plus loin. Son équipage s'étant révolté, il fut abandonné dans une chaloupe, avec son fils, sept matelots et le charpentier qui lui étaient restés fidèles. C'est ainsi que périt ce grand navigateur.

L'île de Jean-Mayen fut découverte en 1611; la *manche* que Baffin prit pour une *baie*, et qui porte son nom (*baie de Baffin*), fut découverte en 1616. Beering vit, dans son premier voyage de 1727, le détroit qui sépare la Sibérie de l'Amérique; il le franchit en 1741, mais son navire échoua, et lui-même mourut du scorbut dans ces parages.

Découverte dès l'année 1770, par un marchand de fourrures, Hearne, la mer Polaire fut explorée longtemps après, par Mackensie.

Depuis l'année 1818, où John Ross, Franklin et Parry reprirent le chemin des mers arctiques, les expéditions dans les régions polaires se sont rapidement succédé. En 1827 Parry poussa jusqu'au 82º degré de latitude. Sir John Franklin, qui partit en 1845 avec *l'Érèbe* et *la Terror*, périt misérablement avec son équipage, après avoir découvert le passage du nord-ouest, que le capitaine Mac-Clure trouva, à son tour, en 1850, en venant du côté opposé. En 1855, l'expédition du docteur Kane aperçut la mer libre du pôle arctique [1].

---

1. Cadet, de Metz, dans une curieuse brochure intitulée *Direction des glaces*,

Donnons, pour le pôle antarctique, le même résumé des découvertes géographiques faites dans les temps modernes.

En 1772 le capitaine hollandais Kerguelen découvrait une île qu'il prit pour un continent. En 1774, le capitaine Cook explora ces régions jusqu'au 71° degré de latitude. James Weddell dépassa ce point en 1823. Biscoë découvrit, en 1831, la terre d'Enderby. *La Zélée* et *l'Astrolabe*, commandés par le marin français Dumont d'Urville, et d'autre part, une expédition américaine, sous les ordres de Wilkes, arrivèrent dans les mêmes parages en 1838. Dumont d'Urville découvrit alors la *terre Adélie*. Enfin, en 1841, sir James Clark Ross, neveu de John Ross, pénétra avec *l'Érèbe* et *la Terror* jusqu'au 78° degré de latitude australe. Il y vit les volcans auxquels il a donné le nom de ses deux vaisseaux, et découvrit une nouvelle terre qu'il appela *Victoria*.

Nous reviendrons plus loin sur ces divers voyages. Mais il est nécessaire de jeter, auparavant, un coup d'œil sur les phénomènes généraux que présentent les mers glaciales, considérées à l'un et à l'autre pôle.

Mers polaires en général. — On peut dire que les contrées polaires forment une transition entre la mer et les continents, car l'eau s'y présente toujours à l'état solide. Dans ces régions, la surface de l'eau se trouvant, pendant la plus grande partie de l'année, à une température très-basse, la neige qui tombe ne fond point, et la mer se couvre ainsi, tantôt d'une nappe continue de glace, tantôt d'énormes glaçons flottants, qui vont à la dérive des courants. La rencontre des masses considérables de glaces flottantes qui couvrent ces mers, fait le grand danger de la navigation polaire.

Le baleinier Scoresby a donné une description très-détaillée des différentes espèces de glace qu'on rencontre dans la mer arctique. Scoresby nomme *icefield* ce que nous appelons, en France, *banquise* ou *champ de glace*. C'est une étendue de glaces

---

imprimée à Paris en 1824, donne un tableau des latitudes boréales auxquelles les navigateurs se seraient élevés. L'auteur parle d'un Jos. Moxon et d'un Hollandais qui, en 1652, auraient fait le tour du pôle, à 2° de distance, et y auraient trouvé une mer libre, où la température était celle d'Amsterdam. Nous renvoyons à cet écrit pour d'autres particularités singulières.

Fig. 150. Banquise du pôle arctique.

dont l'œil ne peut apercevoir les limites. On a vu des champs de glace de 150 kilomètres de longueur sur 40 de largeur, et d'une épaisseur de 15 mètres. Mais ordinairement, les *banquises* ne s'élèvent que de 1 ou 2 mètres au-dessus de l'eau, et s'enfoncent à environ 6 mètres au-dessous (fig. 150).

Scoresby a vu des banquises se former en pleine mer. Quand les premiers cristaux apparaissent, la surface de l'Océan ressemble à celle d'une eau assez froide pour empêcher la fusion de la neige qui tombe à sa surface. Aux approches de la congélation, la mer s'apaise tout à coup, comme si elle était recouverte d'huile. Les petits glaçons qui se sont formés se heurtent l'un l'autre, s'arrondissent et finissent par se souder ensemble, pour former une vaste plaine de glace, dont l'épaisseur augmente ensuite par la surface inférieure.

L'eau provenant de la fonte de la glace est douce. C'est la conséquence d'un phénomène physique bien connu. Lorsqu'une dissolution saline, telle que l'eau de la mer, se congèle par le froid, l'eau pure passe seule à l'état solide ; la dissolution saline, plus concentrée, demeure liquide. Il suffit donc de faire fondre un glaçon des mers polaires, bien essuyé et lavé, dans l'eau douce, pour se procurer de l'eau propre à sa boisson et à tous les usages domestiques.

Il y a pourtant dans les banquises des glaçons salés. Ils se distinguent de la glace d'eau douce par leur opacité et par une blancheur éclatante. La glace douce est transparente et plus dense que la glace salée. La salure de cette dernière n'est due qu'à l'eau de mer retenue dans ses interstices. La glace dite *d'eau douce* se reconnaît facilement à sa belle teinte verte et à sa limpidité. Le baleinier Scoresby s'amusait quelquefois à tailler des lentilles de glace, avec lesquelles il mettait le feu à la poudre, ou au tabac de ses marins, ce qui étonnait beaucoup son équipage, peu familier avec les lois de la physique.

Les banquises qui se forment sous les plus hautes latitudes sont poussées vers le sud par les vents et par les courants ; mais tôt ou tard l'action des vagues les brise et les morcelle. Les bords des glaçons fracturés se relèvent souvent, et se soudent de nouveau ; il résulte de cet assemblage des aspérités ou protubérances que les marins anglais appellent *hummocks*, et qui donnent aux glaces polaires un aspect bizarre et irrégulier.

Les *hummocks* se forment lorsque les épaves des banquises brisées viennent à se toucher par leurs bords, et à former de vastes radeaux, dont les pièces ont moins de 100 mètres de long.

Quand les glaces laissent entre elles un espace libre dans lequel peut passer un vaisseau, on dit que la *glace est ouverte*. Mais souvent on rencontre encore des montagnes de glaces en partie submergées, dont un bord est retenu sous la masse principale, tandis que l'autre bord domine au-dessus de l'eau. Scoresby a passé une fois au-dessus d'un *calf* (c'est ainsi que les marins anglais nomment ces éminences de glace); mais il tremblait à l'idée de le voir, en se relevant, jeter en l'air son vaisseau.

Fig. 151. Champ de glaces.

L'aspect des *champs de glaces* varie de mille manières. Ici c'est un chaos incohérent, semblable à une terre volcanique, déchiré de crevasses dans tous les sens et hérissé de blocs informes, entassés au hasard. Là, c'est une plaine accidentée, mosaïque immense qui se compose de tables de glace de tout âge et de toute épaisseur, dont les divisions sont marquées par de longues crêtes, aux formes les plus irrégulières, ressemblant tantôt à des murailles de blocs rectangulaires empilés par assises, tantôt à des chaînes de collines arrondies (fig. 151).

Au printemps, quand le dégel arrive et que la débâcle commence, les pièces de glace légère qui soudaient les gros blocs et

Fig. 152. Navire pris dans les glaces des mers arctiques.

en formaient une masse unique, se fondent les premières ; les glaçons se séparent alors, et le mouvement des eaux les disperse en peu de temps, de sorte que les vaisseaux trouvent tout à coup le passage libre. Cependant un jour de calme suffit quelquefois pour rapprocher de nouveau ces tronçons flottants, qui oscillent et se heurtent l'un contre l'autre avec des grincements sinistres, avec des bruits étranges que les marins comparent aux jappements de jeunes chiens.

Quand un navire se trouve emprisonné au milieu d'un champ de glaces flottantes (fig. 152), on observe quelquefois d'inexplicables changements dans ces vastes agrégations incohérentes. Des vaisseaux qui se croyaient immobiles se sont trouvés avoir fait en quelques heures un tour complet sur eux-mêmes. Deux navires, enfermés à peu de distance l'un de l'autre, s'éloignèrent de plusieurs lieues sans qu'on pût apercevoir un changement dans les glaces qui les entouraient. D'autres fois les navires sont entraînés avec les glaces flottantes, tout comme les ours blancs, qui font de longs voyages de mer sur ces monstrueux véhicules. En 1777, le vaisseau hollandais *le Wilhelmine* fut emporté, avec neuf autres navires baleiniers, depuis le 80ᵉ jusqu'au 62ᵉ degré, en vue de la côte d'Islande. Ces vaisseaux furent écrasés l'un après l'autre pendant ce trajet ; plus de 200 personnes périrent, le reste put gagner la terre ferme.

Le lieutenant de Haven, naviguant à la recherche de sir John Franklin, fut pris par les glaces, au milieu du chenal, dans le détroit de Wellington. Pendant neuf mois qu'il y resta en captivité, il dériva de près de 2000 kilomètres vers le sud. Le navire *le Resolute*, que le capitaine Kelley dut abandonner dans une banquise d'un million de kilomètres carrés de surface, fut entraîné avec cette masse énorme, en dérive vers le sud.

Les banquises et les glaces flottantes ne proviennent pas exclusivement de la congélation de l'eau de la mer ; une partie descend des glaciers qui bordent les rivages.

Aux bords des mers circumpolaires s'élèvent des masses de glace qui couvrent en grande partie les côtes. Lorsque le terrain s'élève à une certaine hauteur, très-faible d'ailleurs, elles constituent des glaciers, analogues, par leur mode de formation, aux glaciers des contrées tempérées. La figure 154 représente un des glaciers polaires qui a été le plus exploré : la *Baie des Anglais, au Spitzberg*.

Les glaciers polaires, comme ceux des régions tempérées, sont doués d'un mouvement lent de progression. Les glaces qui les composent descendent peu à peu, et arrivent ainsi au pied du glacier, c'est-à-dire au bord de la mer. L'action des flots les détachant de la masse principale, ils tombent dans la mer, quelquefois avec une détonation formidable. La figure 153 montre ce mode de formation des glaces polaires. Ces colosses de glace bloquent les rivages, ou sont entraînés par les courants de la mer; ils constituent dans ce dernier cas des banquises ou des glaces flottantes.

Fig. 153. Origine des glaces flottantes provenant de la progression de glaciers polaires.

Le capitaine Scoresby a soutenu que les glaces flottantes qui encombrent la baie de Baffin ne doivent qu'en partie leur origine à la congélation de la mer; que le plus grand nombre se forme sur le rivage, dans les régions abritées contre les vents et les courants, par suite de l'accumulation des neiges séculaires, alternativement fondues et regelées. Cette observation a été généralisée dans ces derniers temps; on a même soutenu que toutes les glaces flottantes descendent des glaciers qui couvrent les rivages. Il y a quelque exagération dans cette idée, et l'on doit admettre que les glaces des mers polaires doivent leur origine à la fois aux glaciers du bord et à la congélation de la mer.

Fig. 154. Baie des Anglais, au Spitzberg.

Dans les environs du Spitzberg les *ice-bergs* (montagnes de glace) sont rares et peu considérables; mais dans le détroit de Davis on en a vu qui avaient 3 kilomètres de longueur sur un demi-kilomètre de largeur, et dont le sommet s'élevait à plus de 50 mètres au-dessus de l'eau, d'où il suit qu'ils enfonçaient de plus de 200 mètres, car la proportion entre la partie libre et la partie submergée est comme 1 à 4, ou 7.

Ces géants de glace, corrodés et rongés sans cesse par les flots qui les baignent, offrent les formes les plus variées et les plus bizarres. Tantôt on croirait voir une *île flottante* avec ses baies et ses promontoires; tantôt un mur taillé à pic, surmonté de tours crénelées qui se penchent sur l'abîme et menacent d'é-

Fig. 155. Montagne de glace.

craser le téméraire qui oserait s'en approcher; tantôt, enfin, ce sont des pyramides élancées, des cônes arrondis, des plateaux unis et circulaires. La figure 155 représente une *montagne de glace* des mers arctiques.

La figure 156 représente une montagne flottante percée d'une haute et longue galerie que les matelots de John Ross rencontrèrent sur les côtes du Groënland, et qu'ils s'amusèrent à traverser; elle avait l'apparence d'un tunnel de cristal.

On peut aisément juger de l'âge de ces colosses d'après le degré d'érosion et de dégradation qu'ils ont déjà subi. Détachés ou *lancés* depuis peu de temps, ils offrent l'aspect d'immenses plateaux tubulaires dont les flancs renferment encore des débris de blocs erratiques arrachés au glacier du rivage; d'autres fois, ils sont fortement penchés, et présentent une pente plus ou moins douce, que l'on peut gravir pour visiter le sommet. Avec le temps, les eaux creusent, à leur base, des excavations profondes

Fig. 156. Montagne de glace flottante percée à jour, vue par John Ross sur les côtes du Groënland.

et des cannelures horizontales, qui marquent les lignes de flottaison successive de ces masses en décomposition. Puis, à mesure que la dégradation augmente, on voit naître des colonnes, des ponts naturels, des pointes hérissées, des stalactites et des stalagmites, des trous béants, qui percent la masse de part en

Fig. 157. Ile de glace vue en 1857, près du banc de Terre-Neuve.

part, et mille autres formes bizarres qui donnent à ces édifices flottants l'aspect le plus pittoresque, surtout lorsqu'ils sont enveloppés de la lumière pourprée du soleil qui rase l'horizon. Décomposés de plus en plus par l'action de l'eau et de l'atmosphère, ils nagent vers le nord où les entraînent les courants, quelquefois même contre le vent. Quand ils arrivent au sud du Groënland, les eaux chaudes du *Gulfstream* achèvent de les désagréger. La figure 157 représente un de ces îlots de glace qui a été vu au mois de juin 1857, par M. Deville, en dérive sur le banc de Terre-Neuve.

On rencontre quelquefois ces îles de glace groupées par milliers; elles font alors l'effet d'une ville de géants qu'aurait emportée une catastrophe géologique et qui voyagerait au caprice des éléments déchaînés. Les mille reflets de la lumière se jouent sur ces palais de cristal et d'argent. Si le cri d'un homme vient à animer cette lugubre solitude, mille échos le répercutent de tous les côtés : on croirait que des esprits invisibles viennent répondre à celui qui ose troubler leur silence.

Toutefois, rien n'est dangereux pour les navigateurs comme ces champs de glaces resplendissantes.

« Il faut, dit Malte-Brun, avoir un cœur d'airain pour oser s'enfoncer dans ces mers inhospitalières ; car si le navigateur n'y a point à craindre les tempêtes, il court d'autres dangers bien plus capables d'effrayer les esprits les plus téméraires. Tantôt, des glaçons énormes, agités par les vents et par les courants de mer, viennent se heurter contre son frêle navire : point de rocher ou d'écueil si dangereux ni si difficile à éviter; tantôt ces montagnes flottantes entourent perfidement le voyageur et lui ferment toute issue ; son vaisseau s'arrête, se fixe; en vain la hache impuissante cherche à briser ces masses énormes, en vain les voiles appellent les vents : le bâtiment est comme soudé dans la glace, et le navigateur, séparé du monde des vivants, reste seul avec le néant. »

Quand l'*ice-master*, ou *pilote des glaces*, signale une banquise arrivant des profondeurs du nord, le vaisseau doit fuir à toutes voiles, pour éviter une destruction certaine. La rapidité du mouvement de ces masses colossales est, en effet, prodigieuse. On les voit quelquefois tourner sur elles-mêmes avec une vitesse de plusieurs kilomètres par heure.

Le choc de deux champs de glace se ruant l'un contre l'autre surpasse tout ce que l'imagination peut concevoir et pourrait inventer. Qu'on se représente l'effet d'une masse de dix-huit millions de tonnes brusquement arrêtée dans sa course! Si deux masses semblables se rencontrent avec des vitesses égales et un mouvement contraire, que peut devenir un frêle navire pris dans ce formidable étau! Aussi chaque année voit-elle, dans les mers circumpolaires, se multiplier les sinistres, et les vaisseaux disparaître par douzaines.

« J'ai vu un navire, dit Scoresby, qui, écrasé entre deux murs de glace, fut anéanti instantanément dans leur choc formidable. Seule, la pointe du grand mât resta debout au-dessus de ce tombeau flottant, comme un funèbre signal. Un autre se dressa sur sa poupe comme un cheval cabré. Deux autres beaux trois-mâts ont été, sous mes yeux, percés d'outre en outre par des glaçons aigus de plus de 100 pieds de long. »

Dans la terrible baie de Melville, plus de deux cents navires ont péri de cette manière.

Les montagnes de glace sont souvent presque immobiles; elles forment alors pour les vaisseaux un point d'appui, si les vents sont violents ou contraires, si la stabilité est nécessaire aux besoins de la pêche, ou si l'on cherche un abri contre les glaçons qui dérivent dans un pêle-mêle tumultueux. Il est dangereux, toutefois, de s'amarrer au-dessous de montagnes de glace très-élevées, car souvent leur équilibre est si peu stable, que le plus léger choc les fait basculer. Si elles viennent à rencontrer un obstacle en flottant le long de la mer, elles se brisent, comme un gigantesque obus, en blocs de dimensions formidables, qui écrasent tout par leurs éclats.

La glace dont la surface a été entamée par le dégel devient fragile et cassante : on a vu des montagnes de glace se fendre du haut jusqu'en bas pour avoir été seulement frappées à leur base d'un coup de hache, par un matelot occupé, dans une chaloupe, à y fixer une ancre. La crevasse engloutit le malheureux, et les débris, projetés en tous sens, submergèrent l'embarcation. Dans le voyage exécuté en 1856, dans le nord de l'Europe, par le prince Napoléon, on s'amusait à faire éclater des montagnes de glace par le choc d'un boulet de canon.

La neige qui s'amasse sur ces îles flottantes fond au printemps, et elle forme, dans les creux, des masses d'eau douce, qui sont d'un grand secours pour les pêcheurs de baleines.

Les vents des mers arctiques sont remarquables par leur

inconstance. La force de ces vents diminue beaucoup lorsqu'ils passent sur un champ de glace; quelquefois même la glace semble repousser le vent et le faire tourner en sens contraire. Les brises chaudes du sud se refroidissent en passant au-dessus des glaces et abandonnent leur humidité, sous forme de neige. Les nuages ne peuvent pas se former dans ces contrées glacées; les vapeurs atmosphériques s'y condensent en neige sans autre intermédiaire.

Les tourmentes de neige sont terribles pour les marins qui sont forcés de traverser la glace à pied, ou dans des traîneaux attelés de chiens esquimaux. D'épais tourbillons fouettent le visage du malheureux voyageur, pénètrent dans sa bouche et dans ses narines, soudent ses paupières et l'aveuglent. La bise bleuit sa peau et lui cingle le visage, comme feraient les lanières du knout. Dans ces parages la température descend parfois à plus de 50° au-dessous de zéro, et elle ne s'élève jamais à plus de 10 degrés au-dessus. L'éclat de la blanche enveloppe de glace qui couvre partout le sol est tel, dans les régions polaires, que l'on est forcé de porter des lunettes bleues ou des masques en grillage de fil de fer lorsqu'on veut traverser ces plaines de glaces éternelles.

Une illusion d'optique très-fréquente dans les parages polaires fait paraître les objets plus grands qu'ils ne sont en réalité. Un renard prend les proportions d'un ours; des bancs de glace peu élevés semblent de hautes montagnes. On croit voir à l'horizon des terres dont on n'approche jamais. Les distances des objets réels semblent diminuées, tout comme il arrive dans le désert : on marche, on marche, et l'on n'arrive pas.

Une autre source d'erreur, c'est le mirage, qui fait paraître suspendue en l'air l'image d'objets éloignés, et donne ainsi lieu aux scènes les plus étranges. Scoresby aperçut un jour dans le ciel l'image renversée d'un vaisseau, et dans ce vaisseau il reconnut *le Farne*, commandé par son père, qui venait de mouiller dans une anse à dix lieues du point où il se trouvait lui-même en ce moment : c'était un effet du mirage.

Ce qui distingue le plus les régions polaires des autres con-

476   LA TERRE ET LES MERS.

trées de la terre, c'est leur long jour et leur longue nuit. Décrivant une immense spirale autour de l'horizon, le soleil monte

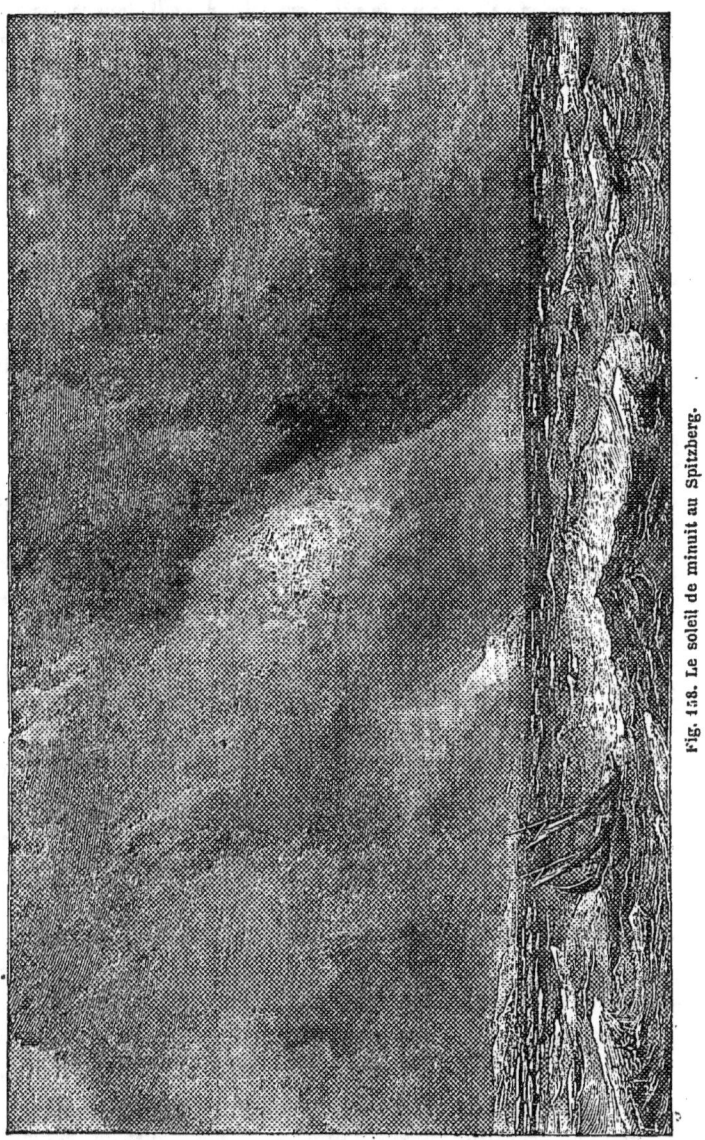

Fig. 158. Le soleil de minuit au Spitzberg.

peu à peu jusqu'au plus haut point de sa course, à une trentaine de degrés ; puis il revient de la même manière vers l'horizon, et fait ses adieux à la terre, s'éteignant peu à peu dans un morne crépuscule. Pendant près de six mois le soleil reste invisible.

« Lorsqu'on se voit pour la première fois enseveli dans les ténèbres silencieuses de la nuit polaire, dit le capitaine Parry, on ne peut se défendre d'un involontaire effroi : on se croit transporté hors du domaine de la vie. Ces mornes et sombres déserts paraissent comme ces espaces incréés que Milton a placés entre l'empire de la vie et celui de la mort. »

Les animaux mêmes sont affectés par la tristesse qui règne alors dans la nature. Sous l'influence de ces constantes ténèbres les chiens de Terre-Neuve du docteur Kane devinrent fous et moururent.

Dans les régions polaires, la durée du jour est d'environ six mois. Pendant ce long intervalle, le soleil ne cesse pas d'apparaître; un peu plus bas seulement à minuit jusqu'à midi. La figure 158 représente, d'après une photographie, une vue du Spitzberg, éclairé à minuit par un soleil à demi-voilé.

Les longs jours polaires agissent comme les longues nuits sur certains animaux. Lord Dufferin, dans ses *Lettres écrites des régions polaires*, raconte qu'à mesure qu'il avançait vers le nord et que les nuits devenaient plus courtes, un coq qu'il avait emporté se montrait de plus en plus désorienté : il ne dormait pas cinq minutes sans s'éveiller dans un état d'agitation nerveuse, comme s'il eût craint de laisser passer le point du jour et l'heure du chant. Quand la nuit eut enfin complétement cessé de se produire, la constitution du pauvre animal fut ébranlée sans retour. Il fit entendre une ou deux fois une voix insolite, et tomba dans un étrange malaise. Enfin, en proie au délire, il se mit à caqueter tout bas, comme s'il rêvait de grasses basses-cours et de jeunes compagnes; puis il s'élança tout à coup par-dessus le bord, et trouva la mort dans les flots.

Si le soleil prive pendant six mois de l'éclat de ses feux les contrées circumpolaires, un imposant phénomène illumine fréquemment leurs longues nuits de splendides lueurs, comme si la nature voulait les dédommager de l'absence de l'astre du jour par le plus saisissant de tous les phénomènes optiques. Les nuits polaires sont presque toujours éclairées par les feux resplendissants des *aurores*, dites *boréales* ou *australes*. Voici à peu près la gradation de ce phénomène. Le ciel commence par se rembrunir. Il s'y forme bientôt un segment nébuleux, bordé d'un arc plus large, d'une blancheur éclatante, et qui semble agité par une sorte d'effervescence. De cet arc s'élancent des rayons et des colonnes de lumière qui montent jusqu'au zénith (fig. 159). Ces gerbes lumineuses passent par toutes les couleurs du prisme, du violet et du bleu bleuâtre, jusqu'au vert et au rouge purpurin. Tantôt les colonnes de lumière sortent de l'arc brillant, mélangées de rayons noirâtres; tantôt elles s'élèvent

Fig. 159. Aurore boréale.

simultanément en différents points de l'horizon et se réunissent en une mer de flammes agitée par de rapides ondulations; d'autres fois ce sont des étendards flamboyants qui se déroulent et flottent dans l'air. C'est ce que représente la figure 160. Une sorte de dais, formé d'une lumière douce et paisible que l'on appelle la *couronne*, annonce la fin du phénomène. Alors les rayons lumineux commencent à perdre de leur éclat, les arcs

Fig. 160. Aurore boréale dans les mers arctiques.

colorés se dissolvent, s'éteignent, et bientôt on ne voit plus qu'un faible nuage blanchâtre dans les points du ciel où se

Fig. 161. Halo en Norvége.

jouaient les mille feux brillamment colorés de l'aurore polaire. Quand le soleil ou la lune sont visibles dans les régions po-

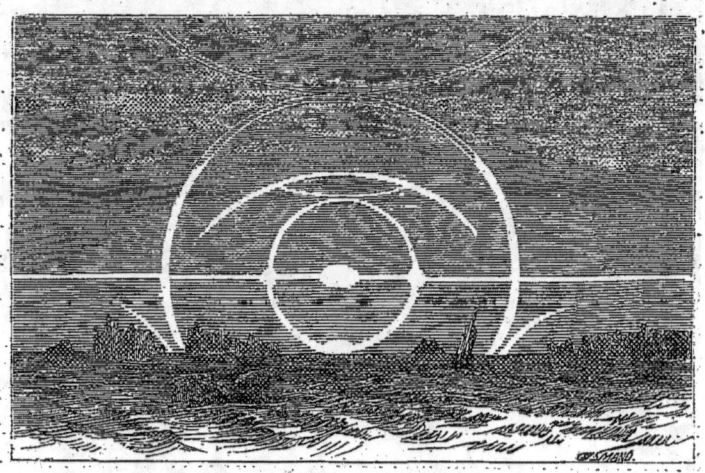

Fig. 162. Parhélie dans les mers polaires.

laires, ils paraissent très-souvent entourés de *halos*, ou accompagnés de *parhélies*, *d'anthélies*, etc. Quelquefois plusieurs de ces météores se montrent à la fois, comme s'il y avait fête au ciel. La figure 161 montre la forme de l'arc lumineux, qui a reçu des météorologistes le nom de *halo*. On voit sur la figure 162 un *parhélie* éclairant la mer glaciale arctique.

Telles sont les merveilles des mers polaires en général. Considérons maintenant chacun des deux pôles en particulier.

Pôle arctique. — Le pôle arctique ou boréal est le seul qui ait été exploré avec quelque suite ; car les intérêts du commerce ont forcé d'étudier avec obstination ces parages, tandis que les mers antarctiques ou australes n'avaient rien qui pût attirer les entreprises humaines.

Malgré les nombreuses expéditions dirigées depuis deux siècles à travers les mers arctiques, pour découvrir des passages libres permettant de se rendre du nord de l'Europe dans les Indes, les terres du pôle boréal sont loin d'être aujourd'hui exactement connues des géographes. La brume et la neige qui les couvrent presque toujours ont induit en erreur bien des navigateurs. Dans son premier voyage, fait en 1818, John Ross crut voir le détroit de Lancastre fermé par une chaîne de montagnes, qu'il nomma *Croker mountains*. Mais l'année suivante, le capitaine Parry reconnut cette erreur, et le commandement fut retiré à James Ross, qui ne dut qu'à la générosité du distillateur Félix Booth de pouvoir retourner, quelque temps après, dans les mêmes parages. Nous donnerons quelques détails sur les épisodes principaux de l'important voyage de Parry au pôle nord.

Le marin anglais partit en 1819 avec deux navires, *l'Hécla* et le *Griger*. Il découvrit les détroits de Barrow, de Wellington et du Prince-Régent, les îles Cornwallis, Byam-Martin et Melville, auxquelles on a donné depuis le nom *d'archipel Parry*. Dans ce court voyage il recueillit autant de résultats nouveaux qu'en ont obtenu ses successeurs pendant les quarante années suivantes. C'est qu'il était le premier à parcourir ces mers.

Sur l'île de Byam-Martin on constata l'existence de quelques ruines d'anciennes habitations des Esquimaux. Parry passa l'hiver à l'île Melville. Pour atteindre l'ancrage choisi dans la baie Winter, on fut obligé de scier dans la glace un chenal d'une lieue de long, ce qui exigea un travail de trois jours (fig. 163). Mais à peine était-on amarré dans le havre, que le thermomètre tomba à 18° au-dessous de zéro. On transporta à terre les chaloupes, les câbles, les voiles, les manœuvres courantes, etc. Les mâts furent descendus jusqu'aux plus basses hunes, et le reste des agrès servit de faîte à une toiture en planches attachée sur le plat-bord, et

Fig. 163. Route des vaisseaux l'*Hécla* et le *Griger*, sciée dans la glace par l'équipage de Parry, au voisinage de l'île Melville.

revêtue d'une épaisse couverture de bourre de laine, qui formait contre le vent et la neige un excellent abri. On prit une foule de précautions contre le froid et l'humidité sous les ponts. Des poêles maintenaient dans le navire une température supportable. Dans chaque dortoir un faux plafond en toile imperméable empêchait les vapeurs de se condenser sur les parois de bois (fig. 164). L'équipage fut divisé en compagnies placées chacune sous la surveillance d'un officier, chargé d'inspecter tous les jours le bon état de leurs vêtements et leur propreté ; car rien n'est aussi indispensable que les soins de toilette dans ces pays où l'on est constamment menacé du scorbut. En prévision de l'avenir, le capitaine Parry réduisit d'un tiers la ration ordinaire de pain. La bière et le vin furent substitués à l'eau-de-vie. Chaque jour on faisait boire aux matelots de la limonade de citron. Le gibier venait quelquefois varier ces repas, dignes des

Fig. 164. *L'Hécla* et *le Griper* hivernant à l'île Melville.

Spartiates. Comme remède contre le spleen, on jouait de temps en temps la comédie. Parry avait composé pour ces représentations un vaudeville intitulé *le Passage au nord-ouest, ou la Fin du voyage*. Pendant les représentations, le thermomètre marquait au dehors — 35°, et dans la salle — 28°. Jamais on n'avait vu les *feux de la rampe* à une aussi basse température. Pendant cette éternelle nuit de 84 jours, le thermomètre arriva un moment à — 47°.

Quelques matelots eurent les membres gelés et ne furent jamais qu'incomplétement guéris. Un jour, le feu ayant pris à la hutte qui servait d'observatoire, un matelot qui voulut emporter un instrument précieux y perdit ses mains, qui furent complétement gelées.

Cependant le mois de juin étant arrivé, on put faire quelques

Fig. 165. Abandon de *la Fury* dans le détroit du Régent en 1824, par le capitaine Parry.

excursions. On découvrit certaines parties des terres tapissées de mousse, de gazon, de Saxifrages et de Pavots. Là se réunissaient des rennes, des bœufs musqués, des lièvres, des oies boréales, des pluviers, des gélinottes blanches, etc. Des loups et des renards rôdaient autour de ce butin, que l'équipage sut leur disputer. Le capitaine Parry n'osa passer un second hiver dans ces terribles lieux. Il retourna au port dès que le dégel eut rendu le passage libre.

Fig. 166. Les barques-traîneaux de Parry au nord du Spitzberg.

En 1821, Parry entreprit un second voyage avec *la Fury* et *Hécla*. Il visita la baie d'Hudson et le canal de *Fox*. Dans son troisième voyage, entrepris en 1824, il fut surpris par les glaces dans le canal du Prince-Régent, et contraint d'y passer l'hiver.

La Fury, démantelée, se trouva hors d'état de servir. Parry fut contraint de l'abandonner (fig. 165) et de retourner en Angleterre.

Accompagné de James Ross il reprit la mer en 1826, monté sur *l'Hécla.* Cette fois, il arriva jusqu'au pôle. En partant de l'île de la Table, au nord du Spitzberg, Parry plaça son équipage dans deux barques-traîneaux, *l'Entreprise* et *l'Endeavour :* la première sous son commandement, la deuxième sous les ordres de James Ross (fig. 166). Ils marchèrent tantôt à flot, tantôt halés sur la croûte de glace. Bientôt la glace se montra hérissée de pointes aiguës qui perçaient les chaussures, entrecoupée de vallées et de petites collines qu'il fallait gravir. Malgré l'audace et l'énergie de ses hommes, Parry et Ross avançaient à peine de 7 kilomètres par jour; encore la dérive de la glace vers le sud les menaçait-elle sans cesse vers le point de départ. On atteignit 82° 45′ 15″ de latitude. Ce fut le point extrême; on regagna au bout de deux mois *l'Hécla,* qui ramena l'équipage en Angleterre. Parry n'avait pas trouvé le fond de la mer à 9 kilomètres, et nulle part le regard n'avait rencontré des terres.

Au mois de mai 1829, le capitaine Ross reprit seul la route des mers polaires. Il entra dans le canal du Prince-Régent et y retrouva *la Fury,* c'est-à-dire le navire démantelé que Parry avait abandonné, huit années auparavant, dans ces parages. Les provisions que le vieux navire contenait encore furent pour l'équipage de Ross une ressource providentielle.

Le navigateur anglais explora la péninsule Boothia, et passa quatre hivers consécutifs dans le port Félix, sans pouvoir dégager son vaisseau *la Victory,* ce qui lui donna tout loisir de se familiariser avec les Esquimaux. James Ross a raconté, dans la relation de son long séjour dans les contrées polaires, ses rapports avec les Esquimaux, habitants de ces contrées. Nous passerons ces détails sous silence, nous bornant à représenter comme spécimen de la vie de ces êtres humains, les habitations qu'ils se construisent pour y passer l'hiver, au moyen de blocs de neige durcie (fig. 167).

Sur la côte sud-ouest de Boothia, James Ross foule le pôle magnétique, et il voit l'aiguille d'inclinaison se maintenir verticale. Mais sa santé et celle de ses hommes s'altèrent à vue d'œil. Enfin, en 1833, ils atteignent sur des bateaux la passe du Prince-Régent.

Exposés à mille dangers, prêts à succomber de froid et de faim, James Ross et son équipage sont enfin aperçus, après avoir fait de grands efforts pour attirer son attention, par un navire baleinier. On les reçoit à bord, et on leur apprend que le vais-

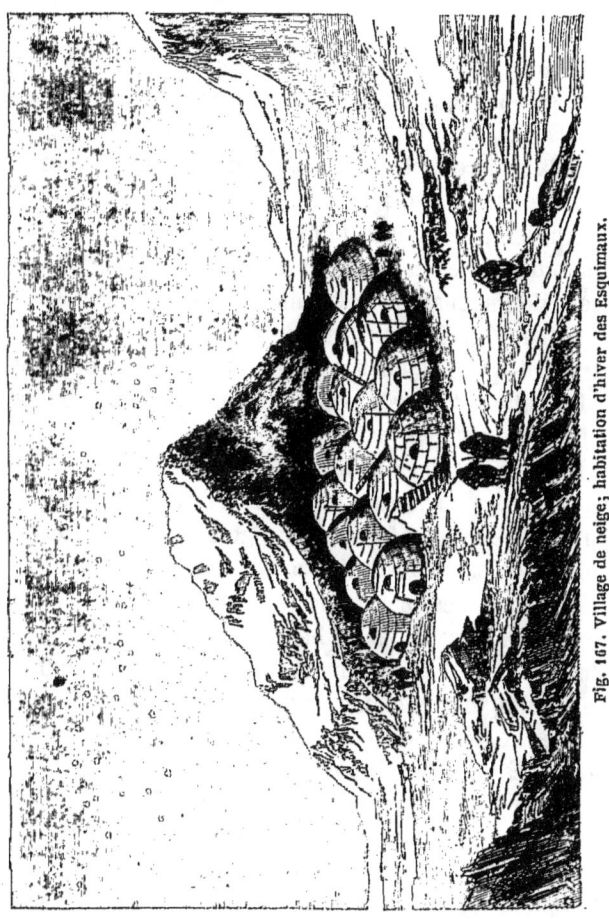

Fig. 167. Village de neige; habitation d'hiver des Esquimaux.

seau qui vient de les sauver, c'est l'*Isabelle*, autrefois commandée par feu le capitaine James Ross.

« Mais le capitaine Ross, c'est moi, dit le chef de l'équipage sauvé.

— Le capitaine Ross est mort depuis deux ans, » lui répondent les matelots de l'*Isabelle*, qui ne l'avaient jamais vu.

Tout finit cependant par s'expliquer, et nous n'avons pas besoin de dire avec quel enthousiasme furent reçus à Londres Ross et ses compagnons arrachés au tombeau des mers polaires.

Nous ne terminerons pas cette revue rapide des dernières expéditions entreprises au pôle arctique sans parler du célèbre et infortuné Franklin.

L'année même où Parry partit pour la première fois, sir John Franklin entreprenait sa première expédition dans les mers arctiques. En 1819, il explorait la rive nord de l'Amérique et découvrait la source de la rivière Coppermine. Il y retourna en 1825, mais revint sans résultat. Ce n'est qu'en 1845 qu'il partit pour la troisième fois, avec *l'Érèbe* et *la Terror*, navires qui avaient parcouru les terres australes. Son équipage comprenait 138 hommes; il emmenait les capitaines Crozier et Fitz-James. Ses instructions lui donnaient pour mission de chercher le passage au nord-ouest, pour se rendre au détroit de Behring.

Franklin fut aperçu pour la dernière fois ici-bas, au mois de juin 1845, par deux capitaines baleiniers.

En 1848, on commença à s'inquiéter vivement de la destinée de ce navigateur. Les expéditions à sa recherche se succédèrent, envoyées à grands frais par les gouvernements anglais et américain, et par lady Franklin elle-même. Quelques-unes pénétrèrent dans les mers polaires par le détroit de Behring, mais la plupart prirent par la baie de Baffin. En 1850, les capitaines Ommaney et Penny finirent par découvrir, à l'entrée du canal de Wellington, quelques vestiges du passage de Franklin : des tombeaux, des caisses de fer-blanc, des cordes, des habits. On pensa dès lors que Franklin s'était engagé dans les régions du nord, et l'on dirigea les recherches en conséquence, au lieu de chercher vers le sud, comme il aurait fallu le faire. En 1850, un récit des Esquimaux recueilli par le docteur Raë fit reconnaître l'erreur. Ces hommes racontèrent qu'ils avaient vu passer, quelques années auparavant, au sud de Boothia, une troupe de soixante hommes environ, terriblement amaigris; ils ajoutèrent que plus tard on les avait tous trouvés morts.

Guidée par ces derniers indices, lady Franklin acheta, des débris de sa fortune, le yacht à hélice *le Fox*, avec lequel le capitaine Mac-Clintock partit en 1850. Après vingt-deux mois de voyage, le capitaine Mac-Clintock découvrit, le 6 mai 1859, sur la pointe nord de la terre du roi Guillaume, un *cairn*, ou tas

Fig. 168. Découverte du *cairn* où étaient enfouis les papiers de John Franklin.

de pierres formant étape, qui lui donna le mot de l'énigme fatale que tout un peuple cherchait depuis si longtemps à pénétrer (fig. 168). Des feuillets de parchemin datés du 25 avril 1848, et enterrés sous ces pierres, contenaient les derniers détails, tracés de la main des officiers, concernant la malheureuse expédition de Franklin.

Le commandant était mort le 11 juin 1847. En 1848, les survivants espéraient atteindre l'embouchure de la rivière de Back, mais ils succombèrent, eux aussi, au froid et à la faim.

En septembre 1859, le capitaine Mac-Clintock rentrait en Angleterre, ramenant sur *le Fox* presque tous les hommes de son expédition et rapportant divers objets retrouvés dans les lieux qui furent le théâtre du désastre de l'expédition de Franklin (fig. 169).

Il ne nous reste qu'à dire quelques mots des derniers voyages entrepris dans les mers polaires.

Avant le retour de Mac-Clintock, le capitaine Mac-Clure, parti du détroit de Behring, découvrit en 1850 le fameux passage du nord, cherché inutilement depuis tant de siècles, entre l'île de Melville et l'île Basing. Il vit le thermomètre descendre à $-54°$. Au mois d'octobre 1854, Mac-Clintock était de retour en Angleterre. On acquit plus tard la certitude que Franklin avait dû, avant de mourir, reconnaître l'autre passage qui existe au nord de l'Amérique, au sud des terres Victoria et Wollaston.

L'expédition du docteur Kane entra, en 1853, dans le détroit de Smith, et s'avança, vers le nord, sur des traîneaux attelés de chiens. La température, qui était de $-30°$ à $-40°$ en moyenne, descendit jusqu'à $-50°$. On trouva, à $11°$ du pôle, deux villages d'Esquimaux appelés Etah et Peterovik, puis un immense glacier. Un détachement, conduit par le lieutenant Morton, découvrit, au delà du 80e degré de latitude, un chenal d'eau libre où s'ébattaient d'innombrables oiseaux : hirondelles, canards, mouettes, etc., poussant des cris aigus. Des phoques se jouaient sur des glaçons flottants. En montant le long des rives, on rencontra des plantes fleuries : Lychnis, Joubarbes, Hesperis, etc. Le 24 juin, Morton arbora, sur le cap *Indépendance*, situé au delà de $81°$, le drapeau de *l'Antarctic*, qui avait vu auparavant les glaces du pôle austral. Au nord, la mer libre fuyait à perte de vue ; à gauche, la rive occidentale du *canal Kennedy* semblait se terminer par une chaîne de montagnes, dont le pic principal, élevé de 300 mètres, reçut le nom de *mont Parry*. L'expédition retourna vers le sud, et arriva, affaiblie et mourante de faim, au port d'Upper-

Fig. 169. Divers objets de l'expédition de Franklin, rapportés en Angleterre en 1859 par *le Fox*.

navick, où elle fut reçue par un navire américain. Kane, épuisé par ses souffrances, mourut en 1857.

Nous ne terminerons pas ces rapides considérations sur le pôle arctique sans signaler un fait géologique d'un grand intérêt.

Quand on a pu explorer la nature des terrains des régions avoisinant le pôle nord, on a trouvé qu'un grand nombre appartiennent aux terrains houillers : tel est le cas de l'île Melville, de l'île de Saint-Patrick, etc.[1]. Sous la glace éternelle qui couvre le sol de ces îles, le terrain houiller existe, avec tous les débris des végétaux fossiles qui le composent. Ainsi, aux époques géologiques, le pôle nord de la terre était couvert de la riche et abondante végétation dont les restes constituent aujourd'hui la houille; ce qui prouve que la température de ces régions était extrêmement élevée et supérieure à celle de nos pays équatoriaux. Quel prodigieux abaissement de température a donc subi notre globe depuis les temps géologiques !

C'est un contraste bien étrange de voir la houille former le sous-sol des glaciers polaires. Supposez que l'industrie humaine songe à s'établir dans ces contrées, elle retirerait de la terre le combustible nécessaire à réchauffer les habitations, et la nature fournirait ainsi elle-même les moyens de combattre les rigoureuses conditions climatériques de ces climats inhospitaliers.

Pôle antarctique. — Le pôle austral est probablement enveloppé d'une calotte de glace de 4000 kilomètres de diamètre. Tout porte à croire que les dimensions de cette masse ont diminué depuis 1774, c'est-à-dire depuis le voyage du capitaine Cook.

On ne peut approcher des parages antarctiques que pendant les mois d'été, c'est-à-dire en décembre, janvier, février.

Le premier navigateur qui ait pénétré dans ces déserts glacés est le capitaine hollandais Théodoric de Gheritk, dont le vaisseau faisait partie de l'escadre de Simon de Cordes, destinée pour les Indes orientales. En janvier 1600, une tempête ayant dispersé les vaisseaux de cette escadre, au détroit de Magellan, celui du capitaine Gheritk fut entraîné jusqu'au 64e degré de latitude sud. Il reconnut là une côte semblable à celle de la Norvége, montueuse, couverte de neige, et s'étendant du côté des îles Salomon.

Le récit de Simon de Cordes fit naître beaucoup d'incrédulité.

---

1. Voir la *Carte géologique de la terre*; publiée en 1862, par M. Marcou.

Les doutes ne se dissipèrent que quand les terres de New-South-Shetland furent définitivement reconnues.

L'idée d'un continent antarctique est pourtant une des plus vieilles conceptions de la géographie spéculative, une de celles auxquelles on a le plus de peine à faire renoncer aujourd'hui les marins et les savants. L'existence d'un continent austral semble nécessaire pour faire contre-poids aux terres arctiques. La *Terra australis incognita* est marquée à ce titre dans les cartes de Mercator, autour du pôle sud, et lorsque l'officier français de Kerguelen eut découvert, en 1772, l'île qui porte son nom, il présenta cette idée de Mercator comme lui ayant suggéré le motif de son voyage d'exploration.

En 1774, le célèbre capitaine Cook s'engagea jusqu'au delà de 71° de latitude, sous le 109º degré de longitude occidentale. Il parcourut 180 lieues entre le 50º et le 60º parallèle de latitude sud, sans trouver les terres dont quelques marins avaient parlé, ce qui lui fit supposer que l'on avait pris pour un continent des montagnes de glace ou des bancs de brouillards. Cook ne rejette pas néanmoins l'idée de l'existence d'un continent austral.

« Je crois fermement, dit-il dans la relation de son voyage, qu'il y a près du pôle une étendue de terres où se forment la plupart des glaces répandues dans ce vaste océan méridional ; je crois que les glaces ne se prolongeraient pas si loin s'il n'y avait point au sud une terre, je veux dire une terre d'une étendue considérable. J'avoue cependant qu'alors la plus grande partie de ce continent austral doit être en dedans du cercle polaire, où la mer est si encombrée de glaces qu'elle devient inabordable. Le danger que l'on court à reconnaître une côte dans ces mers inconnues est si grand, que j'ose dire que personne ne se hasardera jamais à aller plus loin que moi, et que les terres qui peuvent être au sud ne seront jamais reconnues. Les brumes y sont trop épaisses, les tourmentes de neige trop fréquentes, le froid trop aigu, tous les dangers de la navigation trop nombreux. L'aspect des côtes est plus horrible qu'on ne saurait l'imaginer. Ce pays est condamné par la nature à rester privé de soleil et enseveli sous d'éternels frimas.... Je crois qu'après cette relation on ne parlera plus du continent austral. »

Ces régions désolées auxquelles le grand navigateur appliquait les paroles de Pline : *Pars mundi à naturâ damnatâ et densa mersa caligine*, n'ont pas effrayé le courage des explorateurs qui ont succédé à Cook. De nos jours, quelques expéditions ont été dirigées vers ces parages, séjour du froid, du silence et de la mort de la nature.

En 1823, un passage libre s'ouvrit dans les mers antarctiques. Le baleinier écossais James Weddel, lancé avec son équipage, à la poursuite des phoques, ayant trouvé par hasard la mer libre sur sa route, put s'engager jusqu'à la latitude de 74° (sous le 34° degré de longitude); mais la saison étant trop avancée, il revint sur ses pas.

Le voyage de Weddel avait fait grand bruit; il avait fait entrevoir la possibilité d'explorations plus sérieuses. Quinze ans plus tard, les expéditions de Dumont d'Urville, de l'Américain Wilkes et de sir James Clark Ross se mettaient en route pour le pôle austral.

Le marin français Dumont d'Urville, le même qui périt misérablement en 1844, dans la catastrophe du chemin de fer de Versailles, partit le 9 janvier 1838, du détroit de Magellan, avec les deux corvettes *l'Astrolabe* et *la Zélée*. Il croyait, après avoir dépassé la première barrière de glace, trouver, comme Weddell, une mer ouverte; mais il dut bientôt renoncer à cette espérance. Les glaces flottantes devenaient de plus en plus serrées et dangereuses. Les glaces australes ne circulent pas dans des détroits, ou passages tout formés, comme celles du pôle nord. Détachés des énormes banquises qui entourent les terres, ou reposant quelquefois seulement sur des bas-fonds, ces blocs forment des ceintures parallèles au front des falaises, entrecoupées d'un petit nombre de canaux étroits et sinueux. Ces falaises de glace offrent une dégradation d'autant plus avancée qu'elles sont plus éloignées de leur point d'origine, ce qui permet au marin de juger approximativement de l'éloignement des banquises. Les blocs de glace forment d'abord de vastes prismes, ou masses tabulaires, régulières, d'une blancheur mate; mais peu à peu ils s'usent, se fendent, s'arrondissent ou se divisent sous l'action des flots qui les charrient; leur couleur devient de plus en plus limpide et bleuâtre. Ils peuvent remonter librement vers le nord, au gré des courants et des vents, qui les emportent dans la direction de l'équateur. D'une année à l'autre ces glaces flottantes peuvent s'accumuler d'une manière très-différente, et ce n'est que par un véritable hasard qu'elles laissent quelquefois entre elles un passage libre, tel que celui qui fut trouvé par Weddell. On a encore rencontré de ces îles de glace à la latitude sud de 35° et à la hauteur du cap Horn.

Les deux navires français se trouvèrent plusieurs fois pris dans les glaces que resserraient les vents du nord; ils ne durent qu'au retour des vents du sud, qui dispersèrent ces masses énormes, de pouvoir en sortir sains et saufs. Dans quelques circonstances, Dumont d'Urville se vit obligé de lancer son navire contre un champ de glace qui l'emprisonnait, et de se frayer par la force un chemin à travers les banquises, en se servant de sa corvette comme d'un bélier.

En 1838, il reconnut, au sud des îles Orkneys, environ 50 lieues de côtes, auxquelles il donna le nom de *terre Louis-Philippe* et de *terre Joinville*. Ces terres sont recouvertes par d'énormes glaciers qui s'élèvent à 800 mètres de hauteur. Ross y a découvert plus tard des pitons très-élevés, tels que le mont Penny et le mont Haddington (2150 mètres); le marin anglais constata que cette terre n'est qu'une grande île. L'équipage de Dumont d'Urville était malade et très-fatigué; le commandant donna l'ordre de retourner à Hobarton, d'où il repartit pour le pôle austral l'année suivante (janvier 1839).

Il s'avança cette fois par un point diamétralement opposé. Bientôt il se retrouva au milieu des glaces, sous le cercle antarctique, et découvrit alors la *terre Adélie*. La longue et haute falaise de cette île ou continent était entourée d'une ceinture d'îles de glaces menaçantes et nombreuses. Dumont d'Urville n'hésita pas à diriger ses vaillantes corvettes au milieu de la bande d'énormes glaçons qui semblaient défendre les abords du pôle sud. Par moments, ses vaisseaux y étaient tellement resserrés qu'on devait craindre sans cesse un choc terrible, un abordage irréparable, une pression inévitablement funeste. En outre, la mer produisait autour de ces écueils flottants des remous considérables, qui ne pouvaient qu'entraîner à sa perte un navire qui s'y fût abrité un seul instant. C'est en passant à leur base qu'on jugeait de l'élévation des falaises de glace.

« Les murailles de ces blocs de g'ace, dit Dumont d'Urville dans son *Voyage au pôle austral*, dépassaient nos mâtures, elles surplombaient nos navires, dont les dimensions paraissaient ridiculement rétrécies. On aurait pu se croire dans les rues étroites d'une ville de géants. Au pied de ces immenses monuments, nous apercevions de vastes cavernes creusées par

Fig. 170. Découverte de la terre Adélie par l'Astrolabe et la Zélée.

les flots qui s'y engouffraient avec fracas. Le soleil dardait ses rayons obliques sur d'immenses parois de glace, semblables à du cristal. Il y avait là des effets d'ombre et de lumière vraiment magiques et saisissants. Du haut de ces montagnes, s'élançaient à la mer de nombreux ruisseaux, alimentés par la fonte qu'activait le soleil de janvier, été de ces régions. »

Parfois les glaçons se rapprochaient tellement qu'ils cachaient entièrement la terre ; on n'apercevait alors que deux murs de glace menaçants : des échos sonores répétaient les commandements des officiers. La corvette qui suivait *l'Astrolabe* paraissait si petite, sa mâture semblait si grêle qu'on était saisi d'un sentiment de terreur. Durant près d'une heure, on ne vit que des murailles verticales de glace. On arriva ensuite dans un vaste bassin, formé d'un côté par la chaîne d'îles flottantes qu'on venait de traverser, et de l'autre par une terre haute de 1000 à 1200 mètres, à la surface ondulée et bouleversée, bien que partout revêtue d'un épais manteau de glace dont le soleil faisait resplendir l'imposante blancheur. Les officiers purent s'avancer en canot, à travers un labyrinthe de glaçons, jusqu'à un petit îlot placé en face de la côte. On toucha terre, et le pavillon français fut planté pour prendre possession du nouveau continent (fig. 170). Puis on emporta quelques échantillons de roches arrachées aux falaises dénudées et escarpées.

Ces roches sont composées de quartzite et de gneiss. Le continent austral appartient donc aux terrains primitifs, tandis que le continent boréal appartient, comme nous l'avons dit, au terrain de transition (terrain houiller).

Dumont d'Urville a tracé la carte de la *terre Adélie* jusqu'à une trentaine de lieues. C'est un pays mort et désolé, sans aucune trace de végétation.

Un peu plus vers le nord, le navigateur français reconnut vaguement, dans les lignes blanchâtres de l'horizon, une autre terre qu'il nomma *côte Clarie*, et dont l'existence fut confirmée par l'expédition américaine de Wilkes.

Cet habile officier a exploré les terres australes sur une plus grande étendue qu'aucun autre navigateur, mais il s'est laissé induire en erreur par les brouillards, et il a marqué sur sa carte quelques côtes là où sir James Ross n'a trouvé plus tard que de l'eau. Cette erreur a jeté sur toute son expédition une défaveur, d'ailleurs injuste.

En 1841, Ross pénétra dans un golfe qui échancre la grande glacière australe. Il y découvrit, sous le 76° de latitude, une montagne volcanique, haute de 3750 mètres, qui lançait des gerbes de flammes et de fumée à plus de 700 mètres dans les airs

Fig. 171. Le mont Érèbe, volcan du continent antarctique.

(fig. 171). Les flancs de cette montagne gigantesque, située dans la *terre Victoria*, sont couverts de neige jusqu'à l'orifice du cratère d'où partent les flammes. A peu de distance, Ross aperçut le cône, presque aussi élevé, d'un autre volcan éteint, ou du moins inactif. Il donna à ces deux volcans les noms de ses vaisseaux, *Érèbe* et *Terror*, noms qui sont en harmonie avec la nature de ces parages désolés. La falaise de glaces s'élevait jusqu'à 60 mètres et paraissait avoir 300 mètres de profondeur ; on ne trouva pas à 750 mètres, le fond de la mer. Au loin, vers le sud, on distinguait une rangée de hautes montagnes que Ross nomma *monts Parry*.

Quand Ross revint sur ces pas, il s'était avancé presque jusqu'au 79ᵉ degré de latitude australe.

FIN.

TABLE DES CHAPITRES.

Chapitres.	Pages.
INTRODUCTION..	1
SITUATION DU GLOBE TERRESTRE DANS L'ESPACE.................	9

I. Situation de la terre dans l'univers et dans le monde solaire. — Rapports de la terre avec les autres planètes et le soleil. — Coup d'œil sur les principaux systèmes imaginés pour expliquer le mouvement des corps célestes. — Système de Ptolémée; système égyptien. — Copernic et Kepler découvrent le véritable mécanisme du monde solaire.. 9

II. Les saisons terrestres. — Les jours et les nuits................. 27

FORME ET DIMENSIONS DU GLOBE TERRESTRE....................... 35

I. Forme de la terre. — Preuves de sa convexité. — Histoire des moyens employés pour déterminer les dimensions de la terre. — Aristote. — Posidonius. — Ératosthène. — Ptolémée. — Le calife Al-Mamoun. — Le médecin Fernel, au seizième siècle, mesure un degré du méridien. — Snellius. — Longitudes et latitudes. — Méthode de triangulation. — L'académie des sciences de Paris. — Travaux de Newton sur l'aplatissement polaire. — Commissions scientifiques envoyées en 1736 par l'Académie des sciences, au pôle et à l'équateur. — Mesures modernes. — Delambre et Méchain. — Biot et Arago. — Système métrique. — Véritables dimensions du sphéroïde terrestre. — Détermination des longitudes par les observations astronomiques. — Globes et cartes géographiques.. 5

II. Distribution des terres à la surface du globe. — Position et contour des continents. — Mappemonde. — Océan et ses divisions........ 55

RELIEFS DU GLOBE... 61

I. Les montagnes. — Principales chaînes de montagnes du globe. — Formes diverses des montagnes............................... 61

II. Montagnes de l'Europe. — Tableau des montagnes les plus élevées de l'Europe. — Le Mont-Blanc. — Histoire des principales ascensions du Mont-Blanc. — Élévation générale du continent européen. 76

III. Montagnes de l'Amérique. — Ascension du Chimborazo par de Humboldt et par M. Boussingault. — Altitude du continent américain. 119

IV. Montagnes de l'Asie. — Tableau des montagnes les plus élevées de l'Asie. — Le Gaurisankar et le Kunchinjunga.................. 134

V. Montagnes de l'Asie et de l'Océanie........................... 146

VI. Les vallées, les passes et les gorges de montagnes............. 153

VII. Altération et destruction des roches qui forment les montagnes. Causes de l'érosion et de la chute des montagnes............... 159

VIII. Les plaines, les steppes et les déserts....................... 168

TABLE DES CHAPITRES.

Chapitres.	Pages.
Température du globe..	181

    I. Température du globe terrestre. — Température superficielle et température intérieure. — Les climats. — Les lignes isothermes. — Température moyenne de différents lieux du globe. — Température extrême et observée en différents lieux.................. 181

    II. Limite des neiges perpétuelles. — Avalanches.................... 188

    III. Les glaciers. — Leur rôle dans la nature. — Origine et mode de formation des glaciers. — Leur mouvement de progression. — Fonte des glaciers. — Structure et propriétés physiques des glaciers.

    IV. Glaciers des Alpes, des Pyrénées et du Spitzberg (Europe.) — Glaciers de l'Himalaya (Asie.) — Glaciers des Cordillères (Amérique). 231

    V. Température propre du globe. — Loi de l'accroissement de la chaleur dans ses parties profondes. — Observations directes de l'accroissement de cette température dans l'intérieur des mines et des puits artésiens. — Température des eaux thermales et des laves volcaniques... 243

    VI. Les tremblements de terre. — Phénomènes généraux............ 249

    VII. Le tremblement de terre de Lisbonne (1755). — Les tremblements de terre de la Calabre (1783)..................................... 267

    VIII. Les volcans. — Volcans centraux et volcans en séries. — Distribution géographique des volcans....................................... 296

Les eaux douces.. 321

    I. Sources et fontaines naturelles................................ 321

    II. Les grottes et les cavernes.................................. 340

    III. Les rivières et les fleuves. — Cours supérieur des fleuves et rivières. Torrents, chutes d'eau, cataractes et rapides................. 357

    IV. Cours moyen des fleuves et rivières. — Inondations............. 380

    V. Cours inférieur des fleuves et rivières. — Atterrissements......... — Deltas. — Estuaires. — Marées des fleuves. — Mascarets et barres.. 384

Les mers... 409

    I. Les mers. — Leur étendue. — Couleur de la mer. — Sa phosphorescence. — Composition de l'eau de la mer. — Les *attoll's*, où îles à coraux. — Origine géologique de la salure des mers............ 409

    II. Profondeur des mers et configuration du fond de l'Océan. — Température de la mer.. 424

    III. Les courants de la mer....................................... 432

    IV. Les marées.. 443

    V. Les mers polaires.. 454

FIN DE LA TABLE DES CHAPITRES.

TABLE DES GRAVURES.

Gravures.		Pages.
1.	Grandeur relative des planètes.......................	13
2.	Éloignement des planètes du soleil....................	15
3.	Épicycles de Ptolémée..............................	19
4.	Système cosmographique de Ptolémée................	20
5.	Système cosmographique égyptien....................	21
6.	Système cosmographique de Copérnic.................	23
7.	Position de la terre par rapport au soleil pendant les douze mois de l'année..	28
8.	Écliptique vue de face, et montrant les saisons terrestres........	29
9.	Solstice d'été.....................................	30
10.	Solstice d'hiver...................................	30
11.	Marche apparente du soleil..........................	32
12.	Signes du Zodiaque................................	33
13.	Rose des vents....................................	33
14.	La terre vue de la lune.............................	37
15.	Terre...	39
16.	Longitude du globe................................	43
17.	Latitude du globe..................................	44
18.	Équateur, zénit et pôles célestes......................	45
19.	Triangulation.....................................	46
20.	Aiguille de Dru et Aiguille verte, dans la chaîne du Mont-Blanc...	66
21.	Mont-Cervin, sur le revers italien des Alpes.............	69
22.	Montagne de Pierre Bott, à l'Ile-de-France.............	71
23.	Ile Cyclopéenne...................................	72
24.	Mont Tafanato....................................	73
25.	Le Thorgat.......................................	74
26.	Rochers de l'île Thoulou (golfe de Siam)..............	75
27.	Panorama du Mont Blanc...........................	79
28.	Rocher des Grands-Mulets..........................	89
29.	Cabane des Grands-Mulets..........................	90
30.	Caravane gravissant le dôme du Goûter................	91
31.	Grande crevasse de la base du Mont Blanc..............	93
32.	Catastrophe du 20 août 1820.........................	106
33.	Passage des Échelles par M. Bisson en 1861............	114
34.	Panorama des Andes (Amérique du Sud)...............	118
35.	Le Chimborazo....................................	122
36.	Le Gaurisankar (Himalaya).........................	139
37.	Le Kunchinjunga (Himalaya)........................	143
38.	Monts Homboris (Tombouctou)......................	147
39.	Pic de Ténériffe...................................	151
40.	Formation des vallées..............................	153
41.	Ibid...	153
42.	Ibid...	154
43.	Ibid...	154

TABLE DES GRAVURES.

Gravures.	Pages.
44. Formation des vallées	154
45. Rostrapp, gorge des montagnes du Harz	157
46. Vallée de Goldau avant l'éboulement	167
47. Vallée de Goldau après l'éboulement	167
48. Vue des Landes des Pyrénées	168
49. Vue des Steppes du Caucase	170
50. Incendie dans les Pampas	173
51. Forêt vierge	175
52. Désert du Sahara	177
53. Désert de Gobi (Chine et Mongolie)	179
54. Tableau de la limite des neiges perpétuelles selon les latitudes	191
55. Hôtel des Neufchâtelois	200
56. Glacier du premier ordre	203
57. Glacier du second ordre	203
58. Coupe en long d'un glacier montrant la moraine frontale	212
59. Moraine frontale du glacier de l'Ober-Aar	212
60. Glacier de Zermatt	213
61. Mont-Rose et son glacier, avec la moraine médiane	215
62. Roches striées et moutonnées par les anciens glaciers	220
63. Source de l'Arve	224
64. Table de glacier	226
65. Lac de Mœrill	227
66. Lac du Mont-Saint-Bernard	228
67. Mer de glace	230
68. Glacier de la Maladetta	232
69. Glacier de Grindelwald	233
70. Glacier du Chili	236
71. Glacier de Kothsada (Himalaya)	237
72. Pics et glaciers de Nubin (Tibet)	239
73. Glacier de Bell-Sound, au Spitzberg	242
74. Tremblement de terre de Lisbonne, le 1er novembre 1775	266
75. Ruines de la cathédrale de Lisbonne	269
76. Ruines de l'église Saint-Paul	270
77. Ruines de l'Opéra	271
78. Ruines de l'église Saint-Nicolas	272
79. Carte de la Calabre	276
80. Tremblement de terre de Messine, en 1783	280
81. Cavités circulaires produites à Rosarno	283
82. Coupe intérieure d'une cavité circulaire	283
83. Fissure près de Polistena	285
84. Crevasse près de Soriano	285
85. Fissure près de Jerocarne	286
86. Glissements de terrains à Casalnovo	287
87. Gouffre près d'Oppido	289
88. Désastre de Scylla	291
89. L'Etna	298
90. Cratère de l'Etna	300
91. La Somma avant le premier siècle	301
92. Le Vésuve après l'éruption de l'an 79	302
93. La rue des Tombeaux à Pompéi	303
94. Le Stromboli	306
95. Cratère du Stromboli	307
96. L'Hékla en Islande	309
97. Le Geyser de l'Islande	313
98. Le Cotopaxi	316
99. Volcan de Pichincha	317
100. Le Jorullo, volcan du Mexique	319

TABLE DES GRAVURES.

Gravures.	Pages
101. Fontaine de Vaucluse	327
102. Fontaine de Nîmes	329
103. Temple de Diane	329
104. Source Sacrée de Zuni, au Mexique	331
105. Source du Rhône dans les Alpes	334
106. Sources chaudes du pays des Mormons (Amérique du Nord)	338
107. Cascade de Pamboukalise	339
108. Caverne de Baumann	343
109. Grotte du Mammouth dans le Kentucky (Amérique du Nord)	346
110. Rivière du Styx dans la grotte du Mammouth	348
111. Grotte des Demoiselles, à Ganges (Hérault)	352
112. Entrée des grottes de Samoun	353
113. Grotte de Fingal	354
114. Le Chaos	362
115. Cascade de Gavarni	363
116. Une chute de l'Angermanna	366
117. Cascade du Staubach, en Suisse	367
118. Cascade de la Savane, à l'île Maurice	370
119. Rapide de la rivière Montmorency, au Canada	372
120. Chute du Niagara	375
121. Chute de Félou (Sénégal)	378
122. Cataracte du Zambèse	379
123. Le Nil	385
124. Effet du mascaret de la Seine	388
125. Pont naturel de la vallée d'Icononzo, au Mexique	390
126. Pont naturel d'Ain-el-Liban	391
127. Lac Pavin	394
128. Étang de Berre, près de Marseille	395
129. Lac de Joannina, en Grèce	396
130. Extrémité supérieure du lac de Genève	397
131. Lac d'Œchi, près de Kandersteg, en Suisse	398
132. Lac de Kink Kiol (Tibet)	400
133. Vue de la mer Morte	401
134. Vue du lac Tchad	403
135. Lac Salé	405
136. Lac d'eaux bouillantes du Roto-Mahana	406
137. Mer phosphorescente	412
138. Iles à coraux : Ile d'Oéno, dans l'archipel Pomotou	419
139. Iles à coraux : Ile de Witsunday, dans l'archipel Pomotou	420
140. Profondeur à laquelle se trouve, dans l'Océan, la température invariable de $+4°$	431
141. L'ouragan des Antilles en 1780	436
142. Sauvetage du *San Francisco* par *le Kilby*	439
143. Marée lunaire	443
144. Marée luni-solaire	445
145. Grande marée d'équinoxe, au Havre	448
146. Effet du *ressac* à la pointe du Raz (Finistère)	450
147. Hauteur d'une vague au cap de Bonne-Espérance	451
148. Vue de Scylla (détroit de Messine)	452
149. Ras de marée à l'île Bourbon, en 1846	455
150. Banquise du pôle arctique	459
151. Champ de glaces	462
152. Navire pris dans les glaces des mers arctiques	464
153. Origine des glaces flottantes provenant de la progression des glaciers polaires	466
154. Baie des Anglais au Spitzberg	467
155. Montagnes de glaces flottantes	46

TABLE DES GRAVURES.

Gravures.	Pages
156. Montagne de glaces flottantes percée à jour, vue par John Ross sur les côtes du Groënland...	470
157. Ile de glace sur le banc de Terre-Neuve...........................	472
158. Le soleil de minuit au Spitzberg..................................	476
159. Aurore boréale..	478
160. Aurore boréale dans les mers arctiques...........................	480
161. Halo en Norvége...	481
162. Parhélie dans les mers polaires..................................	481
163. Route des vaisseaux sciés dans la glace, par l'équipage de Parry....	483
164. *L'Hékla* et *le Griger* hivernant à l'île Melville..............	484
165. Abandon de *la Fury* dans le détroit du Régent, en 1824...........	485
166. Les barques-traîneaux de Parry, au nord du Spitzberg.............	486
167. Village de neige; habitation d'hiver des Esquimaux...............	488
168. Découverte du *cairn* où étaient enfouis les papiers de Franklin...	490
169. Divers objets de l'expédition de Franklin, rapportés en Angleterre..	492
170. Découverte de la terre Adélie par *l'Astrolabe* et *la Zélée*....	498
171. Le mont Érèbe, volcan du continent antarctique...................	500

CARTES.

Cartes.		Pages.
I.	La terre d'après Homère....................................	5
II.	La terre d'après Hérodote...................................	6
III.	La terre d'après Eratosthène................................	6
IV.	La terre d'après Ptolémée...................................	6
V.	La terre d'après Strabon....................................	6
VI.	Mappemonde..	57
VII.	Hémisphères aqueux et terrestre............................	58
VIII.	Montagnes les plus élevées de l'Europe.....................	77
IX.	Montagnes les plus élevées de l'Amérique....................	121
X.	Montagnes les plus élevées de l'Asie et de l'Océanie........	134
XI.	Montagnes les plus élevées de l'Afrique.....................	146
XII.	Les montagnes les plus élevées dans les cinq parties du monde.....	153
XIII.	Carte des lignes d'égale température sur le globe...........	185
XIV.	Tableau de la longueur des principaux fleuves du monde......	391
XV.	Carte figurative des profondeurs de l'Océan atlantique......	426
XVI.	Coupe verticale du bassin de l'Atlantique...................	427
XVII.	Carte des sondages exécutés en 1857 par *le Cyclope*, entre l'Irlande et l'Amérique...	391 428
XVIII.	Carte des courants de l'Océan.............................	434
XIX.	Carte des contrées circumpolaires..........................	454

Paris. — Imprimerie de Ch. Lahure, rue de Fleurus, 5.

www.ingramcontent.com/pod-product-compliance
Lightning Source LLC
Chambersburg PA
CBHW051400230426
43669CB00011B/1711